Cocina esencial de
México

Cocina esencial de
M é x i c o

Diana • Kennedy

Traducción de
Laura Emilia Pacheco

Cocina esencial de México

Título original: The essential cuisines of México

Primera edición en español, 2004

Traducción: Laura Emilia Pacheco
de la edición de
de Clarkson Potter Publishers
Nueva York, Nueva York, 2000.

© 2000, Diana Kennedy

D.R. 2004, Editorial Grijalbo, S.A. de C.V.
Av. Homero 544,
Col. Chapultepec Morales,
México, 11570, D.F.

ISBN: 970-05-1719-5

Impreso en México / *Printed in Mexico*

A mi amado Paul, que fue mi razón para venir a México.

A mi madre, quien simplemente contaba con
que yo cocinara todo lo que ella preparaba.

A Elizabeth David, quien me inspiró a escribir sobre cocina.

Y a Craig Claiborne, quien me lanzó a mí y a tantos otros.

Índice

❧

Agradecimientos

Mi más sincero agradecimiento a Roy Finamore, mi editor en Clarkson Potter, quien supo reconocer la importancia de reunir mis primeros tres libros en un solo volumen. Ha sido un placer trabajar con él.

Mi mayor aprecio y agradecimiento a Frances McCullough, mi editora y amiga desde hace más de treinta años, quien me ha guiado a través del laberinto del mundo editorial, apaciguando mi carácter (o al menos lo ha intentado), y dándole forma a mis manuscritos.

Me resulta imposible agradecer de manera adecuada a todos aquellos que, de una u otra manera, han contribuido a la vida de viajes y escritura que he llevado en México durante tantos años. Siempre he tratado de darle crédito a las personas que me han proporcionado cada una de las recetas y me gustaría que supieran el enorme placer que esas mismas recetas me han dado a mí y a tantas otras personas en el mundo entero.

El trabajo de edición siempre es difícil, y me gustaría agradecer a Braulio Peralta por el enorme esfuerzo y el buen ánimo con los que enfrentó este robusto manuscrito, y estas páginas.

Introducción

❧

No sería exagerado decir que este libro –que recopila mis primeros tres libros: *Las cocinas de México, El libro de la tortilla* y *Cocina regional mexicana*– es el resultado de un encuentro fortuito que ocurrió 1957. Después de una estancia de tres años en Canadá me dirigía a mi casa en Inglaterra, vía el Caribe, donde conocí a Paul Kennedy, quien sería mi marido, corresponsal del *New York Times*, para cubrir una de las múltiples revoluciones de Haití. Nos enamoramos y, unos meses después, me encontré desembarcando de un carguero holandés en el puerto de Veracruz, en México. Y así se inició una nueva vida llena de aventuras.

Las primeras impresiones que tengo de la Ciudad de México, y que permanecerán por siempre grabadas en mi memoria, son de amplias avenidas arboladas, cielos de un brillante color azul, y la magnificencia de los volcanes nevados que parecían montar guardia sobre los lagos y sobre la ciudad que yacía a sus pies. Las calles eran tranquilas y ordenadas, sobre todo durante la siesta de la tarde, pero los mercados que estaban dispersos por todos los rumbos de la ciudad eran un panal de actividad: estaban llenos de chiles exóticos, de hierbas y frutas de colores y aromas vibrantes. Todo esto me cautivó de inmediato. Empecé a explorar, a hablar de comida con todo aquel que estuviera dispuesto a responder mis interminables preguntas y, desde luego, también empecé a cocinar y a probar todas esas texturas desconocidas y excitantes y todos esos nuevos sabores.

Unos años después, Craig Claiborne, entonces editor del *New York Times*, y su colega Pierre Franey, vinieron a México para hacer un artículo sobre restaurantes mexicanos. Nos reunimos para tomar una copa y me ofrecí a conseguirle un libro de cocina mexicana a Craig. "No", respondió. "Mejor espero a que tú escribas uno." Su comentario me impactó y causó en mí un sobresaltó que sembró una semilla en mi subconsciente.

Varios años después, tras la muerte de Paul debido al cáncer, de nuevo fue Craig quien me alentó a dar mis primeras clases de cocina mexicana en mi departamento de Nueva York. Era el inicio de la época dorada del estudio sobre distintas cocinas, sus exóticos ingredientes y sus distintas maneras de prepararlas. Por ello estábamos –y aún estamos– en deuda con Craig, por llevar una nueva sofisticación al periodismo culinario, y también estamos en deuda con Julia Child, que con su entusiasmo contagioso nos convencía en televisión de que cada ama de casa podría elaborar, sin lágrimas, una fantástica comida francesa.

Craig anunció las inminentes clases de cocina en el *Times*. Me inundaron las solicitudes y pronto tenía seis banquillos en mi pequeña cocina del *Upper West Side*, ocupados para una serie inicial de cuatro clases.

Uno de esos solicitantes sería, y aún es, mi editora, Frances McCullough. Aunque en ese entonces ella se encargaba de editar poesía en Harpers & Row, Fran también era una californiana exiliada, en busca de buena comida mexicana. Ella quería saber si yo estaba dispuesta a escribir un libro para Harpers & Row.

Yo estaba muy nerviosa. Le advertí a Fran que no sabía escribir. Ella insistió. Le envié unos borradores. Aunque sabiamente no me lo dijo en ese momento, luego me confesó que, en su interior, estaba de acuerdo con mi aseveración de que yo no sabía escribir. De nuevo, me dirigí a México para mi acostumbrado viaje de investigación. Volví a Nueva York, leí lo que había escrito, lo rompí y empecé de nuevo. Fran me llamó a media noche. Acababa de leer el nuevo material y quería hablar conmigo cuanto antes. "¿Qué ocurrió durante el verano? aprendiste a escribir." Eso fue en 1969.

Y así nació mi primer libro, *The Cuisines of México* (*Las cocinas de México*): la culminación de fuerzas invisibles que me lanzaron al inexplorado terreno de la escritura sobre comida; no había nada que yo pudiera hacer al respecto.

Mientras el libro estaba en proceso muy pocas personas –además de Fran– sabían de qué estaba yo hablando, excepto quizá quienes habían viajado y comido bien en México. Era le época del "combo" o plato combinado, y muy pronto nos percatamos que sólo al interior de Harpers teníamos que hacer una gran labor de convencimiento sobre la existencia de auténticas cocinas regionales mexicanas. Ahí, en ese preciso instante, decidimos alimentar a todas las personas encargadas de los distintos pasos de la producción del libro, desde luego, con un buen número de margaritas.

Tuvimos que convencer a todo el mundo, al departamento artístico para que nos diera fotografías a cuatro colores en vez de los encantadores dibujitos que habían sugerido; a los de ventas para que arremetieran con la estrategia adecuada; al diseñador para que captara el espíritu del libro; a los clubes de libros para que se emocionaran con el proyecto, sin olvidar a los vendedores de libros a lo largo y ancho de Estados Unidos. Cociné y cociné. El equipo de Harpers se contagió de mi entusiasmo y me ayudaron a cargar treinta enormes cazuelas de comida a Washington D.C., en medio de una terrible onda de calor, para asistir a la convención anual de vendedores de libros. Nuestros invitados estaban atónitos y felices. Por fin todo el mundo entendió de qué hablábamos y nos dieron carta blanca. *Las cocinas de México* apareció en el otoño de 1972 ante la aclamación popular.

Había mucho más de qué escribir, y de nuevo el destino jugo un papel en ello. Un accidente deportivo, que me mandó a la cama durante varios meses, hizo que retomara mi labor de la forma más inesperada. Totalmente frustrada por verme limitada de movimientos, empecé a cavar en mi cada vez más grande colección de libros de cocina mexicana en español, sobre todo en los de la señora Josefina Velásquez de León, pionera en el registro de las recetas de las amas de casa de la provincia mexicana. Entonces me di cuenta de lo poco que existía publicado en inglés sobre esas deliciosas comidas que ganaban una popularidad cada vez mayor en otros países: tacos, enchiladas y tostadas. Decidí que tenía que dedicarle un librito al tema de las tortillas de maíz y a todo lo que puede hacerse con ellas, combinadas con chiles, queso, crema y salsas, así como con carnes y vegetales, para hacer platillos deliciosos, y a menudo muy económicos. La idea tomó forma y, a pesar de que no era nada fácil encontrar una buena tortilla en Estados Unidos en esa época, *El libro de la tortilla* apareció en 1975.

Mi visita anual a México se extendió a casi seis meses, durante los cuales viajé obstinadamente -con poco presupuesto y ninguna comodidad- a sitios remotos donde me aguardaban algunas sorpresas culinarias que, en ocasiones, nunca antes se habían registrado. Realicé mi "aprendizaje" en una panadería de la Ciudad de México, donde aprendí los secretos del buen pan dulce -el mío se vendía junto con el de los panaderos profesionales, maestros maravillosos que se enorgullecían de mi esfuerzo. En esos viajes conocí y trabajé con extraordinarios cocineros y cocineras regionales sobre quienes escribí en *Los cocineros regionales de México* un libro que, sin que yo lo supiera, estaba tomando forma. Se publicó en 1978.

A lo largo de esos años, daba clases en escuelas de cocina por Estados Unidos en un esfuerzo para darles a mis estudiantes un panorama de la diversidad de las cocinas regionales de México. Aun estos entusiastas se sorprendieron tanto como el personal de Harpers en aquella primera comida. Desde luego, en aquella época los ingredientes auténticos eran pocos y difíciles de conseguir, pero no me di por vencida: cargaba los ingredientes desde México para poder duplicar esos sabores con la mayor fidelidad posible, hasta que hubo una distribución más amplia de los chiles y las hierbas que son esenciales para lograrlo. Puedo reclamar el reconocimiento y la difusión del epazote, cuya planta encontré en el Central Park de Nueva York y en varios otros sitios de Estados Unidos.

La labor de unir estos tres libros no ha sido una labor fácil ni alegre. Sentí que estaba descuartizando a mis hijos mientras cortaba los libros para hacer de ellos un solo volumen que no resultara demasiado engorroso. Cada uno representó una piedra de toque en mi vida, y he vivido feliz en su compañía desde que se publicaron. Aquí he simplificado las recetas donde esto ha sido posible, modernizándolas, pero sin perder el espíritu de su generación. He tratado de no tocar los textos introductorios porque son "cuadros hablados" de lo que vi y viví durante esos años: un México del pasado.

Hay 33 nuevas recetas, todas fascinantes y deliciosas, de distintas regiones de México: un pico de gallo de durazno del Estado de México; el muy popular arroz a la tumbada (arroz con mariscos) de Veracruz; pollo en cuitlacoche (el hongo del maíz) de Puebla; antojitos maravillosos de las cantinas de Mérida y Yucatán, y pollo en barbacoa de Chiapas.

Estoy segura de que esta reencarnación de viejos amigos llegará a un nuevo público, a medida que futuras generaciones de mexicano-americanos se vuelvan más conscientes de su legado culinario y una nueva oleada de jóvenes chefs se sumerja en estas recetas que son auténticas y emocionantes. Estoy segura de que, entre ellos, podré contar a mis devotos seguidores a quienes les estoy tan agradecida por su interminable entusiasmo hacia mis libros y mis clases, y por sus cartas de agradecimiento que he guardado cuidadosamente a lo largo de los años. Ellos y ellas también han ayudado a conservar el espíritu de estas fascinantes cocinas.

Diana Kennedy, 2000.

Prólogo

✤

ranscurre mucho tiempo entre un comentario ocioso, un deseo casual y una muy anhelada realidad.

Conocí a Diana Southwood Kennedy por primera vez hace más de veinte años en su casa de la calle de Puebla, en la Ciudad de México. En aquella época yo era editor de noticias gastronómicas y crítico de restaurantes para el *New York Times*. Su esposo Paul, un ser gentil, de alma efusiva y con una gran pasión por la vida, era corresponsal para el mismo diario en Centro América, México y el Caribe. Durante su vida –Paul murió en 1967– su casa fue un sitio internacional de reunión; un punto de encuentro donde hombres y mujeres de los ámbitos más interesantes del planeta llegaban a discutir sobre arte, política, las distintas revoluciones que surgían aquí y allá, y el estado del mundo en general. Y –quizá sobre todo– para disfrutar de la comida de Diana.

Pero lo que recuerdo con más claridad sobre mi primer encuentro con ella fue su ofrecimiento de comprarme un libro de cocina mexicana. "No", objeté. " Mejor espero al de verdad; al día en que publiques uno."

Siempre he sentido una gran pasión por la comida mexicana desde que, como niño, le compraba tamales a un vendedor ambulante en el pueblito donde yo vivía en Mississippi. (Corrían espantosos rumores sobre el origen del relleno de carne pero, ¡bah!,

COCINA ESENCIAL DE MÉXICO

a mí no me importaba en lo absoluto.) Jamás he probado una comida tan gloriosa como la que había en casa de Diana, y con buena razón. No conozco a nadie más con su entrega para buscar la gran cocina mexicana. (Si su entusiasmo no fuera hermoso, estaría en el límite de ser una manía.)

Diana me descubrió y me enseñó a hacer la que yo considero una de las grandes bebidas del mundo (¿es un coctel?, nunca he podido decidirlo): la sangrita (no sangría). Se hace con jugo de naranja agria y jugo de granadas machacadas. Se bebe, desde luego, con tequila. Pero más allá de eso: ¡la comida de Diana! Santo cielo, ¿hay algo que iguale sus papadzules –esa especialidad yucateca hecha con salsa de pepita, huevos y tortillas–; o su carne de cerdo en salsa de chile, o la calabaza con crema, o los tamales de todos tipos? Con razón la cocina de Diana tiene un aroma mucho más invitante que el de la mayoría de las cocinas.

Hace mucho tiempo, ella y yo concordamos sobre los méritos de la cocina mexicana. Decidimos que es comida terrenal, festiva, alegre: para celebrar. En resumen, es una comida campesina elevada al nivel de un arte sublime y sofisticado. Con motivo de la publicación original del libro escribí: "Si este libro es una medida del talento de Diana, probablemente se convertirá en el libro definitivo en inglés sobre este arte tan edible." El tiempo ha comprobado que así es, y todos los verdaderos amantes de la cocina mexicana compartirán mi entusiasmo por esta edición revisada.

Craig Claiborne, 1986.

Prefacio

Tras muchas peregrinaciones, conocí a Paul Kennedy en Haití el verano en que él cubría una de las muchas revoluciones de ese país para el *New York Times*. Nos enamoramos y lo alcancé en México a finales de ese año.

Y así comenzó mi vida en México. Todo era nuevo, emocionante y exótico. A Luz, nuestra primera muchacha, le encantaba cocinar. Un día trajo a casa su molino de maíz e hicimos tamales: primero cocimos el maíz en una solución de cal y agua, lo refregamos para quitarle la piel a cada grano, y luego los molimos hasta obtener la textura adecuada. Parecía una labor eterna, y no aguantábamos el dolor de espalda. Pero jamás olvidaré esos tamales. Ella nos introdujo a los dos a los mercados y nos enseñó a usar las frutas y verduras que nos eran desconocidos.

Por fin Luz se tuvo que ir, y llegó Rufina, de Oaxaca: era su primer empleo. Era joven y de mal carácter, pero era una cocinera maravillosa y mi aprendizaje continuó a medida que me enseñó a hacer sus albóndigas especiales, conejo en adobo, y cómo destripar una gallina.

Pero supongo que mi deuda más grande es con Godileva. Yo adoraba las tardes en que se quedaba a planchar. Entonces platicábamos sobre su infancia en el rancho de su padre en una zona remota de Guerrero. Había tenido una vida benigna y le encantaba la buena comida. Nos hacía tortillas y, antes de la hora de comer, nos preparaba gorditas con tuétano. Cuando entrábamos por la puerta nos ofrecía, recién salidos del comal, sopes atestados de salsa verde y crema. Nos turnábamos para moler los chiles y las especias en el metate, y su receta de chiles rellenos es la que incluyo en este libro.

También tuve otras influencias.

Durante varios viajes al interior de la República, mi amiga Chabela Marín me enseñó casi todo lo que sé sobre artesanías mexicanas. Juntas visitamos a los artesanos en áreas remotas y, en esos recorridos, probábamos todas las comidas y las frutas de la región. Fue ella quien pasó largas horas en mi cocina enseñándome, con meticulosas instrucciones, las especialidades de la famosa cocina de su madre en Jalisco.

Por fin nuestra estancia en México llegó a su fin. Paul llevaba dos años luchando valerosamente contra el cáncer y era tiempo de volver a Nueva York. Para entonces habíamos viajado muchísimo, y por mi parte, había recorrido prácticamente todo el país en auto, observando, comiendo, haciendo preguntas. Empecé a coleccionar libros antiguos de recetas y a sumergirme en el pasado gastronómico para aprender más a fin de completar el libro de cocina que esperaba algún día completar.

Paul murió a principios de 1967. Ese mismo año Craig Claiborne me sugirió que iniciara unas clases de cocina mexicana. Supongo que no estaba lista para empezar una nueva empresa: los últimos tres años me habían entristecido y agotado demasiado. Pero la idea se había sembrado en mí y, en enero de 1969, los domingos por la tarde, empecé a dar una serie de clases de cocina mexicana: las primeras que hubo en Nueva York. Una invernal tarde de domingo es un momento perfecto para cocinar, y la idea tuvo éxito.

Las clases se expandieron más allá de esas tardes de domingo, y el trabajo en el libro también progresó. Pero en tanto que las clases siguen floreciendo y creciendo, la investigación y las pruebas han llegado a un alto temporal: tan sólo para permitir que por fin se publique el libro, pues me encuentro a mí misma sumergida en un perpetuo proceso de refinamiento debido, por un lado, a los frecuentes viajes que hago a México para descubrir nuevos platillos y para refinar los que ya conozco y, por otro, por el constante diálogo que establezco con mis estudiantes y mis amigos que prueban estas recetas a mi lado.

Diana Kennedy, abril 1972.

Entradas

Sin duda el mexicano es uno de los pueblos que más veces botanea. Y, ¿cómo culparlo con semejante variedad de antojitos que se ofrecen en las calles y en los mercados? Aun si uno no cree tener hambre, el aroma, la habilidad artística con que están hechos o simplemente la curiosidad de probar algo nuevo resultará seductora, porque los cocineros y cocineras mexicanos se cuentan entre los más creativos del mundo. La próxima vez que recorra las calles de cualquier ciudad o pueblo mexicanos haga una pausa en la taquería de la esquina para ver si no se le hace agua la boca cuando las blandas y calientes tortillas se rellenan con carne deshebrada o carnitas, y se empapan con una robusta salsa de tomate verde recién salida de un gigantesco molcajete negro; o cuando las quesadillas se tortean y se rellenan con flores de calabaza y se doran en un comal. A cualquier hora del día y hasta bien entrada la noche, siempre hay grupos de personas paradas comiendo con gran concentración... porque no hay tiempo para hablar.

En Ensenada la almeja pismo es la favorita de los carritos que inundan las aceras; en el mercado de La Paz los tacos se hacen de pescado deshebrado; y en Morelia, se hacen de sesos espolvoreados con cilantro picado. Cuando uno recorre los mercados del centro de México encuentra comidas completamente prehispánicas, como pescaditos envueltos en hojas de maíz y cocidos al carbón, o tlacoyos, que son piezas ovaladas de una masa bastante gruesa rellenos de pasta de frijol. En la parte de atrás del mercado de Oaxaca uno puede detenerse por un bocadillo de chapulines tostados y el perpetuo favorito de todos en todas partes: elotes recién salidos de la vaporera o tostados al carbón hasta dorarlos. Y con todos los maravillosos antojitos que existen en Yucatán, no puedo sino arquear las cejas cada vez que veo un carrito que, con gran orgullo ostenta su letrero de "hot dogs", en los alrededores de la plaza de la catedral. Si quiere algo más ligero siempre están los cacahuates y las pepitas, aún calientes en sus cáscaras ligeramente ennegrecidas por recién tostadas, y en Chihuahua hay unas bellotas diminutas, las más pequeñas que he visto, que son ligeramente dulces y a la vez amargas.

En casi cualquier esquina puede llegar una mujer con su bracero de carbón y una gran plancha de metal con un pozo circular en el centro para la grasa y un borde para poner el relleno guisado de las enchiladas recién fritas. Nunca olvidaré las calles que rodean al mercado de Puebla donde los domingos al atardecer todo el mundo parece escabullirse alrededor con los braceros, el carbón o las canastas de comida, y el humo que sale de algunas puertas trae consigo la penetrante fragancia del ocote –las delgadas tiras del pino resinoso– que se usan para encender el carbón.

Para combatir el calor del mediodía, los puestos se cubren con decorativas hojas verdes y venden mangos pelados, cortados como una flor y clavados a un palito de madera como si fueran paletas de caramelo, así como otras innovaciones recientes: pequeños conos de papel en rejillas que se desbordan con la mezcla de frutas como sandía, melón, piña y pepino, todo ello espolvoreado con sal y chile piquín en polvo cuando se sirven. Y más adelante en el año aparecen las jícamas rebanadas, pepinos abiertos a lo largo como flores y los camotes calientes.

Los vendedores ambulantes empujan sus pequeñas carretillas a lo largo de kilómetros para asentarse en las afueras de alguna institución u oficina gubernamental, hospital, escuela o prisión para ofrecerle sustento al incontenible flujo de personas que transitan por ahí. Cada vez que se junta una muchedumbre para observar el trabajo de los policías o de los bomberos, aparece un hombrecito de la nada, empujando un carrito de antojitos para confortar a los excitados mirones. En su libro *Cocina Mexicana*, Antonio Mayo Sánchez escribe: "Cualquiera de una docena de variedades constituye el antojito ideal para amainar el apetito mientras llega la hora de la cena, o para sostener el estómago contra los efectos del coctel mientras se atiende a las visitas, o simplemente para justificar su mismísimo nombre: antojito."

Sikil P´ak

Yucatán

Rinde aproximadamente 1 1/2 tazas (375 ml)

Según el finado doctor Alfredo Barrera Vásquez, eminente etnólogo mayista, el nombre correcto de este platillo es ha´-sikil-p´ak: ha significa *agua* y sikil, *pepitas de calabaza*. Es una mixtura auténticamente maya, excepto por la adición del cilantro, que debe haber sido posterior, y por la sustitución del cebollín, que se parece mucho en gusto y en apariencia a la *cebollina* (una variedad de la misma planta) que tanto se usa en las cocinas de Campeche y de Yucatán.

Hoy en día el sikil p´ak se sirve en Yucatán como *dip* (¡una palabra horrible!) con totopos o tortillas tostadas, y resulta mucho más saludable que esos espantosos *dips* industrializados que vienen en sobrecitos o que parecen chicloso de queso. Si usted se siente particularmente extravagante con respecto a su ingestión de calorías, puede untar el sikil p'ak sobre *pimes*: deliciosas gorditas de masa de maíz con exquisitos pedacitos de carne de cerdo, que se llaman *lomitos* (pág. 348).

Muchas cocineras aseguran que los jitomates tienen que hervirse, pero yo prefiero el sabor de los jitomates asados, de modo que puede elegir la opción que más le apetezca. El chile habanero es opcional aunque, como lo he dicho en tantas ocasiones, tiene un sabor absolutamente seductor.

En Yucatán se usan las pepitas más diminutas y sin pelar que se llaman *chinchillas*, y que miden como 15 mm de largo y 75 mm de ancho. Sin embargo, yo he preparado el sikil p'ak con las pepitas de prácticamente todo tipo de calabazas con que me he topado, y sabe delicioso, siempre y cuando tueste bien las semillas y las muela muy finas –hasta que estén casi pulverizadas–, y si no puede obtener la chinchilla original, para enriquecer el sabor, agregue una pequeña cantidad de pepitas peladas.

1 taza (250 ml) de pepitas de calabaza crudas, enteras
1/4 de taza (65 ml) de pepitas de calabaza crudas, peladas
1 chile habanero o cualquier chile verde fresco, limpio
1 1/2 cucharaditas de sal, o al gusto
340 gr de jitomates asados (véase pág. 590)
aproximadamente 2/3 de taza (165 ml) de agua
2 cucharadas copeteadas de cilantro, toscamente cortado
2 cucharadas copeteadas de cebollín finamente picado

Caliente una cacerola gruesa o un comal y tueste lentamente las pepitas con todo y cáscara, volteándolas con frecuencia, hasta que la cáscara esté bien dorada y crujiente (algunos tipos de pepitas empezarán a tronar y abrirse). Agregue las pepitas peladas y tuéstelas durante un minuto más. Déjelas a un lado a que enfríen. Mientras tanto, ase el chile, volteándolo de vez en cuando, hasta que esté ampollado y tenga manchas de color café y negro.

Con un molino eléctrico para especias o café, muela las semillas junto con la sal hasta obtener un polvo un poco texturado. Transfiéralo a un tazón pequeño.

Licúe brevemente los jitomates sin pelar con 1/3 de taza (85 ml) de agua. Incorpórelos a las pepitas molidas, junto con el cilantro, el cebollín y el chile entero. (Si prefiere que el sikil p'ak esté más picante, licúe un pedacito de chile con los jitomates, antes de agregarlos a las pepitas.) La mezcla debe tener la consistencia de una mayonesa. Si está demasiado espesa, quizá sea necesario agregar un poquito más de agua para diluirla. Sirva el sikil p'ak a temperatura ambiente, como botana.

Nota: Puede preparar el sikil p'ak con anticipación. Se conserva durante unos días, aunque el cilantro fresco se marchita un poco.

Queso relleno
Yucatán
Rinde 8 porciones

En Yucatán este queso relleno se sirve como entrada bañado de dos salsas, una de jitomate y otra que se prepara con el jugo de la carne y que se llama *kol*. Es un platillo muy elaborado en cuanto a su preparación y a su sabor. Es relativamente tardío dentro de la cocina de la península de Yucatán y constituye una forma fascinante y curiosa de usar los quesos holandeses redondos que (antes) se encontraban a muy buen precio en los puertos de Chetumal y Cozumel.

Siempre vacíe el queso el día antes de usarlo. Si está seco y un poco duro, remójelo toda la noche en agua fría. Si es nuevo y está suave, no lo remoje, pero déjelo fuera del refrigerador durante la noche hasta que vaya a cocinarlo. El queso se ablanda cuando se cocina, pero el truco consiste en que el exterior y el interior se fundan de manera uniforme sin perder su forma y deshacerse por completo. Calentar el relleno antes de meterlo al queso y cocinarlo a fuego medio ayudan a retener su forma. El tiempo puede variar entre 15 y 35 minutos. Después de los primeros 10 minutos, sienta el queso para ver qué tan suave está.

Resulta casi imposible dar un tiempo exacto de cocción, pues varía muchísimo dependiendo de la edad del queso y de elementos como las condiciones bajo las cuales se ha almacenado el queso, etc.

Algunas de las cocineras de Campeche envuelven el queso en una hoja de plátano. Esto no sólo le da un sabor sutil, sino que también constituye una base atractiva para el queso en el platón de servir. A otras cocineras yucatecas les gusta sumergir el queso en el caldo de la carne para suavizarlo, pero a mí me parece que se hace un batidero a la hora de desamarrar y servirlo.

Un queso Edam de 1.8 kg

LA CARNE PARA EL RELLENO

225 gr de carne de cerdo

225 gr de carne de res

3 1/2 tazas (875 ml) de agua

sal al gusto

3 dientes de ajo, sin pelar y tostados (véase pág. 591)

1/4 de cucharadita de orégano tostado (si es posible, de Yucatán) (véase pág. 586)

LA BASE DE JITOMATE PARA EL RELLENO Y PARA LA SALSA

2 cucharadas de manteca o de aceite vegetal

1/2 pimiento verde mediano finamente picado

1/2 cebolla blanca mediana finamente picada

1 cucharada copeteada de alcaparras grandes, escurridas

565 gr de jitomates finamente picados (3 tazas/750 ml)

15 aceitunas verdes sin semillas, toscamente picadas

1 cucharada copeteada de pasas

1/2 cucharadita de sal

EL RELLENO

10 pimientas negras

2 pimientas gordas

2 clavos enteros

una raja de canela de 75 mm

sal al gusto

3 dientes de ajo

1/2 cucharada de vinagre blanco suave

4 huevos cocidos

un poquito de aceite vegetal

KOL

2 tazas (500 ml) de caldo de las carnes

2 cucharadas de harina

una pizca de azafrán

1 chile x-cat-ik o chile güero, tostado (no lo pele; véase pág. 560)

LA SALSA DE JITOMATE

El resto de la base de jitomate

1/2 taza (125 ml) de jugo de jitomate o agua

sal al gusto

PARA PREPARAR EL QUESO: Quítele la piel roja al queso. Corte una rebanada de 1.5 cm en la parte superior para hacer una "tapa". Vacíe el interior del queso hasta que le quede una concha como de 1.5 cm de ancho. Si el queso está muy duro, déjelo remojando toda la noche (consulte el inicio de la receta). Guarde el queso que sacó para usarlo en otro platillo.

PARA PREPARAR LA CARNE DEL RELLENO: Corte la carne en cubos de 1.5 cm y, junto con el resto de los ingredientes para el relleno, agréguela a la olla. Deje que rompa el hervor, baje el fuego, y cuézala hasta que esté suave: de 30 a 35 minutos. Deje que la carne se enfríe en el caldo.

Escurra la carne y guarde el caldo. Pique la carne finamente.

PARA PREPARAR LA BASE DEL RELLENO Y LA SALSA DE JITOMATE: Caliente la manteca y fría lentamente el pimiento, la cebolla y las alcaparras, sin dorar, hasta que estén suaves.

Aplaste los jitomates y agréguelos, junto con el resto de los ingredientes, a la sartén. Cocine todo a fuego medio durante aproximadamente 8 minutos.

Divida la mezcla en dos: la mitad para el relleno y la otra mitad para la salsa.

PARA PREPARAR EL RELLENO: Muela las especias con la sal, el ajo y el vinagre.

Coloque las carnes, la mezcla de especias y la base de tomate en una sartén grande y mezcle todo muy bien.

Separe las claras de las yemas cuidando que no se rompan. Coloque las yemas aparte. Pique las claras finamente y agréguelas a los ingredientes de la sartén.

Cocine la mezcla a fuego medio durante aproximadamente 8 minutos: debe quedar casi seca.

Ponga la mitad del relleno dentro del queso. Meta las yemas enteras y cúbralas con la otra parte del relleno. Coloque la tapa del queso.

Unte bien el exterior del queso con aceite y envuélvalo firmemente con un trapo, anudándolo en la parte de arriba. Coloque el queso en un plato pequeño dentro de la vaporera. Asegúrese de cerrar bien la vaporera y deje que el queso dentro hasta que esté suave (consulte el inicio de la receta).

PARA PREPARAR EL *KOL*: Mientras tanto, prepare la salsa. Caliente el caldo. Agregue un poquito del caldo a la harina y menéelo hasta obtener una mezcla lisa. Agregue el resto del caldo a la mezcla hasta que esté lisa. Devuélvala a la olla y cocínela a fuego bajo hasta que espese ligeramente, meneándola de manera constante. Agregue el azafrán y el chile. Deje la salsa a un lado. Manténgala caliente.

PARA PREPARAR LA SALSA DE JITOMATE: Caliente la base de jitomate junto con el jugo de tomate y sal, si es necesario.

PARA SERVIR: destape el queso, quítele la "tapa". Vierta la salsa caliente de jitomate y el *kol* sobre el queso. Sirva con bastantes tortillas calientes y con salsa de chile habanero (véase pág. 308). Cada persona prepara sus tacos.

Papas escabechadas
Yucatán
Rinde aproximadamente 2 2/3 tazas (665 ml)

Junto con las dos recetas siguientes –ibis escabechados y calabaza frita– ésta es una de las tres botanas muy sabrosas que se sirven de manera gratuita en las cantinas de Mérida. Desde luego, el chiste de estas botanitas es que uno beba más, de modo que deben ser saladas. Son de mis favoritas y junto con el sikil p'ak (véase pág. 23) constituyen deliciosas botanas vegetarianas. El jugo de la naranja agria le da a estas papas un sabor muy especial.

Estas papas saben mejor si se les prepara aproximadamente una hora antes de servirlas. Se conservan hasta el día siguiente.

1 taza (250 ml) compacta de cebolla blanca, rebanada delgada

agua hirviendo para cubrir

sal al gusto

1/4 de taza (65 ml) de jugo de naranja agria o de limón

1/2 chile habanero finamente picado

340 gr de papas, cortadas en cubos de 2 cm

1/3 de taza (85 ml) compacta de cilantro finamente picado

Cubra la cebolla con el agua hirviendo y remójela un minuto. Escúrrala, agregue sal al gusto, e incorpore el jugo de naranja agria y el chile. Deje la mezcla en un tazón de vidrio a temperatura ambiente para que se macere mientras se cuecen las papas.

En una olla pequeña ponga suficiente agua para cubrir las papas. Deje que rompa el hervor y agregue las papas. Cuézalas a fuego medio hasta que estén apenas tiernas: aproximadamente 8 minutos. Escúrralas, deje que se enfríen un poco y pélalas, pero agréguelas a la mezcla de cebolla mientras aún están tibias. Incorpore el cilantro y agregue más sal, si es necesario. Sírvalas a temperatura ambiente.

Ibis escabechados
Yucatán
Rinde aproximadamente 3 tazas (750 ml)

Los ibis frescos o secos se usan mucho en la península de Yucatán. Se parecen mucho a las habas.

1 taza (250 ml) compacta de cebolla blanca, rebanada delgada

agua hirviendo para cubrir

1/4 de taza (65 ml) de jugo de naranja agria o de limón

1/2 chile habanero finamente picado

340 gr de habas (aproximadamente 2 1/2 tazas/ 625 ml)

1/3 de taza (85 ml) compacta de cilantro finamente picado

Cubra la cebolla con el agua hirviendo y déjela remojando un minuto. Escúrrala, agregue sal al gusto, el jugo de naranja agria y el chile habanero. Deje que todo repose en un tazón de vidrio a temperatura ambiente para que se macere mientras cuece las habas.

En una olla pequeña ponga suficiente agua para cubrir las habas. Deje que rompa el hervor y agregue las habas. Cuézalas a fuego medio hasta que apenas estén tiernas: aproximadamente 10 minutos. Escúrralas y, mientras aún están tibias, agréguelas a la mezcla de cebolla. Incorpore el cilantro y añada más sal, si es necesario. Sírvalas a temperatura ambiente.

Calabaza frita
Yucatán

Rinde aproximadamente 5 tazas (1.25 l)

Aunque esta receta tiene un nombre prosaico, es una forma deliciosa de hacer la calabaza, ya sea tierna o madura. Al igual que la señora Berta López de Marrufo, una de mis *gurús* de cocina yucateca, yo prefiero la calabaza madura.

La primera vez que la probé fue en una cantina de Mérida donde la sirvieron como botana, con totopos. Si se le agregan costillas de cerdo cocidas, puede convertirse en un platillo principal.

La calabaza que se usa ahí se parece a una pequeña calabaza redonda excepto porque tiene la piel verde oscuro y su carne es de color naranja pálido. En esta receta no es necesario precocerla. Como todas las calabazas, una vez que madura, la cáscara se endurece. Yo prefiero dejársela mientras se cuece.

El chilito dulce llamado *botanik* es muy típico de Yucatán. Puede sustituirlo con cualquier pimiento verde, aunque no tendrá la delicadeza del sabor y la textura del *botanik*.

La calabaza frita es el tipo de platillo que puede prepararse con varias horas, o incluso con un día de anticipación lo que, de hecho, mejora su sabor. Pero no sugiero congelarla porque se vuelve pastosa.

900 gr de calabaza sin pelar, cortada en pedacitos
de 1/3 a 1/2 taza (85 a 125 ml) de aceite de oliva, que no sea extra virgen
una cebolla blanca pequeña finamente picada (1/2 taza/ 125 ml)
340 gr de jitomates finamente picados (aproximadamente 2 tazas/ 500 ml)
sal al gusto

PARA SERVIR
1/3 de taza (85 ml) de queso añejo o romano finamente rallado

PARA UNA CALABAZA MADURA: Ponga los pedacitos de calabaza en una olla grande, cúbralos con agua y deje que rompa el hervor. Baje la flama y deje la calabaza tapada, hasta que todavía esté un poco firme: aproximadamente 20 minutos, según el tipo de calabaza. Escurra, pele y corte la calabaza en cubos de 1.5 cm. Déjela a un lado.

Caliente el aceite en una cacerola grande. Agregue la cebolla, el chile y los jitomates con sal al gusto y cocínelos a fuego medio. Revuelva de vez en cuando para evitar que se peguen, hasta que estén bien sazonados y conserven un poco de jugo: aproximadamente 8 minutos.

Añada la calabaza en cubos y mezcle bien. Siga cocinando a fuego bajo, revolviendo de vez en cuando para que no se pegue, durante alrededor de 15 minutos. Si la mezcla se seca mucho agregue un poquito de agua. Pruebe cómo está de sal. Retire del fuego y deje que se sazone por lo menos 30 minutos.

Sirva la calabaza con el queso espolvoreado y con tostadas.

Salpicón yucateco
YUCATÁN
Rinde 6 porciones

En Tampico, en la costa del Golfo, a uno le ofrecen tacos de salpicón de jaiba (carne deshebrada de cangrejo, guisada con cebolla, chile y cilantro). Más al sur, a lo largo de la Laguna de Tamiahua, el salpicón es más complejo: se llama *saragalla* y está hecho de pescado deshebrado con aceitunas, pasas y alcaparras. Pero en Yucatán el salpicón más común se hace –o se hacía– de carne de venado deshebrada que primero se cuece en una barbacoa que se llama *pib*. Luego se mezcla con jugo de naranja agria, rábanos finamente picados y cilantro. Éste es un relleno muy fresco para tacos en un día caluroso.

Una vez preparado el salpicón debe consumirse en el lapso de una hora si es posible. Después de ese tiempo los ingredientes pierden su frescura y el color de los rábanos empieza a teñir la carne.

Puede usarse cualquier tipo de carne. De hecho, sería una forma interesante de usar cualquier sobrante de un asado.

1 taza (250 ml) de carne cocida y deshebrada
1/2 taza (125 ml) de jugo de naranja agria o sustituto (véase pág. 593)
2/3 de taza (165 ml) de rábanos, muy finamente picados
3 cucharadas de cilantro, muy finamente picado
sal al gusto

Mezcle todos los ingredientes y déjelos sazonar aproximadamente 30 minutos antes de servir.

Desde luego, este salpicón se sirve a temperatura ambiente con un montoncito de tortillas recién hechas.

Guacamole
Centro de México
Rinde aproximadamente 2 1/3 tazas (585 ml)

La palabra *guacamole* proviene del náhuatl *ahuacatl* (aguacate) y *molli* (mezcla), ¡y vaya si el guacamole es una mezcla hermosa! el color verde pálido del aguacate su subraya con el verde más oscuro del cilantro espolvoreado y el rojo del jitomate. Su belleza definitivamente se enaltece si se sirve en el molcajete en el que se prepara y a donde pertenece por derecho propio. (¡Jamás use una licuadora porque el aguacate se vuelve una pasta suave, sin textura!) Si no tiene un molcajete, use la licuadora para moler los ingredientes de base y agregue el aguacate machacado después.

Por lo general en México el guacamole se consume al inicio de una comida con un cerro de tortillas calientes recién hechas o con otras botanas, como chicharrón o carnitas. A menudo, acompaña a un plato de tacos. El guacamole es tan delicado que es mejor comerlo al momento de su preparación. Hay muchas sugerencias para conservarlo –guardarlo en un recipiente hermético, dejarle el hueso del aguacate, etcétera– pero eso sólo funciona durante un breve lapso. Casi de inmediato el delicado color verde del aguacate se vuelve oscuro y pierde su maravilloso sabor fresco.

2 cucharadas de cebolla blanca finamente picada
4 chiles serranos, o al gusto finamente picados
3 cucharadas copeteadas de cilantro, toscamente picado
sal al gusto
3 aguacates grandes (aproximadamente 630 gr)
115 gr de jitomates finamente picados (aproximadamente 2/3 de taza/165 ml)

PARA SERVIR
1 cucharada copeteada de cebolla blanca finamente picada
2 cucharadas copeteadas de cilantro, toscamente picado

Muela la cebolla, los chiles, el cilantro y la sal hasta formar una pasta.

Corte los aguacates por la mitad, quíteles la semilla, y exprima la pulpa de las cáscaras. Macháquela y agregue a la base de chile para obtener una consistencia texturada que no debe quedar lisa. Reserve una cucharada de jitomate y agregue el resto. Ajuste la sazón y espolvoree el resto del jitomate, la cebolla y el cilantro picados.

Sirva de inmediato a temperatura ambiente (véase el texto de la receta). No recomiendo congelarlo.

Cacahuates enchilados
México en general
Rinde aproximadamente 1 taza (250 ml)

Estas picosas botanitas invariablemente aparecen en la mesa de los bares mexicanos, alentando a todos a beber más tequila, acompañado de esos cuartos de limón en forma de luna creciente. Pero si come demasiados cacahuates o los hace demasiado picantes, puede olvidarse de comer algún platillo delicado y cuidadosamente preparado, porque puede quemarse el paladar con facilidad.

Use un chile piquín o de árbol tostado y molido y no un polvo industrial que tiene conservadores y otras especias.

1 cucharada de aceite vegetal
1 taza (250 ml) de cacahuates sin salar, pelados y sin piel
10 dientes de ajo pequeños
de 1 a 1 1/2 cucharaditas de chile piquín o de árbol en polvo
1 cucharadita de sal, o al gusto

Caliente el aceite en una sartén que tenga el tamaño suficiente para que los cacahuates queden en una sola capa. Agregue los cacahuates y los dientes de ajo y fríalos aproximadamente durante 2 minutos, revolviendo constantemente. Baje la flama un poco, agregue el chile en polvo y la sal, y déjelos al fuego uno o dos minutos a lo sumo –no más–, revolviendo de vez en cuando para que no se peguen. Tenga cuidado de que el chile en polvo no se queme.

Deje que se enfríen antes de servirlos, para acompañar las bebidas.

Mariscos a la marinera
Veracruz
Rinde 6 porciones

Este coctel puede prepararse con cualquier marisco: almejas crudas, callo de hacha, abulón, caracol o camarones cocidos. Esta versión es mucho más fresca y crujiente que el típico coctel de camarones chiclosos, ahogados en una salsa comercial de jitomate o, peor aún, ¡añadiendo –como lo hacen en Veracruz–, un refresco! Es mejor consumirlo cuando está recién hecho, pero si quiere prepararlo con anticipación, no lo deje más de 2 horas o los ingredientes perderán su sabor y su frescura. Naturalmente, no debe estar tan frío que se pierda el sabor y el aceite se cuaje.

Prefiero servir este coctel con tortillas calientes, recién hechas, o con tortillas secas y tostadas en el comal, o en el horno, hasta que están crujientes.

3 docenas de almejas grandes crudas, callos de hacha, o camarones cocidos medianos
1/2 taza (125 ml) de jugo de limón
aproximadamente 340 gr de jitomates finamente picados
(aproximadamente 2 tazas/500 ml)
1 cebolla blanca pequeña finamente picada
(aproximadamente 1/4 de taza/65 ml)
1 aguacate grande, en cubos
de 3 a 4 chiles serranos, o cualquier chile verde, fresco finamente picado
2 cucharadas copeteadas de cilantro fresco finamente picado
3 cucharadas de aceite de oliva
sal y pimienta recién molida, al gusto

Si usa almejas, ábralas o haga que el pescadero las abra. Guarde las almejas con su jugo. Si usa callo de hacha, déjelas marinar en jugo de limón alrededor de una hora. Combine las almejas (y su jugo), u otros mariscos, con el resto de los ingredientes. Ajuste la sazón y sirva el coctel ligeramente frío (véase el texto de la receta).

Caviar de Chapala
Jalisco
Rinde 6 porciones

El nombre habla por sí mismo. A veces se le llama *caviar autóctono*, pues se hace a partir de la hueva de los peces del lago de Chapala. La primera vez que lo probé fue en un restaurante a orillas del lago. Era de carpa, pero puede sustituirse por hueva de lisa o de cualquier otra especie más económica. Este caviar se sirve como entrada, acompañado de tortillas calientes y, aparte, platitos con cebolla, chile serrano, cilantro y jitomates verdes (no maduros), para que cada persona sazone su taco al gusto.

1 cucharada de sal

450 gr de hueva de carpa lisa

1/4 de taza (65 ml) de aceite vegetal o de oliva

180 gr de jitomates finamente picados (aproximadamente 1 taza/250 ml)

2 cucharadas de cebolla blanca finamente picada

1 diente de ajo finamente picado

PARA ACOMPAÑAR

1/2 taza (125 ml) de cebolla blanca finamente picada

1/3 de taza (85 ml) de jitomates verdes (no maduros) picados, o de tomates verdes

1/3 de taza (85 ml) de cilantro finamente picado

1/3 de taza (85 ml) de chile serrano, o de cualquier otro tipo de chile verde,

fresco finamente picado

En una olla poco profunda ponga la sal con el agua y deje que hierva suavemente. Agregue la hueva y deje que hierva suavemente de 8 a 10 minutos, dependiendo de su grosor. Quítela del fuego y escúrrala. Cuando pueda manejarla con las manos, quítele la piel y desmorone la hueva.

Caliente el aceite en una sartén gruesa. Agregue los jitomates, la cebolla, el ajo y fría todo a fuego relativamente alto, revolviendo de vez en cuando y raspando el fondo del sartén, hasta que la cebolla esté suave y la mezcla, casi seca. Agregue la hueva desmoronada con sal al gusto y fría la mezcla a fuego medio, revolviendo constantemente, hasta que esté casi seca y se separe: aproximadamente 5 minutos.

Sirva el caviar caliente, acompañado de la cebolla y de los otros ingredientes finamente picados –aparte, en pequeños tazones– y de tortillas de maíz calientes.

Ostiones pimentados
Tamaulipas
Inspirado por el señor Ángel Delgado, restaurante *Las Diligencias*, Tampico
Rinde de 6 a 8 porciones

Cuando trato de escribir recetas como esta, puedo escuchar mi voz, y otras voces, diciéndome: "¡Es un crimen! Los buenos ostiones se comen crudos." Sí, pero esta forma de comerlos resulta interesante y constituye una sabrosa botana para acompañar las bebidas o, de manera ecléctica, como primer plato, acompañado de delgadísimas rebanadas de pan negro. Ahora que lo pienso, no a todo el mundo le gustan los ostiones crudos pero en cambio consumirán, felices, una lata entera de ostiones ahumados. ¡Basta de excusas! Estos ostiones pueden servirse calientes o a temperatura ambiente, preferiblemente en su concha. La champaña constituye un acompañante maravilloso.

4 docenas de ostiones, abiertos,
con su concha y su propio jugo
2 cucharaditas de pimientas enteras
1/2 cucharadita de sal, o sal al gusto
6 dientes de ajo
1 cucharada de jugo de limón, o más si se desea
2 cucharadas de aceite de oliva
2 hojas de laurel

Caliente el jugo de los ostiones hasta que brote un hervor suave. Agregue los ostiones y sáquelos cuando las orillas empiecen a rizarse: aproximadamente 2 minutos. Escurra los ostiones pero guarde el caldo.

En un molcajete, muela las pimientas con la sal. Machaque e incorpore los ajos y agréguelos poco a poco al jugo de limón. Por último, añada aproximadamente 3 cucharadas del caldo de ostiones que reservó. Mezcle bien.

Caliente el aceite de oliva en una sartén. Agregue las hojas de laurel y la mezcla de pimienta. Cocínela a fuego alto durante unos 2 minutos. Retire la sartén del fuego y agregue los ostiones. Ajuste la sazón. Añada un poco de jugo de limón y, si lo desea, un poco más del jugo de los ostiones.

Sirva los ostiones tibios, o a temperatura ambiente, en su concha.

Nota: Si hace una cantidad grande de ostiones, para obtener mejores resultados escalfe los ostiones ligeramente y escúrralos. Luego prepare las especias y prepárelos al último momento.

Salpicón de jaiba

Tamaulipas

Rinde para rellenar 12 tortillas chicas

A principios de los setenta, cuando visité Tamaulipas por primera vez, me topé con el que se convertiría en uno de mis restaurantes favoritos en aquella época, en el hotel Inglaterra. Su dueño, Fidel Loredo, hermano del famoso restaurantero José Inés Loredo, cuyos establecimientos en la Ciudad de México aún gozan de gran prestigio en la actualidad, me proporcionó esta receta que es tan sencilla como deliciosa. Tiene un toque oriental, como de China, quizá porque los barcos mercantes de ese país atracan en el puerto de Tampico.

La carne era de los pequeños cangrejos azules que hay en la zona. Se requiere mucho tiempo para limpiarlos, pero puede encontrar la pulpa ya lista para usarse.

Este salpicón es delicioso como relleno para taquitos o puede servirse con arroz blanco.

1/4 de taza (65 ml) de aceite vegetal
1/3 de taza (85 ml) de cebolla blanca finamente picada
1/2 taza (125 ml) de apio finamente picado
5 chiles serranos finamente picados, con todo y semillas
1 taza (250 ml) de pulpa de jaiba, cocida y deshebrada
3 cucharadas de cilantro finamente picado
sal al gusto

Caliente el aceite en una sartén y fría la cebolla hasta que esté casi traslúcida.

Agregue el apio, los chiles y la jaiba, y fría todo hasta que dore ligeramente. La mezcla debe quedar bastante seca. Por último, añada el cilantro y la sal, y cocine todo un minuto más.

Sirva con tortillas calientes.

Chicharrón en escabeche
Puebla
Rinde 6 porciones

Hace muchos años, cuando fui a Tehuacán, Puebla, para hacer un trabajo sobre las *matanzas*, o matanza masiva de cabras (véase mi libro *México: una odisea culinaria*) unos amigos que vivían ahí me llevaron a visitar a una anciana famosa por su buena cocina. Vivía en una gran casa de fin de siglo en un triste estado de desesperación, pero los retratos familiares y los muebles gastados hablaban de una época de grandeza pasada. La mayoría de los platillos que preparaba reflejaban su juventud en Alvarado, Veracruz, en compañía de sus padres andaluces, de modo que me sorprendió que esta receta, tan mexicana, fuera una de sus favoritas.

1/4 de taza (65 ml) de aceite vegetal

2 cebollas moradas medianas, en rebanadas gruesas

6 dientes de ajo, enteros

1 1/2 tazas (375 ml) de vinagre, suave o diluido con aproximadamente

1/2 taza (125 ml) de agua

1/2 cucharadita de orégano seco

3 ramas de tomillo fresco o 1/8 de cucharadita de tomillo seco

1/2 cucharada de sal, o al gusto

pimienta recién molida

*225 gr de chicharrón (véase pág. 595), entre más delgado mejor,
en cuadrados de 5 cm*

2 chiles jalapeños en escabeche, cortados en rajas

1 aguacate, pelado y rebanado

Caliente el aceite. Fría la cebolla y el ajo ligeramente, sin dorar, durante aproximadamente 2 minutos. Añada el vinagre, el orégano, el tomillo, la sal, y la pimienta, y deje que rompa el hervor. Agregue las piezas de chicharrón y los chiles y cocine todo a fuego relativamente alto, removiendo de vez en cuando para que no se pegue, hasta que el chicharrón se haya suavizado y absorbido la mayor parte del vinagre: unos 5 minutos. Retire del fuego y deje que enfríe un poco. Sirva el chicharrón, adornado con rebanadas de aguacate.

A mi parecer, el chicharrón en escabeche sabe mejor si se sirve en cuanto se enfríe un poco, pero se conserva de manera indefinida en el refrigerador (aunque cuaja y tiene que estar a temperatura ambiente antes de servirse).

Queso flameado
Norte de México
Rinde 6 porciones

Ésta es la versión mexicana de un *fondue*. Desde luego no es tan delicado, pero es robusto y se complementa muy bien con una salsa picante de tomate y tortillas de harina.

En Guadalajara y sus alrededores se le llama *queso fundido*, pero en los estados del norte, donde es una de las entradas favoritas en los restaurantes que se especializan en carnes asadas, se le llama *queso flameado* o *queso asado*. El queso se derrite en un plato de metal o en un traste refractario no muy profundo que se coloca sobre las brasas calientes de la leña en perpetua combustión. Se lleva chisporroteando a la mesa.

El queso flameado puede servirse solo o con chorizo frito, espolvoreado. En la mesa se pone una salsa picante de tomate o de tomate verde con un montón de tortillas de harina para que cada quien se sirva, al gusto. El queso puede servirse en platos individuales o en uno grande. Calcule 3 tortillas por persona. En cuanto a las salsas vea las recetas para hacer salsa ranchera (pág. 296), salsa de tomate verde (pág. 293) y salsa mexicana cruda (pág. 292).

340 gr de queso Chihuahua, en rebanadas finas
180 gr de chorizo mexicano, sin piel, desmoronado y frito (opcional)
1 1/2 docena de tortillas de harina (véase pág. 78)

En un plato refractario tendido coloque dos capas de queso. Derrítalo sobre la estufa o en el horno y espolvoree el chorizo encima. Caliente las tortillas y sirva de inmediato, con la salsa a un lado.

Chilorio

Sinaloa

Rinde suficiente para rellenar 12 tortillas

En 1971 la señora Castro (cuyo primer nombre ha desaparecido junto con el cuaderno donde lo tenía anotado) me dio esta receta. Ella vivía modestamente en Culiacán y me la habían recomendado como la máxima experta en chilorio. En esos días Culiacán era un pueblito somnoliento donde nadie parecía tener ninguna prisa –sobre todo bajo el intenso calor del verano– y pasamos casi todo el día cocinando y hablando sobre los platillos de la región. Su excelente receta ha soportado la prueba del tiempo y nunca he encontrado una receta o una cocinera que supere a la señora Castro.

900 gr de espaldilla de cerdo o maciza sin hueso, pero con algo de grasa
2 cucharaditas de sal
8 chiles anchos, sin semillas ni venas
1/3 de taza (85 ml) de vinagre suave; complete 1/2 taza (125 ml) de líquido
añadiéndole agua
8 dientes de ajo, toscamente picados
1/8 de cucharadita de comino, machacado
1/4 de cucharadita de orégano
sal al gusto
manteca, la necesaria

Corte la carne en cubos de 2.5 cm y cuézala con sal como si fueran carnitas (véase pág. 47). Cuando el agua se haya evaporado y la carne haya soltado la grasa sin dorarse –aproximadamente 45 minutos– retire la carne de la olla y macháquela en un molcajete hasta que se deshebre, o deshébrela con dos tenedores.

Mientras tanto, prepare la salsa. Cubra los chiles con agua caliente. Remójelos 10 minutos y escúrralos.

Ponga el vinagre diluido en la licuadora junto con el ajo y las especias. Licúe hasta obtener una mezcla lo más lisa posible. Poco a poco añada los chiles y licúelos tras cada adición. La salsa debe quedar espesa, casi como una pasta. Tendrá que detener la licuadora constantemente para liberar las aspas. Añada un poquito más de agua sólo si es necesario, para liberarlas.

En la olla donde coció la carne debe quedar aproximadamente 1/4 de taza (65 ml) de grasa. Si no es así, complete esta medida con manteca. Añada la carne e incorpore bien la salsa de chile. Cocine todo a fuego lento durante 15 a 20 minutos, o hasta que la carne esté bien sazonada y la mezcla quede un poco seca. Raspe el fondo de la olla para que no se pegue.

El chilorio aguanta meses en el refrigerador.

Mochomos sinaloenses

Sinaloa

Receta inspirada por Bonny Rojo, de Culiacán

Rinde aproximadamente 6 tazas (1.5 l)

El nombre *mochomos* resulta curioso. En el este de Sonora es la palabra que usan los indios opata para nombrar a unas hormigas que trabajan de noche. Este popularísimo platillo sinaloense se hace con *machaca*, que literalmente significa carne machacada. Por lo general, se sirve a la hora del almuerzo con tortillas de maíz, frijoles refritos y una sencilla salsa de tomate, o también se come con huevos revueltos. En otras regiones de México, la machaca se hace de carne de res seca y finamente cortada, mientras que en Sinaloa los bisteces de res de aproximadamente 2.5 cm de grueso se salan y secan al sol durante dos o tres días. Así deshidratada la machaca dura mucho tiempo. Antes de usarla, se asa por ambos lados sobre un fuego de leña, luego se apalea –a veces con ajo– con una gran piedra plana especial hasta que la carne quede deshebrada.

Alternativamente, puede cortar la carne en cubos grandes, untarla con 1 1/2 cucharadas de sal fina de mar, y colocarla en una rejilla sobre una cazuela para rostizar en el horno a una temperatura entre 120° y 150°, hasta que la carne se seque. Como este método lleva de 3 1/2 a 4 horas, sugiero el segundo método que se da a continuación. Resulta bastante bien pero, desde luego, le falta el sabor ahumado de la receta original. (Jamás recomendaría agregar un sabor ahumado artificial.)

Este tipo de carne casi siempre es bastante salado, pero puede rebajarse con una salsa poco salada y con tortillas de maíz que, desde luego, no tienen sal. La comida de esta zona no es picante y, por lo tanto, sólo se agrega un chile poblano para esta cantidad de carne mientras que, en Sinaloa, a menudo se usa el chile Anaheim, que es más suave. La cebolla debe quedar crujiente, así que no permita que se cocine demasiado. Un *wok* resulta ideal para cocinar este platillo.

900 gr de aguayón con un poco de grasa
1 1/2 cucharadas de sal gruesa de mar
1/2 taza (125 ml) de manteca o de aceite vegetal
225 gr de cebolla blanca, en rebanadas gruesas
1 chile poblano, asado, pelado, limpio y cortado en cuadritos (véase pág. 564)
salsa para mochomos (la receta aparece a continuación)

Corte la carne en cubos de 2.5 cm. Póngala en una sola capa en una cacerola grande. Añada la sal y agua suficiente para apenas cubrirla. Deje que rompa el hervor, baje el fuego y cocine lentamente la carne sin tapar hasta que el agua se evapore y la carne esté tierna, pero no demasiado suave: aproximadamente de 35 a 40 minutos. Deje que la carne se siga secando a fuego bajo de modo que se seque por fuera y se forme una ligera costra. Déjela enfriar.

Ponga tres pedazos de carne en la licuadora y licúe a velocidad media hasta que la carne esté finamente desmenuzada. Repita con el resto de la carne hasta que toda se desmenuce.

Caliente la mitad de la manteca en una sartén, agregue la cebolla y fríala ligeramente durante alrededor de un minuto, hasta que esté dorada pero todavía opaca. Remueva la cebolla con una cuchara perforada y escúrrala. Déjela a un lado.

Añada el resto de la manteca a la sartén, añada la carne desmenuzada y el chile, y revuelva hasta que toda la carne esté caliente y apenas comience a dorar: de 5 a 8 minutos, aproximadamente.

Incorpore la cebolla, caliente todo, y sirva de inmediato con un poco de salsa para mochomos.

Salsa para mochomos
Sinaloa

Rinde aproximadamente 2 tazas (500 ml)

450 gr de jitomates asados (véase pág. 589)
2 o 3 chiles serranos, tostados (véase pág. 566)
1 rebanada gruesa de cebolla blanca
sal al gusto
2 pimientas negras, toscamente molidas
2 cucharadas de cilantro fresco, toscamente picado (opcional)

Licúe los jitomates con todo y cáscara junto con los chiles, la cebolla y la pimienta, hasta que estén ligeramente lisos.

Sazone al gusto y decore con cilantro.

Carne cocida en limón
Chiapas

Rinde 4 porciones

Las pulquerías de la Ciudad de México y las cantinas de los pueblos siempre han sido famosas por sus botanas –casi todas dan mucha sed– que se sirven de manera gratuita con las bebidas alcohólicas, y la primera vez que visité Tuxtla Gutiérrez, Chiapas, en 1970, me maravilló la infinita variedad y la calidad de estas botanas, que sólo tienen rival en las que se ofrecen hoy día en las cantinas de Mérida, Yucatán. Además de la carne cocida al limón, y las botanas de camarón seco, también servían hueva de pescado, chicharrón en salsa, costillitas de cerdo, frijoles refritos, queso fresco y tacitas de caldo de camarón o caracoles de agua dulce, que se llaman *shotes*, por mencionar sólo algunas de ellas.

1/2 taza (125 ml) de jugo de limón

225 gr de aguayón molido, sin nada de grasa

115 gr de jitomates finamente picados (2/3 de taza/165 ml)

2 cucharadas de cebolla blanca finamente picada

4 chiles serranos finamente picados

sal al gusto

Mezcle bien el jugo de limón con la carne y deje que se "cueza" en el refrigerador durante al menos 4 horas en un tazón de vidrio.

Incorpore el resto de los ingredientes y deje que la carne se sazone durante por los menos 2 horas más.

Sirva con tostadas, ya sea asadas sobre un comal, o fritas.

Botanas de camarón seco

Chiapas

Rinde aproximadamente 25 botanas

115 gr de harina (aproximadamente 1 taza rasa)

1 taza (250 ml) de agua fría

sal al gusto

3/4 de taza (190 ml) de camarones pequeños secos, limpios (véase pág. 596)

1 clara de huevo

1/2 taza (125 ml) de cebolla blanca finamente picada

5 chiles serranos finamente picados

aceite vegetal para freír

Licúe el harina, el agua y la sal durante 2 minutos y deje que la mezcla repose al menos 1 hora.

Enjuague los camarones para quitarles el exceso de sal. Cúbralos con agua tibia y déjelos en remojo 5 minutos, no más.

Bata la clara de huevo hasta que tenga punto de turrón e incorpórela a la mezcla de harina.

Escurra los camarones (si son grandes, córtelos en dos) y añádalos a la mezcla de harina, junto con la cebolla picada y los chiles.

Caliente el aceite en una sartén y deje caer cucharadas de la mezcla, por tandas. Fría las botanas hasta que doren, volteándolas una sola vez. Escúrralas en papel absorbente y sirva de inmediato.

Salsa de albañil
Ciudad de México
Rinde para 12 tacos

A los albañiles se les atribuyen muchos tipos de salsas y de platillos hechos a base de huevos. Ésta es más que una salsa; era una de las botanas preferidas que, en los años cincuenta, se servían en el *Lincoln Grill* de la Ciudad de México.

Es muy sencillo prepararla a último minuto, sobre todo si tiene un poco de salsa verde sobrante. Debe servirse con tortillas recién hechas para que cada comensal prepare su taco.

1 1/4 tazas (315 ml) de salsa de tomate verde (véase pág. 293)
115 gr de queso fresco, cortado en 12 tiras de
aproximadamente 75 mm de ancho
1 aguacate mediano (aproximadamente 180 gr), pelado y cortado en 12 rebanadas
2 cucharadas de cilantro, toscamente picado (a manera de adorno opcional)

Esparza la salsa en un traste no muy hondo de unos 20 cm de diámetro y coloque las tiras de queso en espiral. Ponga las rebanadas de aguacate sobre el queso y, si quiere, espolvoree con el cilantro picado.

Carnitas
Centro de México
Rinde 6 porciones

Para los aficionados a la carne de puerco, las carnitas son uno de los platillos consentidos de México. Tradicionalmente, grandes trozos de cerdo se fríen en enormes bateas de manteca hasta que la carne está tierna. Al venderse, el trozo de carne se corta en pedazos más pequeños o se pica finamente para rellenar un taco. La carne es suculenta y deliciosa.

Durante algún tiempo siempre se ha considerado que las carnitas de Michoacán son las mejores, pero tienen muchos rivales en otras partes del país. Hay modos más elaborados de prepararlas (véase la receta en *El arte de la cocina mexicana*, del Estado de México), pero los puristas prefieren un método más sencillo.

Esta receta es para hacerla en casa y resulta sorprendentemente adictiva.

Las carnitas pueden servirse como platillo principal o como una abundante botana, acompañadas de guacamole o, de preferencia, con una salsa verde fresca o salsa mexicana cruda (véase pág. 292)

1.3 kg de espaldilla de cerdo, sin hueso y con algo de grasa
2 cucharadas de sal, o al gusto

Corte la carne, con todo y grasa, en tiras de aproximadamente 5 por 2 cm. En una olla gruesa y ancha, apenas cubra la carne con agua. Añada la sal y deje que rompa el hervor, sin tapar la olla. Baje el fuego y deje que la carne se siga cociendo vigorosamente, hasta que se evapore todo el líquido: para ahora la carne debe estar totalmente cocida, pero no desmoronándose. Si la carne está muy dura es posible que necesite ponerle más agua.

Baje el fuego un poco más y siga cociendo la carne hasta que salga toda la grasa. Voltee la carne constantemente hasta que esté dorada por todos lados. En total el tiempo de cocción es de alrededor de 1 hora y 10 minutos.

Sirva de inmediato para aprovechar el sabor y la textura de la carne.

Frijoles puercos estilo Jalisco

Jalisco

Rinde 6 porciones

1 chorizo de aproximadamente 85 gr
6 rebanadas de tocino
manteca, la necesaria
225 gr de frijoles bayos, u otros como flor de mayo, cocidos como frijoles de la olla (pág. 198):
de 3 1/4 a 4 tazas (875 ml a 1 l), con caldo
20 aceitunas pequeñas, sin hueso, picadas
2 chiles jalapeños en escabeche
2 cucharadas de queso ranchero finamente rallado
tostadas o totopos (véase pág. 121 y 128)

Pele y desmenuce el chorizo. Pique el tocino. Fríalos en una sartén a fuego bajo, cubiertos, hasta que hayan soltado casi toda la grasa. Tenga cuidado de no quemarlos. Saque el chorizo y el tocino y déjelos a un lado.

Debe quedar alrededor de 1/3 de taza (85 ml) de grasa en la sartén. Quite o añada manteca, según sea necesario. Añada los frijoles y el caldo, y cocínelos a fuego alto, aplastándolos como si fuera a hacer frijoles refritos (pág. 198). Si empiezan a secarse y a pegarse a la sartén, añada un poquito más de manteca.

Cuando los frijoles se espesen y estén casi secos, se enrollan en forma de brazo de frijol, añada el tocino y dos terceras partes de las aceitunas, los chiles y el chorizo.

Enrolle los frijoles para formar un brazo, deles otra vuelta para que queden sobre un platón y adórnelos con el resto de las aceitunas, los chiles y el chorizo.

Espolvoree el brazo de frijol con queso y sírvalo con tostadas o totopos.

Antojitos

Gordas, sopes, chalupas, quesadillas: todos son nombres encantadores, pero sólo representan una fracción de los antojitos que se hacen con masa pues, a donde quiera que vaya en México, habrá una especialidad regional: las *garnachas* de Yucatán y Veracruz; los *panuchos* de Yucatán y Campeche; los *molotes* de Oaxaca; los *bocoles* de Tamaulipas, y los *tlacoyos, memelas, picadas* y *pellizcadas* del centro de México. Todas son variaciones de un mismo tema: la masa de maíz aplanada para formar un pastelito, grueso o delgado, frito o asado, algunos coloreados con chiles secos, enriquecidos con queso cremoso o tuétano; rellenos de frijol o sazonados con camarón seco. Algunos se adornan con carnes deshebradas o queso desmenuzado, empapados con una salsa picosa y abundantemente decorados con rábanos, lechuga y jitomate, o cualquier cosa que se tenga a mano.

La masa de maíz se palmea para darle mil y una formas distintas, invitándonos a *botanear* desde la mañana hasta la noche. Éstas sólo son algunas de las cientos de variaciones de estos pequeños caprichos culinarios que los mexicanos cariñosamente llaman *antojitos*.

Garnachas yucatecas
Yucatán
Señora Tránsita, *Quinta Mari*, Mérida
Rinde 12 garnachas

565 gr de masa para tortillas (aproximadamente 2 1/2 tazas/563 ml)
1 cucharada de harina
sal al gusto
manteca derretida o aceite vegetal
1 taza (250 ml) de frijoles colados yucatecos (pág. 203), calientes
1 taza (250 ml) de picadillo sencillo para garnachas (pág. 51), caliente
1/2 taza (125 ml) de salsa de jitomate yucateca (pág. 298), caliente
3 cucharadas de queso seco o romano finamente rallado

Mezcle la masa con la harina y la sal.

Amásela y haga 12 bolitas, cada una como de 4.5 cm de diámetro.

Haga un pocito en cada una, usando ambos dedos pulgares para ello. Presiones hacia afuera los lados de pozo y moldee la masa para formar una pequeña canasta como de 8 cm de largo y 2 cm de profundidad. La masa debe tener aproximadamente 75 mm de grosor.

Caliente la manteca en una cacerola grande y fría las garnachas, primero del lado hueco, hasta que tengan un color dorado pálido y estén sólo un poquito crujientes en el exterior: de 8 a 10 minutos. Escurra las garnachas en toallas de papel y manténgalas calientes.

Rellene la mitad de cada garnacha con una cucharada de pasta de frijol y la otra mitad con una cucharada rasa de picadillo. Cubra el relleno con una cucharadita grande de salsa de jitomate y espolvoree con queso.

Después de freírlas, las garnachas deben servirse lo más pronto posible o se ponen correosas. Puede prepararlas con unas horas de anticipación hasta el punto en que se fríen, pero deben mantenerse cubiertas para que la masa no se seque.

El picadillo, la pasta de frijol y la salsa se congelan perfectamente bien, de modo que siempre puede tener un poco a mano para preparar unas cuantas garnachas cuando se le antoje, como si se tratara de una especie de pizza mexicana.

Picadillo sencillo para garnachas

Yucatán

Rinde aproximadamente 2 tazas (500 ml)

1 cucharada de manteca derretida o aceite vegetal
1 diente de ajo finamente picado
1/3 de taza (85 ml) de cebolla blanca finamente picada
2 tazas (500 ml) de jitomates finamente picados
450 gr de carne de res molida
sal al gusto

Caliente la grasa en una sartén grande y fría el ajo y la cebolla hasta que estén transparentes.

Añada los jitomates y fríalos a fuego bastante alto hasta que se reduzcan: aproximadamente 3 minutos. Incorpore la carne con sal al gusto y cocínela a fuego medio, revolviendo de vez en cuando, hasta que se cueza: unos 10 minutos. El picadillo debe quedar húmedo pero no jugoso.

Garnachas veracruzanas de masa cocida
Veracruz
Señora Ochoa de Zamudio
Rinde 16 garnachas de 6.5 cm, cada una

Todas las tardes estas inusuales garnachas de masa cocida se venden a lo largo del malecón de Alvarado, Veracruz. La señora Ochoa de Zamudio, oriunda de Alvarado, me las preparó, trabajando la masa con las manos. Cuando están preparadas y listas para servirse, el fondo de la garnacha está ligeramente dorado y firme, mientras el resto aún está suave. Como todos los antojitos de este tipo, ¡son adictivísimas! Preparar la masa es mucho más laborioso, pero vale la pena.

450 gr de masa para tortillas
sal al gusto
2 cucharadas copeteadas de manteca
manteca o aceite vegetal para freír

PARA EL RELLENO
2/3 de taza (165 ml) de frijoles refritos a la veracruzana (pág. 200)
340 gr de papas, cocidas, peladas y en cuadritos
(aproximadamente 2 1/2 tazas/563 ml)
2/3 de taza (165 ml) de salsa de jitomate a la veracruzana (pág. 298)
1/2 taza (125 ml) de cebolla blanca finamente picada
1/2 taza (125 ml) de queso cotija finamente rallado

A mano o en un procesador de alimentos, amase la masa y la sal hasta que esté muy lisa, añadiendo un poquito de agua si está un poco seca. Divida la masa en tres y, con cada parte, haga un pastel plano de aproximadamente 1.5 cm de grosor. Cúbralos con un paño húmedo hasta que vaya a cocinarlos.

Elija una olla de aproximadamente 20 cm de diámetro y llénela con suficiente agua para que alcance unos 13 cm de profundidad. Deje que el agua rompa a hervir a fuego medio. Baje el fuego un poco para que el agua no hierva con tanta ferocidad y añada una pieza de masa. Se hundirá hasta el fondo pero, tras un minuto, sacuda la olla ligeramente para asegurarse de que no se pegue al fondo. Si lo hace, despréndala suavemente con una espátula gruesa. Siga cociendo la masa hasta que el pastel flote en la superficie del agua –aproximadamente 4 minutos– y dele la vuelta para que se cueza del otro lado durante unos 2 minutos más. Escúrrala y déjela a un lado.

Repita lo mismo con los otros dos pasteles de masa. Transfiera los pasteles al tazón del procesador de alimentos junto con la manteca y procéselos hasta obtener una masa muy lisa y adherente. (Puede hacerlo a mano con movimientos como el del *fraisage* de la pasta de hojaldre, amasando vigorosamente la masa cocida con la manteca tres veces.)

Ponga una capa delgada de manteca o de aceite en una sartén grande y derrítala a fuego medio. Divida la masa en bolitas de 3.25 cm y cúbralas con un trapo húmedo. Aplane una de las bolitas hasta que tenga un diámetro como de 6.5 cm. Forme un pequeño borde a lo largo de la circunferencia y fríala en la grasa caliente. Repita lo mismo con el resto de las bolitas. De vez en cuando bañe las garnachas con un poco de la grasa caliente. Mientras todavía están en la sartén, unte una cucharada copeteada de pasta de frijol dentro de cada garnacha, añada unos cuantos cubos de papa y 1 1/2 cucharaditas de salsa. Siga friéndolas hasta que la masa esté ligeramente dorada en el fondo. Adorne con un poquito de cebolla y queso. Sirva de inmediato.

Enchiladas del Santuario
San Luis Potosí
Rinde 12 enchiladas

Recuerdo claramente esas encantadoras y refrescantes tardes de San Luis Potosí a principios de los setenta. Parecía que todas las familias del lugar recorrían el paseo fragantemente arbolado que conducía al Santuario. Desde la distancia podían verse las flamitas rutilantes de las velas que alumbraban los puestos de comida ubicados en la escalinata que conducía a la iglesia. La mayoría, ofrecían la especialidad de San Luis

Potosí: enchiladas del Santuario. No eran enchiladas en el sentido estricto de la palabra, sino más bien quesadillas hechas con una masa rojiza, rellenas con queso y cebolla: sencillísimas pero deliciosas. Recuerdo que ese queso fresco era uno de los más suculentos que haya probado en mi vida.

1 cucharada de manteca

1 chile ancho, limpio, sin semillas ni venas

1/3 de taza (85 ml) de agua

2 pimientas negras, machacadas

sal al gusto

285 gr de masa para tortillas (1 1/4 de taza rasa/313 ml), un poco seca

115 gr de queso fresco, desmoronado (aproximadamente 3/4 de taza/188 ml)

manteca derretida o aceite vegetal para freír

1/3 de taza (85 ml) de queso seco finamente rallado

1/3 de taza (85 ml) de cebolla finamente picada

Caliente la manteca y fría el chile ligeramente por ambos lados. Sáquelo con una cuchara perforada y despedácelo. Licuelo con el agua, la pimienta y la sal hasta que esté liso.

Incorpore el chile molido a la masa y amásela bien. Déjela a un lado –pero no la refrigere– para que se sazone durante aproximadamente 1/2 hora.

Divida la masa en 12 porciones y con cada una haga una bolita de unos 3.25 cm de diámetro. Aplane cada bolita de masa en una prensa para tortillas para hacer una tortilla relativamente gruesa, como de 11.5 cm de diámetro. En la mitad de la tortilla ponga una cucharada rasa de queso, luego doble la otra mitad sobre el queso, y presione las orillas para sellarlas. Cocínela sobre un comal o una plancha a fuego medio durante aproximadamente 2 minutos. Voltéela y cuézala del otro lado durante otros 2 minutos. Repita lo mismo con el resto de las bolitas de masa.

Caliente la grasa en una sartén honda, en suficiente grasa que alcance aproximadamente 75 mm de profundidad, y fría las enchiladas ligeramente por ambos lados –no deben quedar crujientes– durante aproximadamente 1 1/2 minutos de cada lado. Escurra sobre toallas de papel y sirva de inmediato con el queso seco y cebolla.

Como todos los antojitos de masa, saben mejor si se comen en cuanto se preparan, pero si quiere hacer estas enchilada con anticipación, cuézalas sobre el comal, envuélvalas en un trapo grueso, y fríalas a último minuto.

Bocoles de frijol

Sierra Norte de Puebla

Señora Hortensia de Fagoaga

Rinde 12 bocoles de 6.5 cm a 8 cm de diámetro, y un poco más de 75 mm de grosor

La mezcla de masa y frijoles negros para hacer antojitos no es exclusiva de esta región; hay las gorditas de frijol de Veracruz (véase mi receta en mi libro *México*), los negritos de Campeche, e incluso unos totopos poco usuales del Istmo, entre otros, por no mencionar muchos tamales que incorporan frijol a su masa. ¡Es un matrimonio feliz!

Estos bocoles parecen gorditas (véase la siguiente receta) en cuanto a forma y tamaño, pero se sumergen brevemente en una salsa de jitomate caliente y, por lo tanto, son ligeramente más suaves en el exterior. Se sirven con un poco de salsa y se adornan con queso añejo muy finamente rallado y con cebolla finamente picada. Son un antojito delicioso, aunque un poco calórico.

1 1/2 tazas (375 ml) de masa para tortillas, seca si es posible
1 taza (250 ml) de pasta de frijol negro (véase pág. 199)
4 cucharadas de manteca
1/2 cucharadita de polvo para hornear
sal al gusto

PARA SERVIR

2 tazas (500 ml) de salsa ranchera (véase pág. 296), sin la cebolla, diluida en
aproximadamente 2/3 de taza (165 ml) de caldo de carne o de pollo
1/3 de taza (85 ml) de queso añejo finamente rallado
1/3 de taza (85 ml) de cebolla blanca finamente rallada

Mezcle la masa con la pasta de frijol, la manteca, el polvo para hornear y la sal. Divida en doce esferas iguales de aproximadamente 4.5 cm de diámetro. Presione cada una para formar un disco como de 9 cm de diámetro y de aproximadamente 75 mm de ancho.

Caliente el comal, luego baje el fuego y cueza los bocoles durante aproximadamente 6 minutos de cada lado. Entre tanto, caliente la salsa de jitomate. Mientras los bocoles aún están calientes, sumérjalos en la salsa de jitomate. Sírvalos con un poco de salsa y espolvoréelos con un poco de queso y cebolla picada.

Saben mejor si se comen de inmediato: ¡no importa si se quema! Si agrega más manteca, puede recalentarlos aún un día después de hechos.

Gorditas de chile serrano
Sierra Norte de Puebla

Señora Hortensia de Fagoaga

Rinde 12 gorditas de aproximadamente 8 cm de diámetro y 75 mm de grueso

Estos pequeños antojitos de masa se llaman gorditas o *itacates*. La palabra *itacate* proviene del náhuatl y significa las provisiones o la comida que se lleva en un viaje o para el trabajo en el campo.

Esta receta en particular proviene de la sierra de Puebla y me la dio una fuente infalible de información de recetas de esa zona que es la señora Hortensia de Fagoaga. Muchas de sus recetas de estas mixturas de masa o antojitos aparecen en *El arte de la cocina mexicana*. Se comen como si fuera pan, ya sea solas o para acompañar un platillo de huevos o de arroz.

Estos sencillos alimentos dependen de la muy buena calidad de la masa y, desde luego, de la manteca o, aún más delicioso, de la grasa de la carne de res, tal y como se hacen unos bocoles parecidos en el área de Tampico.

Al cocer estos itacates, ya sea en un comal de metal o de barro, me gusta esparcir una fina capa de cal sobre la superficie para que no se pegue la masa. Deben cocerse despacio para que el calor penetre la masa gruesa. La gordita debe quedar ligeramente crujiente por fuera y suave por dentro.

2 tazas (500 ml) de masa para tortillas (aproximadamente 510 g)

3 cucharadas de manteca de cerdo, suavizada

sal al gusto

4 chiles serranos asados, o más, al gusto

Mezcle la masa con la manteca y la sal. Pique los chiles toscamente y tritúrelos hasta formar una pasta texturada. Mezcle bien los chiles con la masa. Divídala en esferas como de 4.5 cm de diámetro. Presione cada una para formar un disco como de 8 cm de diámetro y aproximadamente 75 mm de grueso.

Caliente el comal, luego baje el fuego y cueza los itacates (véase el texto anterior) durante alrededor de 6 minutos de cada lado.

Saben mejor si se comen de inmediato, ¡aunque se queme la lengua! Si añade más manteca puede recalentarlos aún un día después de hechos.

Chalupas
Ciudad de México
Rinde 12 chalupas

Debido a su forma angosta y alargada a este antojito se le llama *chalupa*, por las estrechas canoas que navegaban en los canales entre las *chinampas* –o jardines flotantes– de Xochimilco, presuntamente desde tiempos precolombinos. ¡Pero nadie puede explicarme por qué en Puebla y en los alrededores de Chilpancingo, Guerrero, las *chalupas* son redondas!

Uno de los adornos preferidos para estas chalupas es el pollo cocido y deshebrado con un poco de salsa verde, espolvoreada con cebolla finamente picada y queso fresco desmoronado.

PARA EL ADORNO
1 taza (250 ml) de pollo cocido, deshebrado (véase pág. 598)
3/4 de taza (188 ml) de salsa de tomate verde (véase pág. 293)
1/2 taza (125 ml) de cebolla blanca finamente picada
1/2 taza (125 ml) de queso fresco, desmoronado

Amase la masa con las manos hasta que esté perfectamente lisa –debe quedar suave y manejable– y divídala en 12 esferas. Con una de ellas forme una salchicha de aproximadamente 9 cm de largo y 1.5 cm de ancho y presiónela ligeramente en una prensa para tortillas forrada de plástico (véase pág. 75), hasta formar un óvalo que sea ligeramente más grueso que una tortilla.

Cueza la chalupa en un comal sin engrasar hasta que el fondo esté firme, aproximadamente 2 minutos. Voltee la chalupa y cuézala del otro lado aproximadamente un minuto, presionando los bordes de la masa para formar una pequeña cresta alrededor.

Cubra la chalupa con un poco de pollo deshebrado, salsa, y espolvoréela con queso y cebolla.

Opcional: sumerja las chalupas en manteca o en aceite vegetal calientes durante unos segundos y sirva de inmediato. Estas chalupas se llevan del comal a la boca.

Quesadillas
Ciudad de México
Rinde 12 quesadillas

Las quesadillas son uno de los antojitos preferidos de los mexicanos. Estas tortillas crudas se rellenan con innumerables ingredientes y se doblan para formar una "dobladita". Luego se cuecen en una plancha caliente o se fríen hasta estar doradas. Muy a menudo las quesadillas se reducen a una tortilla de harina, rellena con tiras de queso, que se derrite y hace preciosas "hebras": un requisito indispensable.

En el centro de México las más sencillas se rellenan con un poco de queso Oaxaca trenzado, unas cuantas hojas de epazote fresco y rajas de chile poblano pelado. El relleno de papas con chorizo –el mismo que se usa para tacos (véase pág. 61)– es otra de las versiones favoritas, mientras que el relleno más estimado de todos es el de flor de calabaza guisada o el del celestial hongo de cuitlacoche que crece en el maíz: ambos son mejores durante los meses lluviosos del verano y a principios del otoño.

He probado quesadillas rellenas de deliciosos sesos (véase pág. 59) en Morelia y recuerdo que una de nuestras sirvientas hacía quesadillas con cáscara de papa y hojas de epazote: ¡deliciosas!

1 1/3 de taza copeteada de masa para tortillas (aproximadamente 335 ml/340 g)

Precaliente una plancha ligeramente engrasada.

Divida la masa en doce bolitas como de 4 cm de diámetro. Usando una prensa para tortillas y bolsas de plástico (véase "Cómo hacer tortillas de maíz" pág. 75) presione la esfera de masa para hacer una tortilla de 9 a 10 cm de diámetro. Despréndala de la bolsa superior. Levante la bolsa inferior y coloque la tortilla en la palma de la mano. Ponga un poco de relleno en la mitad de la masa, pero no demasiado cerca de la orilla. Doble la bolsa de plástico de modo que la otra mitad de la masa cubra el relleno. Presione ligeramente los bordes de la masa y separe cuidadosamente el plástico de la quesadilla. Colóquela sobre el comal y cuézala de 3 a 4 minutos de cada lado. Luego párela de modo que el doblez en forma de U también se cueza. (Cuide que la plancha no esté demasiado caliente o la masa se quemará por fuera y quedará cruda por dentro; la quesadilla debe quedar opaca y manchada de café.)

También puede cocinarlas así: caliente la manteca y fría las quesadillas de 2 a 3 minutos de cada lado, o hasta que estén doradas, pero no muy secas, y crujientes. Escúrralas y sirva de inmediato.

Nota: las quesadillas deben servirse en cuanto se cocinan o se vuelven correosas.

Sesos para quesadillas

Centro de México

Rinde para 12 quesadillas

340 g de sesos de ternera

sal al gusto

2 cucharadas de vinagre blanco suave

3 cucharadas de aceite vegetal

1 cucharada de cebolla blanca finamente picada

1 diente de ajo finamente picado

225 g de jitomates finamente picados (aproximadamente 1 1/3 de taza/335 ml)

2 chiles serranos finamente picados

sal al gusto

1 cucharada copeteada de epazote, picado

Cubra los sesos con agua fría y déjelos en remojo durante al menos 4 horas. Cambie el agua con frecuencia.

Enjuáguelos con cuidado en agua tibia y elimine cualquier rastro de sangre.

En una olla pequeña deje que el agua empiece a hervir. Añada la sal, el vinagre y los sesos –el agua debe cubrirlos por completo– y escálfelos 15 minutos pero *por ningún motivo deje que el agua hierva*. Sólo debe temblar. Deje que los sesos se enfríen en el líquido.

Escúrralos y remueva la membrana exterior. Píquelos toscamente.

Caliente el aceite y cocine la cebolla y el ajo a fuego medio hasta que estén transparentes, aproximadamente 1 minuto.

Añada los jitomates y cocine a fuego medio, aproximadamente 3 minutos.

Añada los sesos, los chiles y la sal, y siga cocinando hasta que los sesos queden bien sazonados y la mezcla esté casi seca: alrededor de 5 minutos, pero incorpore el epazote a los tres minutos.

Flor de calabaza guisada

Centro de México

Rinde para 12 quesadillas, aproximadamente 1 1/2 tazas (375 ml)

2 cucharadas de aceite vegetal

2 cucharadas de cebolla blanca finamente picada

1 diente de ajo finamente picado

2 chiles poblanos, asados, pelados, sin semillas,

y en rajas delgadas (véase pág. 564)

565 g de flores de calabaza, limpias y toscamente picadas

(aproximadamente 9 tazas/2.25 l; véase pág. 596)

sal al gusto

1 cucharada de epazote toscamente picado

Caliente el aceite en una sartén grande, añada el ajo y la cebolla, y acitrónelos a fuego medio hasta que estén transparente, aproximadamente 1 minuto. Añada las rajas de chile y cocine alrededor de 2 minutos. Incorpore las flores y la sal. Cubra la sartén y cocine a fuego medio, meneando de vez en cuando, hasta que la base bulbosa de la flor esté tierna: aproximadamente 10 minutos. Si las flores están un poco secas, añada un poquito de agua. Si están muy jugosas, destape la sartén y reduzca un poco. La mezcla debe quedar húmeda pero no jugosa. Incorpore el epazote y cocine 3 minutos más.

Variación: sustituya las flores de calabaza por 340 g de cuitlacoche (que se pesan después de cortarlo de las mazorcas; aproximadamente 3 tazas/750 ml). Siga el método anterior y cocine el cuitlacoche hasta que esté tierno, pero no suave: aproximadamente 15 minutos.

Chorizo con papa

Centro de México

Rinde 2 tazas copeteadas (500 ml) de relleno para 12 quesadillas

o para adornar de 12 a 15 sopes, según el tamaño

Si lo desea, puede pelar las papas para hacer este relleno. Yo nunca lo hago.

3 chorizos, aproximadamente 180 g

225 gr de papas, cocidas y cortadas en cubitos (aproximadamente 1 1/2 tazas/

375 ml)

2 chipotles en adobo enlatados, o al gusto, toscamente picados

sal al gusto

Pele los chorizos y desmenúcelos en una sartén pequeña. Cocínelos a fuego bajo hasta que suelten la grasa, pero tenga cuidado de no quemarlos: aproximadamente 5 minutos. Si están muy grasosos, reserve 3 cucharadas de grasa y escurra el resto. Añada las papas, el chile y la sal. Cocine a fuego medio, revolviendo de vez en cuando, hasta que las papas empiecen a dorar: aproximadamente 8 minutos.

Gordas de chile verde

Zacatecas

Basado en una receta de doña Josefina Velásquez de León

Rinde 12 gordas

12 tortillas secas

3 chiles verdes del norte o poblanos (con semillas), asados y pelados (véase pag. 567)

2/3 de taza (165 ml) de leche caliente

sal al gusto

1 cucharada de manteca derretida

aproximadamente 1/4 de taza más (65 ml) de leche, si es necesario

manteca derretida o aceite vegetal para freír

Para servir

1 1/2 tazas (375 ml) de crema preparada (véase pág. 589)

1 1/4 tazas (315) ml de cebolla blanca finamente picada

Desmorone las tortillas y muélalas en seco hasta que queden reducidas a la textura de migajas finas de pan. Transfiéralas a un tazón.

Licúe los chiles, con todo y semillas, y la leche hasta que estén lisos. Añada la mezcla de chile, sal y manteca a las tortillas molidas y amase bien. Deje la mezcla a un lado, cubierta, durante al menos 2 horas para que se suavice. Vuelva a amasar bien y divida la masa en 12 porciones iguales. Si la masa está quebradiza, añada aproximadamente 1/4 de taza más (65 ml) de leche.

Con la masa forme bolitas como de 4 cm de diámetro. Aplánelas para formar gorditas como de 5 cm de diámetro y 1 cm de ancho.

Caliente la manteca en una sartén grande a fuego alto, luego baje el fuego y deje que la manteca se enfríe un poco. Fría las gorditas ligeramente, unas cuantas a la vez, de 3 a 5 minutos de cada lado. Escúrralas bien y sírvalas de inmediato, adornadas con crema y cebolla.

Gordas de papa y masa
Norte de México
Basada en una receta de la señor Josefina Velásquez de León
Rinde 12 gordas

LA MASA

1 1/3 de taza copeteada (335 ml) de masa para tortillas
(aproximadamente 340 g)
1/3 de taza (85 ml) de queso añejo finamente rallado
3/4 de cucharada de polvo para hornear
sal al gusto
4 papas chicas (aproximadamente 340 g), cocidas, peladas y toscamente
machacadas
aceite vegetal para freír

PARA EL ADORNO

1 1/4 de taza (315 ml) de cebolla blanca finamente picada
1 1/2 tazas (375 ml) de lechuga finamente rallada
2 chorizos, desmenuzados y fritos
180 g de queso fresco desmoronado (aproximadamente 1 taza/250 ml)
4 chiles poblanos, pelados (véase pág. 564) y cortados en rajas
3/4 de taza (185 ml) de crema preparada

Mezcle la masa, el queso, el polvo para hornear y la sal. Añada las papas machacadas y
amase bien. La masa debe quedar suave, pero no demasiado seca.

Caliente una plancha ligeramente engrasada o una sartén a fuego medio. Divida la masa en doce partes iguales y forme bolitas de 4.5 cm. Aplánelas para formar
gorditas de aproximadamente 9 cm de diámetro y 1 cm de ancho. Cueza las gorditas
alrededor de 2 minutos, voltéelas y, mientras se cuecen del otro lado –durante aproximadamente 2 minutos– pellizque con cuidado un pequeño borde alrededor de cada
una.

Caliente el aceite en una sartén grande y fría las gorditas ligeramente de cada lado. Escurra, espolvoree generosamente con la cebolla y la lechuga, chorizo y queso fresco, o rajas y crema. Sirva de inmediato.

Sopes
Centro de México
Rinde 12 sopes

Los sopes son tortitas redondas de masa. La masa es un poco más gruesa que la de las tortillas y la orilla se pellizca para formar un pequeño borde. Se untan con pasta de frijol y se adornan con varios ingredientes: vea la lista de abajo. Son absolutamente irresistibles.

1 1/4 de taza (315 ml) de masa para tortillas (aproximadamente 300 g)
aproximadamente 2 cucharadas de manteca derretida
frijoles refritos (véase pág. 199)

Divida la masa en 12 partes. Con cada una forme una bolita de 3.25 cm de diámetro. Mientras trabaja con una mantenga el resto de las esferas cubiertas con una toalla húmeda.

Presione cada esfera –con las manos o en una prensa para tortillas– hasta formar una tortilla gruesa como de 9 cm de diámetro. Cuézala sobre un comal sin grasa o sobre una sartén a fuego medio durante alrededor de 1 minuto, o hasta que el fondo de la masa esté firme y ligeramente manchado de café. Voltee el sope y cueza el segundo lado durante alrededor de 1 minuto más. Voltéelo de nuevo y, sin quemarse los dedos, trate de pellizcar un pequeño borde alrededor de la circunferencia, para que la salsa no se desborde.

Unte un poco de manteca adentro del sope y, cuando empiece a chisporrotear, retire el sope del comal, úntelo con frijoles refritos y adorne con alguno de los siguientes rellenos, o con lo que tenga a mano. Sírvalos de inmediato o se ponen aguados.

RELLENOS PARA SOPES

Una capa de frijoles refritos (veáse pág. 199),
un poco de chorizo con papa (véase pág. 61) con chipotles en vinagre,
cebolla picada y un poco de queso fresco desmoronado.

Frijoles refritos (véase pág. 199), chorizo, salsa de tomate verde (véase pág. 293),
cebolla picada y queso fresco desmoronado.

Salsa de tomate verde (veáse pág. 293), cebolla picada,
queso fresco desmoronado y/o crema.

Salsa de chile cascabel (véase pág. 305), cebolla picada,
queso fresco desmoronado y/o crema.

Frijoles refritos (véase pág. 199), carne deshebrada,
un poco de salsa ranchera (véase pág. 296), lechuga picada,
rebanadas de rábano, y queso fresco desmoronado.

Pollo o cerdo deshebrado con salsa de tomate verde (véase pág. 293),
cebolla picada y queso fresco desmoronado.

Panuchos

Yucatán

Rinde 12 panuchos

Antes de que mi esposo Paul y yo fuéramos a Yucatán por primera vez a fines de la década de los cincuenta, el restaurante yucateco *Círculo del Sureste* era uno de nuestros lugares favoritos en la Ciudad de México. Llegábamos a comer panuchos en la tarde, justo antes de que se llenara de gente. Siempre prometíamos probar algo nuevo, pero nuestra resolución se diluía en cuanto veíamos los montoncitos de suculenta cochinita pibil deshebrada y el pollo en escabeche oriental sobre el mostrador de mosaicos que había a la entrada. De modo que volvíamos a comer panuchos otra vez.

Para mi gusto, la textura de la cebolla agria, la carne delicadamente condimentada, y las tortillas rellenas de frijol, hacen de los panuchos el antojito supremo por excelencia.

Las cocineras de algunos hogares me enseñaron a hacerlos; hoy en día la mayoría de las familias salen a comerlos a establecimientos que se especializan en este tipo de comida, ¡pero ya no son lo que eran antes!

1 1/4 de taza (315 ml) de masa para tortillas (aproximadamente 300 gr)
12 rebanadas de huevo cocido
3/4 de taza (200 ml) de frijoles colados yucatecos (véase pág. 203)
manteca o aceite vegetal para ferír
1 1/2 tazas (375 ml) de cochinita pibil deshebrada (véase pág. 344) o de pollo en
escabeche oriental deshebrado (véase pág. 424)
1 1/2 tazas (375 ml) de cebollas encurtidas para panuchos (véase pág. 309)

Divida la masa en doce partes y con cada una haga una bolita como de 3.25 cm de diámetro. Mientras trabaja en una mantenga el resto de las bolitas cubiertas con una toalla húmeda o con plástico.

Siga las instrucciones para hacer tortillas (véase pág. 75) de aproximadamente 10 cm de diámetro. Trate de que la capa superior de la tortilla se infle. Muchas veces lo hace por sí misma, pero dependerá en gran medida de si dejó que la masa se secara demasiado antes de voltear la tortilla la primera vez, y del calor de la plancha. Si la situación no se ve muy prometedora, presione la masa ligeramente con una toalla: eso debe solucionar el problema.

Entonces la tortilla debe inflarse lo suficiente para que al menos pueda hacerle una abertura a una tercera parte de la circunferencia para formar una bolsita.

Introduzca una rebanada de huevo dentro de la bolsa, sosteniéndolo arriba mientras unta un poco de pasta de frijol por debajo. Presione la tapa de la tortilla para aplanar un poco el huevo y la pasta. Ahora el panucho está listo para freír, y puede prepararse hasta este punto con varias horas de anticipación y mantenerse cubierto con una toalla húmeda.

Caliente la manteca en una sartén como de 75 mm de profundidad. Fría los panuchos por ambos lados hasta que la orilla esté crujiente, pero no muy dura. Escurra bien y luego adórnelo con la carne deshebrada y aros de cebolla. Sirva de inmediato.

66

Empanadas de Requesón
Oaxaca
Rinde 15 empanadas de 13 cm

Las empanadas de Oaxaca son como quesadillas grandes –de unos 18 cm– y son más deliciosas que cualquiera otras que conozca en México. Se hacen con masa cruda, y manejarlas requiere de la destreza de las cocineras oaxaqueñas, tan acostumbradas a manejar la delicada masa de sus grandes y delgadas tortillas.

Un almuerzo en el Mercado Libertades de la ciudad de Oaxaca es imperativo para los aficionados, siempre y cuando usted esté preparado para esperar su turno en una larga fila. Si uno tiene hambre la espera se vuelve agónica, pues los apetecibles aromas de la masa fresca y sus deliciosos rellenos flotan en el aire mientras uno observa a las jóvenes preparando cuidadosamente las empanadas que, aquellos afortunados que llegaron antes que uno, se comen con verdadero gusto.

Quizá uno de los almuerzos más deliciosos y sorprendentes que haya comido jamás fue en Tlaxiaco, en la improvisada cocina que estaba al fondo de una modesta vivienda, a orillas del pueblo. Cada domingo se prepara una enorme variedad de comidas para el desayuno incluyendo pozole, sopas y *machucados*: una tortilla recién hecha, toda machacada y reformada, que se sirve con salsa verde o con frijoles y queso finamente rallado. Las cocineras también prepararon otra especialidad llamada *tutuni*, que es masa a medio cocer mezclada con hoja santa y chile costeño desmenuzados.

Había empanadas rellenas de hígado y mollejas de pollo; de tripas y hasta de las tripas de pollo con los huevos aún sin poner de la gallina, cocinados con masa de maíz: ¡ciertamente no es un platillo para todo el mundo! Pero las más populares eran las rellenas de requesón y flor de calabaza, cuya receta doy aquí.

La forma común de hacer las empanadas es cocer ligeramente una cara de la masa, cubrirla copiosamente con el relleno, luego doblar la masa sobre el relleno y cocerla por ambos lados. Esto garantiza que el interior de la masa esté bien cocido. El toque final consiste tostar la empanada en una rejilla sobre carbón al rojo vivo.

Sugiero que haga quesadillas de la forma usual con este relleno. He intentado cocer la masa de un lado primero, pero invariablemente se rompe y el relleno se desparrama.

67

EL RELLENO

250 gr de requesón (aproximadamente 1 1/3 tazas/315 ml), bien colado

3/4 de taza (185 ml) de flores de calabaza, limpias y toscamente picadas (véase
pág. 596)

2 cucharadas copeteadas de epazote, toscamente picado

3 chiles costeños o puya, tostados enteros y desmenuzados

sal al gusto

340 gr de masa para tortillas (aproximadamente 1 1/3 tazas/315 ml)

Mezcle bien todos los ingredientes.

Divida la masa en 15 partes y con cada una haga una bolita como de 3.25 cm de diámetro. Siga las instrucciones para hacer quesadillas (véase pág. 58) y consulte la nota anterior. Las empanadas deben comerse de inmediato o se ponen correosas. Desde luego, también puede freírlas y quitarles el exceso de grasa antes de comerlas.

"Enchiladas" tultecas
Tamaulipas
Receta basada en una de la señora Josefina Velásquez de León
Rinde 12 "enchiladas"

Una vez más el nombre de este platillo es engañoso. Éstas no son enchiladas en el sentido normal de la forma en que se cocinan, de modo que las he incluido aquí, en la sección de antojitos.

Éste es un platillo colorido y abundante pero, a medida que lea la receta se preguntará si vale la pena todo el esfuerzo que se requiere para hacerlas. A mí me pasó lo mismo, pero un día resultó que tenía todos los ingredientes a mano y las preparé. Deshebré el pollo para el adorno (la receta original dice "una pieza de pollo") porque yo quería levantar la enchilada en la mano para comérmela –de alguna manera los tenedores y los cuchillos salen sobrando– y a medida que mordí todas esas capas de distintas texturas –algunas frescas y otras cocidas–, supe que había valido mucho la pena. Desde luego, esta receta se presta a múltiples variantes, según lo que tenga usted a mano.

Estas enchiladas salen mejor si se sirven en platos individuales en vez de tratar de arreglarlas en un platón, sólo para que se colapsen cuando intente servirlas.

2 chiles anchos, limpios, sin venas ni semillas y tostados (véase pág. 569)

1/3 taza (85 ml) de agua caliente

2 chorizos (150 gr)

1 taza (250 ml) de chayotes cocidos, en cuadritos

1 taza (250 ml) de papas cocidas, en cuadritos (aproximadamente 225 gr)

1 1/3 tazas (585 ml) de masa para tortillas (aproximadamente 340 gr),

tan seca como sea posible

sal al gusto

aceite vegetal o manteca derretida para freír

PARA SERVIR

2 tazas (500 ml) de lechuga rallada y ligeramente aderezada

manitas de cerdo en escabeche (véase pág. 121)

1 taza (250 ml) de chícharos cocidos, tibios

115 gr de queso fresco, desmoronado (aproximadamente 3/4 de taza/188 ml)

6 rábanos, rebanados delgados

2 tazas (500 ml) de pollo cocido, deshebrado (véase pág. 598)

rajas de chile jalapeño en escabeche

Ponga los chiles anchos en el vaso de la licuadora, cúbralos con agua caliente y déjelos remojar 10 minutos. Escúrralos pero deje 1/4 de taza (65 ml) de agua en la licuadora.

Mientras tanto, pele y desmorone los chorizos. Cocínelos a fuego bajo hasta que la manteca escurra, unos 5 minutos. Agregue los vegetales cocidos y deje que se doren ligeramente con el chorizo, volteando de vez en cuando, unos 8 minutos. Quite la sartén del fuego y manténgala tibia.

Licúe los chiles con el 1/4 de taza (65 ml) de agua hasta que quede una consistencia lisa. Incorpore el puré a la masa, añada sal, y amase bien. Divida la masa en 12 partes iguales y, con cada una, forme una bolita como de 4 cm de diámetro. Presione cada una en la prensa para hacer tortillas como de 13 cm de diámetro y cocínelas como siempre (véase pág. 75)

69

Caliente el aceite -como 75 mm de profundidad- en una sartén mediana y fría las tortillas ligeramente por ambos lados (pero no deje que se pongan muy crujientes). Escúrralas. Coloque 2 tortillas en cada plato y adórnelas con el chorizo con verduras, lechuga, las manitas de cerdo, chícharos, queso, rábanos, pollo y las rajas de chile jalapeño. Consuma las "enchiladas" de inmediato.

Nota: Todos los componentes de esta receta pueden prepararse con anticipación y las tortillas pueden hacerse, pero deben freirse hasta que vaya a servir el plato.

Tortillas

y platillos
a base de tortilla

¿Qué recorre la falda de las montañas formando tortillas con sus manos? Una mariposa.

De *Proverbios nahuas, acertijos y metáforas*, recopilados por fray Bernardino de Sahagún.

Uno siempre sabe que está cerca de un pueblo mexicano a cualquier hora de la mañana porque hay un inconfundible olor a leña mezclado con el de las tortillas en el comal, y el rítmico palmeo de las manos que convierten la masa en tortillas: me dicen que se necesitan 33 palmeadas para hacer una tortilla.

Sin advertirlo, uno acelera el paso para asegurarse de llegar a tiempo para probar una directo del comal, con unos granos de sal. Es una de esas experiencias sencillas que no tienen comparación.

Cuando vine a México por primera vez a fines de los cincuentas me preguntaba por qué la gente se apasionaba tanto por esa comida tan humilde y cotidiana, pero no pasó mucho tiempo antes de que me convirtiera en aficionada de primer grado. En aquellos días las tortillas comerciales de las ciudades eran bastante buenas. Recuerdo bien que cada pequeña tortillería tenía a un grupo de mujeres y de muchachas de pie ante el tambor de una estufa cubierta por un gran círculo de metal –calentado por enormes chorros de gas–, que platicaban y bromeaban mientras palmeaban cientos y cientos de tortillas al día. Pero ahora las cosas han cambiado, y una máquina ha sustituido el proceso de principio a fin. El arte de tortear está muriendo con rapidez, y cada vez más personas compran las tortillas ya hechas.

Ahora la máquina se alimenta con la masa molida que se coloca en una tolva. Una prensa empuja la masa al otro lado, y corta con molde las tortillas que salen a una angosta correa transportadora. La tortilla inicia su recorrido conforme la correa se zangolotea sobre una flama ardiente. La correa llega a un punto y luego se regresa, de modo que la tortilla se da la vuelta y se cuece del otro lado, empieza a inflarse y a bailar, y muy pronto cae sobre un montón de tortillas que se apilan rápidamente a una canasta en el suelo, forrada con un trapo.

¡Y cómo puede variar la tortilla de una región a otra! Pero para mí el Valle de Oaxaca aún mantiene su orgulloso primer lugar con sus deliciosas *blandas*: unas tortillas blancas, grandes y delgadas. En ningún otro lugar son tan buenas. Hay tortillas hechas de maíz de distintos colores: azul, amarillo, rojo, morado, y jaspeado, dependiendo en el gusto de cada región. La masa puede mezclarse con trigo, con plantas silvestres, o con la raíz del árbol del plátano, coco y otros ingredientes, no sólo para darle sabor sino para hacer rendir la masa cuando la provisión de maíz se empieza a escasear a finales de la estación.

Muy pronto aprendí que una tortilla jamás se tira: fresca y flexible se usa como una cuchara comestible; enrollada alrededor de comida y sazonada con una de cientos de salsas, se convierte en taco. Cuando una tortilla no es fresca y está seca, puede cortarse en pedacitos, freírse y cocinarse en salsa para hacer chilaquiles; o puede freírse en crujientes triángulos para convertirse en una pequeña pala para sumergirse en un *dip*. Frita en tiras puede usarse a manera de *crouton* para adornar una sopa. Cuando la tortilla está completamente seca, puede molerse hasta obtener una consistencia texturada, se humedece y se le vuelve a dar forma para hacer gordas: pastelitos de manteca, o bolitas para meterlas en la sopa. Las tortillas también pueden usarse como capas de pasta en cacerolas, budines o sopas secas.

Las tortillas enteras pueden freírse para que queden bastante planas y hacer tostadas, que se untan con pasta de frijol y/o se adornan con carne deshebrada, queso desmenuzado y verduras: las variaciones son infinitas. ¡La tortilla es quizá la pieza comestible más versátil del mundo!

Las recetas que siguen ofrecen algunos ejemplos, pero respecto a este tema, las reglas son muy flexibles y usted puede darle rienda suelta a su imaginación.

PREPARACIÓN DEL MAÍZ SECO PARA HACER MASA PARA TORTILLAS

En México ninguna comida está completa sin una tortilla que la acompañe. La tortilla se hace de maíz cocido en agua de cal (óxido de calcio) y se muele para formar una masa.

La primera lección que aprende una joven mexicana que viva en provincia es cómo preparar el nixtamal (el maíz cocido en una solución de cal con agua) para hacer las tortillas del día siguiente. Como entre mis vecinas esto es algo tan intuitivo, les parece imposible dictarme cantidades precisas de cal o el tiempo exacto de la cocción del maíz. Muchas veces les he preguntado: "¿Cuánta cal necesito para un kilo de maíz seco?", y me responden: "La necesaria". "¿Cuánto tiempo debo cocer el maíz?", y responden: "Cuando agites la olla el maíz ya no debe sonar como frijoles crudos". Así es que ¡aquí lo tienen!... pero como he observado el proceso y lo he ensayado bajo su observante mirada, me siento un poquito más calificada para explicarlo aquí.

Escoja el maíz seco para asegurarse de que no tenga piedritas ni otras basuras. Enjuáguelo en agua fría y póngalo en una olla grande. Cúbralo con agua fría: debe rebasar el nivel del maíz como por 5 cm. Deje que el agua rompa el hervor, incorpore la cal en polvo (véase pág. 558) a razón de 1 cucharada copeteada de cal por cada 900 gr de maíz. Casi de inmediato la piel exterior de los granos se volverá de un intenso color amarillo. Siga cociendo el maíz sin tapar a fuego bajo, revolviéndolo de vez en cuando, hasta que fácilmente pueda rascar con la uña la piel membranosa de los granos: esto debe llevarle aproximadamente 20 minutos. Asegúrese de no dejar que el maíz se cueza más porque la masa se hará gomosa y sus tortillas serán un desastre.

Retire la olla del fuego y deje el maíz remojando toda la noche. Al día siguiente, enjuague el maíz con agua fresca, tallándolo ligeramente para remover un poco de piel y la cal. Escurra y repita el proceso. Escurra bien; ahora ya tiene nixtamal listo para llevarlo al molino donde se convertirá en una masa muy tersa.

Si usa demasiada cal las tortillas quedarán de un opaco color amarillento y tendrán un sabor un poco amargo, *neja*. Si, por el contrario, usa muy poca, la piel no se suavizará y no podrá eliminarla. Pero la cal actúa como conservador y en climas cálidos y húmedos podría echar a perder su masa si no la usa de la manera correcta (véase mi nota sobre la cal, pág. 558).

Masa para tamales

Si va a hacer tamales que requieren de este tipo de masa (véase el capítulo sobre *Tamales*) tendrá que quitar toda la piel de los granos meticulosamente, dejándolos lo más blancas que sea posible, y luego llevarlos al molino para obtener una masa texturada.

Para recetas de tamales que requieren de una masa muy seca y texturada, la masa puede molerse dos veces en el molino de maíz metálico que se vende en todos los mercados mexicanos.

Tortillas de maíz
Rinde para 15 tortillas de 13 cm

Tras una comida, una amiga y gran cocinera del estado de Hidalgo, la señora Lara, les presentó a sus invitados mitades de tortilla tostada, espolvoreadas con sal. "Aun si ya no te cabe nada, cómete la tortilla. Ayuda a la digestión", me dijo.

565 gr de masa para tortillas (aproximadamente 2 1/4 tazas/563 ml)
agua, si es necesario
bolsas de plástico de un litro para forrar la prensa de tortillas

Si la masa está recién hecha, seguramente tendrá la consistencia indicada para trabajarla de inmediato: debe ser una masa suave y lisa. Si la masa ha estado guardada y se ha resecado, añada muy poca agua y amásela hasta que esté suave y flexible, y no se desmorone.

Divida la masa en 15 partes iguales –cada una debe pesar alrededor de 30 gr– y forme con ellas bolitas como de 4 cm de diámetro. Cubra todas las bolitas, excepto una, con envoltura plástica para que no se resequen.

Caliente un comal sin engrasar o una plancha a fuego medio. Abra la prensa para tortillas y coloque una pequeña bolsa de plástico en la plancha inferior. Coloque una bolita de masa sobre la bolsa de plástico, no exactamente en el centro, sino un poquito más hacia la bisagra que hacia la palanca (porque la masa queda demasiado delgada de ese lado), y presiónela con sus dedos para aplanarla un poco. Cúbrala con la segunda bolsa de plástico. Cierre la prensa y presiónela firmemente, pero no con demasiada fuerza o la masa quedará demasiado delgada y jamás podrá desprenderla del plástico en una sola pieza. Abra la prensa, retire la bolsa de plástico de arriba, levante la bolsa de plástico de abajo en una mano. Coloque la masa sobre los dedos de su otra mano y, con mucho cuidado, desprenda la bolsa de plástico de la masa aplanada. No intente pelar la masa de la bolsa.

Manteniendo la mano lo más horizontal posible, deposite la tortilla sobre el comal. Debe haber un ligero siseo cuando la masa toque la superficie del comal. Déjela alrededor de 15 segundos; la parte de abajo tendrá parches opacos y estará ligeramente manchada de café. Voltee la tortilla del otro lado y cuézala otros 30 segundos; ahora el lado inferior debe estar opaco y moteado. Vuelva a voltearla al primer lado y cueza la tortilla 15 segundos más.

Si ha hecho, todos los movimientos correctamente y el comal tiene el grado de calor indicado, la tortilla deberá inflarse, señal de que la humedad adicional de la masa se ha secado. Si la tortilla no se infla, y esto es necesario para hacer panuchos, por ejemplo, entonces en la última vuelta presiónela ligeramente con sus dedos o con una toalla.

Conforme vaya haciendo tortillas debe colocarlas una encima de otra en un canasto o en un tortillero forrado con un trapo para conservar el calor y mantener las tortillas humectadas y blandas.

Las tortillas pueden hacerse con anticipación, recalentarse y también congelarse.

UNA VARIACIÓN
Tortillas hechas con masa harina Quaker o Maseca

Rinde alrededor de 15 tortillas de 13 cm

2 tazas (500 ml) de masa harina Quaker o Maseca (300 gr)
1 1/3 (325 ml) de agua tibia, aproximadamente
2 bolsas de plástico de un litro para forrar la prensa de tortillas

Mezcle la masa harina con el agua y amásela bien para que el agua se distribuya de manera uniforme a través de la harina y se forme una masa adherente. La masa debe tener una consistencia media, ni demasiado firme ni demasiado húmeda o pegajosa. Déjela reposar alrededor de media hora.

Siga las instrucciones para hacer tortillas de la receta anterior.

Nota: las tortillas hechas con este producto en polvo no sirven para hacer chilaquiles ni platillos donde se utilizan capas de tortilla, pues se desintegran con facilidad.

Tortillas de quintoniles
Oaxaca
Maestra Gudelia López
Rinde 15 tortillas de 11.5 cm

Durante uno de mis viajes a Tlaxiaco, en la región mixteca, al norte de Oaxaca, conocí a una maestra jubilada que venía de un pueblo aislado cercano a Tlaxiaco. Durante su vida laboral había vivido y enseñado en muchas zonas remotas y conocía las comidas que ahí se preparan. De las muchas recetas que compartió conmigo, esta captó mi atención.

Hay muchos ejemplos de cómo hacer rendir la masa para las tortillas del diario, añadiendo ingredientes como trigo, la raíz del árbol del plátano (o al menos eso me han dicho), huesos de mango, etcétera, así como esta receta en que se utilizan quintoniles cocidos.

Estas tortillas se hacen cuando la cosecha de maíz no ha sido buena, o cuando las reservas de maíz empiezan a escasear hacia el final del año, o sencillamente porque a la gente le gusta el sabor. Lo cierto es que son muy nutritivas.

Por lo general, las tortillas que llevan quintoniles o algún otro tipo de quelites se sirven solas, con alguna salsa y, si el presupuesto lo permite, tal vez con un poco de queso. Constituyen un antojito muy sabroso y usted puede hacerlas de tamaño más pequeño para servirlas con un aperitivo. Aunque en esta receta se usan quintoniles (*Amarathus spp.*), puede sustiuirlos por espinacas: 570 gr de hojas crudas equivalen a aproximadamente 1 taza (250 ml) de hojas cocidas.

1 taza (250 ml) de quintoniles cocidas (vea arriba)
1 1/2 tazas (375 ml) de masa para tortillas
sal al gusto

Escurra la mayor cantidad de líquido posible de los quintoniles y píquelas tan finamente como sea posible. Póngalas en un tazón con la masa y la sal, y trabaje la masa con las manos. Divídala en aproximadamente 15 porciones. Con cada una forme una bolita como de 3.25 cm de diámetro.

Caliente un comal sin engrasar o una plancha a fuego medio.

Usando la prensa para tortillas forrada con una bolsa de plástico (véase pág. 75), aplane cada una de las bolitas hasta obtener un diámetro como de 11.5 cm. Cuézala durante unos 2 minutos de cada lado. Sirva de inmediato.

Tortillas de harina de trigo
Norte de México
Rinde aproximadamente 10 tortillas

Además de maíz, México es también produce trigo. La región donde el trigo abunda más es la irrigada planicie de Sonora y el norte de Sinaloa. Las tortillas de harina de trigo son comunes en todo el norte de México, pero realmente adquieren su merecida fama en Sonora, donde son dulces, gruesas y pequeñas, más parecidas al hojaldre, y donde, por lo general, se les llama tortillas de manteca.

Y luego están las tortillas más grandes de México (las tortillas de agua), que son tan delgadas como el papel y miden unos 46 cm de diámetro. Al servirse, estas tortillas llegan a la mesa dobladas en cuartos y envueltas en una servilleta. Dobladas así se usan para hacer burritos, enrolladas alrededor de un relleno de carne o de machaca (carne seca de res) o frijoles.

La mayoría de la gente compra estas torillas ya hechas, pues se necesita pericia para hacerlas sin tener mucha práctica, pero en 1971 el señor Colores, propietario de un restaurante de Hermosillo, las ofrecía en su restaurante y fui a ver cómo se hacían.

Una pareja grande que había trabajado para él durante años era la encargada de hacerlas. Hacían bolitas como de 5 cm y las dejaban reposar un poco. Para hacer la tortilla, con las manos ligeramente engrasadas, extendían y estiraban la masa hasta que estaba translúcida. Luego la cocían en un comal sobre leña. Tras unos cuantos segundos la tortilla se inflaba y tenía que volver a aplanarse en el comal. Se le daba vuelta, sólo unos segundos más, y luego se ponía encima de las otras tortillas, envueltas en un trapo para mantenerlas humectadas y tibias.

La receta que me dieron fue: "un puño de manteca por un kilo de harina, sal y agua. Agua caliente si hace frío; agua fría si hace calor." Luego me dieron una de estas tortillas tostadas –asada con un trozo de carne cocido a la leña– más grande que haya visto en un plato.

Usted puede hacer la masa ya sea a mano o con una mezcladora eléctrica.

450 gr de harina fuerte (hecha del duro trigo para pan)
115 gr de manteca vegetal suavizada (aproximadamente 1/2 taza/125 ml)
1 cucharada rasa de sal
aproximadamente 1 taza (250 ml) de agua tibia

Ponga el harina sobre una superficie de trabajo. Amase la manteca y la harina con las yemas de los dedos. Disuelva la sal en agua tibia e incorpórela a la harina, poco a poco, para que pueda ver cuánta agua absorbe. Con un raspador de plástico, reúna toda la harina que hay la periferia y trabaje la masa hasta formar una pasta adherente: aproximadamente 2 minutos en la mezcladora, 4 minutos a mano.

Divida la masa en 10 partes iguales –como de 85 gr cada una– y haga unas bolitas muy lisas como de 5 cm de diámetro. Cúbralas con un plástico bien engrasado y déjelas reposar por lo menos 20 minutos y hasta 2 horas.

Caliente un comal sin engrasar o una plancha a fuego medio.

Aplane una de las bolitas en una superficie ligeramente enharinada y extiéndala con un rodillo para formar un círculo de 15 cm. Ahora depende de usted elegir el grosor y el tamaño. Puede extender la masa como una pizza de unos 38 cm de diámetro.

Con mucho cuidado deposite la tortilla sobre la plancha caliente; debe chisporrotear si el calor es el indicado.

La masa se volverá opaca y el fondo tendrá parches ligeramente dorados. Voltee la tortilla y cuézala del otro lado. El proceso entero debe llevar menos de 1/2 minuto. No cueza demasiado la tortilla o se pondrá dura en vez de ser suave y flexible.

En cuanto una tortilla esté lista, apílela con las otras y envuélvalas con un trapo.

Estas tortillas duran bastante tiempo, pero me atrevo a decir que pueden prepararse con anticipación y recalentarse en un comal tibio –anathama para los norteños de hueso colorado.

Burritos
Norte de México

Las tortillas de harina pueden enrollarse para hacer burritos. Pueden rellenarse con:

Chilorio (véase pág. 41)
Mochomos sinaloenses (véase pág. 42)
Machacado de huevo (véase pág. 227)
Frijoles bayos refritos hasta formar una pasta suelta, con pedacitos de queso
que se agregan al último momento para que apenas empiece a fundirse

Los burritos también pueden freírse hasta que estén dorados, igual que un taco, en cuyo punto se convierten en chivichangas.

Todos estos burritos y chivichangas deben servirse con salsa de jitomate sinaloense (véase pág. 297)

ENCHILADAS

Las enchiladas, un grasoso emparedado de tortillas que contiene chiles y
una serie de compuestos de apariencia poco invitante y otras mezclas repugnantes,
se venden por doquier, llenando el aire con un olor penetrante y nauseabundo.
A través de la tierra de los aztecas, por "Un gringo", 1883

Cuántos aficionados a las enchiladas –entre los que me encuentro– estarían en total desacuerdo con esta frase, porque las enchiladas pueden ser absolutamente deliciosas y satisfactorias. De nueva cuenta, todo depende del cuidado que se ponga en armarlas y en asegurarse de que no estén demasiado grasosas.

Existen dos tipos principales: la tortilla se fríe primero y luego se sumerge en una salsa guisada de chile, o bien primero se sumerge la tortilla en la salsa y luego se fríe: ¡un pequeño batidero con resultados deliciosos!

Aquí hay sólo algunos ejemplos de un infinito despliegue de recetas regionales.

Enchiladas placeras o pollo de plaza
Michoacán

Rinde 6 porciones

Éste es el platillo de enchiladas o de pollo para la cena más abundante que conozco. Al atardecer las aceras de Pátzcuaro cobran vida con la actividad de los puestecitos que empiezan a aparecer: mesas, bancas, estufas improvisadas con largos comales de metal y tanques de gas, todo protegido por una lona o por toldos de plástico para cuando empiezan las lluvias. Parecía que todas las familias del pueblo salían a comer esta colorida y deliciosa merienda. Admito que son un poco grasosas, pero... ¡de vez en cuando no hace mal! Es más, ofrezco una sugerencia para reducir la cantidad de aceite pero, por favor, ¡no le quiten la piel al pollo!

La receta varía muy poco de un puesto a otro: algunas cocineras usan sólo chile guajillo o la calidad del queso puede variar, pero resulta difícil elegir entre las enchiladas de las múltiples cocineras que se dedican a este ritual crepuscular, ya sea en Pátzcuaro o en la Plaza San Agustín de Morelia.

Todos los elementos de este platillo pueden prepararse con anticipación de modo que al final sólo hay que freír y no hay que esperar para comerlas: ¡estas enchiladas se llevan del comal a la boca!

PARA EL ADORNO

225 gr de papas (3 chicas), sin pelar

225 gr de zanahorias (3 medianas)

1 cucharadita de sal

1/3 de taza (85 ml) de vinagre suave

PARA LA SALSA

3 chiles guajillo, sin venas ni semillas

3 chiles anchos, sin venas ni semillas

aproximadamente 1 1/2 tazas (375 ml) de agua

2 dientes de ajo, toscamente picados

1 rebanada de cebolla

1/4 de cucharadita de orégano

sal al gusto

PARA LAS ENCHILADAS

Manteca o aceite vegetal para freír

12 tortillas recién hechas (véase pág. 75)

225 gr de queso fresco, desmoronado y ligeramente salado

(aproximadamente 1 1/3 tazas/333 ml)

1/2 taza (125 ml) de cebolla blanca finamente picada

un pollo de 1.35 kg, cocido y cortado en piezas

PARA SERVIR

Rajas de chile jalapeño en escabeche

2/3 de taza (165 ml) de crema

1 taza (250 ml) de lechuga o col cruda finamente rebanada

1/4 taza de queso añejo

Enjuague las papas y córtelas en cubitos. Pele las zanahorias y córtelas en cubitos más pequeños. Cubra las zanahorias con agua hirviendo, añada sal, y cuézalas durante 5 minutos a fuego alto. Añada las papas y cuézalas durante unos 8 minutos: deben quedar firmes. Escúrralas.

Cubra los vegetales con agua fría y añada el vinagre. Revuelva y déjelos reposar.

Caliente una plancha y tueste ligeramente los chiles, volteándolos constantemente para que no se quemen.

Cubra los chiles con agua cliente y déjelos remojando 10 minutos.

Ponga 1/2 taza (125 ml) del agua de los chiles en el vaso de la licuadora, añada los chiles guajillos y lícuelos hasta que estén lisos. Cuélelos. Añada la taza de agua (250 ml) restante, los chiles anchos, el ajo y la cebolla y licuelos hasta que estén lisos. Agregue el puré de chile guajillo, el orégano y sal al gusto.

Derrita un poco de manteca y, cuando chisporrotee, sumerja cada tortilla en la salsa: apenas debe cubrirla (si la salsa está demasiado espesa, añada un poquito de agua), y fríala rápidamente por ambos lados.

Retírela de la sartén y agréguele aproximadamente 1 cucharada rasa de queso y 1/2 cucharada de cebolla a todo lo largo. Enrolle cada tortilla sin apretarla mucho y colóquela a un lado del platón donde va a servir las enchiladas. Manténgalas tibias.

En la misma grasa, fría las piezas de pollo hasta que estén doradas. Escúrralas y colóquelas alrededor de las enchiladas.

En la misma grasa, fría los vegetales hasta que empiecen a dorar, escúrralos. En la misma grasa cocine la salsa restante durante unos instantes y viértala sobre las enchiladas. Cúbralas con los vegetales fritos.

Adórnelas con las rajas de chile y, al servir cada una, añada una cucharada de crema, espolvoréela con queso y ponga un poco de lechuga al lado.

Nota: Para reducir la cantidad de grasa, *escurra los vegetales fritos en un colador y sacúdalos ligeramente. Cubra las piezas de pollo con la salsa y colóquelas bajo una parilla caliente, volteándolas de vez en cuando para que se cuezan de manera uniforme.*

Enchiladas de Jalisco
Jalisco
Señora Victoria Marín de Techuelo
Rinde 6 porciones

Al preparar esta receta he seguido paso a paso el método de la señora Victoria Marín de Techuelo –una cocinera maravillosa e hija de una de las cocineras más distinguidas de Jalisco–, porque detrás de cada paso hay una razón: subrayar el sabor o la textura de cada uno de los ingredientes.

En México se usa queso añejo para esta receta que se sirve con verduras en vinagre: zanahorias, ejotes, calabacitas y chiles en un vinagre afrutado.

Si va usted a hacer sus propias tortillas (véase pág. 75), trate de que se inflen en el comal para que, mientras todavía estén calientes, pueda usted levantar la delgada capa superior de masa y descartarla. O intente comprarlas recién hechas, luego recaliéntelas y elimine la capa superior. La razón de esto es que las tortillas sean lo más delgadas posible.

Yo he preparado este platillo con al menos 3 horas de anticipación, cuidando que el relleno no esté demasiado jugoso como para aguar las tortillas, y que la salsa de chile adicional se vierta a los lados y encima de las enchiladas justo antes de meterlas al horno.

PARA EL RELLENO (O PICADILLO)

1 calabacita (aproximadamente 115 gr)

2 zanahorias pequeñas (aproximadamente 115 gr)

3 papas pequeñas (aproximadamente 225 gr)

2 cucharaditas de sal, o al gusto

225 gr de carne de cerdo molida

225 gr de carne de res molida

sal al gusto

450 gr de jitomates

3 cucharadas de manteca

1/2 taza (125 ml) de cebolla blanca finamente picada

2 cucharada de perejil finamente picado

1/3 de taza (85 ml) de caldo de la carne

PARA LA SALSA

10 chiles guajillos (aproximadamente 60 gr), sin venas ni semillas

1 taza (250 ml) del caldo de la carne

2 clavos enteros, machacados

una raja de canela (75 mm), machacada

sal al gusto

2 cucharadas de manteca

PARA LAS ENCHILADAS

1/4 de taza (65 ml) de manteca

24 tortillas hechas en casa (10 cm), (véase pág. 75)

84

PARA SERVIR

Lechuga picada

Rábanos finamente rebanados

Rajas de chile jalapeño en escabeche

1/4 de taza (65 ml) de queso añejo, rallado

1/4 taza (125 ml) de cebolla blanca finamente picada

Corte los extremos de la calabaza y déjela entera. Corte los extremos de las zanahorias, pélelas y córtelas en cuatro a lo largo. Pele las papas y córtelas en mitades. Cubra los vegetales con agua hirviendo en una olla grande, añada sal, y cuézalos durante 5 minutos.

Mezcle la carne con sal al gusto. Haga dos esferas de carne grandes y compactas y añádalas, junto con los jitomates, a la olla. Cúbrala y cocine todo junto a fuego bajo hasta que los vegetales estén apenas suaves –no los cueza demasiado– y las albóndigas estén casi cocidas: aproximadamente 10 minutos. Escurra y guarde el caldo.

Cuando los vegetales se enfríen un poco y pueda manejarlos, píquelos en cubitos y déjelos a un lado.

Licúe los jitomates unos segundos. Déjelos a un lado.

Derrita la manteca en una sartén grande y cocine la cebolla hasta que acitrone.

En la olla, desmorone las albóndigas, cocidas añada perejil, y fríalas durante aproximadamente 5 minutos a fuego medio. Añada el puré de jitomate y cocínelo a fuego alto hasta que el jugo se haya evaporado un poco. Añada los vegetales y siga cocinando la mezcla hasta que esté bien sazonada: aproximadamente 10 minutos. Añada sal si es necesario. Apártela.

Caliente un comal y tueste ligeramente los chiles, volteándolos constantemente, ya que se queman con rapidez. Cubra los chiles con agua caliente en un tazón y déjelos en remojo unos 10 minutos. Con una cuchara perforada transfiéralos al vaso de la licuadora. Añada el caldo, licúelos y cuélelos para eliminar cualquier fragmento de piel dura. Devuelva a la licuadora, añada las especias y la sal, y licúe hasta que estén lisos.

Derrita la manteca y cocine la salsa hasta que esté bien sazonada y espesa, y tenga un profundo color rojo: como 8 minutos.

Precaliente el horno a 180° C (350° F).

Caliente un poco de manteca en una sartén y fría las tortillas por ambos lados, añadiendo más manteca si es necesario: apenas deben suavizarse y calentarse en la manteca caliente. Apílelas entre toallas de papel y manténgalas calientes.

85

Sumerja las tortillas en la salsa, que debe cubrirlas ligeramente (si la salsa está muy espesa, añada otro poquito de caldo). Ponga un poco de picadillo a lo largo de cada tortilla y enróllela. Coloque una capa de enchiladas en el fondo de un refractario como de 10 cm de profundidad. Vierta encima un poco de la salsa. Luego coloque otra capa de enchiladas encima y vierta el resto de la salsa.

Tape el refractario y caliente las enchiladas en el horno durante aproximadamente 15 minutos. Sírvalas de inmediato, adornadas con lechuga, rábanos, rajas de jalapeño, queso espolvoreado y cebolla picada.

Nota: La salsa y las tortillas pueden hacerse con un día de anticipación, pero el picadillo en verdad tiene que prepararse el mismo día o las papas adquieren ese gusto a recalentado. Para calentar las enchiladas, cúbralas firmemente con papel aluminio, de modo que la capa superior no se seque. Deben quedar ceñidas dentro del refractario. No recomiendo congelarlas.

Enchiladas sencillas
Centro de México
Rinde 12 enchiladas

PARA LA SALSA DE TOMATE
450 gr de jitomates, asados (véase pág. 590)
1 diente de ajo
2 chiles serranos, tostados
2 cucharadas de aceite vegetal
sal al gusto
1/2 taza (125 ml) de crema, a temperatura ambiente

LAS ENCHILADAS
Aceite vegetal para freír
12 tortillas recién hechas (véase pág. 75)
7 huevos grandes, revueltos con bastante sal, o 1 1/2 tazas (375 ml) de pollo cocido y deshebrado, con bastante sal
1 taza (250 ml) de cebolla blanca finamente picada

PARA SERVIR

1 taza (250 ml) de queso Chihuahua rallado

Licué los jitomates, el ajo y los chiles hasta que estén lisos: esto le rendirá como 2 tazas (500 ml) de líquido.

En una sartén grande caliente el aceite y fría la salsa durante aproximadamente 5 minutos, o hasta que reduzca y se espese. Añada sal. Deje que se enfríe un poco.

Incorpore la crema a la salsa y caliéntela ligeramente. *No deje que la salsa hierva después de añadir la crema o ésta se cuajará.*

En otra sartén, caliente aceite y fría las tortillas rápidamente, una por una, sin que las orillas se doren.

Precaliente el horno a 180° C (350° F).

Sumerja las tortillas en la salsa caliente –apenas deben quedar cubiertas de salsa– y luego a lo largo de cada tortilla ponga 2 cucharadas de huevos revueltos o de pollo desmenuzado y espolvoréela con un poquito de cebolla. Enrolle la tortilla rellena y colóquela, una junto a otra, en un refractario.

Cubra las enchiladas con el resto de la salsa y espolvoréelas con el queso y el resto de la cebolla. Meta el refractario al horno y caliéntelas rápidamente, no más de 10 minutos. Sirva de inmediato.

Nota: Una buena alternativa sería usar una salsa de tomate verde (véase pág. 289). Como ocurre con todas las enchiladas, se hacen un poco aguadas si se dejan reposar mucho tiempo después de preparadas.

87

Enchiladas rojas de Aguascalientes

Aguascalientes

Basado en una receta señora Josefina Velásquez de León

Rinde 12 enchiladas

LA SALSA

4 chiles anchos, limpios, sin venas ni semillas, ligeramente tostados (véase pág. 569)

1 1/2 tazas (375 ml) de leche caliente

sal al gusto

1 diente de ajo

1 yema de huevo cocido

2 cucharadas de aceite vegetal

EL RELLENO

Aceite vegetal para freír

12 tortillas

225 gr de queso fresco, desmoronado (aproximadamente 1 1/2 tazas/375 ml)

1 taza (250 ml) de cebolla blanca finamente picada

PARA SERVIR

1 clara de huevo cocido finamente picada

1 1/2 tazas (375 ml) de cebolla finamente picada

6 rábanos, en rebanadas delgadas

rajas de chiles jalapeños en escabeche

Despedace los chiles y añádalos al vaso de la licuadora con la leche. Déjelos remojando 10 minutos. Añada sal, ajo, la yema de huevo y licúe hasta obtener una mezcla lisa. (Obtendrá aproximadamente 2 tazas/500 ml de salsa; si es necesario, añada un poco de agua para obtener esta cantidad.)

Caliente el aceite en una sartén mediana. Añada la salsa y cocínela alrededor de 5 minutos a fuego medio, revolviendo y raspando los bordes y el fondo de la olla de vez en cuando. Retire del fuego y mantenga caliente.

En otra sartén caliente el aceite y, una por una, fría las tortillas ligeramente por ambos lados. Escúrralas y manténgalas calientes.

Una por una, sumerja las tortillas en la salsa. Rellene cada una con queso y cebolla. Enróllelas y colóquelas una junto a la otra en un platón. Diluya el resto de la salsa, si es necesario, y viértala encima de las enchiladas. Adórnelas con la clara de huevo picada, lechuga, rábano y rajas de chile. Sirva de inmediato.

Enchiladas verdes de Aguascalientes
Aguascalientes

Basado en una receta de la señora Josefina Velásquez de León

Rinde 12 enchiladas

LA SALSA

3 chiles poblanos, asados, pelados y sin semillas ni venas

(véase pág. 564)

2 hojas grandes de lechuga romana

1 clavo entero, machacado

1 taza (250 ml) de caldo de pollo

2 cucharadas de aceite vegetal

sal al gusto

1/2 taza (125 ml) de crema

EL RELLENO

Aceite vegetal para freír

12 tortillas

De 1 1/2 a 2 tazas (375 a 500 ml) de pollo cocido,

deshebrado y bien salado (véase pág. 598)

PARA SERVIR

1 1/2 tazas (375 ml) de lechuga finamente picada

6 rábanos grandes, en rebanadas finas

1/2 taza (125 ml) de aceitunas, partidas a la mitad y sin hueso

Licúe los chiles con la lechuga, el clavo y 1/2 taza (125 ml) de caldo de pollo hasta obtener una mezcla muy lisa.

En una sartén grande caliente 2 cucharadas de aceite, añada la salsa y cocínela a fuego bastante alto durante unos 5 minutos, revolviendo y raspando el fondo de la olla para que no se pegue. Añada la sal, la crema y la 1/2 taza de caldo de pollo restante. Caliente todo ligeramente. Retire del fuego y no deje que se enfríe.

En otra sartén caliente aceite. Una por una, fría ligeramente las tortillas por ambos lados. Escúrralas y manténgalas calientes.

Una por una, sumerja las tortillas en la salsa. Luego rellene cada una con un poco de pollo. Enróllelas y colóquelas, una junto a la otra, en una fuente caliente. Vierta la salsa restante sobre las enchiladas y adórnelas con la lechuga, los rábanos y las aceitunas. Sirva de inmediato.

Enchiladas de Fresnillo
Zacatecas
Basado en una receta de la señora Josefina Velásquez de León
Rinde 12 enchiladas

LA SALSA
3 chiles anchos, sin venas ni semillas, ligeramente tostados (véase pág. 569)

una raja de canela (75 mm), machacada

1 clavo entero, machacado

1/8 de cucharadita de orégano

3 ramas de tomillo fresco o 1/8 de cucharadita de tomillo seco

3 ramas de mejorana fresca o 1/8 de cucharadita de mejorana seca

3 pimientas negras, machacadas

1 cucharada de ajonjolí, tostado y machacado

1/4 de taza (65 ml) de cacahuates pelados, tostados y machacados

1 1/2 tazas (375 ml) de agua fría

sal al gusto

2 cucharadas de aceite vegetal

EL RELLENO

Aceite vegetal para freír
12 tortillas
225 gr de queso fresco, desmoronado (aproximadamente 1 1/2 tazas/375 ml)
1 cebolla blanca finamente picada

PARA SERVIR

1 aguacate, en rebanadas delgadas
6 rábanos grandes, en rebanadas delgadas
3/4 de taza (185 ml) de crema
2 chorizos, pelados, desmenuzados y fritos

Cubra los chiles con agua caliente y déjelos remojar alrededor de 5 minutos. Escúrralos y transfiéralos al vaso de la licuadora. Añada el resto de los ingredientes para la salsa y licúe hasta obtener una mezcla lisa.

Caliente el aceite en una sartén y cocine la salsa a fuego medio durante aproximadamente 8 minutos, revolviendo y raspando el fondo de la olla constantemente. Retire del fuego y manténgala caliente.

Una por una, fría las tortillas ligeramente por ambos lados. Escúrralas bien y manténgalas calientes mientras termina con el resto de las tortillas.

Sumerja las tortillas en la salsa. Rellene cada una con un poco de queso y cebolla. Enróllelas sin apretarlas mucho y colóquelas en un platón. Añada un poco de agua a la salsa restante, hiérvala y viértala sobre las enchiladas. Adórnelas con rebanadas de aguacate, rebanadas de rábano, crema y chorizo. Sirva de inmediato.

Enchiladas verdes de San Luis Potosí

San Luis Potosí

Basado en una receta de la señora Josefina Velásquez de León

Rinde 12 enchiladas

LA SALSA

2 tazas (500 ml) de tomate verde cocido y colado

4 chiles serranos

3 ramas de cilantro

1/3 de taza (85 ml) de leche

1 diente de ajo

sal al gusto

2 cucharadas de aceite vegetal

2 cucharadas de crema

LAS TORTILLAS

Aceite vegetal para freír

12 tortillas

EL RELLENO

De 1 1/2 a 2 tazas (375 a 500 ml) de pollo cocido y deshebrado

PARA SERVIR

3/4 de taza (190 ml) de cebolla blanca finamente picada

85 gr de queso fresco, desmoronado (aproximadamente 1/2 taza/125 ml)

1/2 taza (125 ml) de crema

Licúe los tomates verdes con el chile, el cilantro, la leche, el ajo y la sal hasta que estén lisos.

Caliente el aceite en una sartén y cocine la salsa a fuego relativamente alto hasta que se reduzca y sazone: alrededor de 5 minutos. Retire del fuego, añada la crema y aparte. Manténgala caliente.

92

En una segunda sartén, fría las tortillas ligeramente por ambos lados, una por una. Escúrralas y manténgalas calientes.

Una por una, sumerja las tortillas en la salsa. Rellene cada una con un poco de pollo y enróllelas. Colóquelas en una platón caliente. Diluya el resto de la salsa, si es necesario, y viértala sobre las enchiladas. Adorne generosamente con la cebolla, el queso y crema. Sirva de inmediato.

Enchiladas verdes con carnitas

Coahuila

Basado en una receta de la señora Josefina Velásquez de León

Rinde 6 porciones

Originalmente esta receta se llamaba simplemente "taquitos" pero se preparaba como las enchiladas. Es un platillo principal sustancioso y muy llenador.

1.35 kg de costillitas de cerdo

2 dientes de ajo, machacados

sal al gusto

LA SALSA

2 cucharadas de aceite vegetal

1/3 de taza (85 ml) de cebolla blanca finamente picada

1 taza (250 ml) de tomates verdes cocidos y colados (véase pág. 590)

2 hojas grandes de lechuga orejona

2 ramas de epazote

2 dientes de ajo

sal al gusto

1/4 de taza (65 ml) de caldo o de agua

2 chiles poblanos, asados, pelados, sin venas ni semillas (véase pág. 564)

6 ramas de cilantro

EL RELLENO

3 cucharadas de aceite vegetal

5 huevos grandes

sal al gusto

1/4 de cebolla blanca mediana finamente picada

180 gr de jitomates finamente picados (aproximadamente 1 taza/250 ml)

4 chiles serranos finamente picados

LAS TORTILLAS

Aceite vegetal para freír

12 tortillas

PARA SERVIR

2 tazas (500 ml) de lechuga finamente picada

6 rábanos grandes cortados en forma de flor

Ponga la carne en una olla lo suficientemente grande para que pueda acomodarla en dos capas a lo sumo. Cúbrala apenas con agua (véase la nota inferior), agregue el ajo y la sal, y deje que suelte el hervor. Baje la flama a fuego medio y deje que la carne se cueza hasta que el agua se evapore y la carne esté tierna y suelte la grasa. Deje que la carne se fría en su grasa, volteándola de vez en cuando, hasta que esté bien dorada: aproximadamente 1 hora. Apártela y manténgala caliente.

Caliente el aceite en una sartén y fría la cebolla hasta que se acitrone.

Licúe el resto de los ingredientes de la salsa hasta obtener una mezcla lisa. Añádalos a la cebolla y fría todo a fuego bastante alto, revolviendo y raspando el fondo de la olla hasta que la salsa se reduzca un poco y esté bien sazonada: aproximadamente 5 minutos. Retire del fuego y manténgala caliente.

Caliente el aceite en una segunda sartén.

Mientras tanto, bata bien los huevos. Luego añada la sal, la cebolla, los jitomates y los chiles. Viértalos sobre el aceite caliente y revuélvalos a fuego muy bajo; deben quedar tiernos. Retírelos del fuego y manténgalos calientes.

Caliente aceite en una sartén y fría ligeramente cada tortilla por ambos lados. Escúrralas y manténgalas calientes.

Sumerja las tortillas en la salsa verde y rellene cada una con un poco de huevo revuelto, enróllelas y colóquelas en el platón. Si es necesario, diluya el resto de la salsa y viértala sobre las enchiladas. Coloque la carne de cerdo, la lechuga y las flores de rábano alrededor del platón y sirva de inmediato.

Nota: Desde luego, puede preparar la salsa con anticipación. La carne de cerdo puede hacerse como 1 hora antes, pero tiene que mantenerla firmemente tapada para que no se enfríe.

Es mejor ponerle poco agua a la carne que demasiada; siempre puede añadir un poco más si se evapora y si la carne no está lo suficientemente tierna. Si agrega demasiada agua, para cuando llegue al punto de freír la carne ésta ya se habrá desmoronado.

Enchiladas verdes veracruzanas
Veracruz
Basado en una receta de la señora Josefina Velásquez de León
Rinde 12 enchiladas

LA SALSA
1 taza (250 ml) de tomates verdes cocidos y colados (véase pág. 590)
1/2 taza (125 ml) del agua donde se cocieron los tomates
4 chiles poblanos, asados, pelados y limpios (véase pág. 564)
1/2 taza (125 ml) de cebolla blanca toscamente picada
sal al gusto
2 cucharadas de aceite vegetal
1/2 taza (125 ml) de crema

LAS TORTILLAS
12 tortillas recién hechas

EL RELLENO
2 tazas (500 ml) de guacamole (pág. 32)

1/4 de taza (65 ml) de perejil toscamente picado

85 gr de queso fresco, desmoronado (aproximadamente 1/2 taza/125 ml)

Licúe los tomates verdes con el agua en que se cocieron junto con los chiles, la cebolla y la sal, hasta que estén lisos.

Caliente el aceite en una sartén y cocine la salsa fuego bastante alto durante unos 5 minutos, revolviendo y raspando el fondo de la olla constantemente para que no se pegue. Retire del fuego y añada la crema. Luego ponga la salsa a fuego muy bajo sólo para que se caliente. Retírela del fuego y manténgala caliente.

Si las tortillas no son recién hechas y no están calientes, caliéntelas brevemente en una vaporera. Una por una, sumérjalas en la salsa. A lo largo de cada una, ponga aproximadamente 1 1/2 cucharadas de guacamole. Enróllelas sin apretarlas mucho y colóquelas formadas en un platón. Diluya el resto de la salsa con un poquito de agua o de leche y viértala sobre las enchiladas. Espolvoree con el perejil y el queso. Sirva de inmediato.

Nota: Desde luego que, como estas enchiladas llevan guacamole no pueden prepararse con anticipación, de modo que deben servirse en cuanto las prepare. La salsa si puede prepararse antes pero, como siempre, para obtener mejores resultados, el guacamole tiene que hacerse a último minuto.

Enchiladas verdes
Centro de México
Rinde 12 enchiladas

LA SALSA

1 taza (250 ml) de tomates verdes cocidos y colados (véase pág. 590)

3 chiles poblanos asados, pelados y limpios (véase pág. 564)

2 ramas de cilantro, sin los tallos gruesos

1/2 taza (125 ml) de cacahuates pelados y tostados, sin salar, machacados

sal al gusto

2 cucharadas de aceite vegetal

1/3 de taza (85 ml) más 1/2 taza (125 ml) de caldo de pollo.

LAS TORTILLAS

12 tortillas recién hechas

EL RELLENO

1 1/2 a 2 tazas (375 a 500 ml) de pollo cocido y deshebrado

PARA SERVIR

1/3 de taza (85 ml) de queso fresco desmoronado (aproximadamente 60 gr)

2/3 de taza (165 ml))e cebolla blanca finamente picada

1/2 taza (125 ml) de crema

Licúe los tomates verdes con el resto de los ingredientes de la salsa, excepto el aceite y 1/2 taza (125 ml) de caldo de pollo, hasta que estén lisos.

Caliente el aceite en una sartén grande y fría la salsa a fuego bastante alto durante 5 minutos, revolviendo y raspando el fondo de la olla de vez en cuando para que no se pegue. Agregue 1/2 taza (125 ml) del caldo restante, deje que rompa el hervor y retire del fuego. Mantenga la salsa caliente.

Si las tortillas no están recién hechas pero aún están tibias, caliéntelas brevemente. Una por una, sumérjalas en la salsa. Rellene cada una con un poco de pollo. Enróllelas y colóquelas formadas en un platón. Recaliente el resto de la salsa, diluyéndola con un poco de caldo o de agua si es necesario. Viértala sobre las enchiladas. Adórnelas con el queso, la cebolla y la crema. Sirva de inmediato.

CHILAQUILES

Según el *Diccionario de Mejicanismos* el nombre *chilaquiles* se deriva del náhuatl *chilli* y de *quilitl*, que significa una hierba comestible. Hoy lo conocemos como un platillo preparado a base de tortillas secas y fritas, que luego se sumergen en una salsa de chile y se adornan con pollo deshebrado y queso o crema, etcétera. Sé que esto suena simple pero, cuando están bien hechos, los chilaquiles son el desayuno mexicano más delicioso de todos y rápidamente puede volverse adictivo. Aquí doy sólo algunos ejemplos de recetas para hacer chilaquiles.

Chilaquiles verdes tampiqueños

Tamaulipas

Inspirado en una receta de la señora Josefina Velásquez de León

Rinde 6 porciones

LA SALSA

225 gr de tomates verdes, cocidos y colados

(aproximadamente 1 taza/250 ml; véase pág. 590)

3 chiles poblanos, asados, pelados, sin venas ni semillas (véase pág. 564)

2 ramas de epazote

3 ramas de cilantro

1/3 de cebolla blanca mediana, toscamente picada

sal al gusto

1 cucharada de aceite vegetal

1 taza (250 ml) de caldo de pollo

LAS TORTILLAS
Aceite vegetal para freír
12 tortillas, cada una cortada en 6 triángulos que se ponen a secar

PARA SERVIR
115 gr de queso fresco, desmoronado (aproximadamente 2/3 de taza/165 ml)
1/2 taza (125 ml) de cebolla blanca toscamente picada
2 huevos cocidos, en rebanadas
6 rábanos grandes, cortados en rebanadas delgadas
2 cucharadas de cilantro toscamente picado

Licúe los tomates verdes con los chiles, el epazote, el cilantro, la cebolla y la sal hasta que estén lisos.

Caliente el aceite en una sartén grande y fría la salsa a fuego medio, revolviendo constantemente para que no se pegue, durante 5 minutos. Añada el caldo y cocine la salsa 1 minuto más. Retírela del fuego y apártela.

En otra sartén, caliente el aceite y fría las piezas de tortilla. Hágalo en tres tandas para que se frían de manera uniforme, hasta que apenas comiencen a endurecerse, pero sin que doren. Escúrralas bien.

Vuelva a poner la salsa en el fuego y deje que rompa el hervor. Incorpore las piezas de tortilla y cocínelas a fuego medio, raspando el fondo de la sartén constantemente, hasta que las tortillas absorban el líquido y *apenas* empiecen a reblandecerse: de 5 a 8 minutos. Espolvoree los chilaquiles con el queso, la cebolla, el huevo, los rábanos y el cilantro. Sírvalos de inmediato.

Chilaquiles de Aguascalientes

Inspirado en una receta de la señora Josefina Velásquez de León

Aguascalientes

Rinde 4 porciones

Esta salsa tiene el penetrante sabor ahumado de los chiles chipotles. Como muchos otros platillos de chilaquiles, éste puede servirse con huevos a la hora del almuerzo, o bien sin chorizo, con pollo rostizado, acompañados de una ensalada verde.

LA SALSA

4 chiles chipotles adobados

2 ramas de cilantro

1/4 de taza (65 ml) de cebolla blanca toscamente picada

1 1/2 cucharadas de ajonjolí, tostado y machacado

1/8 de cucharadita de orégano

2/3 de taza (165 ml) de tomates verdes cocidos y colados (véase pág. 590)

2 dientes de ajo, machacados

sal al gusto

2 jitomates asados (aproximadamente 180 gr) (véase pág. 589)

2 cucharadas de aceite vegetal

LAS TORTILLAS

Aceite vegetal para freír

12 tortillas, cada una cortada en 6 triángulos y puestas a secar

PARA SERVIR

3 chorizos (aproximadamente 225 gr), pelados, desmoronados y fritos

225 gr de queso fresco desmoronado (aproximadamente 1 1/3 tazas/335 ml)

3/4 de taza (190 ml) de cebolla blanca finamente rebanada

1 cucharada de cilantro toscamente picado (opcional)

Licúe todos los ingredientes de la salsa, excepto el aceite, hasta que estén lisos.

Caliente el aceite en una sartén y cocine la salsa a fuego bastante alto, revolviendo y raspando el fondo de la olla durante aproximadamente 5 minutos. Reitre la salsa del fuego y apártela. Precaliente el horno a 180 °C (350 °F).

En otra sartén caliente el aceite y fría las piezas de tortilla en tres tandas, para que se frían de manera uniforme, hasta que apenas comiencen a endurecerse, pero sin que doren. Escúrralos bien.

Coloque la tercera parte de las tortillas en el fondo del refractario, luego añada la mitad del chorizo y del queso, y 1/3 de taza (85 ml) de salsa. Repita lo mismo con las otras capas hasta que se acabe el resto de las tortillas y la salsa. Cubra el refractario con papel aluminio y hornéelo de 15 a 20 minutos, o hasta que esté bien caliente y las tortillas apenas empiecen a reblandecerse. Espolvoree los chilaquiles con cebolla y cilantro. Sirva de inmediato.

Chilaquiles veracruzanos
Veracruz
Basado en una receta de la señora Josefina Velásquez de León
Rinde 4 porciones

Ésta es una de las versiones más exquisitas de chilaquiles que hay. Desde luego, puede preparar todo con anticipación; puede recalentar la salsa y cocinarla con las tortillas a último momento. Acompañados de una ensalada verde, estos chilaquiles constituyen una comida muy satisfactoria.

EL POLLO
1 pechuga de pollo entera, o 2 piernas grandes si prefiere
sal al gusto
1 diente de ajo grande
1/4 de taza (65 ml) de cebolla blanca finamente rebanada
2 ramas de cilantro
2 ramas de hierbabuena fresca
2 tazas (500 ml) de agua

LA SALSA
2 cucharadas de aceite vegetal
1 chile ancho, sin venas ni semillas
225 gr de jitomates toscamente picados (aproximadamente 1 1/2 tazas/375 ml)
1 diente de ajo grande
sal al gusto
1/4 de taza (65 ml) de agua
1 taza (250 ml) de caldo de pollo

LAS TORTILLAS
Aceite vegetal para freír
12 tortillas de 12 cm, cada una cortada en 6 piezas y puestas a secar

PARA SERVIR
1 taza (250 ml) de crema
1 aguacate chico, pelado, cortado en cubos, y aderezado con una vinagreta sencilla
1 taza (250 ml) de cebolla blanca finamente rebanada
85 gr de queso fresco, desmoronado (aproximadamente 1/3 de taza/85 ml)

En una olla grande ponga a cocer el pollo con la sal, el ajo, la cebolla, el cilantro y la hierbabuena. Deje que rompa el hervor, baje la flama y deje que el caldo hierva suavemente hasta que el pollo esté apenas tierno: aproximadamente 20 minutos para la pechuga, 25 minutos o más para las piernas. Deje que el pollo se enfríe en el caldo. Cuando pueda manejarlo con las manos, elimine los huesos y deshébrelo. Escúrralo y aparte el caldo.

Caliente el aceite en una sartén. Fría el chile durante 1 minuto de cada lado, aplanándolo en la sartén con una pala. Retire el chile. Cúbralo con agua caliente y déjelo remojar de 5 a 10 minutos. Deje el aceite en la sartén.

Transfiera el chile escurrido a la licuadora, añada el resto de los ingredientes para la salsa, excepto el caldo, y lícuelos hasta que estén lisos.

Recaliente el aceite y fría la salsa a fuego bastante alto durante unos 3 minutos, raspando el fondo de la olla para que no se pegue. Añada el caldo y cocine la salsa 1 minuto más. Ajuste la sazón, retírela del fuego y apártela.

En otra sartén, caliente el aceite y fría las piezas de tortilla, en tres tandas, para que se frían de manera uniforme, hasta que apenas empiecen a endurecerse, pero sin que doren. Escúrralos bien.

Vuelva a calentar la salsa. Cuando comience a hervir, agregue las tortillas y cocínelas a fuego medio de 5 a 8 minutos, o hasta que las tortillas hayan absorbido la mayoría de la salsa y apenas comiencen a reblandecerse. Revuelva casi de manera constante para que la salsa y las tortillas no se peguen ni se quemen.

Ponga los chilaquiles en un platón y adórnelos con crema, pollo, aguacate, cebolla y queso. Sirva de inmediato.

Chilaquiles de Guanajuato
Guanajuato
Basado en una receta de la señora Josefina Velásquez de León
Rinde 4 porciones

Éste es un platillo fuerte y picante de exquisito sabor. Pruebe servirlo con huevos estrellados para el almuerzo. ¡Es un método prácticamente infalible de curar una cruda! También saben deliciosos servidos con crema, huevos revueltos o con pollo rostizado.

LA SALSA

6 chiles guajillo, limpios, sin venas ni semillas, y ligeramente asados
(véase pág. 573)
340 gr de tomates verdes, cocidos y parcialmente colados
(aproximadamente 1 1/2 tazas/375 ml; véase pag. 590)
Sal al gusto
1/4 de taza (65 ml) de cebolla blanca toscamente picada
2 dientes de ajo, machacados
2 cucharadas de aceite vegetal

LAS TORTILLAS

Aceite vegetal para freír
12 tortillas de 12 cm, cada una cortada en 6 triángulos y puestas a secar

PARA SERVIR

180 gr de queso Chihuahua rallado (aproximadamente 1 1/2 tazas/315 ml)

1/2 taza (125 ml) de cebolla blanca finamente picada

Ponga los chiles en la licuadora. Añada todos los ingredientes para la salsa a excepción del aceite, y lícuelos hasta que estén lisos.

Caliente el aceite en una sartén, añada la salsa pasándola a través de un colador. Fríala a fuego medio durante unos 5 minutos, raspando el fondo de la olla constantemente. Retire la salsa del fuego y apártela.

En otra sartén caliente el aceite y fría las tortillas, en tres tandas, para que se frían de manera uniforme, hasta que apenas empiecen a endurecerse, pero sin que doren. Escúrralas bien.

Precaliente al horno o la parrilla.

Caliente la salsa, incorpore las tortillas y cocínelas a fuego medio, revolviendo de vez en cuando para que no se peguen, durante unos 5 minutos, o hasta que apenas comiencen a reblandecerse y hayan absorbido parte de la salsa. (Tenga cuidado, cuando la salsa se pega a la sartén, se quema con facilidad.) Transfiera los chilaquiles a un platón. Cúbralos con el queso y luego ponga el platón bajo la parrilla o métalo al horno hasta que el queso se derrita. Espolvoree los chilaquiles con la cebolla y sirva de inmediato.

BUDINES O SOPAS SECAS DE TORTILLA

Los platillos que se hacen con capas de tortilla a veces se sirven igual que una sopa seca. Acompañados de una ensalada, constituyen un excelente platillo para la hora de la comida. Aunque tienden a ser algo pesados, y un poco engordantes, son deliciosos cuando se preparan con tortillas de buena calidad que no se deshacen, como ocurre con las tortillas hechas con una harina de maíz comercial. Éstos son sólo algunos ejemplos, pero usted puede experimentar y usar su imaginación.

Budín azteca

Ciudad de México

Rinde 6 porciones

Éste es un platillo delicioso, atiborrado de calorías, y es uno de mis grandes favoritos de mi primera época en México. Existen muchas variantes, dependiendo de lo que se tenga a mano.

LA SALSA DE TOMATE VERDE

3 tazas (750 ml) de tomates verdes cocidos colados (aproximadamente

680 gr); aparte 1/2 taza (125 ml) del líquido en que se cocieron (véase pág. 590)

3 chiles serranos, cocidos junto con los tomates verdes

2 dientes de ajo pequeños, toscamente picados

2 cucharadas de cebolla blanca finamente picada

2 cucharadas de aceite vegetal

LAS RAJAS

7 chiles poblanos, asados, pelados y limpios (véase pág. 564)

3 cucharadas de aceite vegetal

1/3 de taza (85 ml) de cebolla blanca en rebanas delgadas

sal al gusto

EL BUDÍN

1/3 de taza (85 ml) de aceite vegetal

18 tortillas recién hechas (véase pág. 75), cortadas en mitades como de 13 cm de diámetro

2 tazas (500 ml) de pollo cocido y deshebrado (véase pág. 598) con suficiente sal

PARA SERVIR

1 1/2 tazas (375 ml) de crema

1 3/4 de taza (440 ml) de queso Chihuahua rallado

(aproximadamente 225 gr)

Tenga listo un refractario como de 25 cm de diámetro y 10 cm de profundidad.

Licúe los tomates verdes junto con 1/2 taza (125 ml) del líquido que reservó de la cocción, los chiles, el ajo y la cebolla, hasta obtener una salsa lisa.

Caliente el aceite en una sartén, agregue la salsa, y cocínela a fuego alto durante aproximadamente 5 minutos, revolviendo de vez en cuando para que no se pegue. Transcurrido ese tiempo la salsa debe haberse espesado un poco y estar bien sazonada. Apártela.

Corte los chiles en rajas delgadas y apártelos.

En otra sartén caliente las 3 cucharadas de aceite, luego añada la cebolla y fríala hasta que se acitrone: aproximadamente 1 minuto. Añada las rajas y sal, tape la sartén y cocínelas a fuego bajo hasta que los chiles estén tiernos, pero no demasiado suaves: aproximadamente 5 minutos.

Caliente el aceite en otra sartén y fría cada tortilla durante unos segundos: no deben dorarse ni endurecerse. Elimine el exceso de grasa con la siguiente tortilla que va a freír.

Coloque un tercio de las tortillas en el fondo del refractario. Luego añada, en capas, la mitad del pollo, la mitad de las rajas y un tercio de salsa, de crema y de queso. Repita las capas y termine con una última capa de tortilla, el resto de la salsa, la crema y el queso.

Hornee el budín durante aproximadamente 25 minutos, o hasta que esté bien caliente y el queso se haya derretido.

Nota: este platillo puede armarse con unas 2 horas de anticipación, pero lo mejor sería no añadir la salsa. Sólo use la mitad de la salsa entre las capas y luego, a último momento, vierta la salsa en las orillas antes de meter el budín al horno. Tenga cuidado de no hornearlo demasiado tiempo o las tortillas se desharán: deben quedar suaves, pero manteniendo su forma.

Cacerola de tortillas en chile guajillo

Guerrero

Señora Godileva Castro

Rinde 6 porciones

LA SALSA

12 chiles guajillo, sin venas ni semillas

1/2 taza (125 ml) de cebolla blanca toscamente picada

2 dientes de ajo, toscamente picados

1/4 de cucharadita de comino, machacado

1 taza (250 ml) de caldo de pollo o de agua

2 cucharadas de aceite vegetal

sal al gusto

LOS CHILAQUILES

Aceite vegetal para freír

18 tortillas de 13 cm, cortadas en tiras o en triángulos y puestas a secar

225 gr de queso fresco, desmoronado

(aproximadamente 1 1/3 tazas/335 ml)

aproximadamente 2 tazas (500 ml) de caldo de pollo

2 ramas grandes de epazote

PARA SERVIR

1 taza (250 ml) de crema

2 chorizos (aproximadamente 140 gr), pelados, desmenuzados y fritos

3/4 de taza (185 ml) de aros de cebolla en rebanadas finas

2 limones, cortados en cuartos

Tenga listo un refractario como de 25 cm de diámetro y 10 cm de profundidad.

Caliente el comal o la plancha y ase los chiles ligeramente por ambos lados. Tenga cuidado porque se queman muy rápido.

Cubra los chiles con agua caliente y déjelos en remojo unos 10 minutos. Luego, con una cuchara perforada, transfiéralos a la licuadora. Agregue la cebolla, el ajo, el comino y licúe todo con 1/2 taza (125 ml) del caldo hasta obtener una salsa lisa.

En una sartén, caliente el aceite y añada la salsa pasándola por un colador fino, presionándola para extraer la mayor cantidad de líquido posible.

Añada 1/2 taza más del caldo y deje que la salsa se cocine a fuego alto durante unos cuantos minutos. Añada sal al gusto. Apártela.

En una segunda sartén, caliente el aceite y fría las piezas de tortilla hasta que estén ligeramente doradas, pero no crujientes. Sáquelas y escúrralas sobre toallas de papel.

Cubra el fondo del refractario con un tercio de las piezas de tortilla, luego un tercio del queso y un tercio de la salsa. Haga otras dos capas iguales.

Añada las 2 tazas de caldo y deje que rompa el hervor. Baje la flama y siga cocinando los chilaquiles en un hervor vivo, hasta que se haya absorbido casi todo el caldo: aproximadamente 15 minutos. Agregue el epazote como 1 minuto antes de que los chilaquiles terminen de hacerse.

Vierta la crema en las orillas del refractario y luego adórnelo con el chorizo y los aros de cebolla. Sirva en platos hondos pequeños con los cuartos de limón a un lado.

Cacerola de tortilla sencilla
Nuevo León
Basado en una receta de la señora Josefina Velásquez de León
Rinde 4 porciones

Muy a menudo esta cacerola de tortilla en salsa de jitomate se sirve como una sopa seca, y puede servirse también como una pasta: solo o acompañado de carne, pescado o pollo cocinados de una manera sencilla.

La salsa
450 gr de jitomates, toscamente picados (aproximadamente 3 tazas/750 ml)
1/4 de taza (65 ml) de cebolla blanca toscamente picada
1 diente de ajo grande, toscamente picado
sal al gusto
2 cucharadas de aceite vegetal

Aceite vegetal para freír

12 tortillas cortadas en tiras y puestas a secar

115 gr de queso Chihuahua (aproximadamente 3/4 de taza/185 ml), o

de queso fresco (aproximadamente 2/3 de taza/165 ml)

1/3 de taza (85 ml) de caldo o de agua caliente

PARA SERVIR

2 cucharadas de perejil finamente picado (opcional)

1 taza (250 ml) de crema

Tenga listo un refractario ligeramente engrasado, de aproximadamente 23 por 15 por 8 cm.

Licué los jitomates con todos los ingredientes de la salsa, excepto el aceite, hasta que estén lisos.

Caliente el aceite en una sartén mediana y fría la salsa a fuego bastante alto para que se reduzca y sazone: aproximadamente 4 minutos. Retire del fuego y déjela en un lugar tibio.

Caliente el aceite en una segunda sartén y fría las piezas de tortilla en tres tandas para que se frían de manera uniforme, hasta que apenas se endurezcan pero sin que doren. Escúrralas bien.

Precaliente el horno a 190 °C (375 °F).

Ponga un tercio de las piezas de tortilla en el fondo del refractario. Encima, vierta 1/3 de taza (85 ml) de la salsa y un tercio del queso. Repita lo mismo con la mitad de las tortillas restantes, la salsa y el queso, y termine con el resto de los ingredientes. Humedezca la capa superior con el caldo. Cubra el refractario con una tapadera y métalo a la rejilla superior del horno de 15 a 20 minutos, o hasta que el platillo esté bien caliente y burbujee, (el líquido debe absorberse y las tortillas de capa inferior deben estar apenas suaves, no desmoronándose, y las de arriba deben quedar un poquito firmes. Retire la tapadera, espolvoree el perejil y pase la crema por separado.

Cacerola de tortillas y legumbres

Centro de México

Basado en una receta de la señora Josefina Velásquez de León

Rinde 4 porciones

La receta original lleva chorizo, pero siento que su fuerte sabor cubre el de las legumbres y yo prefiero no usarlo. Esta cacerola puede servirse como un platillo aparte, solo o con carnes y pescados asados, o con pollo rostizado.

Asegúrese de no sobrecocer las legumbres: deben quedar apenas tiernas, casi crujientes, para que no se aguaden cuando las hornee.

La salsa

1 1/2 cucharadas de aceite vegetal

1/3 de taza (85 ml) de cebolla blanca finamente rebanada

340 gr de jitomates, asados (véase pág. 589)

sal al gusto

2/3 de taza (165 ml) de caldo de pollo o de caldo de vegetales para vegetarianos

El relleno

Aceite vegetal para freír

12 tortillas de 13 cm, cortadas en tiras y puestas a secar

1 taza (250 ml) de chícharos cocidos

1 taza (250 ml) de cebolla cocida y cortada en cuadritos

1 taza (250 ml) de ejotes, cortados en trocitos

Para servir

115 gr de queso Chihuahua rallado (aproximadamente 1 taza copeteada/265 ml)

Tenga listo un refratario como de 23 por 15 por 8 cm.

Caliente el aceite en una sartén grande y fría la cebolla ligeramente hasta que esté suave, pero sin que dore: unos 3 minutos.

Licúe brevemente los jitomates con todo y piel. Luego añádalos, junto con la sal, a la cebolla de la sartén. Cocine la salsa a fuego bastante alto, revolviendo constantemente, hasta que se reduzca: unos 3 minutos. Agregue el caldo o el agua de las legumbres y cocine todo durante alrededor de 1 minuto y luego apártela.

Caliente el aceite en otra sartén y fría las piezas de tortilla, en tres tandas para que se frían de manera uniforme hasta que apenas se endurezcan, pero sin que doren. Escúrralas bien.

Precaliente el horno a 190 °C (375 °F).

Ponga la mitad de las piezas de tortilla en el fondo del refractario. Espolvoréelas con aproximadamente un tercio de la salsa, y luego cúbralas con las legumbres, el resto de las tortillas y, por último, el resto de la salsa. Cubra el traste y hornéelo alrededor de 20 minutos, o hasta que las tortillas de la capa inferior estén suaves, pero no se desmoronen, y las de encima estén todavía un poquito firmes. Destape el traste.

Espolvoree el queso sobre la cacerola y vuelva a meter el refractario al horno hasta que el queso se derrita. Una vez armado, este platillo debe hornearse y servirse, o de lo contrario se aguada.

Budín de hongos
Centro de México
Inspirado en una receta de la señor Josefina Velásquez de León
Rinde 4 porciones

La receta original lleva cuitlacoche, el exquisito hongo del maíz (véase pág. 595). Pero cuando hay muchos hongos baratos, esta receta constituye una deliciosa variación de la manera más común de prepararlos. Puede usar cualquier tipo de hongo silvestre o cultivado.

La cantidad de chile depende del gusto.

EL RELLENO

2 cucharadas de aceite vegetal

1/2 taza (125 ml) de cebolla blanca en rebanadas delgadas

2 dientes de ajo, pelados y finamente picados

450 gr de hongos o cuitlacoche enjuagados, toscamente picados

3 chiles serranos finamente picados

sal al gusto

1 rama grande de epazote o de perejil, sólo las hojas, toscamente picada

LA SALSA

450 gr de jitomates, toscamente picados

(aproximadamente 3 tazas/750 ml)

1/4 de taza (65 ml) de cebolla blanca toscamente picada

1 diente de ajo, toscamente picado

1 cucharada de aceite vegetal

sal al gusto

LAS TORTILLAS

Aceite vegetal para freír

12 tortillas de 13 cm, cortadas en cuartos y puestas a secar

115 gr de queso Chihuahua (aproximadamente 1 taza copeteada/265 ml)

Tenga listo un refractario ligeramente engrasado de aproximadamente 23 por 15 por 8 cm.

Caliente el aceite en una sartén grande y fría la cebolla y el ajo durante 2 minutos, revolviendo de vez en cuando para que no se peguen: no deben dorarse. Añada los hongos, el chile y la sal. Tape la sartén y cocine los hongos a fuego medio hasta que estén tiernos: aproximadamente 20 minutos. Deben quedar jugosos. Añada el epazote y cocine todo 1 minuto más. Vierta los hongos en un tazón y apártelos.

Licúe los jitomates, la cebolla y el ajo hasta que estén lisos.

Caliente el aceite en una sartén y cocine la salsa a fuego relativamente alto, revolviendo de vez en cuando, durante aproximadamente 4 minutos hasta que se reduzca. Añada sal.

Caliente el aceite en una segunda sartén y fría las tortillas, en tres tandas, para que se fríen de manera uniforme, hasta que apenas empiecen a endurecerse, pero sin que doren. Escúrralas sobre toallas de papel.

Precaliente el horno a 190 ºC (375 ºF).

Coloque un tercio de las piezas de tortilla en el fondo del refractario, luego añada la mitad de los hongos guisados, un tercio del queso y 1/3 de taza (85 ml) de salsa. Repita las capas y, por último, termine con el resto del queso, la salsa y el jugo de los hongos que haya podido quedar en la sartén. Honrée el budín hasta que esté bien caliente y burbujeante: de 20 a 25 minutos.

TACOS

Para la mayoría de la gente que no vive en México, el taco es una tortilla frita, crujiente, doblada en forma de U, rellena de carne molida, lechuga, rebanadas de jitomate y queso rallado. Sin embargo, en México el taco simple que a diario se consume por millones, es una tortilla fresca y caliente, enrollada alrededor de uno de cientos de rellenos posibles, que se cubre con uno de los cien o más tipos de salsa que existen. La variedad es infinita.

Desde luego, también hay tacos que se fríen hasta que quedan bastante dorados: una de las advertencias de quien, sin duda alguna, tiene que ser un acérrimo aficionado con mucha experiencia en tacos es que *no deben de tronar.* Siempre hay excepciones a la regla porque la *flauta,* su contraparte de Jalisco, y el *cotzito,* de Yucatán, se enrollan muy apretados y se fríen lo suficiente para que sí crujan.

Además del taco suave y del taco frito, existe el taco sudado o al vapor, y el taco de canasta, que es casi igual, porque los tacos suaves, ya rellenos, se colocan uno encima del otro, en capas, dentro de una canasta forrada con un trapo, lo que casi equivale a calentarlos al vapor.

Aunque puede usarse cualquier cosa que se tenga a mano, aquí hay algunas sugerencias para rellenarlos.

Tacos de papa

Basado en una receta de la señora Josefina Velásquez de León

Rinde 12 tacos

La receta original lleva un sencillo relleno de papas machacadas. A mí me gusta la piel de las papas y la textura que le dan al relleno y por eso improvisé esto, eso sí, apegada a la tradición mexicana. Soprendentemente, la papa y la masa combinan muy bien y constituyen un plato sencillo, pero barato y delicioso.

Incluso puede usar epazote picado en este relleno.

EL RELLENO

340 gr de papas, cocidas sin pelar y cortadas en cubos
(aproximadamente 2 1/4 tazas/563 ml)
1/2 cebolla blanca
115 gr de queso fresco, desmoronado (aproximadamente 3/4 de taza/190 ml)
sal al gusto

PARA SERVIR

12 tortillas de más o menos 13 cm
aceite vegetal para freír
2/3 de taza (165 ml) de crema
1 taza (250 ml) de salsa ranchera tibia (pág. 296), sin la cebolla
1 1/2 tazas (375 ml) de lechuga picada
chiles jalapeños en escabeche

Mezcle las papas con el resto de los ingredientes del relleno.

Rellene cada tortilla con aproximadamente 2 cucharadas de la mezcla y asegúrela con un palillo.

Caliente el aceite y fría las tortillas hasta que apenas estén doradas por fuera. Escúrralas bien.

Sirva de inmediato y adórnelas con crema, salsa caliente y lechuga. Sirva los chiles por separado.

114

"Taquitos"
Rinde 12 tacos

Se me ocurrió esta sencilla sugerencia cuando vi que mi refrigerador estaba lleno de sobras. Tenía la mitad de un aguacate grande, un paquete chico de frijoles refritos congelados que caían insistentemente sobre las charolitas del hielo, y una lata de chiles chipotles a medio terminar. No tiene que tener estos ingredientes exactos, pero esta receta nos hace darnos cuenta de que casi cualquier sobrante puede convertirse en un sencillo y delicioso taquito.

PARA PREPARAR LOS TAQUITOS
12 tortillas
1 aguacate chico, cortado en 12 rebanadas
115 gr de queso Chihuahua (aproximadamente 1 taza/250 ml)
4 a 6 chiles chipotles de lata, cada uno cortado en tres piezas
3/4 de taza (185 ml) de frijoles refritos (véase pág. 198)
12 rebanadas delgadas de cebolla blanca
sal al gusto

PARA SERVIR
Aceite vegetal para freír
6 hojas de lechuga romanita, picada
6 rábanos finamente rebanados
aproximadamente 3 cucharadas de cilantro toscamente picado

Rellene cada tortilla con una rebanada de aguacate, unas tiras de queso, una o dos piezas de chile, una cucharada de frijoles refritos, y una rebanada fina de cebolla. Espolvoree bien con sal, enrolle la tortilla y asegúrela con un palillo.

Fría los tacos hasta que doren pero sin que queden muy crujientes. Escúrralos en papel absorbente y sírvalos adornados con lechuga, rábanos y cilantro picado.

Taquitos de nata
San Luis Potosí

Basada en una receta de la señora Josefina Velásquez de León

Rinde 12 tacos

Originalmente estos taquitos se llaman "taquitos de nata", un nombre que hace alusión a cuando la salsa se espesa con nata.

La receta original no llevaba ni chile ni cebolla, pero son toques auténticamente mexicanos que creo mejoran este sencillo y delicioso platillo.

Los tacos no se ahogan completamente en la salsa, para que los extremos queden un poco crujientes.

EL RELLENO

340 gr de jitomates asados (véase pág. 589)

2 cucharadas de cebolla blanca finamente picada

1 diente de ajo

sal al gusto

2 cucharadas de aceite vegetal

1 1/2 a 2 tazas (375 a 500 ml) de pollo cocido y deshebrado, bien sazonado

1 chile jalapeño crudo, en rajitas delgadas

1 cucharada de aceite vegetal

1/2 taza (125 ml) de crema, a temperatura ambiente

PARA SERVIR

Aceite vegetal para freír

12 tortillas

2/3 de taza (165 ml) de cebolla blanca finamente picada

Licúe los jitomates con la cebolla, el ajo y la sal, y divida la salsa en dos partes. Caliente el aceite en una sartén. Fría el pollo deshebrado y las rajas de chile alrededor de un minuto a fuego relativamente alto, revolviendo de vez en cuando para que no se pegue, hasta que el pollo apenas comience a dorar. Añada la mitad del puré de jitomate y siga cocinando y revolviendo hasta que la mezcla esté casi seca. Reitre del fuego y mantenga caliente.

Caliente el aceite en otra sartén y fría el resto del puré, a fuego bastante alto, durante unos 3 minutos, revolviendo de vez en cuando. Retire del fuego e incorpore la crema. Aparte la salsa y manténgala caliente.

Caliente al aceite en una sartén y fría ligeramente las tortillas por ambos lados. Hágalo en tandas.

Precaliente el horno a 190 °C (375 °F).

Ponga un poco del relleno en cada tortilla, enróllelas y colóquelas formadas en un refractario. Vierta la salsa encima de los tacos y hornéelos durante 10 minutos. Espolvoree con cebolla y sirva de inmediato.

Nota: los tacos no deben hornearse más tiempo o se pondrán duros y la salsa se resecará. Puede preparar el relleno y la salsa con anticipación, y luego armar los tacos y hornearlos a último minuto.

Tacos de rajas de Zacatecas
Zacatecas
Basada en una receta de la señora Josefina Velásquez de León
Rinde 12 tacos

EL RELLENO
2 cucharadas de aceite vegetal
3 chiles poblanos, asados, pelados, limpios, y cortados en rajas delgadas (véase pág. 564)
225 gr de jitomates asados (véase pág. 589)
3 cucharadas de cebolla blanca toscamente picada
sal al gusto
3 huevos grandes

PARA SERVIR
Aceite vegetal para freír
12 tortillas
1 1/3 tazas (335 ml) de crema

117

Caliente el aceite en una sartén grande. Agregue las rajas y cocínelas a fuego bajo durante aproximadamente 3 minutos.

Licúe los jitomates con la cebolla hasta que estén lisos, y luego añada el puré a las rajas que están en la sartén. Sazone y cocine a fuego medio aproximadamente 5 minutos, revolviendo y raspando el fondo de la sartén de vez en cuando.

Bata los huevos ligeramente e incorpórelos a la mezcla. Siga revolviendo hasta que estén tiernos, retire del fuego y manténgalos calientes.

Caliente el aceite en una segunda sartén y fría las tortillas por ambos lados. Fríalas un poquito más de lo que lo haría para hacer enchiladas, sin que se doren tanto que no pueda doblarlas con facilidad. Escúrralas bien y rellene cada una con el guisado de huevo y rajas. Doble las tortillas por la mitad y colóquelas en un platón.

Encima vierta la crema y sirva de inmediato.

Tacos de res
Guanajuato
Basada en una receta de la señora Josefina Velásquez de León
Rinde 12 tacos

EL RELLENO
1 1/2 cucharadas de aceite vegetal
1/2 taza (125 ml) de cebolla blanca picada delgada
450 gr de carne de res cocida y deshebrada
(aproximadamente 2 tazas/500 ml; véase pág. 599)
1 chile jalapeño fresco cortado en rajitas finas

PARA SERVIR
12 tortillas de 13 cm
aceite vegetal para freír
1 taza (250 ml) de salsa ranchera (véase pág. 296)
3/4 de taza (185 ml) de crema
85 gr de queso fresco desmoronado (aproximadamente 1/2 taza/125 ml)

Caliente el aceite en una sartén grande y fría la cebolla ligeramente hasta que acitrone. Añada la carne y el chile y fríalos a fuego medio, revolviendo de vez en cuando, hasta que la carne esté ligeramente dorada. Retire del fuego y deje que se enfríen un poco.

Rellene las tortillas y fríalas hasta que estén ligeramente doradas por fuera. Escurra y sirva los tacos de inmediato, adornados con salsa, crema y queso.

Tacos de hongos
Centro de México
Rinde 12 tacos

La receta original lleva cuitlacoche pero puede usar cualquier tipo de hongo silvestre o cultivado.

EL RELLENO
3 cucharadas de aceite vegetal
1/4 de taza (65 ml) de cebolla blanca finamente picada
2 dientes de ajo, pelados y picados
340 gr de jitomates finamente picados
(aproximadamente 2 tazas/500 ml)
3 chiles serranos, cortados en rajas, con venas y semillas
450 gr de hongos o de cuitlacoche (véase pág. 595), toscamente picados
(aproximadamente 4 tazas/ 1 l)
sal al gusto
2 ramas de epazote o perejil finamente picado

PARA SERVIR
12 tortillas
aceite vegetal o manteca derretida para freír
crema

Caliente el aceite en una sartén grande y fría ligeramente la cebolla y el ajo durante unos segundos: no deje que doren.

Añada los jitomates, los chiles, los hongos y sal. Cocínelos a fuego medio, sin tapar, revolviendo de vez en cuando hasta que los hongos estén suaves y el jugo se haya reducido: aproximadamente 15 minutos.

Agregue el epazote y cocine los hongos 1 minuto más. Retire del fuego y deje que se enfríen un poco.

Ponga un poco del guisado de hongos en cada una de las tortillas, enróllelas y asegúrelas con un palillo. Caliente la grasa y fría los tacos hasta que estén apenas dorados, pero no crujientes. Escúrralos bien y sírvalos de inmediato, ya sea solos o con un poco de crema.

Puerco en salsa de jitomate

Rinde para rellenar de 12 a 15 tacos pequeños, 1 1/2 tazas (375 ml)

340 gr de jitomates asados (véase pág. 589)
1 diente de ajo, toscamente picado
2 cucharadas de manteca o de aceite vegetal para freír
1/3 de taza (85 ml) de cebolla blanca finamente picada
2 chiles jalapeños, con todo y semillas, en rebanadas finas
sal al gusto
1 1/3 tazas (335 ml) de carne de cerdo cocida y deshebrada
(pág. 598; aproximadamente 340 gr)

Licúe los jitomates con el ajo hasta que estén casi lisos. Apártelos.

Caliente la manteca en una sartén grande y fría la cebolla y los chiles, sin dorar, hasta que acitrone. Añada la mezcla de jitomate y cocine a fuego medio durante aproximadamente 5 minutos; añada sal.

Agregue la carne y siga cocinando la mezcla durante 8 minutos, o hasta que esté bien sazonada y la salsa esté húmeda pero no jugosa.

TOSTADAS

Una tostada es una tortilla que se fríe, aplanada, hasta que se dora, lo que hace que funcione como un plato que puede comerse y adornarse con una gran variedad de ingredientes. Ésta es una botana suculenta, pero temible, que tiende a romperse y a desparramarse por todos lados en cuanto uno le da la primera dentellada (véanse las recetas de las páginas 121 a la 123)

En Mérida y en Querétero probé unas tostadas en que la masa estaba mezclada con una pequeña cantidad de grasa , y la tortilla estaba tostada, no frita.

Claro que siempre puede dejar que las tortillas se sequen, untarlas con aceite y hornearlas hasta que estén crujientes.

Tostadas de manitas de cerdo
San Luis Potosí
Inspirada en una receta de la señora Josefina Velásquez de León
Rinde 12 tostadas

En general las cocinas tienden a sobrecocer las patitas de cerdo, y la carne se vuelve suave e insípida. Varían mucho de tamaño, así que el tiempo de cocción debe ajustarse. Trate de elegir las que pesan entre 340 gr y 450 gr cada una. Por lo general me equivoco y no les doy suficiente tiempo para cocerse en mi intento por lograr la consistencia adecuada: olvido que, por más suaves que parezcan cuando están calientes, se endurecen considerablemente al enfriarse.

PARA PREPARAR LAS MANITAS DE CERDO

2 manitas de cerdo, partidas a la mitad

1 hoja de laurel

3 ramas de tomillo fresco o 1/8 de cucharadita de tomillo seco

1/4 de cucharada de orégano

2 dientes de ajo

1/3 de taza (85 ml) de cebolla blanca en rebanadas gruesas

6 pimientas negras

sal al gusto

pimienta recién molida

PARA SERVIR

Aciete vegetal para feír

12 tortillas de 13 cm

las manitas de cerdo en su gelatina

1 1/2 tazas (375 ml) de lechuga finamente rallada y aderezada

1 aguacate pequeño, rebanado

1 1/2 tazas (375 ml) de salsa ranchera (véase pág. 296), sin la cebolla

3 cucharadas de queso añejo finamente rallado

1 taza (250 ml) de cebolla morada en rebanadas delgadas

Ponga todos los ingredientes de las manitas de cerdo en una olla grande y cúbralos con suficiente agua fría que rebase la carne por 1.5 cm. Deje que rompa el hervor, baje la flama y deje que la olla hierva suavemente durante unas 2 1/2 horas. (La carne debe quedar tierna pero no demasiado suave.) Retire del fuego y deje que las manitas se enfríen en el caldo.

Cuando las manitas se hayan enfriado lo suficiente para que pueda manejarlas, elimine todos los huesos cuidadosamente y pique la carne, el cartílago gelatinoso y el cuero en pedacitos. Ponga todo en un traste poco profundo y sazone con sal y pimienta: tome en cuenta que las comidas cocidas que se sirven frías necesitan más sazón. Cuele el caldo y vierta 1 1/3 tazas (335 ml) sobre la carne. Meta el traste al refrigerador hasta que cuaje bien: aproximadamente 1 hora.

Caliente el aceite en una sartén y fría las tortillas hasta que estén crujientes. Escúrralas bien.

Corte las manitas en su gelatina en cubitos y ponga de 2 a 3 cucharadas copeteadas en cada tostada. Adorne con lechuga, rebanadas de aguacate, salsa, queso y, al último, los aros de cebolla.

Nota: las manitas de puerco pueden prepararse con uno o dos días de anticipación.

Tostadas de guacamole y crema
Sonora
Basada en una receta de la señora Josefina Velásquez de León
Rinde 12 tostadas

Aceite vegetal para freír
12 tortillas de maíz
225 gr de queso Chihuahua, en rebanadas finas
2 tazas (500 ml) de guacamole (véase pág. 32)
1 taza (250 ml) de crema
1 1/2 tazas (375 ml) de lechuga finamente rallada
4 chiles jalapeños en escabeche, cortadas en rajas

Caliente el aceite en una sartén y fria las tortillas hasta que estén crujientes. Escúrralas bien.

Cubra cada tostada con una cucharada grande de guacamole, un poco de crema, un poco de lechuga y unas rajitas de chile. Sirva de inmediato.

Tortillas como sándwich
Centro de México

Rinde 6 sandwiches de tortilla

Ésta es la deliciosa respuesta mexicana al sándwich americano de jamón y queso y se presta a una infinidad de interpretaciones.

12 tortillas

180 gr de jamón finamente rebanado

180 gr de queso Chihuahua en rebanadas delgadas

aceite vegetal para freír

3/4 de taza de crema

3/4 de taza (185 ml) de salsa de tomate verde (pág. 293), guacamole (pág. 32) o

salsa ranchera (pág. 296)

1/2 taza (125 ml) de cebolla blanca finamente picada

1 1/2 tazas (375 ml) de lechuga finamente rallada

6 rábanos, cortados en forma de flor o rebanados

Extienda las 6 tortillas; en cada una ponga un poco de jamón y queso. Cubra cada una con otra tortilla para formar un sándwich y asegúrela con dos palillos, uno de cada lado.

Caliente el aceite y fría cada sándwich por ambos lados hasta que apenas estén dorados pero no crujientes. Escurra bien y luego adorne cada uno con crema, salsa y cebolla picada. Adorne cada plato con lechuga y rábanos, que dan un bonito contraste. Sirva de inmediato.

Tortillas piladas con guacamole en salsa de jitomate
Centro de México
Rinde de 4 a 6 porciones

En el libro donde encontré la receta de este platillo se le llamaba simplemente "sopa de tortilla": ¡cuánta modestia! Es, de hecho, una mezcla deliciosa, fantástica y colorida, de tortillas fritas apiladas con guacamole, crema y queso, colmadas con salsa de jitomate.

LA SALSA
2 cucharadas de aceite vegetal
5 cebollitas finamente picadas
450 gr de jitomates, toscamente picados
(aproximadamente 3 tazas/750 ml)
2 dientes de ajo
sal al gusto

PARA SERVIR
Aceite vegetal para freír
12 tortillas, si es posible recién hechas y no demasiado delgadas
1 1/2 tazas (375 ml) de guacamole (pág. 32)
115 gr de queso Chihuahua, rallado
3/4 de taza (185 ml) de crema

Caliente el aceite en una sartén grande y acitrone las cebollitas hasta que estén suaves pero no doradas.

Licúe los jitomates con el ajo. Añádalos a la sartén. Agregue sal y fría la salsa a fuego relativamente alto, revolviendo y raspando el fondo de la olla casi de manera constante, hasta que la salsa se haya reducido y sazonado: aproximadamente 5 minutos. Retire del fuego y mantenga caliente.

En otra sartén caliente el aceite y fría las tortillas brevemente por ambos lados. Escúrralas bien.

Necesita hacer 3 montones. Sumerja 3 tortillas en la salsa y acomódelas planas en un refractario. Unte cada una con aproximadamente 2 cucharadas de guacamole, un poco de queso y crema.

Sumerja otras 3 tortillas en la salsa y cubra el relleno. Repita con otra capa de tortillas encima del primer "sándwich", luego repita una capa de guacamole, queso y crema. Por último, termine con una capa de las tortillas restantes.

Vierta el resto de la salsa sobre los montoncitos de tortilla y espolvoree encima el queso restante. Corte en rebanadas y sirva de inmediato.

Nota: No tengo que decir que este platillo debe prepararse a último momento. Sólo puede hacer la salsa con anticipación. Debe empezar a preparar el platillo en cuanto termine de hacer el guacamole.

Indios vestidos
Guanajuato
Basado en una receta de la señora Josefina Velásquez de León
Rinde 6 porciones

A veces a este platillo se le llama únicamente "inditos". Se parece a una versión simplificada de los chiles rellenos sólo que, en vez de chiles, se usan tortillas. Pueden rellenarse de carne deshebrada o de queso.

LA SALSA
2 cucharadas de aceite vegetal
1/3 de taza (85 ml) de cebolla blanca finamente picada
565 gr de jitomates asados (véase pág. 590)
2 chipotles en adobo, de lata
sal al gusto

PARA EL RELLENO Y LA FRITURA

450 gr de carne de cerdo cocida y deshebrada (véase pág. 598)

o 225 gr de queso fresco desmoronado (aproximadamente 1 1/3 tazas/335 ml)

12 tortillas cortadas a la mitad

aproximadamente 1/2 taza (125 ml) de harina

aceite vegetal para freír

5 huevos grandes, separados

sal al gusto

PARA SERVIR

1 aguacate grande, en rebanadas delgadas

4 cucharadas de queso añejo finamente rallado (véase pág. 57

9)

Caliente el aceite en una sartén grande y fría la cebolla ligeramente hasta que acitrone. Licúe los jitomates, con todo y piel, junto con los chiles y luego añádalos a la sartén. Agregue la sal. Cocine la salsa a fuego bastante alto durante aproximadamente 3 minutos para que reduzca un poco. Sazone. Retire la salsa del fuego y manténgala caliente.

Ponga un poco de relleno en cada pieza de tortilla. Dóblela a la mitad, asegúrela con un palillo y enharínela ligeramente.

En una segunda sartén caliente aceite suficiente para que alcance 1.5 cm de profundidad.

Mientras tanto, bata las claras con sal a punto de turrón pero sin que se resequen. Luego, una por una, añada las yemas y siga batiendo hasta que todo esté bien incorporado. Uno por uno sumerja el "paquetito" de tortilla en el huevo –debe quedar ligera pero totalmente capeado– y fríalo hasta que esté ligeramente dorado. Escúrralo bien y colóquelo en un platón. Vierta la salsa caliente encima y adorne con el aguacate y el queso. Sirva de inmediato.

Nota: después de freír "indios" ya capeados, puede ponerlos en el horno, en una charola para hornear con bastantes toallas de papel, 180 °C (350 °F) durante unos 2 minutos para que suelten el exceso de aceite.

Totopos

Los totopos son cuadritos o tiras de tortilla frita que se usan para adornar sopas e incluso, en Michoacán, para hacer chilaquiles, o para añadir a los huevos revueltos. Cortados en forma de triángulos más grandes, se usan como cucharita para el guacamole y los frijoles refritos.

Es preferible que usted prepare sus propios totopos ya que los comerciales, que se conocen como "fritos", son demasiado delgados y están muy sazonados. Primero, corte las tortillas de maíz en la forma deseada y colóquelas en un rejilla a que sequen durante toda la noche: así absorberán menos aceite a la hora de freírlos. Caliente el aceite vegetal, suficiente para alcanzar 1.25 cm de profundidad en una sartén no muy grande, y fría unos cuantos totopos hasta que estén crujientes y dorados. Escúrralos bien sobre toallas de papel. Es mejor consumirlos de inmediato pero si sobran algunos puede congelarlos y recalentarlos en el horno.

Tamales

En 1970 escribí que, al principio, quizá uno no se dé cuenta de que, en algún lugar, alguien está haciendo tamales, a no ser quizá por las ventanas empañadas. Sin embargo, un poco después, la mezcla del rico y sutil aroma de las hojas de maíz, la masa y la buena manteca invade la casa, y se vuelve cada vez más fuerte a medida que los tamales se terminan de cocer. Después, uno abre un tamal para verificar que esté cocido, y suelta un suspiro de alivio cuando un tamal suave, blanco y esponjoso se desprende suavemente de la hoja: es tan fácil que por capricho salga mal, húmedo y pesado.

Los tamales se hacen para celebrar alguna ocasión, y la ocasión se hace al hacerlos. Hombres, mujeres, niños y servidumbre se reúnen para participar del buen humor, deshebrar carne, picar, revolver, y limpiar las hojas de maíz hasta que todo está listo. Luego todos se congregan para formar una verdadera línea de ensamblaje: algunos untan las hojas con masa, mientras otros añaden el relleno, doblan los tamales y los colocan en la vaporera. No hay nada tan delicioso como ese primer tamal, recién cocido.

Los tamales son comida de fiesta, se comen en la merienda del domingo en los restaurantes populares, y son un desayuno tempranero en los mercados. Se preparan para honrar a los difuntos en la fiesta del Día de Muertos. En épocas precolombinas se preparaban muchos tipos distintos de tamales. Y qué gigantesca variedad existe hoy: desde el tamal norteño, el más pequeño de todos, hasta el enorme sacahuil que se prepara en la Sierra Huasteca.

A menudo había leído sobre ese gigantesco tamal pero no conocía a nadie que lo hubiera comido o que supiera cómo se prepara, hasta que hace muchos años fui a Tampico. Ahí me contaron que esos tamales son el desayuno favorito en Pánuco, un sitio que está a menos de una hora de viaje. "Pero tienes que llegar temprano", me advirtieron. Me levanté en cuanto despuntó el alba. Soporté vientos huracanados y aguaceros torrenciales para llegar a tiempo a la estación del autobús. Tras incontables retrasos, por fin el camión avanzó sobre la carretera a una lentitud desquiciante. Cuando llegamos a Pánuco no había nadie en las calles. El aire estaba caliente y bochornoso, y yo iba de un puesto a otro, infructuosamente. Estaba a punto de darme por vencida cuando un transeúnte me ilustró: "Pero los sacahuiles sólo se hacen los domingos. Vaya a ver a la señorita Chanita: ella hace los mejores", me dijo, y me señaló el camino hacia la casa de la mujer.

La señorita Chanita era una mujer impactante: alta, morena, con brillante cabello cano. Tras los acostumbrados saludos llenos de amabilidad fui directo al grano. Le pregunté si, al día siguiente, podía prepararme un sacahuil de casi un metro porque tenía que tomar el avión. "Pero nadie mata puercos en viernes", objetó. Debe haber notado que yo estaba al borde de un ataque de histeria, pensando que mis días estaban contados, porque al fin accedió.

De vuelta en Tampico de inmediato empecé a negociar el uso de un coche con buenos frenos y un chofer confiable. Partimos muy temprano por la mañana, pero a medio camino el motor del auto empezó a fallar. Al principio el chofer fue optimista, pero luego se mostró arrepentido y, al final, se volvió totalmente mudo: yo estaba iracunda. Consiguió llevar el coche hasta las afueras del pueblo donde el auto por fin terminó de descomponerse. Conforme me acercaba a la casa de Chanita un delicioso aroma impregnaba el aire húmedo y, por fin, allí estaba ella: abriendo su gigantesco horno de adobe en el que había cocido el sacahuil durante toda la noche. Lo sacó con mucho cuidado. El gigantesco tamal estaba envuelto en capas de hoja de plátano dentro de un armazón de rígidas hojas de palma. Abrimos el tamal con reverencia e irrumpimos en la húmeda masa texturada de maíz martajado que encerraba todo un lomo de cerdo, sazonado con pasta de chile ancho y especias. ¡Qué desayuno! Lo acompañamos con jarritos de café de olla.

Quizá los miembros más raros de la familia del tamal son los de camarón de Escuinapa, en Sinaloa. Para hacerlos se usan camarones con todo y cáscara, y sus patitas y antenas sobresalen de la masa. Desde luego que hay que saber dónde darles la mordida, porque si no la boca se llena de espinas y deshechos. También en Sinaloa hacen grandes tamales parecidos a bombones alargados. Están rellenos de carne de cerdo y salsa de jitomate, pero se le añaden todo tipo de verduras cortadas en tiritas: calabacitas, papas, ejotes, plátano macho y chile serrano.

Chiapas posee toda una gama propia de tamales. En la costa están los de carne de iguana y huevos, y tierra adentro –en los alrededores de Tuxtla Gutiérrez– hay incontables variedades. Me dijeron que hay por lo menos diez tipos distintos: desde los de diversas hierbas, frijoles, chicharrón, y los llamados cuchunuc, hasta esos a los que se le añaden los botones de una florecita color de rosa. Pero quizá los más conocidos son los tamales de bola: la hoja de maíz se amarra por encima, lo que le da al tamal una forma redonda, como su nombre lo indica: están rellenos con una costillita de cerdo, una ciruela pasa, y simojovel, un chilito seco de la región.

Si quiere encontrar los tamales colados de Campeche y Mérida tiene que perseverar y no rendirse a la primera. Se cuecen en hoja de plátano y tienen un relleno absolutamente delicioso, sazonado con achiote y epazote. El tamal en sí está hecho con masa para tortillas diluida en agua, colada y espesada. Como dice un libro de recetas campechano: "la masa debe ser casi transparente y tan delicada que se cimbre al tacto". Hay tamalitos de masa mezclada con unos frijoles pequeñitos que se llaman espelones, y cuya piel se vuelve negra a la hora de cocerlos; y el completamente precolombino dzotobichay, que es un tamal largo y grande de masa salpicada con pedacitos de chaya cocida. Tiene forma de bollo dulce y está relleno de semillas de calabaza bien tostada. Luego se cuece al vapor en una hoja de plátano y se sirve con salsa de jitomate.

Michoacán también es famoso por sus tamales. Los uchepos de elote y las corundas, que son tamales hechos con maíz cocido con ceniza y envueltos en la larga hoja del tallo del elote para formar una triángulo grueso o de cinco puntos. Hay tamales de capulín y los que se hacen con masa agria de maíz negro. Hay uchepos de leche o de cuchara: el elote se muele con leche, el liquido se cuela y luego se cuece con azúcar y canela hasta que espesa. Las hojas de maíz frescas y ligeramente blanqueadas se llenan con la mezcla y se dejan cuajar antes de comerse.

En otros lados hay tamales rellenos con pescado, calabaza, o piña y cacahuates. La masa varía también: los hay de masa de maíz negro y morado, de masa de arroz molido y de masa de harina y pulque, por mencionar sólo algunos.

La primera vez que fui a Uruapan en los años sesenta, muy temprano por la mañana me fui a los portales que circundan la plaza para comer tamales de zarzamora silvestre y tomar atole de elote. Y justo cuando decidí que no podía haber más tipos de tamal, la cocinera de un amigo me hizo unos tamales del campo: masa para tortilla batida con manteca y prensada entre dos hojas de aguacate. La vaporera también estaba forrada con estas hojas que emanaban un delicioso aroma. Nos comimos los tamales con un guisado de carne de puerco cocido con calabacitas en salsa verde.

En Oaxaca, donde hay una variedad tan grande de culturas y zonas geográficas, también existe una enorme variedad de tamales. Quizá los más conocidos son los que están hechos con una delgadísima capa de masa y mole negro; lo tamales de masa mezclada con una hierba llamada chepil, y entre la gran variedad de tamales del Istmo, hay los hechos a base de una masa sazonada con epazote y rellenos con camarones secos o pescado seco y una mezcla de pepitas molidas (véase *México Odisea*). En la costa del Pacífico hay unos tamales rellenos con pequeños mejillones con todo y concha, que se llaman tichindas, por mencionar sólo algunos.

TAMALES NORTEÑOS

La familia García Quintana de Monterrey me brindó las siguientes dos recetas para hacer estos tamales pequeños y delgados. Llenos de nostalgia, sus integrantes me hablaron sobre los platillos que su difunta madre solía prepararles.

Me contaron que preparaban siempre los tamales de frijol para las comidas familiares o para las ocasiones de fiesta, y que los adornaban con lechuga o col finamente picada, y con jitomate picado, sazonado con jugo de limón y sal. Curiosamente, se hacían de frijol pinto importado, que era mucho más común en el norte que en el centro de México.

La señora Hortensia batía la masa a mano, durante no mucho tiempo, pero hoy en día las cocineras prefieren usar una batidora, y para cocinarlos, doña Hortensia ponía dos tenedores cruzados en la tapa de la vaporera para darles a los tamales en un ángulo ligeramente inclinado.

Tradicionalmente, éstos y muchos otros tipos de tamales, se recalentaban en su hoja, sobre un comal a fuego medio: así la hoja queda ligeramente tostada.

Tamales de frijol norteños

Nuevo León

Señora Hortensia Quintanilla de García

Rinde aproximadamente 33 tamales de 10 cm de largo

EL RELLENO DE FRIJOL Y LA SALSA DE CHILE

225 gr de frijoles flor de mayo o pinto

3 chiles anchos, sin venas ni semillas

2 dientes de ajo

aproximadamente 1 taza (250 ml) de caldo de carne o de agua

3/4 de cucharadita de comino, machacado

4 pimientas, machacadas

3 cucharadas de manteca de cerdo

sal al gusto

La masa
450 gr de masa para tamales (aproximadamente 2 tazas/500 ml)
130 gr de manteca de cerdo (1/2 taza/125 ml, más 2 cucharadas)
3 cucharadas de la salsa de chile
aproximadamente 1/3 de taza (85 ml) de caldo de carne o de agua
sal al gusto

Aproximadamente 36 hojas de maíz, cortadas por la mitad, a lo largo, de unos 8 cm de ancho en la parte superior, suavizadas en agua, escurridas y secadas con un trapo.

Tenga lista una vaporera para tamales (véase más abajo).

Limpie los frijoles para asegurarse de que no tengan piedritas. Enjuáguelos con agua fría y elimine cualquier resto que flote. Ponga los frijoles colados en una olla grande, cúbralos con agua fresca y deje que rompa el hervor. Cuézalos hasta que estén bastante suaves y casi toda el agua se haya absorbido: deben quedarle aproximadamente 4 tazas (1 l).

Mientras tanto, prepare la salsa de chile. Ponga los chiles y el ajo en una olla pequeña, cúbralos con agua. Deje que rompa el hervor y cuézalos durante unos 5 minutos. Escúrralos y apártelos. Ponga 1/2 taza (125 ml) del caldo o de agua en el vaso de la licuadora, añada el comino y la pimienta, y licúe bien. Despedace los chiles con las manos y añádalos, junto con el ajo y 1/2 taza (125 ml) más de caldo o de agua al vaso de la licuadora: licúe hasta obtener una salsa bastante lisa.

Caliente las 3 cucharadas de manteca en una sartén honda, añada los frijoles y macháquelos, a fuego medio, hasta obtener una consistencia texturada. Incorpore toda la salsa de chile, excepto 3 cucharadas, y añada sal al gusto. Siga cocinando los frijoles a fuego medio. Deles vuelta constantemente para que no se peguen, hasta que se reduzcan –la pasta de frijol apenas debe desprenderse de la cuchara– y estén bien sazonados: aproximadamente 15 minutos. Apártelos para que enfríen. Deben quedarle aproximadamente 3 1/2 tazas (875 ml) de frijol.

En un tazón grande mezcle la masa con la manteca, las 3 cucharadas de salsa de chile que reservó, y aproximadamente 1/3 de taza (85 ml) de caldo o de agua. Mezcle todo con las manos o con una batidora eléctrica, hasta que los ingredientes estén bien incorporados. Añada sal si es necesario.

Forre la parte superior de la vaporera con hojas de maíz y en el centro coloque un plato hondo invertido. Ponga la vaporera a fuego medio.

Unte 1 cucharada copeteada de masa, para formar una capa muy delgada, sobre todo lo ancho de la parte superior de la hoja de maíz y hasta cubrir aproximadamente 10 cm de longitud de la hoja. Ponga un poco de pasta de frijol en el centro de la masa y doble una de las orillas de la hoja sobre la otra para formar un tamal delgado: la masa que se traslapa servirá para ayudar a pegar la hoja. Doble la punta de la hoja para que cubra la juntura.

Coloque los tamales en capas circulares: la primera capa quedará inclinada en ángulo moderado por la parte superior del plato hondo. Tape la vaporera y cueza los tamales a fuego alto durante aproximadamente 50 minutos. Los tamales estarán listos cuando la masa se desprenda de la hoja.

Tamales de puerco norteños
Nuevo León
Señora Hortensia Quintanilla de García
Rinde aproximadamente 33 tamales de 10 cm

Para hacer estos tamales antes se acostumbraba usar la cabeza entera de un cerdo, y el cuero, las orejas y la lengua se picaban, junto con un poco de carne magra de la pierna, pero también puede usar carne maciza.

EL RELLENO DE CARNE
450 gr de maciza de cerdo con un poco de grasa, (véase nota
superior), cortada en cubos de 1.5 cm
sal al gusto
3 chiles anchos, sin venas ni semillas
2 dientes de ajo
3/4 de cucharadita de comino, machacado
4 pimientas, machacadas

COCINA ESENCIAL DE MÉXICO

LA MASA

450 gr de masa para tamales (aproximadamente 2 tazas/500 ml)

130 gr de manteca de cerdo (1/2 taza/125 ml, más 2 cucharadas)

3 cucharadas de la salsa de chile que reservó

aproximadamente 1/3 de tasa de caldo de puerco

sal al gusto

Aproximadamente 36 hojas de maíz, en mitades, de aproximadamente 8 cm de ancho en la parte superior, suavizadas en agua, escurridas y secadas con un trapo.

Tenga lista una vaporera para tamales (véase pág. 135). Ponga la carne en una olla grande, cúbrala con agua, añada sal y deje que rompa el hervor. Cueza la carne hasta que esté tierna: de 35 a 40 minutos. Escúrrala y resérvela a un lado. Necesitará por lo menos 2 1/3 tazas (585 ml) del caldo. Si es necesario, agregue agua para completar esa cantidad.

Ponga los chiles y el ajo en una olla pequeña. Cúbralos con agua y deje que rompa el hervor. Cuézalos durante unos 5 minutos. Escúrralos y resérvelos.

Ponga 1/2 taza (125 ml) del caldo en el vaso de la licuadora. Añada el comino y la pimienta: licúe bien. Despedace los chiles con las manos y añádalos a la licuadora junto con el ajo y otra 1/2 taza (125 ml) del caldo. Licúe hasta obtener una salsa bastante lisa.

Ponga la carne en una sartén y añada toda la salsa, excepto 3 cucharadas, con 1 taza (250 ml) del caldo, y cocínela a fuego medio, revolviendo de vez en cuando, hasta que la carne esté bien sazonada y la salsa se haya reducido un poco hasta tener una consistencia media: aproximadamente 15 minutos. Ajuste la sal y retire del fuego para que la carne se enfríe un poco.

En un tazón grande mezcle, a mano o con una batidora eléctrica, la masa con la manteca, las 3 cucharadas de salsa de chile que reservó, y aproximadamente 1/3 de taza (85 ml) del caldo, hasta que todos los ingredientes estén incorporados: aproximadamente 5 minutos. Añada sal si es necesario.

Forre la parte superior de la vaporera con hojas de maíz y en el centro coloque un plato hondo invertido. Ponga la vaporera a fuego medio.

Unte 1 cucharada copeteada de la masa para formar una capa muy delgada a lo ancho de la parte superior de la hoja, y hasta cubrir unos 10 cm de longitud. Ponga unos pedacitos de carne y un poco de salsa en el centro de la masa y doble una orilla de la hoja sobre la otra para formar un tamal delgado: la masa que se traslapa servirá para ayudar a cerrar la hoja. Doble la punta de la hoja para que cubra la juntura.

Apile los tamales en capas circulares: la primera capa quedará apoyada en un ángulo moderado sobre la parte superior del plato hondo. Tape la vaporera y cueza los tamales a fuego alto durante aproximadamente 50 minutos. Los tamales estarán listos cuando la masa se desprenda de la hoja.

Muk-bil pollo
Yucatán
Rinde 6 porciones

Los Muk-bil pollos en Yucatán, Pibipollos en Campeche, son como "pies" de masa de tamal, rellenos de pollo bien sazonado, y formados en moldes forrados de hoja de plátano, o bien moldeados a mano. Envueltos en hojas de plátanos, se hornean en el pib, horno tradicional que consiste de un pozo en la tierra. El nombre Muk-bil significa literalmente, "poner en la tierra o cocer en pib". Este platillo se prepara para celebrar el Día de Todos los Santos y se acompaña con una taza de chocolate.

En su libro *Incidentes de viaje en Yucatán*, John L. Stevens describe así la fiesta de Todos los Santos, a mediados del siglo XIX, en Yucatán:

> ...y además de las acostumbradas ceremonias de la Iglesia católica en todo el mundo, hay una que resulta particular a Yucatán, y que se deriva de las costumbres indígenas y se llama *Mukpipoyo*. Ese día, cada indio, según sus posibilidades, adquiere y quema cierto número de velas consagradas, en honor de sus parientes fallecidos, y en memoria de cada uno de los miembros de la familia que haya muerto en el último año. Además, se hornea en la tierra un pastel hecho a base de la pasta que hacen los indios con el maíz, y relleno con carne de puerco y de aves, sazonado con chile, y durante el día todo buen yucateco que se precie de serlo no come sino esto. En el interior, donde los indios están menos civilizados, religiosamente colocan una porción putrefacta en el exterior, bajo un árbol o en algún sitio alejado, para que sus muertos coman, y dicen que esa porción separada siempre se come, lo que induce la creencia de que es posible hacer que los muertos regresen, atrayéndolos

con los mismos apetitos que los gobernaron en vida; pero esto a veces hace que personas maliciosas y escépticas digan que en cada comunidad hay otros indios, más pobres que aquellos que pueden darse el lujo de agasajar a sus parientes muertos, y éstos no consideran que sea pecado interponerse entre los vivos y los muertos, al menos en este tipo de cuestión.

Tenemos motivos para recordar este festejo a partir de una circunstancia desfavorable. Un vecino amigable, quien, además de visitarnos frecuentemente con su esposa e hija, tenía la costumbre de mandarnos más fruta y dulces de los que podíamos consumir, ese día, además de un gran regalo, nos mandó una gigantesca pieza de *mukbipoyo*. Estaba tan duro como una tabla de roble, y tenía el grueso de seis de ellas, y habiéndonos esmerado en reducir la pila de regalos que había en la mesa, cuando éste llegó, en un ataque de desesperación lo sacamos al jardín y lo enterramos. Allí habría permanecido hasta este día a no ser por un perro malicioso que los acompañó en su siguiente visita; el animal pasó al jardín, lo desenterró y, mientras señalábamos nuestros platones vacíos en alusión a la generosidad de nuestros invitados, el malvado perro se escabulló a la sala y hasta la puerta principal con el *mukbipoyo* –que parecía haber crecido en tamaño desde que lo enterramos– entre las fauces.

En los pueblos el muk-bil pollo aún se prepara en un pib, de donde sale dorado, con una tapa crujiente, y un sabor ligeramente ahumado. El pollo suele añadirse con todo y huesos, pero es mucho más fácil servirlo si se deshuesa y prepararlo en un molde forrado con hojas de plátano, como se indica en la receta.

Como bien pueden imaginar se trata de un platillo muy pesado que quizá sólo necesita acompañarse con una ensalada verde.

LA MANTECA PARA LA MASA
225 gr de grasa sólida de cerdo, cortada en cubitos

EL RELLENO

1.35 kg de pollo

225 gr de maciza de cerdo

4 dientes de ajo, asados (véase pág. 591)

1/4 de cucharadita de orégano (yucateco, si es posible)

1 1/2 cucharaditas de sal

1 1/2 tazas (375 ml) del caldo donde se coció la carne

2 cucharadas de masa para tortillas

1/4 de cucharadita de pimientas

1 cucharada de semillas de achiote

sal al gusto

o bien 1 cucharada de pasta de achiote industrial en vez de estos últimos 3 ingredientes

2 dientes de ajo, machacados

1 cucharada de vinagre blanco suave

3 cucharadas de la manteca de cerdo (las que apartó del inicio de la receta)

1/3 de taza (85 ml) de cebolla blanca finamente picada

1 chile habanero, entero

1/2 pimiento verde, sin semillas y cortado en cubos

1 rama grande de epazote

225 gr de jitomates finamente picados (aproximadamente 1 1/3 tazas/333 ml)

LA MASA

Toda la grasa de cerdo y el resto de la manteca

900 gr de masa para tortillas (aproximadamente 4 tazas/1 l)

2 cucharaditas de sal

1/4 de chile seco yucateco o de árbol (véase pág. 578)

hojas de plátano para forrar la olla (véase pág. 558)

Primero prepare el molde:

Coloque tiritas cada una de aproximadamente 76 cm de largo, paralelos, a lo largo de un molde de metal para hornear, de unos 20 por 20 por 6.5 cm, y otros dos pedazos de cordón del mismo tamaño, a lo ancho: sobrará suficiente cordón para amarrar por encima.

Rápidamente, pase las hojas de plátano por la flama para suavizarlas y forre el traste con ellas, con la parte suave y brillosa hacia arriba, de modo que rebasen el traste como por 13 cm, por todos los lados. Corte una de las hojas de un tamaño ligeramente más grande que el tamaño del traste y resérvela.

Caliente la grasa en una sartén a fuego medio, o en el horno, hasta que suelte toda la manteca. Voltee los pedazos de vez en cuando para que no se quemen y para que se doren de manera uniforme. Con una cuchara reitre 3 cucharadas de la grasa para freír el relleno y reserve el resto para la masa.

LA CARNE: corte el pollo en piezas y la carne de cerdo en cubos como de 2.5 cm. Póngalos en una olla con el ajo, orégano y sal, y cúbralos apenas con agua. Deje que rompa el hervor y cueza las carnes a fuego lento hasta que estén apenas tiernas: el pollo debe tardar aproximadamente 30 minutos; la carne de cerdo, un poquito más.

Escurra la carne y reserve el caldo. Deshuese el pollo. Aparte la carne. Vuelva a poner el caldo en una olla limpia: debe tener aproximadamente 1 1/2 tazas (375 ml).

Incorpore las 2 cucharadas de masa poco a poco al caldo. Deje que rompa el hervor. Baje la flama y revuelva la mezcla hasta que tenga la consistencia de un atole ligero. Retire del fuego.

Muela las pimientas, el achiote, la pasta y la sal y mézclelos con el ajo machacado y el vinagre.

Caliente las 3 cucharadas de manteca en una cacerola grande y fría la cebolla, el chile, el pimiento verde, el epazote y los jitomates hasta que estén suaves y ligeramente jugosos: aproximadamente 8 minutos.

Añada las especias molidas y siga cocinando la mezcla durante unos 3 minutos.

Añada las carnes cocidas y siga cocinando la mezcla 5 minutos a fuego medio, o hasta que estén bien sazonadas.

Precaliente el horno a 180 °C (350 °F).

LA MASA: a la masa añádale sal, el chile seco y el resto de la manteca, junto con los pedacitos de manteca dorados. Incorpórelo muy bien.

Con dos tercios de la masa recubra el fondo del molde para hornear que preparó, a fin de formar una costra como de 1 cm de grosor, tanto en el fondo como en los lados del traste. Añada el relleno y vierta encima el caldo espesado.

Para hacer la tapa: extienda la masa restante sobre un pedazo de hoja de plátano (en el lado liso) con la forma del molde. Con cuidado, inviértala para cubrir el relleno del tamal, sellando la masa de alrededor con sus dedos.

Doble las hojas de plátano sobre la parte superior del pastel y amárrelas firmemente con el cordón.

Hornee el muk-bil pollo durante 1 1/2 horas. Sirva de inmediato.

Nota: De ser posible, trate de servir el muk-bil pollo recién salido del horno: vale mucho la pena. Sin embargo, si tiene que recalentarlo, póngalo a baño María en el horno para que la masa conserve su suavidad.

Uchepos
Morelia
Señora Esquivel
Rinde 20 uchepos

El uchepo es un tamal pequeño de elote, y es la especialidad del centro de Michoacán. Mucha gente sólo muele el elote, añade azúcar, sal y a veces polvo para hornear o bicarbonato, y rellenan las hojas de elote frescas, listas para cocerlas al vapor, como cualquier tamal. Sin embargo, los uchepos más delicados y deliciosos que he probado en mi vida los hizo la señora Esquivel, del restaurante Los Comensales de Morelia. Ella muele los granos de elote dos veces en el molino metálico, a mano –insiste en que la licuadora hace que el puré esté demasiado espumoso– y luego incorpora leche, nata, azúcar y sal. Los sirve como entrada o para la merienda, con salsa de tomate, crema y rebanadas de queso fresco.

Para esta receta, como para cualquier tipo de tamal hecho de elote, necesitará conseguir elotes jugosos pero maduros. El elote dulce de Estados Unidos no tiene el almidón necesario y sólo podrá usarlo si le añade un "rellenador", tal como almidón de maíz, pero los tamales no tendrán tan buen sabor ni textura.

Un procesador de alimentos resulta ideal para esta receta, pero si no tiene opción, sugiero usar una licuadora: muela los granos de elote, en varias tandas pequeñas, y deje que la espuma se baje un poco antes de añadir, revolviendo, el resto de los ingredientes. Escoja seis elotes maduros pero todavía jugosos, con todo y hojas. Con un cuchillo muy afilado corte cuidadosamente alrededor de la base de las hojas, justo encima del punto donde están pegadas al tallo. Con cuidado desenrolle las hojas, enjuáguelas bien en agua fría, y sacúdalas para secarlas (o métalas en una centrífuga para ensalada) y resérvelas.

141

Forre la parte superior de la vaporera con las hojas exteriores del elote que son más duras y deje las hojas más tiernas a un lado para envolver los uchepos.

Rasure los granos de elote de la mazorca. Deben rendirle unas 5 tazas (1.25 l) de granos de elote.

Sirva los uchepos como se sugiere arriba con salsa ranchera (véase pag. 296), omitiendo la cebolla, la crema y el queso fresco, o con el guisado de carne de puerco que aparece en la pág. 336.

5 tazas (1.25 l) de granos de elote

1/4 de taza (65 ml) de leche, si es necesario

1 cucharada de azúcar

2 cucharadas de mantequilla sin sal, suavizada

2 cucharadas de nata o de crema espesa

1/2 cucharadita copeteada de sal

aproximadamente 20 hojas de elote

Ponga a calentar la vaporera.

Ponga la mitad de los granos de elote en el tazón del procesador de alimentos o muélalos en un molino (vea el texto anterior), añada la leche, y procéselos hasta que los granos de elote se reduzcan a una consistencia un poco texturada. Añada el resto de los granos y siga moliendo hasta que tenga un puré un poco texturado. Añada el resto de los ingredientes, excepto las hojas, y mezcle bien.

Vuelva a sacudir las hojas tiernas otra vez para eliminar cualquier resto de agua. Coloque 1 cucharada copeteada de la mezcla en el centro de la hoja, empezando justo debajo de la parte cóncava de la hoja y extendiéndose unos 5 centímetros a lo largo de la hoja. Cuide de no aplanar la mezcla; tampoco permita que escurra. En vez de doblarla, enrolle la hoja, de modo que envuelva el otro lado de la hoja por completo.

Doble la punta hacia atrás del uchepo y de inmediato colóquelo horizontalmente en la vaporera ya muy caliente. Debido a la consistencia corrediza de la mezcla, los uchepos deben cocerse de inmediato: no puede dejarlos asentados mientras termina de hacer el resto.

Para asegurarse de que la capa de tamales de abajo no se aplaste, cuézalos al vapor durante unos 10 minutos antes de agregar el resto de los tamales. No olvide revolver bien la mezcla antes de seguir con las demás capas. Cuézalos al vapor durante aproximadamente 1 1/4 horas y entonces haga una prueba. Los uchepos van a estar muy tiernos y apenas se separan de la hoja. Deje los uchepos en reposo durante unas 2 horas antes de usarlos para que cuajen bien.

Nota: los uchepos se congelan muy bien y pueden guardarse así durante unos 2 meses. Cuando vaya a recalentarlos colóquelos, todavía congelados, en una vaporera caliente hasta que se suavicen: aproximadamente 15 minutos.

Tamales dulces de elote

Jalisco

Señora Isabel Marín de Paalen

Rinde aproximadamente 24 tamales

Mi amiga Chabela Marín, originaria de Jalisco, me dio mi primera lección sobre cómo hacer tamales de elote como los hacía su mamá en Ciudad Guzmán. Una mañana nos dirigimos rápidamente al enorme mercado de Jamaica, en la Ciudad de México. A lo largo de toda una cuadra no había más que montones y montones de elotes, y aún estaba llegando de los alrededores de la ciudad. Nos llevó por lo menos una hora elegir las 25 mazorcas perfectas de elote cacahuazintle, con anchos granos blancos: íbamos de una pila a otra sacando un elote de aquí y otro de allá, para que cubrieran los estrictos requisitos de Chabela: que sean maduros pero todavía jugosos..

Una vez de regreso a casa, me enseñó exactamente cómo cortar la mazorca en el lugar indicado para desenfundar las hojas sin romperlas, cómo rasurar los granos de elote lo más cerca posible del olote, y cómo molerlos en el metate hasta obtener la consistencia perfecta. Luego molimos el piloncillo con el anís y la canela, y derretimos la mantequilla y la manteca suavemente para que no se sobrecalentaran. La parte más difícil fue llenar las hojas y doblarlas justo de la manera indicada para retener la mezcla suelta en su lugar. Parecía un proceso interminable, pero por fin los tamales estaban en la vaporera y el maravilloso olor del elote mezclado con especias invadió todo el departamento.

30 hojas de elote frescas (por si acaso), enjuagadas y secadas

4 tazas (1 l) de granos de elote cacahuazintle si es posible

aproximadamente 1/2 taza (125 ml) de agua

1 cucharada rasa de anís

1 raja de canela de 20 cm

1 taza (250 ml) de piloncillo rallado

1/4 de cucharadita de sal

115 gr de mantequilla sin sal (1/2 taza/125 ml), derretida y tibia

115 gr de manteca de cerdo (1/2 taza/125 ml), derretida y tibia

1/2 cucharadita de polvo para hornear

Prepare una vaporera para tamales o improvísela (véase pág. 135), y forre la parte superior con las hojas frescas de elote.

En una licuadora, molino de mano o en un procesador de alimentos, muela los granos de elote con el agua, en dos tandas, hasta obtener una mezcla de textura gruesa: tendrá que apagar constantemente la máquina y liberar la mezcla con una espátula, pero no añada más líquido.

Muela las especias hasta pulverizarlas. Añádalas, junto con el azúcar y la sal, al elote, mezclando bien. Poco a poco incorpore la mantequilla y la manteca y, al último, el polvo de hornear. De nuevo, mezcle perfectamente. La consistencia debe ser la de una pasta floja y texturada.

Ponga aproximadamente 1 1/2 cucharadas de la mezcla a lo largo de cada hoja, extendiendo hasta unos 8 cm. Doble uno de los extremos de la hoja sobre la mezcla, asegurándose de que se empalmen bien para que la mezcla no se desparrame. Presione la hoja firmemente en el lugar donde termina la mezcla y doble el extremo puntiagudo hacia atrás del tamal.

Asegúrese de que el agua de la vaporera esté hirviendo y coloque los tamales en capas horizontales, en la parte superior de la vaporera. Lo mejor es colocar una capa primero, y dejar que se afirme un poco –unos 10 minutos– antes de colocar las siguientes capas de tamales. Cuézalos al vapor durante aproximadamente 1 1/2 horas hasta que, cuando los pruebe, la masa se separe completamente de la hoja.

Acompáñelos con una taza de atole o de chocolate caliente. Es mejor recalentar este tipo de tamales sobre un comal o una plancha a fuego medio, sin la hoja, hasta que quede bien dorado.

144

Nota: Congele los que sobren. Para recalentarlos, meta los tamales sin descongelar a la vaporera du-
rante unos 15 minutos, o caliéntelos bien en un comal sin engrasar con todo y hoja.

Tamales de pollo
Ciudad de México
Adriana Jeffries
Rinde aproximadamente 30 tamales de 8 cm de largo

Hace muchos años Adriana Jeffries, conocida mía y excelente cocinera, me enseñó a hacer estos tamales.

EL RELLENO
1.575 kg de pollo cortado en piezas
las menudencias del pollo
aproximadamente 6 tazas (1.5 l) de caldo de pollo bien sazonado para cubrir

LA SALSA
680 gr de jitomates, asados (véase pág. 589)
1 diente de ajo grande, toscamente picado
1/4 de cucharadita de cominos, machacados
4 clavos enteros, machacados
6 pimientas negras, machacadas
3 cucharadas de aceite vegetal o de grasa de pollo derretida
1 taza (250 ml) de cebolla blanca rebanada delgada
sal al gusto

LA MASA
225 gr de manteca de cerdo
675 gr de masa para tamales
aproximadamente 1/2 taza (125 ml) del caldo de pollo, tibio
sal al gusto

145

PARA ARMAR LOS TAMALES

30 hojas de elote, remojadas para que suavicen, y sacudidas para secarlas

30 rajas de chile jalapeño

30 aceitunas sin hueso

PARA HACER EL RELLENO: Ponga el pollo, las menudencias y el caldo en una olla grande y deje que rompa el hervor. Siga cociendo el pollo a fuego lento hasta que esté casi tierno: aproximadamente 30 minutos. Déjelo enfriar en el caldo. Cuélelo. Deben quedarle por lo menos 3 tazas (750 ml) de líquido. Deshebre el pollo toscamente.

PARA HACER LA SALSA: En la licuadora ponga parte de los jitomates con el ajo y las especias y licúe bien. Añada el resto de los jitomates y licúe hasta obtener una salsa texturada.

En una sartén grande caliente el aceite, añada la cebolla y acitrónela unos 3 minutos. Añada los ingredientes que licuó y cocínelos a fuego bastante alto hasta que reduzcan y se sazonen: aproximadamente 5 minutos. Incorpore el pollo deshebrado, ajuste la sal, y deje a un lado para que la mezcla se sazone.

Con una batidora eléctrica bata la manteca durante unos 5 minutos hasta que esté muy blanca y opaca. Poco a poco, incorpore la masa batiéndola y alternándola con el caldo tibio. Añada sal y bata de nuevo durante unos 5 minutos o hasta que una bolita de la mezcla flote en un vaso de agua.

Ponga la vaporera a calentar.

ARMANDO LOS TAMALES: Unte una cucharada grande de la masa en una capa delgada sobre el interior de la hoja. En el centro, ponga un poco del pollo guisado, una raja de chile y una aceituna. Doble la hoja de modo que la masa quede completamente cubierta y doble el extremo puntiagudo del tamal hacia atrás: esto apretará la costura del tamal.

Coloque los tamales verticalmente en la parte superior de una vaporera para tamales (véase pág. 135) y cuézalos al vapor durante aproximadamente 1 hora. Pruébelos: si la masa se separa con facilidad de la hoja el tamal está listo.

Nota: estos tamales se congelan bien y duran así 3 meses. Para recalentarlos colóquelos, todavía congelados, en una vaporera caliente durante 15 a 20 minutos.

Tamales de dulce

Ciudad de México

Adriana Jeffries

Rinde aproximadamente 24 tamales de 8 cm

Ésta es otra de las recetas de la familia de Adriana Jeffries.

Los tamales dulces son muy populares en México para el desayuno o la merienda, acompañados de una taza de chocolate caliente o de atole.

200 gr de manteca de cerdo

570 gr de masa para tamales

(aproximadamente 2 1/1 tazas/625 ml)

1/3 de taza (85 ml) de caldo de pollo o de agua

1/2 cucharadita de sal

1 cucharada de canela en polvo

1/2 taza (125 ml) de azúcar

2/3 de taza (165 ml) de nueces toscamente picadas

aproximadamente 24 hojas de maíz

(siempre tenga unas cuantas hojas más),

remojadas para que se suavicen y sacudidas para que se sequen

3/4 de taza (185 ml) de pasitas

Ponga una vaporera para tamales preparada (véase pág. 135) a fuego lento.

Ponga la manteca en un tazón y bátala con una batidora eléctrica hasta que esté muy blanca y opaca, aproximadamente 5 minutos. Poco a poco, incorpore batiendo la masa, el caldo y la sal, batiendo bien tras cada adición. Siga batiendo otros 5 minutos, añadiendo poco a poco la canela y el azúcar. Incorpore las nueces picadas.

Esparza una capa delgada de masa en el interior de la hoja y ponga una cucharadita de pasas a lo largo del centro de la hoja. Doble la hoja de modo que cubra la masa por completo y doble la punta del tamal hacia atrás.

Cuando el agua de la vaporera esté hirviendo coloque los tamales verticalmente en la parte superior, tape la vaporera y cueza los tamales al vapor durante aproxima-

147

damente 1 hora, o hasta que la masa de color rosa pálido se desprenda fácilmente de la hoja.

Nota: Una variación de esta receta consiste en usar 1/4 de taza (65 ml) de azúcar, 2 cucharadas de jarabe de granadina, 2/3 de taza (165 ml) de pasas, 1/2 taza (125 ml) de cubitos de acitrón o de otra fruta cristalizada, y 1/2 taza (125 ml) de piñones o de almendras peladas y cortadas en tiritas.

Tamales cernidos de rajas y queso

Centro de México

Rinde aproximadamente 30 tamales de 8 cm de largo

De hecho los tamales cernidos –blancos, esponjosos y muy ricos– fueron los primeros tamales que conocí en la Ciudad de México, cuando llegué en 1957. También se conocen como tamales cernidos, debido a que la harina de maíz con que se preparan están cernida. Como resultado, la masa tiene esa textura esponjoso que no tienen ningún otro tamal que yo conozca.

Existen dos opciones para prepararlos: comprar la harina de maíz para tamales que hoy en día es más difícil de encontrar. Lo más probable es que la consiga en los molinos de chiles en los barrios que circundan a la ciudad o, en ocasiones, a algunos puestos de abarrotes en los mercados públicos (la última vez la encontré en el Mercado de Medellín). Por ningún motivo trate de usar las harinas comerciales como Minsa o Maseca para hacer este tipo de tamal.

La otra opción es empezar en casa con el maíz cacahuazintle que se usa para el pozole. (La receta detallada se encuentra en *El arte de la cocina mexicana*, editorial Diana.)

Ponga a cocer el maíz con cal, como cualquier nixtamal, y déjelo en remojo toda la noche. Al día siguiente, lávelo en varios cambios de agua, refregándolo con fuerza para quitarle todos los pellejitos.

Ponga el maíz a secar al sol (si es posible) y luego muélalo hasta que conserve un poco de textura y no se vuelva tan fino como la harina de trigo. Ciérnalo y listo.

Si ninguna de las dos opciones le parece factible, compre cualquier masa para tamales en una buena tortillería (es decir, en una que use maíz sin adulterar), pero es necesario modificar la cantidad y la proporción de los ingredientes de esta receta: 675 gr de masa para tamales, 180 gr de manteca de puerco, aproximadamente 1/2 taza de caldo de pollo (según la humedad de la masa).

LA MASA

225 gr de manteca de cerdo (aproximadamente 1 taza/250 ml)
450 gr de harina para tamales (vea la nota superior)
aproximadamente 1 1/2 tazas (345 ml) de caldo tibio de pollo
sal al gusto
36 hojas de maíz (por si acaso), remojadas para que
suavicen y sacudidas para que se sequen

EL RELLENO

2 tazas (500 ml) de rajas de chile poblano (véase pág. 564), aproximadamente 8 chiles
340 gr de queso Chihuahua o manchego en tiritas de aproximadamente 1.5 cm de ancho
2 tazas (500 ml) de salsa de tomate verde (véase pág. 293)

Con una batidora eléctrica bata la manteca hasta que este ligera y esponjosa, durante aproximadamente 5 minutos. Poco a poco incorpore la harina batiendo alternadamente con el caldo, batiendo perfectamente tras cada adición. Añada sal. Si el batido es suficiente, una bolita de masa debe flotar en un vaso de agua.

Ponga una vaporera preparada para tamales (véase pág. 135) a fuego lento.

Unte 1 cucharada copeteada de la masa en una capa delgada, empezando por la parte superior de la hoja y bajando hasta cubrir 8 cm de longitud de la hoja. Ponga 2 rajas de chile, una raja de queso y una cucharada de salsa encima. Doble la hoja de modo que el relleno quede cubierto por la masa y doble la punta de la hoja hacia atrás.

Coloque los tamales de manera vertical en la parte superior de la vaporera. Tape bien y cuézalos al vapor durante aproximadamente 1 1/4 horas. Para comprobar que estén bien cocidos abra un tamal: la masa debe separarse completamente de la hoja. Deje los tamales en la vaporera hasta que enfríen un poco para que se vuelvan un poco más firmes y sea menos probable que se rompan cuando los sirva.

Puede congelar los tamales que sobren. Consulte la nota sobre cómo guardar y recalentar tamales de la páginas anteriores.

Tamales tipo ranchero veracruzanos
Veracruz

Señora Rosita de González

Algunas cocineras insisten en poner la carne cruda en estos tamales rancheros, pero otras afirman que la masa debe cocerse primero y ser mucho más gruesa. Y así prosigue una discusión interminable. Quizá involuntariamente yo hago estos tamales más delicados de lo que deberían ser, debido a su rústico origen, pero son absolutamente deliciosos.

LA CARNE PARA EL RELLENO

450 gr de espaldilla o maciza de cerdo con un poco de grasa,

cortada en cubos de aproximadamente 75 mm

1/4 de cebolla blanca, toscamente picada

1 diente de ajo

sal al gusto

LA SALSA PARA EL RELLENO

4 chiles anchos, sin venas ni semillas

1 chile chipotle, seco o de lata

1 taza (250 ml) del caldo de la carne de cerdo que reservó

1 cucharada de cebolla blanca toscamente picada

1 diente de ajo, toscamente picado

180 gr de jitomates, asados (véase pág. 589)

1 1/2 cucharadas de manteca de cerdo o de aceite vegetal

sal al gusto

150

LA MASA

140 gr de manteca de cerdo

(aproximadamente 1 cucharada copeteada/265 ml)

aproximadamente 1/2 taza (125 ml) del caldo de la carne, tibio

565 gr de masa para tamales

(aproximadamente 2 1/2 tazas/625 ml)

sal al gusto

ARMANDO LOS TAMALES

5 hojas santas grandes, cada una cortada en cuatro pedazos

20 piezas de hoja de plátano, de aproximadamente 23 por 18 cm (véase pág. 140)

Ponga la carne de cerdo, la cebolla, el ajo y la sal en una olla grande. Apenas cubra la carne con agua y deje que rompa el hervor. Baje la lumbre y deje que la carne hierva suavemente durante unos 35 minutos. Deje que la carne se enfríe dentro del caldo, luego cuele la carne y reserve el caldo. Deben quedarle aproximadamente 2 tazas (500 ml) de caldo. Si no, complete esa cantidad con agua.

Caliente un comal y ase los chiles ligeramente, volteándolos con frecuencia para que no se quemen.

Cubra los chiles con agua caliente y déjelos en remojo unos 10 minutos. Luego retírelos con una cuchara perforada y transfiéralos al vaso de la licuadora. Añada 1/2 taza del caldo, la cebolla, el ajo, los jitomates y licúe hasta obtener una salsa lisa.

Caliente la manteca en una sartén grande, añada la salsa de chile y cocínela durante unos 5 minutos, revolviendo de vez en cuando para que no se pegue. Añada sal al gusto.

Agregue la carne de puerco a la salsa junto con 1/2 taza del caldo y deje que la mezcla se cocine durante unos 5 minutos a fuego medio hasta que esté bien sazonada y el líquido se haya reducido un poco. Agregue sal al gusto y reserve.

Para preparar la masa bata la manteca hasta que esté blanca y bien aireada: aproximadamente 5 minutos.

Agregue la masa a la manteca batiéndola alternadamente con el resto del caldo y la manteca, con sal al gusto. Siga batiendo aproximadamente 5 minutos más. (No intente hacer que un pedacito de masa flote pues será mucho más suave y de una consistencia más húmeda que la del tipo más común de tamales.)

Pase las hojas de plátano por la lumbre para que se suavicen un poco. Unte 1 cucharada grande de la masa sobre un área de 10 por 8 cm y 75 mm de grosor. Ponga dos cubitos de carne y un poco de salsa en el centro de la masa y cúbralos con un pedazo de hoja santa. Doble los bordes de la hoja de plátano de manera que cubran completamente la masa y el relleno. Coloque los tamales intercalados en capas horizontales en la parte superior de la vaporera. Cúbralos con más hojas de plátano y luego cubra la parte de arriba de la vaporera con un trapo o con una toalla gruesa. Tape bien la vaporera con su tapa. Cueza los tamales de la manera acostumbrada durante 1 hora.

Nota: Estos tamales se congelan muy bien. Para recalentarlos, póngalos –todavía congelados– en una vaporera muy caliente y poco profunda durante unos 15 minutos.

Recapitulando todas mis "experiencias soperas" a través de todos mis años de viajes, tengo la firme convicción de que a la hora de hacer sopa ningún otro país está a la altura de México. Se trate de una sopa tradicional hecha de una manera específica con ingredientes también específicos o de una sopa hecha con lo que se tenga a mano, ¡los mexicanos no tienen igual!

Las recetas que se dan a continuación, así como las que están en mis otros libros, representan sólo un pequeñísimo ejemplo de los cientos de sopas regionales que constituyen una parte tan importante de una comida mexicana.

Sopa de tortilla
Centro de México
Rinde 6 porciones

Cuando llegué a México en 1957, la sopa de tortilla era indudablemente la más popular de todas. Era bastante sencilla pero deliciosa, con el distintivo sabor del epazote y de las buenas tortillas de maíz (antes de que la calidad de las tortillas comerciales cayera en picada). En esa época los chiles secos eran más económicos y se ponía un chile pasilla entero –que se infla a la hora de freírlo– a lo largo de cada plato de sopa. Con los años esta sopa ha ido adquiriendo muchos adornos, según de la imaginación de quien la prepare.

Aceite vegetal para freír
12 tortillas chicas, cortadas en tiras y puestas a secar
340 gr de jitomates, asados (véase pág. 589)
1/4 de taza (65 ml) de cebolla blanca toscamente picada
1 diente de ajo
6 tazas (1.5 l) de caldo de pollo (véase pág. 597)
2 ramas grandes de epazote
3 chiles pasilla fritos hasta dorar y desmenuzados
6 cucharadas copeteadas de queso Chihuahua rallado

Caliente el aceite en una sartén grande y fría las tiras de tortilla hasta que estén ligeramente doradas, pero no muy crujientes. Escúrralas sobre papel absorbente. Elimine toda la grasa de la sartén, excepto una cucharada.

Licúe los jitomates, la cebolla y el ajo hasta obtener una salsa lisa, y luego añádala al aceite. Fríala durante aproximadamente 5 minutos, hasta que la salsa esté bien sazonada y se haya reducido un poco.

Añádale a la salsa el caldo de pollo y deje que rompa el hervor. Ajuste la sazón. Agregue las tiras de tortilla y cocínelas durante unos 3 minutos.

Justo antes de servir agregue el epazote. Cocine la sopa 1 minuto más.

Sirva cada porción adornada con el chile desmenuzado y el queso rallado.

Nota: la base de la sopa puede prepararse con horas de anticipación, pero los pasos finales –añadir las tortillas y el epazote– debe hacerse unos minutos antes de servirla.

Sopa de bolitas de tortilla
Rinde 6 porciones

Creo que la tentación sería comparar esta sopa con la de bolas de matzo, que pueden ser deliciosamente ligeras y delicadas. Las bolitas de esta sopa son mucho más sólidas, pues tienen una textura granulosa agradable y un delicado sabor a maíz. Es una sopa "familiar" muy popular en el centro y norte de México.

LA SOPA
12 tortillas, puestas a secar
1/2 taza (125 ml) de leche entera caliente
1/2 taza (125 ml) de queso añejo finamente rallado (aproximadamente 45 gr)
1 huevo grande, bien batido
sal al gusto
aproximadamente 1/4 de taza (65 ml) de leche entera, fría
manteca derretida o aceite vegetal para freír
6 tazas (1.5 l) de caldo de pollo y jitomate
(véase la receta para sopa de tortilla en la pág. 154)

PARA SERVIR
1/3 de taza (85 ml) de crema
cilantro o perejil finamente picado

Despedace las tortillas y muélalas en seco hasta que tengan la consistencia de migajas finas de pan: esta cantidad rendirá aproximadamente 1 taza (250 ml). Agregue la leche caliente, el queso, el huevo y la sal, y amase bien. Luego deje que la masa repose varias horas o refrigérela toda la noche para que las partículas de tortilla se suavicen.

Vuelva a amasar bien la masa, añadiendo la leche fría. Divídala en 24 piezas y luego cada una a la mitad. Con cada una de las 24 piezas haga bolitas como de 2.5 cm de diámetro.

Caliente la manteca en una sartén y fría las bolitas *muy suavemente*, volteando de vez en cuando hasta que estén doradas: aproximadamente 5 minutos. Escúrralas bien. Ponga las bolitas en el caldo caliente, deje que rompa el hervor, luego baje el fuego y deje que el caldo hierva suavemente durante unos 2 minutos.

Sirva en platos hondos individuales –con cuatro bolitas por ración– y adorne cada uno con una cucharada de crema y un poco de cilantro picado.

Caldo de habas
Hidalgo
Señora María Elena Lara
Rinde 6 porciones

Ésta es la sopa de habas secas más deliciosa que he comido. Incluso quienes dicen odiar el cilantro la comerán gustosos. De hecho, en México éste es un platillo de cuaresma, y una amiga mía se mostró muy sorprendida cuando la serví en un fresco y lluvioso día de verano.

Los tiempos de cocción fluctúan enormemente, dependiendo, desde luego, de la edad y la densidad de las habas. Asegúrese de comprar las habas peladas que tienen un color amarillo pálido. En el mercado venden unas sin pelar, de color café, que tardan siglos en cocerse y, además, a usted le toca el embrollo de pelarlas.

156

225 gr de habas secas, peladas, de color amarillo

(aproximadamente 1 1/2 tazas/375 ml)

2 cucharadas de aceite vegetal

2/3 de taza (165 ml) de cebolla blanca toscamente picada

2 dientes de ajo, toscamente picados

aproximadamente 225 gr de jitomates finamente picados

(1 1/2 tazas/333ml)

aproximadamente 10 tazas (2.5 l) de agua caliente

10 ramas de cilantro, toscamente picado

2 cucharaditas de sal, o al gusto

PARA SERVIR

6 cucharadas de un aceite de oliva

2 chiles pasilla, fritos y desmenuzados (véase pág. 571)

Enjuague bien las habas, eliminando cualquier basurita.

Caliente el aceite en una olla gruesa y fría las habas junto con la cebolla y el ajo, hasta que estén ligeramente doradas y la cebolla y el ajo acitronen. Añada los jitomates y fríalos a fuego alto, revolviendo constantemente, hasta que la mezcla esté casi seca: aproximadamente 3 minutos. Agregue el agua, el cilantro y la sal, y deje que la sopa se cocine a fuego lento hasta que las habas estén suaves y deshaciéndose: aproximadamente 3 1/2 horas (véase la nota superior).

Sirva cada plato con una cucharada de aceite de oliva y un poco de chile pasilla desmenuzado.

Nota: Esta sopa puede prepararse con varias horas de anticipación, o incluso un día antes, pero como espesará mucho, es necesario diluirla con agua o con caldo de pollo. Esta sopa se congela bien.

Sopa de pan

Chiapas

Señora María, Casa Blom, San Cristóbal de las Casas

Rinde 6 porciones

Entre las viejas familias de origen español que hay a lo largo de todo México existen numerosas versiones de esta receta. En Chiapas siempre la preparan con motivo de una fiesta, y es probable que haya sido un platillo de vigilia, hasta que se incorporó el caldo de pollo a la receta.

Hay que usar pan de sal, como una telera rebanada y puesta a secar a fin de que no absorba demasiada grasa al freírlo, pero nada de pan de caja.

4 tazas (1 l) de cubos de pan duro (vea el texto superior)

1/2 taza (125 ml) de aceite vegetal o más, si es necesario

115 gr de mantequilla sin sal (aproximadamente 1 taza/250 ml)

6 tazas (1.5 l) de caldo de pollo

115 gr de ejotes, mondados y cortados en tercios

115 gr de zanahorias, peladas y finamente rebanadas (aproximadamente

1 taza/250 ml)

6 ramitas de tomillo o 1/4 de cucharadita de tomillo seco

sal al gusto

1 raja de canela de 5 cm

2 clavos enteros

10 pimientas negras

2 pimientas gordas

una pizca grande de azafrán

225 gr de papas, peladas y cortadas en rebanadas de 1.5 cm de grosor

(aproximadamente 1 1/4 de tazas/315 gr)

2 plátanos machos medianos (aproximadamente 450 gr), pelados, cortados en

cuartos y luego en rebanadas de 8 cm

450 gr de jitomate, cortados en rebanadas gruesas

1 taza (250 ml) de cebolla blanca cortada en rebanadas delgadas

2 dientes de ajo finamente picados
4 huevos cocidos, rebanados en 5 o 6 partes

Precaliente el horno a 150 °C (300 °F)

Coloque los cubitos de pan en una charola para hornear, en una sola capa y hornéelos hasta que estén crujientes por fuera pero sin que se sequen por completo: de 20 a 30 minutos.

Caliente un poco de aceite en una sartén grande y derrita una porción de mantequilla. Fría los cubitos de pan hasta que doren ligeramente, añadiendo más aceite y mantequilla conforme sea necesario (si añade todo de una vez, los cubitos de pan absorberán toda la grasa y se harán aguados). Escúrralos y déjelos a un lado, reservando el aceite de la sartén.

Caliente el caldo de pollo y, cuando rompa el hervor, añada los ejotes y las zanahorias: cuézalos suavemente hasta que estén apenas tiernos: de 10 a 15 minutos. Escurra los vegetales y resérvelos. Añada el tomillo, la sal, y las pimientas gordas al caldo y cocínelos suavemente durante unos 10 minutos más. Cuele el caldo y resérvelo: deben quedar aproximadamente 5 tazas (1.25 l).

Recaliente el aceite en el que frió el pan, añadiendo aproximadamente 1/2 taza (125 ml) adicional de aceite, conforme sea necesario, y fría las rebanadas de papa por ambos lados hasta que estén bien doradas. Retire y escurra las papas. En el mismo aceite, fría las rebanadas de plátano macho hasta que estén doradas. Retire y escurra los plátanos. Fría las rebanadas de jitomate, la cebolla y el ajo juntos hasta que estén suaves; luego retire y reserve.

Precaliente el horno a 180 °C (350 °F). Engrase un refractario, lo ideal es que tenga 21.5 por 34 por 5 cm. En el refractario, extienda capas alternas de las verduras y de la mezcla de jitomate. Cubra con los cubitos de pan y termine con una capa de rebanadas de huevo cocido. Vierta el caldo encima y hornee durante aproximadamente 15 minutos.

Sirva de inmediato en platos hondos.

Nota: Los componentes de esta sopa pueden prepararse con anticipación y armarse justo antes de meterlos al horno. Esta sopa no debe congelarse.

Sopa aguada de fideo
Centro de México
Rinde 6 porciones

Ésta es una de las sopas cotidianas favoritas de los mexicanos. Es tan económica como fácil de preparar. La he incluido por su enorme popularidad y porque con mucha frecuencia me piden una receta para hacerla, pero ésta no es una de mis sopas preferidas.

La sopa se espesa considerablemente cuando reposa, de modo que, si la hace con anticipación, quizá sea necesario adelgazarla con un poco más de caldo.

3 o 4 cucharadas de grasa de pollo o de aceite vegetal
115 gr de fideo delgado
340 gr de jitomates muy maduros, toscamente picados (2 1/3 tazas/585 ml)
1 diente de ajo, toscamente picado
1/4 (65 ml) de cebolla blanca toscamente picada
7 tazas (1.75 l) de caldo ligero de pollo
2 ramas de perejil

Caliente la grasa en una sartén grande y agregue los nidos de pasta sin romperlos. Fríalos hasta que doren, volteando constantemente para que no se quemen. Escurra toda, menos dos cucharadas, de grasa de la sartén.

Licúe los jitomates con el ajo y la cebolla hasta que estén lisos. Añádalos a la pasta frita y continúe cocinando a fuego alto durante unos 4 minutos, revolviendo y raspando el fondo de la olla, hasta que la mezcla esté casi seca. Añada el caldo y el perejil, y deje que rompa el hervor. Baje la flama y hierva suavemente hasta que la pasta esté suave. Ajuste el sazón. (Tarda aproximadamente 20 minutos en cocinarse y sazonarse bien).

Nota: Esta sopa puede prepararse con varias horas de anticipación.

Sopa de lentejas estilo Querétaro

Querétaro

Obdulia y Ana María Vega

Rinde 6 porciones

Un verano, cuando renté una casa, me deleitó enterarme de que las muchachas que me ayudaban con los quehaceres domésticos provenían de una pequeña comunidad rural de Querétaro. Les encantaba hacerme de comer platillos campesinos muy sencillos, y éste es uno de ellos.

Los tiempos de cocción varían según la sequedad de las lentejas. Si la sopa se espesa demasiado, dilúyala con agua o con caldo de pollo.

115 a 180 gr, o 1/2 taza copeteada/125 ml, de lentejas pequeñas de color café

aproximadamente 6 tazas (1.5 l) de agua

225 gr de nopales (aproximadamente 3 medianos),

limpios (véase págs. 596),

cortados en cuadritos (aproximadamente 1 3/4 de taza/440 ml), opcional

sal al gusto

1 cebollita de cambray, con todo y la parte verde, partida en cuatro

225 gr de jitomates, toscamente picados (1 1/2 tazas/375 ml)

1 diente de ajo, toscamente picado

2 cucharadas de aceite vegetal

1/4 de taza (65 ml) de cebolla blanca finamente picada

1 chile jalapeño o 2 chiles serranos

1 taza (250 ml) de caldo de pollo

3 ramas grandes de cilantro

Enjuague bien las lentejas y escúrralas. Póngalas en una olla con 6 tazas (1.5 l) de agua fría. Deje que rompa el hervor, luego baje la flama y cuezalas a fuego lento hasta que estén suaves: aproximadamente 3 horas para las lentejas mexicanas y 2 horas para las americanas.

Cubra los cuadritos de nopal con agua fría, añada 1/2 cucharadita de sal y la cebollita de cambray, y hierva lentamente hasta que *apenas* estén suaves: unos 15 minutos. Enjuáguelos con agua fría y escúrralos, eliminando la cebolla.

Licúe los jitomates con el ajo hasta que estén lisos. Reserve.

Caliente el aceite en una sartén y fría suavemente la cebolla y el chile, a fuego lento, sin dorar, hasta que acitronen. Añada el puré de jitomate y fríalo otros 3 minutos a fuego alto, revolviendo constantemente, hasta que la mezcla esté casi seca. Agréguela a las lentejas, junto con el caldo de pollo y los nopales. Tape la olla y cocine la sopa a fuego lento durante aproximadamente 20 minutos, luego añada el cilantro y cocine 1 minuto más. Agregue sal al gusto.

Nota: Esta sopa puede prepararse con varias horas de anticipación.

Sopa de poro

Oaxaca

Señora Domitila Santiago de Morales

Rinde 6 porciones

Ésta es una receta muy interesante y deliciosa: ¡la señora Domitila nunca me ha fallado! Sólo he cambiado la receta en un aspecto: primero frío los poros en tanto que ella los hierve. Yo creo que fritos tienen más sabor. Doña Domitila nunca supo decirme el origen de esta receta.

2 cucharadas de mantequilla sin sal

2 cucharadas de aceite vegetal

4 tazas (1 l) de poros finamente picados, usando sólo la parte blanca y la parte

verde que está tierna

1/4 de taza (65 ml) de perejil finamente picado

6 tazas (1.5 l) de caldo ligero de pollo

5 huevos cocidos

sal y pimienta recién molida al gusto

162

Crutones de pan frito o tiritas de tortilla frita (véase pág. 128)

Caliente la mantequilla con el aceite en una olla grande y pesada. Fría los poros y el perejil hasta que apenas estén suaves, sin dorar: aproximadamente 8 minutos. Agregue 5 tazas (1.25 l) del caldo de pollo y cueza la sopa a fuego medio hasta que los poros estén tiernos: unos 8 minutos.

Pele los huevos y separe las claras de las yemas. Pique las claras y reserve. Licúe las yemas con el resto del caldo hasta que estén lisas y añádalas, junto con las claras picadas, a la sopa. Sazone y cocine 10 minutos más, o hasta que los poros estén completamente suaves y bien sazonados.

Sirva la sopa con los crutones o con los pedacitos de tortilla frita.

Nota: Esta receta puede prepararse con 4 horas de anticipación.

Sopa verde de elote

San Luis Potosí

Rinde 6 porciones

Con toda su gama de distintos sabores, esta extraña y deliciosa sopa proviene del volumen *Mi Libro de Cocina*, publicado en San Luis Potosí en 1965.

1/4 de taza (65 ml o aproximadamente 60 gr) de mantequilla sin sal

1/2 taza (125 ml) de cebolla blanca finamente picada

2 dientes de ajo finamente picados

2/3 de taza (165 ml) de tomates verdes cocidos (véase pág. 590) y escurridos

4 1/2 tazas (1.125 l) de granos de elote

5 tazas (1.250 l) de caldo de pollo

2/3 de taza (165 ml) de chícharos, frescos o congelados

6 ramas grandes de cilantro

2 chiles poblanos pequeños, asados y pelados (véase pág. 564)

3 hojas grandes de lechuga romana, toscamente picada

1 cucharadita de sal, o al gusto

PARA SERVIR

6 cucharadas de crema

pedacitos de tortilla frita (véase pág. 128)

Derrita la mantequilla en una olla grande y fría la cebolla y el ajo hasta que acitronen.

Licúe los tomates verdes hasta que estén lisos. Añádalos a la cebolla y fríalos a fuego alto durante unos 3 minutos, revolviendo constantemente.

Ponga los granos de elote en el vaso de la licuadora (añadiendo un tercio a la vez), junto con 2 tazas (500 ml) del caldo de pollo, además de los chícharos, el cilantro, los chiles y la lechuga. Licúe bien hasta que la mezcla esté bastante lisa. Cuele este puré en un colador mediano y luego viértalo en la olla y cocinelo a fuego bastante alto durante unos 3 minutos, revolviendo y raspando el fondo de la olla constantemente, ya que la sopa tiende a pegarse. Añada el resto del caldo y la sal, y cocine la sopa a fuego lento hasta que la sopa espese y se sazone bien: aproximadamente 20 minutos.

Sirva en platos hondos con una cucharada grande de crema. Espolvoree los pedacitos de tortilla frita en cada plato.

Nota: Esta sopa puede hacerse con anticipación y puede congelarse. Al descongelarla, licuela unos segundos antes de calentar.

Sopa de elote
Centro de México

Rinde 6 porciones

Ésta es una sopa reconfortante y deliciosa. Es importante usar elotes muy frescos y tiernos. Por ningún motivo use elote de lata, ya que están precocidos.

4 tazas (1 l) de granos de elote

1 taza (250 ml) de agua

1/4 (65 ml) de mantequilla

3 1/2 tazas (875 ml) de leche o de caldo de pollo

1/2 cucharadita de sal, o al gusto

2 chiles poblanos, asados, pelados y limpios, y luego cortados en cuadritos
y ligeramente fritos (véase pág. 564)

6 cucharadas de queso fresco desmoronado

6 tortillas pequeñas, cortadas en cuadritos, puestas a secar y luego fritas como
totopos (véase pág. 128)

Licúe los granos de elote con el agua hasta obtener un puré liso. Cuele el puré a través de un colador mediano.

Derrita la mantequilla en una olla grande pero no deje que se caliente demasiado. Añada el puré de elote y déjelo cocinar a fuego medio durante unos 5 minutos, revolviendo todo el tiempo.

Añada la leche o el caldo y la sal a la mezcla, y deje que rompa el hervor. Baje la flama y deje que la sopa hierva suavemente durante unos 15 minutos, revolviendo de vez en cuando para que no se pegue. A estas alturas la sopa debe haberse espesado un poco.

En cada plato hondo ponga aproximadamente 1/2 cucharada de cuadritos de chile poblano y 1 cucharada de queso desmoronado. Vierta encima la sopa y adórnela con los cuadritos de tortilla frita.

Sopa de elote y rajas
Centro de México

Señor Cantú

Rinde 6 porciones

225 gr de jitomates, asados (véase pág. 589)
2 cucharadas de cebolla blanca toscamente picada
3 chiles poblanos pequeños, asados, pelados, limpios, sin venas ni semillas
3 cucharadas de mantequilla
aproximadamente 3 tazas (750 ml) de granos de elote
3 tazas (750 ml) de leche entera
3/4 de taza (185 ml) de granos enteros de elote, para agregar después
sal al gusto
6 cucharadas copeteadas de queso freso, desmoronado

Licúe los jitomates y la cebolla. Reserve.

Corte los chiles limpios en rajas delgadas. Derrita la mantequilla en una olla grande y fría los chiles suavemente durante unos 2 minutos: no deben dorar. Añada los jitomates licuados a las rajas de chile y cocine todo durante unos 5 minutos a fuego medio, hasta que la salsa haya reducido un poco.

Licúe las 3 tazas de granos de elote con la leche, hasta obtener una consistencia muy lisa. Probablemente necesite hacerlo en dos tandas. Pase la mezcla de elote a través de un colador mediano y, muy poco a poco, incorpórela a la salsa de tomate, sin dejar de menear.

Agregue los granos enteros de elote y sal. Cocine la sopa a fuego muy bajo –apenas debe hervir suavemente– durante unos 15 minutos.

Añada un poquito de queso a cada plato hondo antes de verter la sopa.

Crema de flor de calabaza
Centro de México

Rinde 6 porciones

Durante las lluvias de verano las plantas de calabacita están en su apogeo, y cada mañana llegan al mercado gigantescas canastas llenas de sus flores. Lo mejor es apresurarse de vuelta a casa y cocinarlas mientras todavía están totalmente abiertas y tienen un delicado perfume. (Para cómo preparar las flores antes de cocinarlas, véase la pág. 596). En México las flores que se llaman "de calabaza" en realidad son las flores de la calabacita criolla que tiene grandes pétalos amarillos: aproximadamente 50 flores por cada 450 gr, después de limpiarlas, al menos aquí en Michoacán. Las que llegan a la Ciudad de México, por lo regular son más pequeñas.

3 cucharadas de mantequilla sin sal

1/3 de taza (85 ml) de cebolla finamente picada

1 diente de ajo, toscamente picado

450 gr de flores de calabaza, limpias y finamente picadas (aproximadamente

8 tazas/2 l, apretadas)

sal al gusto

3 1/2 tazas (875 ml) de caldo ligero de pollo

2/3 de taza (165 ml) de crema

sal al gusto

las flores que reservó

2 chiles poblanos, asados, pelados, limpios, cortados en cuadritos y

ligeramente fritos (véase pág. 564)

Derrita la mantequilla en una sartén honda. Añada la cebolla y el ajo, y fríalos ligeramente hasta que acitronen, sin dorar. Añada las flores picadas y sal. Tape la olla y cocínelas a fuego lento hasta que las flores estén bastante suaves: de 10 a 15 minutos. Aparte 1/2 taza rasa (125 ml) de flores.

Licúe las flores restantes con 1 1/2 tazas (375 ml) del caldo y devuelva a la olla. Añada el caldo restante y cocine a fuego bajo durante unos 8 minutos.

Incorpore la crema a la sopa y caliéntela suavemente hasta que hierva con lentitud. Ajuste la sazón y sirva, adornada con las flores que reservó y las rajas de chile.

Sopa de aguacate
Centro de México
Rinde 6 porciones

Ésta es una delicada y sencilla sopa de color verde pálido que puede servirse fría o caliente. Sin embargo, mucho dependerá de la calidad de los aguacates: deben estar frescos y cremosos. Aunque yo prefiero adornarla simplemente con chile chipotle y cuadritos de tortilla fritos, hay innumerables maneras de adornar esta sopa.

2 aguacates grandes, o suficientes para obtener 2 tazas (500 ml) de pulpa
6 tazas (1.5 l) de caldo de pollo bien sazonado (véase pág. 597)
cuadritos de tortilla, fritos como para totopos (véase pág. 128)
chiles chipotle adobados, despedazados

Corte los aguacates por la mitad. Elimine el hueso y retire la pulpa con una cuchara o solamente exprima la pulpa.

Ponga 2 tazas (500 ml) del caldo en el vaso de la licuadora, añada la pulpa de aguacate y licúe hasta obtener un puré liso. Agréguelo al resto del caldo que está en la olla y caliente la sopa ligeramente. *No deje que hierva.*

Sirva la sopa de inmediato, adornada con los cuadritos de tortilla frita y los pedacitos de chile chipotle.

Sopa de ajo y migas
Hidalgo
María Elena Lara
Rinde 6 porciones

Si se preparan como lo describo abajo, los huevos formarán hebras como los de la sopa de nido de golondrina.

6 rebanadas gruesas de pan tipo francés o pan de sal duro
aproximadamente 1/3 de taza (85 ml) de aceite de oliva o vegetal
4 dientes de ajo, rebanados
6 tazas (1.5 l) de caldo fuerte de pollo
2 huevos grandes
2 ramas grandes de epazote
sal al gusto, si es necesario
las venas de 3 chiles pasilla, ligeramente tostadas

Precaliente el horno a 150 °C (300 °F).

Ponga las rebanadas de pan, en una sola capa, sobre una charola para hornear y hornéelas hasta que estén crujientes por fuera pero sin que se sequen por completo: alrededor de 30 minutos.

Caliente un poco de aceite en una sartén gruesa y fría el pan por ambos lados hasta que esté crujiente y dorado: añada más aceite si es necesario. Escúrralo sobre toallas de papel absorbente y reserve.

Añada o complete 1 cucharada de aceite en la sartén y, más que freír, cocine el ajo a fuego bajo para que el aceite se impregne con su sabor. Retire el ajo y elimínelo. Vierta un poquito de caldo en la sartén, revuelva y añada al resto del caldo en una olla.

Caliente el caldo en olla hasta que hierva a fuego bajo. Bata los huevos ligeramente con una cucharadita de aceite (véase la nota superior) y, sin dejar de revolver con un movimiento circular, añada los huevos al caldo. Agregue el epazote y hierva suavemente hasta que los huevos se cuajen. Ajuste la sazón. Añada el pan frito y cocine a fuego bajo durante medio minuto, no más.

169

Sirva la sopa en platos hondos, con un crutón en cada plato, y adórnelo con las venas de chile al gusto.

Caldo tlalpeño
Ciudad de México
Rinde 6 porciones

Nadie ha sabido decirme cómo ocurrió que este caldo adquirió su nombre por Tlalpan, una comunidad que antes estaba en las afueras de la Ciudad de México pero que ha quedado absorbida por la incontenible urbanización de la ciudad. Tlalpan era uno de los paseos domingueros preferidos para ir a comer barbacoa y carnitas. Es muy probable que el caldo tlalpeño se sirviera en las pulquerías de Tlalpan: probablemente muchas sopas y antojitos mexicanos se inventaron en las pulquerías y en las cantinas.

Desde luego, existen muchas variaciones de esta receta, pues hay quien le agrega arroz en vez de garbanzos, por ejemplo. Se estila servir una pieza completa de pollo en cada plato, pero para los no iniciados resulta más difícil comerla así. Por lo tanto, aquí uso pollo deshebrado.

225 de ejotes

115 gr de zanahorias (aproximadamente 2 medianas)

115 gr de jitomate, toscamente picado (aproximadamente 1 taza/250 ml)

2 cucharadas de cebolla blanca toscamente picada

1 diente de ajo, toscamente picado

1 cucharada de manteca o de aceite vegetal

6 tazas (1.5 l) de caldo de pollo (véase pág. 597)

1/2 taza (125 ml) de garbanzos cocidos y pelados

2 ramas grandes de epazote

2 chiles chipotles, secos o de lata, trozados en rajitas

1 taza (250 ml) de pollo cocido y deshebrado (véase pág. 598)

1 aguacate, en cubitos

6 cuartos de limón

Monde los ejotes y córtelos a la mitad. Monde y pele las zanahorias, y córtelas en rodajas. Licúe los jitomates, la cebolla y el ajo. Caliente la manteca en una sartén mediana y añada los ingredientes licuados. Cocínelos a fuego medio durante unos 3 minutos.

Caliente el caldo de pollo en una olla grande. Añada las verduras, los garbanzos y la mezcla de jitomate, y cocine todo a fuego medio hasta que las verduras estén suaves: unos 15 minutos.

Agregue el epazote y los chiles, y cocine 5 minutos más.

Sirva la sopa en platos hondos, añadiendo un poco de pollo deshebrado y adornando con el aguacate. Los cuartos de limón se pasan por separado.

Nota: Esta sopa puede prepararse con varias horas de anticipación hasta el punto en que se añaden el epazote y los chiles.

Sopa tarasca tipo conde
Morelia
Señora Beatriz de Dávalos (+)

Hace muchos años, cuando estaba haciendo la investigación para mi libro *The Cuisines of México* tuve la fortuna de conocer y de aprender de una de las cocineras más sobresalientes de aquella época: doña Beatriz de Dávalos. Ella me descubrió esta sopa, así como muchas otras recetas regionales de la zona de Morelia. Hoy en día es más probable que, cuando pida una sopa tarasca le sirvan algo más parecido a una sopa de tortilla, pero esta sopa es tipo conde, lo que significa que está espesada con puré de frijol. Esta deliciosa y llenadora, ideal para un día de frío.

225 gr de frijoles cocidos flor de mayo o bayos (aproximadamente 3 1/2 a 4
tazas; 875 ml a 1 l), con su caldo
450 gr de jitomates, asados (véase pág. 589)
1 diente de ajo
2 cucharadas de cebolla blanca toscamente picada
3 cucharadas de manteca o de aceite vegetal
2 1/2 tazas (625 ml) de caldo de pollo o de cerdo
sal, la necesaria
1/4 de cucharadita de orégano
1 taza (250 ml) de queso fresco desmoronado
3 chiles anchos, sin semillas y cortados en rajas delgadas y fritas
3 tortillas chicas cortadas en tiras que se ponen a secar,
y fritas como para totopos (véase pág. 128)
crema (véase pág. 588)

Licúe los frijoles con su caldo hasta obtener una consistencia lisa y transfiéralos a una olla grande y gruesa.

Licúe los jitomates, el ajo y la cebolla hasta obtener una salsa lisa. Derrita la grasa en una sartén y cocine la mezcla de jitomate a fuego alto durante unos 5 minutos. Luego incorpórelo al puré de frijol y cocínelo a fuego medio durante unos 8 minutos, sin dejar de revolver.

Añada el caldo y deje que la sopa se cocine otros 5 minutos a fuego lento. Añada sal al gusto y agregue el orégano justo antes de servir.

En cada plato hondo ponga unos pedacitos de queso. Vierta encima la sopa caliente y adórnela con los chiles, tiras de tortilla y una cucharada de crema.

Nota: Si se deja reposar, esta sopa se espesa mucho, por lo que debe diluirse con caldo o con agua. Se congela bien.

172

Sopa de lima

Yucatán

Señora Berta López de Marrufo

Rinde 6 porciones

La sopa de lima es la sopa de Yucatán. Recibe su nombre por la lima agria (véase pág. 592), que es distinta al limón. Su jugo y su cáscara le dan a la sopa un sutil sabor y una ligera astringencia. Aun en el clima más caluroso, le servirán un plato humeante al que, a último minuto, se añaden las tiras de tortilla acabadas de freír, que chisporrotean en el plato.

Esta receta es para hacer una sopa un poco más sofisticada que la que se ofrece en los restaurantes.

8 tazas (2 l) de agua

10 dientes de ajo, asados (véase pág. 591)

1/4 de cucharadita de orégano, tostado

6 pimientas negras

sal al gusto

4 mollejas de pollo

2 pechugas de pollo con piel y hueso

6 hígados de pollo (225 gr)

1 1/2 cucharadas de manteca o de grasa de pollo

1/3 de taza (85 ml) de cebolla blanca finamente picada

1/4 de taza (65 ml) de chile dulce o de pimiento verde finamente picado

225 gr de jitomates finamente picados (1 1/3 tazas/335 ml)

1/2 lima agria o sustituto

aceite vegetal para freír

12 tortillas cortadas en tiras que se ponen a secar

PARA SERVIR

2/4 de taza (185 ml) de cebolla blanca finamente picada

1/3 de taza (85 ml) de chiles habaneros, asados y finamente picados

6 rebanadas delgadas de lima agria

Ponga el agua en una olla para sopa. Añada el ajo, el orégano, las pimientas y la sal. Deje que rompa el hervor y cocine aproximadamente 10 minutos. Añada las mollejas y cocine 15 minutos más.

Añada los hígados y cocine 10 minutos más, o hasta que todo esté bien cocido. Cuele las carnes, apartando el caldo. Retire el hueso y la piel de la pechuga y deshebre la carne. Pique las mollejas y los hígados, y apártelos.

Caliente la manteca en una sartén y acitrone la cebolla y el pimiento hasta que estén suaves, pero no dorados. Agregue los jitomates a la sartén y cocínelos a fuego medio durante 5 minutos. Añada el caldo y deje que hierva suavemente, sin tapar, durante unos 5 minutos. Añada la sal necesaria y luego las carnes picadas y deshebradas. Caliente todo bien.

Exprima el jugo de 1/2 lima agria en el caldo y agregue la cáscara a la olla sólo durante unos segundos, y después retírela. Conserve el caldo caliente mientras prepara las tortillas.

Caliente aceite en una sartén y fría las tiras de tortilla hasta que estén crujientes. Escúrralas sobre papel absorbente. Sirva la sopa mientras todavía están calientes, ponga unas cuantas en cada plato de sopa: deben sisear.

Por separado, pase la cebolla picada, los chiles y las rebanadas de lima.

Caldo de queso sonorense
Hermosillo, Sonora
Señora Consuelo M. Martínez
Rinde 6 porciones

La primera vez que probé esta sencilla sopa campesina en Hermosillo, Sonora, las papas estaban cortadas en cubos grandes y el queso provenía de una pieza redonda enorme. Era queso casero, de un rancho cercano: era quebradizo, ligeramente ácido y sabía a crema pura. Se derretía de inmediato en el caldo caliente.

340 gr de papas
5 tazas (1.25 l) de caldo de res
450 gr de jitomates grandes
2 cucharadas de aceite vegetal
1/3 de taza (85 ml) de cebolla blanca en rebanadas
1 diente de ajo pequeño finamente picado
1 chile Anaheim o verde del norte, asado y pelado
sal al gusto
12 tiras de queso fresco o Chihuahua

Pele las papas y córtelas en cubos de 2.5 cm. Deje que el caldo rompa el hervor, agregue las papas y deje que se cuezan a fuego medio durante 10 minutos. Deben quedar *apenas* cocidas.

Corte una rebanada delgada de la parte superior de cada jitomate y ralle la pulpa en el lado grueso del rallador. En muy poco tiempo la piel del jitomate quedará aplanada en su mano. No olvide rallar la pulpa de las rebanadas que le quitó a la parte superior del jitomate.

Caliente el aceite en una sartén grande y acitrone la cebolla y el ajo, sin dorar, hasta que estén translúcidos. Agregue la pulpa del jitomate y cocine la salsa a fuego alto durante 5 minutos. A estas alturas, habrá espesado un poco y estará bien sazonada. Agregue la salsa de jitomate al caldo y a las papas.

Elimine las semillas del chile y córtelo en rajas. Añádalas al caldo y deje que se cocinen a fuego medio durante 5 minutos. Agregue sal si es necesario. Añada el queso justo antes de servir. Sirva la sopa mientras el queso se derrite.

Consomé de camarón seco
Guadalajara, Jalisco
Señora Clara Zabalza de García
Rinde 6 porciones

Ésta es una sopa con un sabor acentuado maravilloso, ligeramente picante. La señora García dice que ella la sirve en tacitas antes del platillo fuerte, el caldo michi (véase pág. 177). Es ideal para días de frío, para cerrar una larga noche, o para darle un empujoncito a una aburrida dieta baja en calorías.

225 gr de camarón seco (véase pág. 596)
4 a 5 tazas (de 1 a 1.25 l) de agua
6 chiles cascabel
1 chile mulato
1 diente de ajo, entero

PARA SERVIR
cilantro toscamente picado
cebolla blanca finamente picada
cuartos de limón

Enjuague los camarones enteros con agua fría y escúrralos. Cúbralos con 2 tazas (500 ml) de agua y deje que rompa el hervor. Cuézalos 1 minuto, luego retírelos del fuego y deje que se remojen otros 5 minutos, no más, porque de lo contrario, perderán su sabor. Escurra los camarones y reserve el agua en la que los coció.

Elimine los tallos, las venas y las semillas de la mitad de los chiles. Póngalos en una olla, cúbralos con agua y hiérvalos suavemente durante 5 minutos, o hasta que estén suaves (el tiempo varía dependiendo de qué tan secos estén). Retírelos del fuego y deje que se remojen otros 5 minutos más. Escúrralos y elimine el agua de la cocción. Transfiéralos al vaso de la licuadora con 1 taza (250 ml) de agua fresca y el ajo. Licúe hasta que estén lisos.

Limpie los camarones: quite las patas, las colas y las cabezas, y apártelas. Divida los camarones limpios en dos partes. Pique o troce toscamente la primera mitad y resérvela. Transfiera al vaso de la licuadora la otra mitad, junto con los deshechos de los camarones que limpió. Agregue el agua de la cocción y licúelos hasta que estén lo más lisos posible.

Ponga la salsa de chile y los camarones licuados en una olla grande y gruesa, y deje que hierva suavemente. Cuézalos, sin dejar de revolver y de raspar el fondo de la olla, aproximadamente 3 minutos. Agregue 1 taza más (250 ml) de agua y deje que vuelva a romper el hervor suavemente. Siga cocinando a fuego lento durante 5 minutos. Cuele la mezcla a través de un colador fino. Agregue los pedacitos de camarón y cocine otros 5 minutos, no más. La sopa debe estar bastante espesa, pero puede diluirla con agua si lo prefiere.

Sirva este consomé en tacitas y pase los adornos por separado.

Nota: Puede preparar este consomé con varias horas de anticipación y también puede congelarlo.

Caldo michi

Jalisco

Señora Clara Zabalza de García

Rinde 6 porciones

El lago de Pátzcuaro, en el estado de Michoacán, y el lago Chapala, en el estado de Jalisco, son de los dos más grandes de México. Ambos sitios tienen su propia versión de una sopa de pescado y verduras que se llama Caldo Michi ("michi" singnifica pescado en el idioma purépecha) y se prepara con el pescado que se encuentra en el lago: bagre, carpa o el inigualable pescado blanco, con su cabeza puntiaguda y su carne transparente con una ancha franja plateada en cada lado.

Por lo general se usa el pescado entero por lo gelatinoso de la cabeza que le añade sustancia al caldo (si le da escalofríos la sola imagen, puede omitirla, pero no deje de incluir la piel o el hueso de las rebanadas de pescado). Para hacer el caldo michi no haga primero un caldo con las cabezas, como lo haría con casi todos los guisados de pescado. Yo ya lo intenté y al parecer no funciona quizá debido a que, con contadas excepciones, este tipo de pescado de agua dulce no tiene un sabor particularmente bueno. Los lugareños usan caldo de pollo.

De las numerosas recetas para hacer caldo michi que me han dado, elegí la de la señora García. Me gusta mucho más el sabor de su sopa. Al comentarle sobre la comida regional, encontré que tiene un gran respeto por los métodos tradicionales de cocina así como por el uso de ingredientes frescos. Cada año la señora García elabora sus propios chiles y frutas con vinagre de piña hecho en casa, que usa en esta y en otras recetas.

1.125 kg de bagre o de carpa enteros

sal y pimienta recién molida al gusto

1/4 de taza (65 ml) de aceite vegetal

285 gr de jitomates rebanados, aproximadamente 1 1/2 tazas (375 ml)

1/2 taza (125 ml) de cebolla blanca en rebanadas delgadas

3 dientes de ajo, enteros

8 tazas (2 l) de caldo de pollo

3 zanahorias medianas (aproximadamente 115 gr), peladas y rebanadas

2 calabacitas (aproximadamente 180 gr), mondadas y cortadas

en rodajas

1/4 de cucharadita de orégano

3 chiles jalapeños en escabeche, toscamente picados

2/3 de taza (165 ml) de frutas en vinagre

8 ramas grandes de cilantro, toscamente picado

Enjuague y seque bien el pescado. Córtelo en rebanadas de 2.5 cm y, si usa la cabeza, córtela en cuatro. Sazone con sal y con pimienta recién molida.

Caliente el aceite en una olla grande y gruesa, y fría las postas de pescado muy ligeramente: la carne debe apenas tornarse opaca. Retire del fuego y reserve.

En el mismo aceite fría los jitomates, la cebolla y el ajo hasta que la cebolla acitrone y la mezcla tenga consistencia mediana. Añada a la olla el caldo, las zanahorias, las calabacitas, el orégano, los chiles y las frutas en vinagre y cueza las verduras hasta que estén apenas tiernas: aproximadamente 20 minutos. Agregue las postas de pescado y deje que rompa un hervor suave hasta que la carne se desprenda limpiamente del hueso: aproximadamente 10 minutos.

Retire la olla del fuego y añada el cilantro picado. Sirva la sopa acompañada de tortillas recién hechas.

Nota: Esta sopa puede prepararse con algunas horas de anticipación, pero agregue las postas de pescado unos 10 minutos antes de servir.

Caldo de piedra
Oaxaca

Hace muchos años, durante uno de mis primeros viajes a Oaxaca, unos amigos que viven allá me hablaron sobre un método de cocinar que resultaría ser toda una sorpresa culinaria prehispánica: me dijeron que tenía que verlo con mis propios ojos. No fue sino hasta hace poco, cuando atravesaba Tuxtepec, de camino a Veracruz, que tuve tiempo de desviarme a Usila, un lugar famoso por su singular modo de guisar el pescado en caldo de piedra. Este poblado, pequeño y aislado, queda cerca del río del mismo nombre, que serpentea a través de un valle separado por una serranía.

No había tiempo suficiente para ir en autobús porque el viaje lleva varias horas de recorrido por un camino rocoso y difícil que, en época de lluvias, se vuelve prácticamente intransitable. Sin embargo, con la ayuda de *Relámpago negro*, un taxista de Tuxtepec, por fin hallé quien me llevara en su camioneta de redilas –en la que por lo general transporta a diez personas para salir de Tuxtepec– por una cantidad bastante respetable de dinero pues, según él, ¡las llantas de la camioneta se desgastan en tres meses!

Fue un viaje espectacular: la exuberante vegetación parecía cerrarse sobre nosotros a medida que el camión avanzaba con lentitud a lo largo de un camino rocoso y lleno de zanjas. En cierto momento pasamos bajo un arco natural de enormes rocas colgantes, densamente festonadas con enredaderas tropicales. Pero conforme iniciamos el descenso apareció una curva abrupta y, de pronto, se reveló el magnífico panorama del valle que estaba a nuestros pies, y en el que el río Usila serpenteaba en dramáticas curvas.

Para entonces ya casi era mediodía. No pensé que hubiera tiempo suficiente para arreglar que me prepararan el caldo de piedra. Pero en México nunca hay que darse por vencido: no sé cómo, siempre hay una manera de hacer las cosas. Y la hubo.

Resultó un poco decepcionante no ir a pescar y que me cocinaran el pescado justo allí, a la orilla del río, pero en vez de eso el propietario de un restaurantito local se ofreció a hacerlo. En su cocina había una fogata viva de leña sobre una superficie elevada de adobe que servía de estufa. A las cenizas se les agregaron unas piedritas de río. Nuestro anfitrión, el señor Gachupín, preparó un guaje para cada uno de nosotros, dentro del cual puso rebanadas de jitomate, cebolla blanca, chile jalapeño, cilantro y, encima de eso, cinco pequeños langostinos del río: se disculpó por no tener pescado para ponerle. Luego añadió agua casi hasta el tope de cada guaje. Con unos palos que sirvieron a manera de pinzas, retiró las piedras una a una: a esas alturas, estaban al rojo vivo, y las dejó caer en los guajes. Se escuchó el feroz siseo del agua que hirvió como si fuera un géiser y luego se formó una espuma en la superficie. En 3 minutos quizá todos los ingredientes estaban cocidos en un fragante caldo. Hizo lo mismo con el resto y después recalentó unas tortillas de maíz recién hechas colgándolas de dos varas, sobre el fuego.

Fue una de las comidas más inolvidables y platicamos durante todo el camino de regreso a Tuxtepec. Esta vez en el camión de redilas nos acompañó una familia de cuatro miembros en la parte de atrás que sirvió de contrapeso para enfrentar en el empinado camino de vuelta. Y sus miembros resultaron ser de gran utilidad. Había tratado hasta el cansancio de conseguir una planta silveste que se llama xonequi (conocido allí como "quiebra-platos", véase la receta en mi libro *México*) para llevarla a una clase que estaba impartiendo en Veracruz, y ¡allí estaba!: trepada sobre unos arbustos que flanqueaban el camino. Todos se bajaron de la camioneta para ayudarme y, en poco tiempo, tenía una gran cantidad de hojas, suficientes para la clase.

Caldos sustanciosos

Estas recetas, de distintas regiones de México, representan sólo algunos de los guisados populares, o caldos sustanciosos, como yo los llamo, que en sí mismos constituyen una comida completa. En Jalisco el pozole se come a la hora de la cena, mientras que en Guerrero se le considera una comida matinal o del mediodía. El mole de olla y la gallina pinta son platillos principales para la comida, en tanto que el menudo se come por la mañana y constituye un platillo imprescindible para el Año Nuevo o para curar una cruda cualquier día del año.

PREPARACIÓN DEL MAÍZ PARA POZOLE, MENUDO Y GALLINA PINTA

Por lo general –aunque hay unas pocas excepciones– el maíz que se usa para pozole tiene un grano muy blanco y ancho, y no tan duro como los otros tipos de maíz. Se llama cacahuazintle, o maíz pozolero. Se puede comprar en dos formas: descabezado o entero.

Como lo indica su nombre, en el primero el pedúnculo (la parte que se adhiere al olote) ha sido cortado con una máquina (que a veces corta hasta la mitad del grano), y ahorra un poco de trabajo. Pero si compra el maíz entero, después de nixtamalizado (véase pág. 75) hay que quitar el pedúnculo a mano para que abra, o "floree", como dicen las cocineras.

En los supermercados se venden bolsas de maíz para pozole ya preparado, pero no tiene el mismo sabor que el que se hace en casa.

Si recuerda hacerlo, remoje 450 gr de maíz en agua fría durante toda la noche anterior. Este paso no es esencial pero sí ayuda a reducir el tiempo final de cocción. Elimine cualquier partícula que flote en el agua y luego cuele el maíz.

Ponga el maíz en una olla profunda inoxidable, cúbralo bien con agua, añada 1 cucharada de cal en polvo y deje que rompa el hervor: se tornará de color amarillo. Siga cociéndolo, sin tapar, a fuego lento durante aproximadamente 15 minutos. Retírelo del fuego y deje que se enfríe y se remoje durante unos 20 minutos. Cuando esté lo suficientemente frío como para que pueda manejarlo con las manos, enjuáguelo con agua fresca y talle los granos entre sus manos hasta que se quiten las cascaritas, que son ligeramente viscosas. Necesitará cambiarle el agua varias veces para que quede limpio y blanco. Con un cuchillo para mondar –o con sus uñas, si son lo suficientemente duras– quite los pedúnculos en la parte superior de los granos.

Vuelva a poner los granos limpios en la olla y cúbralos con agua suficiente para que alcance unos 8 cm por encima del nivel del maíz: es un poco difícil porque los granos tienden a flotar. Cuézalos a fuego medio, tapados, hasta que se abran como flor: aproximadamente 3 horas, según la edad y el grado de humedad del maíz. Añada sal al gusto. (Algunas cocineras añaden la sal al principio, otras dicen que impide que el maíz floree: yo tiendo a ir de un método a otro sin notar ninguna diferencia significativa.)

En algunas tiendas de México es posible que le ofrezcan un maíz para pozole que tiene un tono rojizo, pero le advierto que cocerlo puede llevar muchas más horas. El maíz enlatado para pozole debe usarse sólo como último y desesperado recurso. Es demasiado suave e insípido, por no mencionar que debe de tener conservadores.

Menudo colorado norteño
Señora Bertha González de Morales
Nuevo León
Rinde aproximadamente 16 porciones.

En Nuevo León el menudo se prepara ya sea en un caldo color rojo, teñido con chiles ancho y guajillo, o a veces blanco. Es un plato sustancioso, pero aquí está fortificado con el maíz que se cuece hasta que "florea", como se dice en México. (La preparación del maíz se detalla arriba.)

El menudo es la comida indispensable para los trasnochados del Año Nuevo o para el almuerzo los domingos. Es un hecho que las encimas que contiene la panza ayudan mucho a curar la cruda y, según me han dicho, también la úlcera.

Vale la pena que, ya que lo va a preparar, haga bastante, no sólo porque se congela muy bien sino porque al parecer el sabor del menudo y del pozole mejora cuando se cocina en grandes cantidades.

Las cocineras tradicionales prefieren cocer el menudo toda la noche, lentamente, en ollas de barro.

Esta receta me la dio la señora Bertha González de Morales, uno de mis oráculos infalibles en lo que a la comida de Nuevo León se refiere. Según ella, el número de chiles a utilizarse varía según el gusto de cada quien, y ella le añade las patitas de cerdo para darle más sabor y subrayar la consistencia gelatinosa del caldo.

El orégano seco que se usa en la región proviene de una planta silvestre que tiene hojitas alargadas y que crece en las montañas que rodean a Monterrey, pero muchas cocineras lo tienen plantado en macetas en sus casas.

2.5 kg de panza de diferentes texturas

675 gr de pata de res, cortada en 4 pedazos

opcional: 3 patitas de cerdo, aproximadamente 450 gr, cada una cortada en 3 piezas

1 cabeza de ajos, sin pelar, cortada a la mitad horizontalmente

sal al gusto

EL MAÍZ
500 gr de maíz para pozole, cocido y "floreado" (véase pág. 182)

LOS CHILES
3 chiles guajillo, sin semillas (con las venas)

2 chiles anchos, sin semillas (con las venas)

aproximadamente 1 1/4 tazas de agua (315 ml)

1 cucharadita de comino, machacado

1 cucharada copeteada de orégano, de Nuevo León, si es posible

3 dientes de ajo (opcional)

PARA SERVIR
Limón en rodajas

Orégano, desmoronado

Cebolla blanca finamente picada

Chile serrano finamente picado

Enjuague la panza dos veces con agua fría, escúrrala y córtela en cuadritos de unos 5 cm. Enjuague las patas de res y de cerdo. Escúrralas. Póngalas en una olla grande para caldo o en una olla de barro. Llénela de agua casi hasta el tope: el nivel del agua debe rebasar al de la carne por varios centímetros. Agregue el ajo y la sal. Póngala a cocer, a fuego lento, sin tapar, hasta que rompa el hervor. Déjela así una hora más, luego tape la

184

olla y siga cociendo las carnes hasta que la panza y las patas estén suaves: esto puede llevar de 4 a 6 horas.

Retire las piezas de la pata de res, elimine el hueso y corte las partes gelatinosas en cuadritos. Vuélvalos a poner en la olla.

Mientras tanto, el maíz debe estarse cociendo. Cuando esté tierno y se "floreado", escúrralo y reserve 3 tazas (750 ml) de su caldo.

Ponga los chiles en un recipiente, tápelos con agua fría y déjelos remojar durante unos 35 minutos. Cuélelos y despedácelos.

Ponga 1/3 de taza (85 ml) de agua en el vaso de la licuadora, agregue el comino, orégano y ajo (opcional), y licúelos hasta obtener una mezcla lisa. Añada la otra taza de agua y los chiles, poco a poco, moliéndolos bien después de cada adición.

Cuando las carnes estén tiernas, añada la salsa de chile y el maíz junto con tres tazas del caldo que reservó. Ajuste la sal, y continué el proceso de cocción, sin tapar, hasta que las carnes estén suaves: aproximadamente 1 hora más.

Sirva el menudo -una buena ración es de aproximadamente 2 tazas (500 ml) por persona- en platos hondos y pase los adornos por separado. En Nuevo León, se sirve acompañado de bolillo o tortillas de maíz.

Nota: El menudo puede prepararse con un día de anticipación.

Mondongo en Kabik
Señora Bertha López de Marrufo
Mérida, Yucatán
Rinde 6 porciones

Además de ser lo que su nombre en maya indica -callos (panza) en salsa picante- el mongongo en Kabik es un platillo económico y nutritivo. La primera vez que lo probé fue hace muchos años en un humilde establecimiento que está del otro lado de la estación de tren, en Mérida. Por muy poco dinero me sirvieron un plato sopero de caldo y otro plato con panza y pata de res, servidos con "pan francés" -que en Yucatán tiende a ser suave un poco pastoso-y, aparte, una rebanada lima agria, cebollita picada y chile verde picado (el chile verde de Yucatán, que es largo, delgado, de un color verde claro y una piel lisa, tiene un sabor muy especial, nada parecido al de los chiles verdes de otras regiones de México). Aquella fue una comida regia, y muy buena, a pesar del calor.

Una y otra vez regreso con cualquier receta nueva que pueda conseguir a ver a doña Bertha, porque su comida tiene algo muy especial en comparación con la de otras cocineras que conozco. Esta es su versión ligeramente refinada de este plato.

Según las cocineras yucatecas, hay que usar un tipo de panza que llama "toalla", ya que tiene una superficie que se parece a la textura de una toalla. Si la panza está bien lavada y blanqueada con sal pueden omitir el paso del jugo de naranja pero, aparte de eso, la naranja suaviza la panza y le da un sabor agradable y un poquito ácido. Si no puede encontrar naranja agria use el substituto. En lo referente a los chiles verdes, puede usar cualquier chile verde picante.

Empiece a preparar esta receta un día antes de que tenga planeado servirla. La puede preparar hasta con un día de anticipación y en el congelador dura aproximadamente un mes.

LAS CARNES

450 gr de panza, cortada en cubitos de 2.5 cm

2 tazas (500 ml) de jugo de naranja agria o substituto (véase pág. 592, 593)

1 pata de ternera, cortada en ocho piezas

1/2 cabeza de ajo, sin pelar y asada (véase pág. 591)

1 cucharadita de orégano tostado (yucateco, si es posible)

1 cucharada de sal

PARA LA SALSA DE JITOMATE

2 cucharadas de aceite vegetal

225 gr de jitomates finamente picados (aproximadamente 1/3 de taza/85 ml)

1/3 de taza (85 ml) de cebolla blanca finamente picada

1 pimiento verde chico, limpio y cortado en cubitos

4 ramas de epazote (sólo las hojas y la punta de la rama), toscamente picado

3 chiles verdes yucatecos o serranos (véase págs. 578, 566, 562)

1 cucharadita de recado rojo simple (véase pág. 583)

sal al gusto

6 chiles verdes yucatecos, serranos o jalapeños
1/2 taza (125 ml) de cebolla blanca finamente picada
1/3 de taza (85 ml) de cebollín finamente picado
rebanadas de lima agria o de limón

Lave bien la panza y cúbrala con el jugo de naranja. Déjela en remojo por lo menos durante 4 horas, volteando las piezas de vez en cuando. Talle bien las piezas de pata de ternera. Póngalas en una olla grande junto con el ajo, el orégano y la sal, y cúbralas bien con agua. Deje que rompa el hervor, baje la flama y deje que se cueza a fuego lento durante unas 4 horas, o hasta que la carne apenas empiece a suavizarse. Apártela toda la noche, en el caldo, dentro del refrigerador.

Al día siguiente, cuele la panza, enjuáguela y añádala a la pata de ternera, dentro del caldo. Deje que rompa el hervor y hierva a fuego lento hasta que las carnes estén tiernas: entre 2 1/2 y 3 horas.

Mientras tanto, caliente el aceite en una sartén pesada y añada los jitomates, la cebolla, el pimiento verde y el epazote picado. Fría todo a fuego medio hasta que la mezcla se reduzca y se sazone: aproximadamente 8 minutos. Agregue los chiles y el recado rojo junto con 2 cucharadas del caldo de carne, y cocine unos minutos más. Sazone y reserve.

Cuando las carnes estén tiernas, escúrralas y reserve el caldo. Elimine los hueso de la pata de res y pique la carne, el cartílago y el cuero (todo lo comestible) en trozos grandes. Colóquelos, junto con la panza, en una fuente para servir caliente y apártelo en un sitio en donde no se enfríe.

De ser necesario, agréguele agua al caldo que reservó para completar 8 tazas (2 l) de líquido. Añada la salsa de jitomate y cocine a fuego lento durante 5 minutos, o hasta que esté bien sazonada. (Si hay demasiada grasa flotando en el caldo, desgráselo a su gusto.) Sirva el caldo en platos hondos amplios y sirva la carne por separado. Deje que cada quien se sirva al gusto el chile, la cebolla, el cebollín y las rebanadas de limón.

Mole de olla

Michoacán

Rinde 6 porciones

Ésta es una sopa muy caldosa de carne y verduras, sazonada con chiles secos. Por lo general se la añade una tuna agria, xoconostle, para darle un agradable sabor ligeramente agrio. Constituye una comida completa que se sirve con tortillas.

La carne

1.35 kg de espinazo o 1.35 kg de pecho, con hueso

2 l de agua

2 cucharaditas de sal, o al gusto

La salsa para sazonar

4 chiles anchos, limpios, sin venas ni semillas

4 chiles pasilla, limpios, sin venas ni semillas

1 taza (250 ml) de tomates verdes, cocidos y colados (véase pág. 590)

1/2 cebolla blanca mediana, toscamente picada

2 dientes de ajo, toscamente picados

1/8 de cucharadita de comino

3 cucharadas de aceite vegetal

1 xoconostle limpio (pelado y cortado en rajitas)

Las verduras

225 gr de calabacitas

115 gr de ejotes

1 elote grande

1 chayote chico (aproximadamente 225 gr)

225 gr de papas

3 ramas de epazote

P ARA SERVIR
Cuartos de limón
Cebolla blanca picada

Haga que el carnicero le corte la carne y los huesos en trozos que se puedan servir. Cúbralos con el agua, añada la sal y deje que rompa el hervor. Baje la flama y deje que la carne hierva lentamente, sin tapar, hasta que esté suave: aproximadamente 50 minutos para la carne de cerdo y 1 hora 10 minutos para la de res.

Mientras tanto prepare los chiles. Caliente el comal y ase los chiles por ambos lados, con cuidado de no quemarlos. Cuando se enfríen debe poder desmenuzarlos fácilmente para echarlos a la licuadora. Muela los chiles con el resto de los ingredientes de la salsa, a excepción del aceite, y licúe hasta obtener una mezcla lisa.

Caliente el aceite en una sartén y fría la salsa durante unos 5 minutos. Agréguela a la carne con el xoconostle.

Monde y corte las calabacitas por la mitad, longitudinalmente. Monde los ejotes y córtelos por la mitad. Corte el elote en seis piezas. Corte el chayote por la mitad, retire la semilla y córtelo en gajos de 75 mm. Pele las papas y córtelas en cubos.

Cuando la carne esté tierna, agregue las verduras y cocine el mole a fuego lento, sin tapar, durante aproximadamente 30 minutos, o hasta que las verduras estén cocidas. Añada el epazote unos 5 minutos antes de que el mole esté listo y añada sal si es necesario.

Sirva en platos hondos grandes, con tortillas calientes, limones en cuartos y cebolla finamente picada al lado.

Gallina pinta
Señora Consuelo M. Martínez
Sonora
Rinde 6 porciones

Éste es un nombre extraño para una sopa y se refiere a los distintos colores de los ingredientes: maíz blanco (para pozole), el color café de los frijoles, los chiles rojos y demás. Es una especialidad regional, muy sustanciosa, de Sonora.

Tradicionalmente es mucho más común que se sirva como platillo principal a la hora de la comida, y a veces se le acompaña con una salsa de jitomate, pero siempre con un poco de chile chiltepín martajado, que es un chiles pequeño y redondo que crece silvestre en el norte de México.

1 cola de res (de 675 a 900 gr),
cortada en trozos pequeños, sin casi nada de grasa
1/2 cebolla blanca, toscamente rebanada
2 dientes de ajo
sal al gusto
1/2 taza (125 ml) de frijoles bayos
6 pimientas negras
2 l de agua
450 gr de costillitas de cerdo, en cubos
375 ml de maíz blanco para pozole,
preparado y cocido (véase pág. 182)
sal al gusto
2 chiles anchos, sin venas ni semillas,
ligeramente asados (véase pág. 569)

Ponga la cola de res en una olla grande junto con la cebolla, el ajo, la sal, los frijoles y las pimientas. Cubra con agua y deje que rompa el hervor. Baje la flama y deje que hierva lentamente durante 1 hora.

Añada las costillitas y el maíz blanco. Siga cociendo a fuego lento, sin tapar, de 1 a 1 1/2 horas más, hasta que la carne esté muy tierna y los frijoles, suaves. Añada sal al gusto.

Aproximadamente 20 minutos antes de que la sopa esté lista, licúe uno de los chiles con un poquito del caldo y añada a la sopa. Corte el otro chile en rajas delgadas y añádalas a la sopa.

Sirva en platos hondos.

Pozole de Jalisco

Señora Isabel Marín de Paalen

Jalisco

Rinde de 12 a 14 porciones

A través de mi labor en el Consejo Británico de Relaciones Culturales tuve la suerte de conocer a muchos mexicanos conocidos, entre ellos a Isabel Marín, miembro de una distinguida familia de Jalisco y viuda del pintor Wolfgang Paalen. No recuerdo exactamente cómo sucedió, pero de vez en cuando yo la acompañaba en sus viajes a provincia y al campo para traer artesanía para el Museo de Artes Populares. Aún recuerdo esos recorridos que tanto contribuyeron al aprecio que siento por el campo mexicano.

Isabel había heredado el amor a la buena comida y era una excelente cocinera. Fue ella quien generosamente se tomó el tiempo de darme mis primeras lecciones de cómo hacer este pozole y tamales de elote fresco, usando las recetas de su familia. Durante todos estos años he seguido sus instrucciones al pie de la letra.

450 gr de maíz blanco para pozole

675 gr de maciza de cerdo

1/2 cabeza de cerdo, aproximadamente 1.35 kg

450 gr de espinazo de puerco

aproximadamente 3.5 l de agua

1 1/2 cucharadas de sal

Para servir

Salsa de chile de árbol (la receta se da a continuación)

1 taza (250 ml) de cebolla blanca finamente picada

1 taza (250 ml) de rábanos rebanados

2 tazas (500 ml) de lechuga o col finamente rallada

limones en cuartos

Dos días antes de servir, ponga el maíz en remojo como se indica en la pág. 182.

Un día antes de servir, limpie y prepare el maíz blanco para cocerlo (véase págs. 183).

Corte la carne de cerdo en piezas grandes para servir y póngalo a remojar toda la noche, junto con la cabeza y el espinazo para desangrarla. Cambie el agua con tanta frecuencia como le resulte práctico.

El día que vaya a servir el pozole, cubra el maíz blanco con agua fría y sin salar. Deje que rompa el hervor y siga cociéndolo, sin tapar, a fuego alto hasta que el maíz se abra como flor: aproximadamente 1 hora. *No revuelva el maíz* durante este lapso pero, si es necesario, ocasionalmente retire la espuma de la superficie del agua.

Escurra y cubra la cabeza de cerdo con agua fría y sin salar. Deje que rompa el hervor y luego baje el fuego hasta que hierva lentamente, sin tapar, nada más hasta que pueda retirar la carne del hueso –pero no cueza la carne demasiado– aproximadamente 1 hora. Deje que se enfríe.

Cuando la cabeza se haya enfriado lo suficiente para manejarla, remueva toda la carne y el cuero, y córtelos de un tamaño fácil de servir. Corte la oreja (debe haber suficiente para todos) y reserve los ojos para el invitado de honor. Añada las piezas de la cabeza, y el caldo en el que se coció, a la olla del maíz.

Agregue la sal. Ponga la carne y el espinazo sobre el maíz, y deje que el pozole se cueza, sin tapar, a fuego moderado durante aproximadamente 4 horas. Desgrase el caldo a lo largo del tiempo de cocción. Tenga un poco de agua hirviendo en una tetera, a un lado de la olla, para agregarle más líquido. Por ningún motivo agregue agua fría. El líquido debe mantenerse casi al mismo nivel de principio a fin.

Ponga la carne en un platón para que pueda dividirla con más facilidad y para que cada quien elija la pieza de su preferencia. Sirva el pozole con el maíz en platos hondos grandes, con estos otros ingredientes en platitos separados, para que cada quien se sirva: la salsa de chile de árbol, cebolla blanca finamente picada, rábanos rebanados, lechuga finamente rallada y limones en cuartos.

Salsa de chile de árbol

85 gr de chile de árbol entero (aproximadamente 2 tazas/500 ml)

Enjuague brevemente los chiles en agua fría, escúrralos y de nuevo cúbralos con agua. Déjelos remojando toda la noche.

Licúe los chiles en el agua del remojo. Cuele la salsa y elimine lo que quede en el colador. Tradicionalmente no se le agrega sal.

Frijoles, arroz y pasta

Los caballeros criollos o nativos de Chiapa son tan presuntuosos y arrogantes como si por sus venas corriera la sangre más noble de la Corte de Madrid. Entre ellos es común hacer una comida que consiste de un solo plato de frijoles en caldo negro, hervidos con pimienta y ajo, y afirmar que es la carne más nutritiva de las Indias; y después de tan majestuosa comida, salen al portal de su casa para que los vean, y allí permanecen durante media hora sacudiéndose las migajas de sus ropas, de sus fajas (pero sobre todo de las gorgueras cuando las usaban) y de sus mostachos. Y con palillos se paran a limpiarse los dientes, como si se les hubiera atorado un pequeño hueso de codorniz, y se aseguran de exclamar alguna verdad falsa, como "Ay, Señor: ¡qué codorniz tan exquisita comí hoy!", mientras se sacan de los dientes sino la negra cáscara de un frijol seco o turco.

Fragmento de *Viajes en el Nuevo Mundo*, de Thomas Gage.

FRIJOLES

Los frijoles son una parte indispensable de la comida mexicana, y existe una asombrosa variedad para escoger: los negros veracruzanos y oaxaqueños; los flor de mayo, con sus manchitas moradas; los canarios, que son de un profundo color amarillo; los bayos o sabinos, que son de color café; las alubias blancas y los peruanos amarillos –por mencionar sólo algunos– que rebosan de grandes costales tejidos o que se vierten en pilas sobre petates en el suelo. Por lo general los puestos donde se venden se agrupan en un extremo del mercado, a donde llegan las indígenas a escogerlos con gran cuidado y una animada discusión, haciendo que los frijoles corran entre sus dedos para asegurarse de no malgastar su poco dinero menguante. En los pueblos, los días de mercado los productores que llegan a vender sus productos colocan en las calles principales grandes lonas que parecen gigantescas sombrillas cuadradas: hay montoncitos de hierbas frescas, una canasta de calabazas, o una cosecha nueva de frijoles frescos –frijoles nuevos– aún en sus vainas, con unos pocos frijoles fuera de su envoltura natural para que el cliente pueda asegurarse de que las vainas están repletas y frescas.

Cada tipo de frijol tiene un sabor o una calidad especial. Para saborearlos, deben cocerse de la forma más sencilla de todas, sin remojar, muy lentamente, en una olla de barro, con un poco de cebolla, manteca y sal más tarde. Y, si son negros, con una buena rama de epazote, cuyo punzante sabor los acompaña. Se sirven frijoles de olla en su caldo en un plato hondo, como sopa, pero por lo general después del platillo principal de la comida. Se les puede añadir un poquito de queso para que se funda y para que haga hebra, o un poco de chile en escabeche, para recogerlo todo con una tortilla... si sabe cómo hacerlo. De vez en cuando se cocinan con unos cuantos nopales o con un poco de chicharrón. En el norte, en Nuevo León, por ejemplo, pueden ser más condimentados. Ahi están los frijoles a la charra, que llevan pedacitos de cuero de cerdo y jitomate, cebolla y cilantro fritos. Añádales un poco de cerveza y se convierten en frijoles "borrachos", y aún otros ligeramente distintos, son los frijoles rancheros con un pronunciado sabor a comino y sirven para acompañar los sencillos asados de agujas o de cabrito.

Para variar un poco, pueden freírse, pero en su caldo, para que todo el sabor se absorba. Pueden freírse ligeramente para hace una pasta suelta –sin cebolla, sólo los frijoles– y acompañarlos, como alguna vez me los sirvieron en un modesto restaurante de Tacámbaro, en Michoacán, con un poco de crema. En Veracruz los frijoles negros se fríen con cebolla picada y con un chilito seco, rojo. Más hacia el este, en Yucatán, los frijoles molidos y colados como lo indica su nombre, se cuelan para hacer una pasta suave, frita y sazonada con cebolla y chile habanero, mientras que en Oaxaca los frijoles negros se sazonan con varias hierbas silvestres.

Los frijoles no son alimento sólo de pobres: todo el mundo los come. Los frijoles se sirven con el almuerzo; en la comida, invariablemente después del platillo principal y, de nuevo, en la merienda: esta vez fritos, con un poco de queso. No es de extrañarse entonces que un inglés que viajó por México en 1864 escribiera: "si no fuera por los frijoles que nos sirvieron al final de un concierto, como el *Dios Salve a la Reina*, nos habríamos ido a la cama muertos de hambre." Coloquialmente se dice que comer es *frijolear*.

Frijoles de olla

Centro y sur de México

Rinde 10 porciones

Por lo general los frijoles de olla –tanto los frijoles como el caldo– se sirven después del platillo principal de la comida. Se acostumbra presentarlos en platitos hondos de barro, y pueden recogerse con una tortilla o comerse (sin tanto batidero) con una cuchara. Puede aderezarlos con pedacitos de queso cremoso, que se derretirá deliciosamente, o añadir un toque de sabor con un poco de chile, fresco o en vinagre.

En México use frijoles negros, o bayos, canarios, flor de mayo, etcétera: la variedad es enorme.

450 gr de frijol negro (aproximadamente 2 1/2 tazas/565 ml) o bayo
(aproximadamente 2 1/2 tazas/625 ml)
aproximadamente de 10 a 12 tazas (2.5 a 3 l) de agua caliente
1/3 de taza (85 ml) de cebolla blanca toscamente rebanada
2 cucharadas de manteca de cerdo
sal al gusto
2 ramas grandes de epazote, sólo si usa frijoles negros

Enjuague los frijoles en agua fría y déjelos correr por entre los dedos de sus manos para asegurarse de que no tienen piedritas o pedacitos de tierra. Póngalos en una olla y cúbralos con el agua caliente. Agregue la cebolla y la manteca y deje que rompa el hervor, luego reduzca la flama y deje que los frijoles se cocinen suavemente, tapados, hasta que estén apenas suaves y la piel empiece a abrirse: aproximadamente 4 horas para los frijoles negros y 2 1/2 horas para otras variedades, aunque resulta difícil ser precisa a este respecto. (Mucho dependerá de la edad de los frijoles, cuánto tiempo han estado almacenados, si están demasiado secos, y en la eficiencia de la olla o cacerola en la que los esté cociendo.) Añada la sal y siga cociéndolos a fuego lento otra media hora, hasta que los frijoles estén completamente suaves.

Si usó frijoles negros, añada el epazote justo antes del final del tiempo de cocción, ya que tiende a perder sabor si se le cocina demasiado tiempo.

Frijoles refritos
Centro de México
Rinde 6 porciones

Los frijoles refritos se usan para hacer tortas (véase pág. 242) y en otras recetas que aparecen en este libro, pero de manera más cotidiana, acompañan a los huevos del desayuno o a los antojitos de la merienda. Desde luego, la manteca de cerdo resulta mejor para esta receta, pero si la cantidad le causa estertores disminúyala o mejor use aceite vegetal. La manteca del tocino tiene un sabor demasiado fuerte para hacer los auténticos frijoles refritos.

4 cucharadas de manteca de cerdo (1/3 de taza/85 ml)
2 cucharadas de cebolla blanca finamente picada
225 gr de frijoles cocidos como los de la olla (véase pág. 197), de 3 1/2 a 4
tazas/875 ml a 1 l, con su caldo.

En una sartén muy gruesa –de aproximadamente 25 cm de diámetro– caliente la manteca y fría la cebolla, sin dorar, hasta que se acitrone. Añada 1 taza (250 ml) de los frijoles y su caldo, y aplástelos bien mientras los cocina a fuego muy alto. Poco a poco añada el resto de los frijoles –de poquito en poquito– aplastándolos hasta que tenga un puré texturado.

En cuanto el puré comience a resecarse y las orillas empiecen a sisear, los frijoles estarán listos para emplearse en las recetas que llevan frijoles refritos.

Nota: los frijoles refritos pueden congelarse bien y siempre están listos para usarlos.

Frijoles refritos a la veracruzana
Veracruz

Rinde aproximadamente 3 tazas (750 ml)

Esta receta que proviene de la zona del puerto de Veracruz difiere de las de Xalapa pues, para agregar sabor, éstos llevan hojas de aguacate. Estos frijoles se usan para hacer garnachas veracruzanas de masa cocida (pág. 52) y las gorditas de frijol de la región.

3 cucharadas de manteca de cerdo o de aceite vegetal.
2 cucharadas de cebolla finamente picada
3 chiles jalapeños finamente picados o chiles de árbol tostados enteros
225 gr de frijoles negros cocidos (véase pág. 196), con su caldo

Caliente la manteca en una sartén grande, agregue la cebolla y el chile, y fríalos a fuego medio durante 1 minuto. Añada los frijoles y su caldo. Fríalos a fuego bastante alto y aplástelos para obtener un puré texturado: aproximadamente 15 minutos.

Frijoles a la huacha
Señora Bertha López de Marrufo

Mérida, Yucatán

Rinde aproximadamente 10 porciones

La idea de freír frijoles con hierbabuena es suficiente para impactar a cualquiera, sobre todo a los aficionados de hueso colorado. Pero en Yucatán así se hacen. La señora Bertha, autora de esta receta, me dice que la palabra maya huacha se usa para describir a los provincianos del interior del país y, por lo general, es una expresión es derogatoria.

1/4 de taza (65 ml) de manteca de cerdo
2 cucharadas de cebolla blanca finamente picada
1/4 de chile habanero finamente picado
450 gr de frijoles negros, cocidos como frijoles de la olla (pág. 196), de 3 1/2 a 4
tazas/875 ml a 1 l, con caldo
10 hojas grandes de hierbabuena, toscamente picadas

Derrita la mantea y fría la cebolla y el chile, sin dorar, hasta que acitronen.

Licúe los frijoles con 1 1/2 tazas (375 ml) del caldo en que se cocieron hasta que estén lisos, y agréguelos a la olla. Fríalos hasta que se reduzcan a una pasta gruesa –aproximadamente 10 minutos (véase pág. 197)–, y añada las hojas de hierbabuena hacia el final. Fríalos unos minutos más y sirva.

Nota: estos frijoles pueden prepararse con varias horas de anticipación y cualquier sobrante puede congelarse.

Frijoles maneados sonorenses
Señora María Dolores Torres Yzábal
Sonora
Rinde 10 porciones

Hace algunos años mi querida amiga María Dolores, que es toda una experta en cocina, me sirvió estos frijoles durante un sabrosísimo almuerzo. Sólo puedo añadir que estaban endemoniadamente sabrosos y se vuelven adictivos. Sabía que la receta original lleva mantequilla y crema –dos ingredientes de excelente calidad en el noroeste de México–, pero hace muchísimos años María Dolores me aseguró que así los preparan en su familia desde que ella era niña y vivía en Sonora. La palabra maneados se deriva de que hay que darles vuelta constantemente para incorporar el resto de los ingredientes.

450 gr de frijoles bayos o canarios

(aproximadamente 2 1/2 tazas/625 ml)

aproximadamente de 12 a 14 tazas (3 a 3.5 l) de agua caliente

1/2 cebolla blanca, toscamente rebanada

1 taza (125 ml) más 3 cucharadas de aceite vegetal

1 cucharada de sal, o al gusto

2/3 de taza (165 ml) de leche entera

3 chiles anchos, limpiados con un trapo

225 gr de queso asadero o Chihuahua, cortado en cubitos de 1.5 cm

Pase los frijoles por sus entre los dedos de sus manos para eliminar cualquier piedrita o pedacito de tierra que puedan tener. Enjuáguelos con agua fría y póngalos en una olla grande.

Agregue 12 tazas (3 l) del agua caliente, la cebolla, las 3 cucharas de aceite, y deje que hiervan a fuego lento. Tape los frijoles y siga cociéndolos a fuego lento hasta que apenas comience a suavizarse y la piel se empiece a abrir: aproximadamente 1 hora (según la edad y la sequedad de los frijoles). Añada la sal y siga cocinando hasta que los frijoles estén suaves y pastosos: unos 30 minutos. Debe quedar un poco caldoso. Si el caldo se reduce demasiado durante el tiempo de cocción, añada más agua. Ponga el resto del aceite –1 taza (250 ml)– en una cacerola. Póngala en el horno y ajuste la temperatura a 180 ºC (350 ºF).

Mientras tanto ponga un tercio de taza de los frijoles y un tercio de taza de leche en la licuadora con un poquito de caldo y licúe hasta obtener una mezcla lisa. Repita lo mismo dos veces hasta usar todos los frijoles y la leche.

Para cuando los frijoles ya estén licuados el aceite debe de estar caliente. Cuando el aceite esté listo, vierta los frijoles en la cacerola meneándolos bien, y vuelva a ponerla en el horno para que se cocinen, sin tapar, hasta que las orillas apenas empiecen a secarse y la mezcla se haya reducido: aproximadamente 1 hora 15 minutos.

Después de poner el puré de frijol en el horno, abra los chiles, quíteles las venas y las semillas, y áselos ligeramente por ambos lados sobre una plancha o un comal. Corte los chiles en rajas delgadas y agréguelas al puré.

Al final del tiempo de cocción, agregue el queso y vuelva a poner la cacerola en el horno hasta que el queso se derrita: aproximadamente 10 minutos. Sirva de inmediato.

Frijoles colados yucatecos
Yucatán
Rinde 6 porciones

Sólo en el sureste de México –en Yucatán, Campeche y Quintana Roo– los frijoles se cuelan antes de freírlos para hacer una pasta lisa. Como esto lleva mucho tiempo, pueden licuarse (pero no en un procesador de alimentos) hasta obtener una consistencia lisa.

3 cucharadas de manteca de cerdo
1/4 de taza (65 ml) de cebolla blanca rebanada delgada
225 gr de frijoles negros, cocidos como para frijoles de la olla (véase pág. 196)
1 chile habanero
2 ramas grandes de epazote

Derrita la manteca en una sartén grande y gruesa. Fría la cebolla, sin dorar, hasta que acitrone.

Agregue los frijoles licuados, el chile entero, y el epazote, y cocínelos a fuego bastante alto hasta que los frijoles formen una pasta aguada que resbale de la cuchara: aproximadamente 15 minutos (dependiendo, desde luego, de cuánto líquido tenían los frijoles). Asegúrese de revolver y de raspar el fondo de la olla para que no se peguen los frijoles.

Frijoles a la charra (frijoles borrachos)
Nuevo León
Rinde 6 porciones

Ésta es la versión neoleonesa de los frijoles de la olla.

Los chiles verdes y el cilantro les dan mucho sabor, lo cual convierte a estos frijoles en el complemento perfecto para acompañar carnes asadas, que son tan populares en Monterrey, Nuevo León, tales como agujas (costillas de res) o el cabrito que se asa a

la leña o al carbón. Existen muchas variaciones de esta receta, y de la de frijoles rancheros y frijoles fronterizos, que se parecen mucho. Como Monterrey es un importante
centro de la industria cervecera: añada 1/3 de una botellita de cerveza a esta receta y los
frijoles se volverán "borrachos": un platillo muy robusto y festivo.

Estos frijoles se sirven en platos hondos individuales para acompañar carnes asadas.

115 gr de cuero de cerdo

225 gr de frijoles bayos o canarios (aproximadamente 1 1/4 tazas/315 ml)

1/4 de cebolla blanca mediana, rebanada

2 dientes de ajo chicos, rebanados

1.5 l de agua

sal al gusto

3 rebanadas gruesas de tocino (aproximadamente 115 gr)

2 cucharadas de manteca derretida

340 gr de jitomates finamente picados (aproximadamente 2 tazas
copeteadas/525 ml)

3 chiles serranos finamente picados

4 ramas grandes de cilantro

cerveza, opcional

Corte el cuero de cerdo en cuadritos y póngalos con los frijoles, la cebolla y el ajo en una
olla para cocer frijoles.

Añada el agua y deje que rompa el hervor. Reduzca el fuego, tape la olla, y deje que los
frijoles se cuezan lentamente hasta que estén tiernos: aproximadamente 1 1/2 horas.

Añada la sal y siga cociéndolos, sin tapar, 15 minutos más.

Corte el tocino en pedacitos y fríalo ligeramente en la manteca, en una sartén,
hasta que esté apenas dorado. Sáquelos con una cuchara perforada y reserve.

Agregue los jitomates, los chiles y el cilantro a la sartén y cocine la mezcla, a fuego
bastante alto, durante unos 5 minutos, hasta que se reduzcan y se sazonen.

Agregue la mezcla de jitomate y los pedacitos de tocino a los frijoles y deje que se
cocinen juntos, sin tapar, a fuego lento, durante unos 15 minutos.

Nota: Éstos frijoles pueden hacerse con un día de anticipación, añadiendo el cilantro un poco antes de
servirlos.

ARROZ

En una típica comida mexicana -que se lleva a cabo hacia las dos de la tarde-
siempre hay una sopa seca, ya sea de pasta guisada a la mexicana o de arroz, y
que se sirve después de la sopa aguada y antes del platillo principal.

Arroz a la mexicana

Rinde 6 porciones

Puede hacer el arroz con anterioridad y luego calentarlo ligeramente, bien tapado, en
un horno a 150 °C (300 °F) durante unos 30 minutos. El arroz sobrante puede calentarse
al día siguiente de la misma forma. (No recomiendo calentarlo en la vaporera ya que
esto diluye su sabor.)

1 1/2 tazas (375 ml) de arroz
1/3 de taza (85 ml) de aceite vegetal
225 gr de jitomates, toscamente picados (aproximadamente 1 1/2 tazas/375 ml)
1/4 de cebolla blanca chica, toscamente picada
1 diente de ajo, toscamente picado
aproximadamente 3 1/2 tazas (875 ml) de caldo de pollo bien sazonado
1 zanahoria pequeña, pelada y en rebanadas delgadas (opcional)
2 cucharadas de chícharos (opcional)
1 rama entera de perejil (opcional)
sal al gusto

Para hacer esta cantidad de arroz lo ideal será usar una cacerola gruesa de unos 10 cm
de profundidad y 23 cm de diámetro.

Vierta agua caliente sobre el arroz y déjelo en reposo durante unos 5 minutos.
Escurra el arroz y enjuáguelo bien con agua fría. Luego sacuda bien el colador y deje
que el arroz escurra unos minutos.

Caliente el aceite. Sacuda por última vez el colador con el arroz. Viértalo en el aceite y revuelva hasta que todos los granos estén cubiertos de aceite. Fríalo hasta que
apenas empiecen a cambiar de color, revolviendo y volteando el arroz para que se fría

parejo y no se pegue a la olla. Este proceso lleva como 10 minutos, según el tamaño de la cacerola, pero debe hacerlo rápido o, de lo contrario, el arroz se pondrá pastoso al final. Incline la olla para escurrir el exceso de aceite o escurra el arroz en un colador fino.

Licúe los jitomates, la cebolla y el ajo hasta obtener una mezcla lisa: debe obtener como 1 taza (250 ml) de puré. Añádalo al arroz frito y después, todavía a fuego alto, revuelva y raspe el fondo de la olla hasta que la mezcla esté seca.

Añada el caldo, la zanahoria, los chícharos y el perejil. Agregue sal si es necesario. Luego revuélvalo bien (no vuelva a revolverlo durante el tiempo de cocción). Cocínelo a fuego medio, tapado, hasta que el líquido se absorba y empiecen a aparecer hoyitos de aire en el arroz. Esto tomará aproximadamente unos 15 minutos. Quite la olla del fuego. Tápelo con una tapadera apretada que no deje escapar el vapor, y déjelo reposar en un lugar cálido durante unos 20 minutos, para que el arroz siga cociéndose en su propio vapor y los granos se expandan.

Antes de servirlo, esponje el arroz con un tenedor desde el fondo de la olla.

Arroz blanco

Rinde 6 porciones

1 1/2 tazas (375 ml) de arroz blanco
1/3 de taza (85 ml) de aceite vegetal
3 cucharadas de cebolla blanca finamente picada
1 diente de ajo finamente picado
3 1/2 tazas (875 ml) de caldo de pollo bien sazonado
1/3 de zanahoria, mondada, pelada y rebanada delgada (opcional)
2 cucharadas de chícharos (opcional)
sal al gusto

Lo ideal será usar una cacerola gruesa de aproximadamente 10 cm de profundidad y 23 cm de diámetro.

Vierta agua caliente para cubrir el arroz y déjelo reposar alrededor de 5 minutos. Escurra el arroz y enjuáguelo con agua fría. Sacuda el colador y deje que el arroz escurra unos minutos más.

Caliente el aceite. Sacuda por última vez el arroz, agréguelo a la olla, y revuélvalo hasta que todos lo granos estén impregnados del aceite. Fríalo hasta que apenas empiece a cambiar de color. Añada la cebolla y el ajo, y fríalos unos minutos hasta que acitronen, revolviendo y volteando el arroz casi constantemente para que se cocine parejo y no se pegue a la olla. El proceso entero lleva aproximadamente 10 minutos, dependiendo, desde luego, del tamaño de la olla, y debe realizarse a fuego alto. De lo contrario, se tardará demasiado y el arroz se pondrá pastoso al final.

Incline la olla para escurrir el exceso del aceite. Añada el caldo, la zanahoria, los chícharos y sal al gusto. Cocínelo sin tapar a fuego medio –no vuelva a revolverlo– hasta que el líquido se haya absorbido y empiecen a formarse agujeritos de aire en el arroz: aproximadamente 15 minutos. Cubra el arroz con una tapadera apretada que no deje escapar el vapor. Retírelo y déjelo a un lado, en un lugar cálido, durante aproximadamente 20 minutos, para que siga cociéndose y los granos se expandan.

Antes de servirlo, esponje el arroz con un tenedor desde el fondo de la olla. Si lo desea, adórnelo con Rajas de chile estilo oaxaqueño (véase pág. 273), con rajas de chiles jalapeños frescos (pág. 295), o con plátano macho frito.

Arroz blanco con chiles rellenos de elote
Centro de México
Rinde 6 porciones

Ésta es una combinación particularmente deliciosa de chiles, arroz y elote. Puede hacerse con chiles poblanos o anchos. Como es un platillo muy sustancioso, constituye un excelente plato principal vegetariano.

Arroz blanco (pág. 206), usando 2 tazas (500 ml) de arroz, medido en crudo, y 4 tazas (1 l) de caldo
Chiles rellenos de elote con crema (pág. 266)
1 1/2 tazas (375 ml) de crema
115 gr de queso Chihuahua, rallado (aproximadamente 1 taza rasa/225 ml)

Precaliente el horno a 180 °C (350 °F). Tenga listo un refractario engrasado de aproximadamente 10 cm de profundidad y 25 cm de diámetro.

Extienda la mitad del arroz preparado en el fondo del refractario. Coloque los chiles rellenos en una capa encima del arroz. Haga otra capa con el resto del arroz.

Cubra el refractario y hornéelo aproximadamente 30 minutos, o hasta que el arroz burbujee en el fondo y esté bien caliente. Retire el aluminio, vierta la crema y espolvoree el queso. Vuelva a hornear hasta que el queso se haya derretido, pero sin dorar.

Arroz verde

Tehuacán, Puebla

Señora María Luisa Camarena de Rodríguez

Rinde 6 porciones

1 1/2 tazas (375 ml) de arroz

1/3 de taza (85 ml) de aceite vegetal

1/2 taza (125 ml) de agua fría, y más si es necesario

1 manojo chico de perejil

3 ramas de cilantro

3 hojas grandes de lechuga orejona

2 chiles poblanos, sin venas ni semillas, toscamente picados

(sin asar)

2 cucharadas de cebolla blanca toscamente picada

1 diente de ajo, toscamente picado

2 1/2 a 3 tazas (625 a 750 ml) de caldo de pollo ligero

sal al gusto

Tenga lista una olla gruesa de aproximadamente 10 cm de profundidad y 23 cm de diámetro.

Cubra el arroz con agua caliente y déjelo remojar aproximadamente 5 minutos. Escúrralo en un colador y enjuáguelo bien con agua fría. Deje que escurra unos minutos más.

Caliente el aceite en la olla. Sacuda el arroz por última vez en el colador e incorpórelo al aceite. Fríalo a fuego alto, volteando el arroz de vez en cuando, hasta que empiece a adquirir un color pálido. Incline la olla, deteniendo el arroz con una espátula ancha de metal, y quite aproximadamente 3 cucharadas de aceite.

Vierta la 1/2 taza (125 ml) de agua en la licuadora. Añada el perejil, el cilantro, las hojas de lechuga, los chiles, la cebolla y el ajo, y licúe hasta obtener una mezcla lisa, añadiendo agua sólo si es absolutamente necesario para liberar las aspas de la licuadora.

Añada estos ingredientes licuados al arroz y fríalo a fuego alto, revolviendo constantemente y raspando el fondo de la olla, hasta que el arroz esté casi seco. Añada el caldo y sal al gusto, y cocínelo a fuego medio hasta que el líquido se haya absorbido y empiecen a formarse agujeritos de aire en la superficie del arroz: aproximadamente 15 minutos.

Tape la olla y cocine el arroz 5 minutos más. Retire del fuego. Apártelo sin destaparlo para que siga cociéndose en su propio vapor durante 20 a 30 minutos.

Pastel de lujo

Campeche

Señora Alicia Ferrer de González

Rinde 6 porciones

Esta extraordinaria receta refleja la influencia de la España morisca.

El relleno de carne

180 gr de maciza de cerdo con un poco de grasa finamente picada (no molida)

340 g de pollo deshuesado finamente picado (no molido)

1/3 de taza (85 ml) de cebolla blanca finamente picada

1/4 de pimiento verde, sin semillas finamente picado

225 gr de jitomates finamente picados (aproximadamente 1 1/3 tazas/335 ml)

12 aceitunas sin hueso, toscamente picadas

1 cucharada grande de alcaparras, enjuagadas y escurridas

1 cucharada de pasitas

3/4 de taza (185 ml) de agua

1 pizca de azúcar granulada

sal al gusto

PARA SAZONAR LA CARNE

2 pimientas gordas

1 clavo entero

1 rama de canela de 1.5 cm

16 pimientas negras

2 dientes de ajo, asados y pelados (véase pág. 591)

1 cucharada de vinagre

1/2 taza (125 ml) de jerez medio seco

LA MEZCLA DE ARROZ

3 tazas (750 ml) de granos de elote

1/2 taza (125 ml) de leche entera

1 taza (250 ml) de arroz, cocinado como para hacer arroz blanco

sin caldo (véase pág. 205), que debe rendir aproximadamente 4 tazas (1 l)

2 huevos grandes, bien batidos

2 cucharadas de mantequilla sin sal, suavizada

1 cucharada de azúcar

sal al gusto

1 cucharada de pan molido fino

Precaliente el horno a 180 °C (350 °F).

En un tazón mezcle todos los ingredientes para el relleno de carne. Póngala en una sartén grande sin engrasar a fuego bajo.

Muela las especias en un molino para especias o para café hasta obtener un polvo.

En un tazón chico, machaque el ajo con el vinagre y añada las especias molidas. Incorpore esto muy bien a la carne que está en la sartén y siga cocinando, sin tapar, a fuego medio, hasta que la carne esté tierna y los jugos se hayan evaporado: aproximadamente 20 minutos.

Retire la sartén del fuego, incorpore el jerez, y deje la olla a un lado para que se enfríe un poco.

Ponga un tercio de los granos de elote en la licuadora con la leche y licué hasta obtener una consistencia lisa. Poco a poco añada el resto de los granos de elote, licuando bien tras cada adición. Incorpore el elote al arroz junto con los huevos, la mantequilla, el azúcar y la sal.

En un traste refractario de unos 10 cm de profundidad, extienda la mitad de la mezcla del arroz con elote. Cubra el arroz con la mezcla de carne y luego con más arroz y los granos de elote restante. Espolvoree el pan molido y hornee hasta que todo esté bien caliente: aproximadamente 30 minutos. Sirva lo antes posible.

Sopa seca de fideo
Centro de México
Rinde 6 porciones

Como todas las sopas secas, por lo general ésta se sirve sola. En la etapa final, esta receta puede cocerse también a baño María y hacerlo llevará de 45 minutos a una hora. Es igualmente deliciosa pero adquiere una consistencia más suave. En vez de moler el chile con el jitomate, prefiero poner un pedazo de chile en cada prоción.

1/4 de taza (65 ml) de aceite vegetal
225 gr de fideo delgado
450 gr de jitomates, toscamente picados (aproximadamente 3 tazas/750 ml)
2 cucharadas de cebolla blanca toscamente picada
1 diente de ajo, toscamente picado
1/2 taza (125 ml) de caldo de pollo
sal al gusto
4 chiles chipoltes en adobo, toscamente picados
60 a 85 gr de queso Chihuahua rallado o queso fresco desmoronado

PARA SERVIR
3/4 de taza (185 ml) de crema

Precaliente el horno a 350 °F. Engrase una cacerola de 1 litro, o un refractario de 20 por 20 cm de por lo menos 5 cm de profundidad. (Éste es el tamaño ideal).

Caliente el aceite un una sartén grande y profunda. Fría el fideo hasta que adquiera un color dorado profundo: aproximadamente 3 minutos. (Cuidado: los fideos se queman con rapidez.) Escurra todo el aceite excepto 2 cucharadas.

Licúe los jitomates con la cebolla y el ajo. Añádalos a la sartén con los fideos. Frialos a fuego alto para que reduzcan, revolviendo bien y raspando el fondo de la olla para que no se pegue: aproximadamente 5 minutos o hasta que la mezcla esté casi seca. Agregue el caldo y la sal, tape la olla, y cocine a fuego lento hasta que el líquido se haya absorbido: de 8 a 10 minutos.

Vierta la pasta al refractario que tiene preparado. Coloque los trocitos de chile adentro de la mezcla a intervalos de 4 cm (como si estuviera mechando). Tápelo no muy apretado y hornee hasta que la pasta apenas comience a encogerse de los bordes y esté burbujeando.

Espolvoree el queso y vuelva a hornear hasta que el queso se haya derretido, sin dorar. Sirva cada porción adornada con un poco de crema.

Lentejas con piña y plátano

Ciudad de México

Señora Godileva Castro

Rinde 6 porciones

Cuando renté una casa durante un verano en la Ciudad de México, me llenó de felicidad saber que Godileva, mi antigua sirvienta a quien le dediqué unas líneas en mi libro *The Cuisines of México*, vivía a tres cuadras de mí. Solía pasar a casa para darme su opinión sobre las recetas que yo estaba ensayando en ese momento. Ésta era una de sus favoritas. Puede servirse como una sopa o acompañamiento para cualquier carne asada o rostizada.

115 gr (o 1/2 taza redondeada/125 ml) de lentejas

6 tazas (1.5 l) de agua fría

225 gr de jitomates finamente picados (aproximadamente 3 tazas/750 ml)

1 diente de ajo, toscamente picado

2 cucharadas de cebolla blanca toscamente picada

1 1/2 cucharadas de aceite vegetal

1 rebanada gruesa de piña, pelada, sin corazón, y cortada en cubitos

1/2 plátano macho mediano, muy maduro

(aproximadamente 225 gr), pelado y cortado en rodajas gruesas

sal al gusto

Enjuague las lentejas en agua fría y escúrralas. Cúbralas con agua fría y deje que rompa el hervor. Luego baje el fuego y deje que hiervan lentamente de 2 1/2 a 3 horas, dependiendo en qué tan secas estén. Escúrralas y reserve el caldo: debe quedar aproximadamente 1 1/2 tazas (375 ml) de líquido pero, si es necesario, añada agua para completar esta cantidad.

Licúe los jitomates con el ajo y la cebolla hasta que estén lisos. Caliente el aceite y fría el puré de jitomate a fuego alto durante unos 3 minutos, revolviendo y raspando el fondo de la olla constantemente. Baje el fuego, agregue la piña y el plátano, y siga cocinando 5 minutos más.

Agregue las lentejas y 1 1/2 tazas (375 ml) del caldo que reservó. Luego añada la sal y cocine las lentejas hasta que la fruta esté tierna: aproximadamente 20 minutos (la mezcla de las lentejas no debe estar ni demasiado espesa ni muy caldosa).

Puede preparar este platillo con varias horas de anticipación.

Lentejas guisadas
Centro y Norte de México
Rinde 6 porciones

Cocinadas así, las lentejas pueden servirse como sopa o para acompañar un plato principal, servidas en un tazón aparte. Si va a servirlas como sopa, quizá tenga que diluirlas con agua. Pueden servirse con crutones fritos o, mejor aún, con pedacitos de tortilla frita (véase pág. 128)

Para guisar las lentejas

225 gr o 1 taza copeteada/265 ml de lentejas
1 zanahoria mediana, mondada, pelada y rebanada
2 rebanadas de cebolla blanca
2 l de agua fría
3 cucharadas de aceite vegetal
2 dientes de ajo
1 cebolla blanca mediana finamente picada
1 1/3 tazas/335 ml de jitomates finamente picados
sal al gusto
2 chiles güeros, largos o jalapeños
2 cucharadas de cilantro toscamente picado

Para servir

2 cucharadas de cebolla blanca finamente picada

Enjuague las lentejas con agua fría, escúrralas y póngalas en una olla grande con la zanahoria, la cebolla y el agua. Deje que rompa el hervor, baje la flama, y deje que hiervan lentamente hasta que estén suaves: de 2 1/2 a 3 horas, dependiendo de la calidad de las lentejas. Deben quedar muy caldosas.

Caliente el aceite en una sartén y dore ligeramente al ajo. Deseche el ajo y, en el mismo aceite, fría suavemente la cebolla picada, sin dorar, hasta que esté suave: aproximadamente 1 minuto. Añada los jitomates picados y cocine a fuego muy alto, revolviendo constantemente y raspando el fondo de la olla, hasta que la mezcla se haya reducido a una salsa: aproximadamente 3 minutos.

Agregue la salsa de jitomate a las lentejas, con sal al gusto, y cocínelas a fuego medio otros 15 minutos más. Corte los chiles a lo largo y añádalos a las lentejas. Cocínelas otros 15 minutos, luego añada el cilantro y cocínelas 5 minutos más. Espolvoree la cebolla sobre los tazones de lentejas guisadas.

Este platillo puede prepararse con varias horas de anticipación.

Huevos

El abundante almuerzo de media mañana, que es el equivalente mexicano al *brunch* anglosajón, todavía está muy de moda entre quienes pueden darse el lujo de escaparse de la oficina para disfrutarlo (de hecho, no pocas transacciones de negocios se cierran durante el almuerzo). El almuerzo sirve como algo reconfortante antes de la comida de la tarde. Yo, que crecí con el típico desayuno inglés, siempre pensé que no tenía igual. Pero, no transcurrió mucho tiempo de vivir en México para que, por delicioso que me pareciera el desayuno británico -huevos con tocino, acompañados con hongos y tomates fritos o arenque ahumado, asado a la parrilla-, palideciera en comparación con las suculentas frutas tropicales, los huevos cocinados en una de las muchas formas que se ofrecen a continuación, servidos con frijolitos refritos, café con leche y pan dulce recién salido del horno.

Las recetas siguientes son sólo una muestra de las muchas y creativas formas en que los cocineros mexicanos le dan variedad a la comida del desayuno, usando para ello cualquier sobrante que puede combinarse con huevos de una manera deliciosa. (Muchas otras recetas pueden hallarse en *El arte de la cocina mexicana.*)

Huevos rancheros

Rinde 1 porción

Esta popular forma de preparar huevos es también la más conocida fuera de México, y con razón. Combina sabores y texturas refrescantes que hacen de este un plato muy llamativo para el desayuno.

Para servir los huevos con un poquito más de elegancia -como me los sirvieron en casa de unos amigos- corte la tortilla de modo que quepa en un cocotte, o un pequeño refractario redondo, y cubra la mitad de los huevos con salsa roja y la otra mitad con salsa verde. Pueden espolvorearse con queso rallado para que se derrita y se dore un poco en la parrilla.

2 cucharadas de aceite vegetal
2 tortillas chicas
2 huevos grandes
1/2 taza (125 ml) de salsa ranchera (pág. 296), tibia

218

Caliente el aceite en una sartén y fría las tortillas ligeramente por ambos lados, como lo haría para preparar enchiladas: no deben ponerse crujientes. Escúrralas sobre toallas de papel y colóquelas sobre un plato tibio.

En el mismo aceite, fría los huevos y luego póngalos sobre las tortillas fritas.

Cubra los huevos con la salsa tibia y sirva de inmediato.

Huevos revueltos a la mexicana
Rinde 1 porción

Después de los huevos rancheros los más populares son los huevos revueltos a la mexicana, que llevan una mezcla de cebolla, chile y jitomate ligeramente fritos (aunque algunos cocineros prefieren dejarlos crudos). Existen muchas variaciones de este tema (vea las recetas que se dan a continuación).

2 1/2 cucharadas de aceite vegetal
115 gr de jitomates finamente picados (aproximadamente 2/3 de taza/165 ml)
2 chiles serranos, o al gusto finamente picados
2 cucharadas de cebolla blanca finamente picada
sal al gusto
2 huevos grandes

Caliente el aceite en una sartén e incorpore los ingredientes picados y sal al gusto. Cocínelos 1 minuto.

Bata los huevos ligeramente con un poquito de sal e incorpórelos a la mezcla de chile y jitomate. Revuélvalos a fuego medio hasta que cuajen.

Sirva de inmediato con tortillas calientes.

Huevos revueltos con chorizo

Rinde 1 porción

1 chorizo, aproximadamente 60 gr
2 huevos grandes
sal si es necesario

Caliente la sartén. Pele el chorizo y desmorónelo en la sartén. Deje que se cocine suavemente –si el fuego está demasiado alto se quema con rapidez– hasta que la carne suelte la grasa. Escurra toda la grasa excepto 2 cucharadas.

Rompa los huevos en la sartén y revuélvalos hasta que cuajen. Añada sal si es necesario. Sirva de inmediato.

Huevos revueltos con totopos y jitomate

Rinde 4 porciones

Aceite vegetal para freír
6 tortillas, cada una cortada en 6 triángulos y puestas a secar (véase pág. 128)
1/4 de taza (65 ml) de aceite vegetal
3 cucharadas de cebolla blanca finamente picada
225 gr de jitomates finamente picados
(aproximadamente 1 1/3 tazas/335 ml)
4 a 6 chiles serranos finamente picados
6 huevos grandes
sal al gusto

Caliente el aceite en una sartén grande y fría las piezas de tortilla, en dos tandas, para que se cocinen parejo. Deben quedar sólo un poquito crujientes pero no demasiado doradas. Escúrralas sobre toallas de papel y no deje que se enfríen.

Caliente 1/4 de taza del aceite en la sartén. Agregue a la sartén los ingredientes picados y cocínelos a fuego medio durante 5 minutos, revolviendo la mezcla con frecuencia.

Bata los huevos con un poco de sal y añádalos a la sartén, junto con las piezas de tortilla fritas. Cocínelos, revolviendo, hasta que los huevos cuajen pero no estén muy resecos.

Este platillo debe consumirse de inmediato.

Huevos revueltos con totopos y salsa de chile pasilla
Ciudad de México
Señora María Luisa de Martínez
Rinde 1 porción

1/4 de taza (65 ml) de aceite vegetal
1 1/2 tortillas chicas, cortadas en tiras y puestas a secar (véase pág. 128)
2 huevos grandes
sal al gusto
3 cucharadas de salsa de chile pasilla (pág. 306), a temperatura ambiente
1 cucharada de cebolla blanca finamente picada
1 cucharada de queso fresco desmoronado

Caliente el aceite en una sartén grande y fría las tortillas hasta que estén apenas crujientes y de un color dorado pálido.

Deje los totopos en la sartén y escurra todo el aceite excepto 1 cucharada.

Bata los huevos con un poquito de sal y añádalos a los totopos de la olla. Incorpore los huevos a fuego medio hasta que cuajen.

Sirva los huevos adornados con la salsa. Espolvoree encima la cebolla y el queso.

Huevos revueltos de rancho

Ciudad de México

Señora María Luisa de Martínez

Rinde 1 porción

2 cucharadas de aceite vegetal

2 tortillas chicas

3 cucharadas de salsa de chile pasilla (pág. 306)

2 huevos grandes

sal al gusto

1 rebanada de queso fresco

1 cucharada de cebolla blanca finamente picada

1 cucharada de crema

Caliente el aceite en una sartén grande y fría las tortillas ligeramente por ambos lados. No deben quedar muy crujientes. Escúrralas sobre toallas de papel y póngalas en un plato tibio.

En el mismo aceite, cocine la salsa durante unos segundos a fuego alto.

Bata los huevos ligeramente con la sal y añádalos a la salsa de la sartén. Incorpore los huevos hasta que cuajen.

Sirva los huevos sobre las tortillas y adórnelos con el queso crema, la cebolla y la crema.

Salsa de huevo

Oaxaca

Señora Domitila Santiago de Morales

Rinde 2 porciones

En el restaurante La Flecha *de Tlacotalpan, Veracruz, me sirvieron unos* huevos en chilpachole *pero, al revisar la receta de nuevo, no pude encontrar a un solo veracruzano*

222

que supiera decirme algo al respecto. Entonces, en Oaxaca, cuando estaba cocinando con la señora Domitila, ella me preparó ese platillo un día que desayunamos tarde. Eran los mismos, pero les agregó los nopales que son tan típicos de aquella región.

Siempre me ha fascinado ver cómo viajan las recetas, pero esta había recorrido una de mis rutas favoritas en todo México: la Sierra Madre Oriental. El camino empieza en la cuenca del río Papaloapan y serpentea –precipitada y, en apariencia, infinitamente– a través de un denso y maravillosamente exuberante bosque de niebla que, a tres mil metros de altura, da paso a un silencioso y brillante bosque de pinos, que impregna el cristalino aire con su fragancia. Cuando uno se vuelve a mirar hacia el este, aparecen las cordilleras que se extienden hasta donde alcanza la vista, con sus tres volcanes nevados que salen de entre las blancas nubes que jaspean el brillante cielo azul.

285 gr de jitomates, asados (véase pág. 589)
1 ó 2 chiles serranos (véase pág. 566)
2 cucharadas de cebolla blanca toscamente picada
1 diente de ajo, toscamente picado
1/4 de cucharadita de sal, o al gusto
3 cucharadas de aceite vegetal
1/4 taza (125 ml) de agua
1 rama grande de epazote
1/3 de taza 885 ml) de nopales picados, recién cocidos (véase pág. 596), opcional
3 huevos grandes

Licúe los jitomates sin pelar con el chile, la cebolla, el ajo y sal. Caliente 1 cucharada de aceite en una sartén y fría la mezcla durante 5 minutos, revolviendo constantemente. Diluya con el agua, añada el epazote y los nopales, y cocine a fuego medio durante 2 minutos más. Resurve.

Caliente el resto del aceite en una segunda sartén gruesa. Bata los huevos con un poquito de sal y cocínelos muy ligeramente en el aciete, revolviendo constantemente, hasta que estén apenas cuajados. Añádalos a la salsa, revolviendo constantemente durante unos cuantos minutos, y cocínelos durante unos 3 minutos más.

Nota: puede preparar la salsa con anticipación, pero cocine y agregue los huevos justo antes de servir.

Huevo sorpresa

Jalisco

Señora Maura Rodríguez

Rinde 1 porción

Una estudiante de una de mis primeras clases de cocina en Rancho Santa Fe, California, trajo esta receta que le dio su muchacha, originaria de Jalisco. Alguna vez había comido este platillo en algún lugar y había olvidado cuán delicioso es. Adornado con un poco de lechuga picada, salsa mexicana cruda (pág. 292), o salsa de tomate verde (pág. 293), y rebanadas de aguacate, es un platillo exquisito para el almuerzo.

Haga una tortilla de modo que se infle (vea págs. 75). Haga un pequeño corte en el lado inflado para que se forme un bolsillo, luego rompa un huevo y deslícelo dentro del bolsillo. Presione los bordes de la masa para sellar el huevo y fríalo en aceite caliente hasta que la tortilla esté dorada y crujiente. Escúrrala bien y sirva de inmediato con frijoles refritos (véase pág. 199).

Sirva de inmediato.

Nopales con huevo

Centro de México

Señora Hortensia de Fagoaga

Rinde 4 porciones

La señora Hortensia de Fagoaga me dio esta receta de nopales combinados con huevo que es poco común en el sentido de que los nopales se añaden crudos. Esto les da una textura más crujiente y le dan más sabor a los huevos.

La señora Fagoaga sirvió este platillo a manera de entrada durante una comida, pero pueden servirse para el desayuno o en tacos.

2 cucharadas de manteca o de aceite vegetal
450 gr de nopales (aproximadamente 3 1/2 tazas/875 ml) limpios y cortados en
cubitos (véase págs. 586)
225 gr de jitomates finamente picados (aproximadamente 1 1/3 tazas/335 ml)
2 dientes de ajo finamente picados
1/3 de taza (85 ml) de cebolla blanca finamente picada
4 chiles serranos finamente picados
sal al gusto
3 huevos grandes

Caliente la manteca en una sartén y agregue el resto de los ingredientes, excepto los huevos. Añada sal al gusto. Tape la sartén y cocine a fuego medio, sacudiendo la sartén frecuentemente, durante unos 25 minutos, o hasta que la mezcla esté seca y bien sazonada.

Rompa los huevos sobre los nopales y revuelva rápidamente hasta que cuajen.

Huevos en Rabo de Mestiza
Restaurante *La Lonja*, San Luis Potosí
Rinde 6 porciones

Aunque recomiendo éste como un platillo delicioso y llenador para el almuerzo, hace muchos años, la primera vez que me sirvieron Huevos en Rabo de Mestiza en el entonces famoso restaurante La Lonja *de San Luis Potosí, fue durante una comida, antes del* Fiambre potosino (pág. 374).

A algunas cocineras les gusta añadirle huevos cocidos a la salsa, pero no era algo que avalaran las cocineras tradicionales de San Luis.

La salsa con las rajas puede hacerse con bastante anticipación y armar el platillo a último momento.

1/3 de taza (85 ml) de aceite vegetal

1 1/2 tazas (375 ml) de cebolla blanca finamente rebanada

7 chiles poblanos, asados y pelados (véase pág. 564), limpios y cortados en rajas delgadas

900 gr de jitomates, asados (véase pág. 589)

3 tazas (750 ml) de agua

sal al gusto

12 huevos grandes

6 rebanadas de queso fresco

Caliente el aceite en una sartén grande y fría la cebolla hasta que acitrone: aproximadamente 2 minutos. Añada las rajas de chile y deje que se frían alrededor de 3 minutos, meneando con frecuencia para que no se peguen.

Licúe los jitomates asados sólo durante unos segundos –no los licúe completamente– y agréguelos a la mezcla de cebolla y chile. La salsa debe tener algo de textura. Deje que se cocinen a fuego bastante alto durante unos 10 minutos, o hasta que la salsa esté bien sazonada y se haya reducido un poco. Agregue el agua y la sal, y siga cocinando aproximadamente un minuto.

Abra los huevos, uno por uno, en un platito y, con cuidado, deslícelos al caldo caliente. Arregle las rebanadas de queso encima. Cubra el platillo con una tapa y deje que los huevos se escalfen muy ligeramente hasta que cuajen: de 6 a 8 minutos.

Nota: desde luego, la salsa puede prepararse con anticipación.

Huevos motuleños
Yucatán
Rinde 1 porción

Supuestamente, esta forma de preparar huevos se inventó en el pueblito yucateco de Motul. Yo siempre pienso que son huevos rancheros con su toque yucateco. Hace 30 años, cuando fui por primera vez a investigar recetas a Mérida, quedé asombrada por el número de restaurantes donde los hombres de negocios, todos vestidos con sus blancas guayaberas, diario cerraban sus tratos mientras comían huevos motuleños, que ellos acompañaban con altos vasos de café con leche, mientras discutían animadamente sobre asuntos de política o sobre los eventos financieros del día.

Todos los componentes de esta receta pueden prepararse con mucha anticipación, pero el montaje final de los huevos tiene que hacerse al minuto.

Nunca entendí por qué estos huevos llevan chícharos. Siempre están duros como balas e insípidos, o pastosos si son de lata.

2 cucharadas de aceite vegetal
2 tortillas chicas
2 cucharadas de frijoles negros colados yucatecos (pág. 203)
1 ó 2 huevos grandes
1/2 taza de salsa de jitomate yucateca
1 cucharada de jamón picado
1 cucharada de chícharos cocidos
1/2 cucharada de queso seco rallado

Caliente el aceite en una sartén y fría las tortillas ligeramente por ambos lados. No deben quedar crujientes. Escúrralas y apártelas en un plato tibio.

Cubra una de las tortillas con una capa gruesa de pasta de frijol.

En el mismo aceite, fría el huevo y póngalo encima de la pasta de frijol. Cubra el huevo con la segunda tortilla. Vierta encima la salsa, espolvoree el jamón, los chícharos, el queso, y sirva.

Machacado de huevo
Nuevo León
Señora Hortensia Quintanilla de García
Rinde 6 porciones

Hace muchos años alguien me dio una receta para el machacado de huevo que era completamente distinta a esta y que se publicó en *El libro de las cocinas de México*. Tiempo después recibí una carta de Abel Quezada, el distinguido caricaturista político cuya obra fascinó a los lectores de periódicos durante décadas. La misiva estaba deliciosamente ilustrada y en ella me contaba que su madre jamás había usado jitomate en su machacado. Desde luego, él tenía razón, como después me lo dijeron algunas cocineras tradicionales de Nuevo León.

Esta receta es la más tradicional y me la dio la mamá de una amiga. Refleja perfectamente la simplicidad de los ingredientes, y de la cocina del norte que, sin embargo, son absolutamente deliciosos.

El pequeño y redondo chile piquín que crece silvestre en las montañas de Nuevo León se usa casi todo el año en su forma madura y seca. Verde y fresco se encuentra sólo en la estación de lluvias. De hecho, se le conoce como chile de monte o pajarito.

El machacado se sirve con una salsa de jitomate y frijoles machacados y ligeramente refritos –por lo general frijoles pintos traídos de Estados Unidos– acompañado, desde luego, de tortillas de harina.

115 gr de machaca (carne de res salada, seca; véase pág. 42)
3 cucharadas de manteca derretida
8 huevos grandes

Ponga la machaca en un tazón, cúbrala con agua fría y déjela en remojo 1 minuto para que se suavice un poco. Escúrrala y luego extraiga la mayor cantidad de agua posible. Deshebre la carne toscamente.

Caliente la manteca en una sartén, incorpore la carne y fríala ligeramente hasta que la humedad se haya evaporado (no la dore): aproximadamente 3 minutos.

Rompa los huevos en la mezcla –no los bata con anticipación–, incorpórelos y mezcle hasta que cuajen: aproximadamente 2 minutos. Sirva los huevos de inmediato con la salsa de jitomate.

Por lo general la carne contiene bastante sal, así que es probable que no necesite agregarle más, pero es cuestión de gustos.

LA SALSA DE JITOMATE

570 gr de jitomates
1 1/2 cucharadas de manteca
1/2 taza (125 ml) de cebolla blanca finamente picada
7 chiles piquín secos
sal al gusto

228

Corte los jitomates longitudinalmente en cuartos y, usando el lado más grueso del rallador, ralle la pulpa y las semillas de cada sección hasta que sólo le quede la piel del jitomate en la mano: cuide de no lastimarse los nudillos ni las uñas durante el proceso. Reserve todos los jugos. Debe tener aproximadamente 2 tazas (500 ml) de pulpa jugosa con semillas.

Caliente la manteca en una sartén grande, añada la cebolla, los chiles y la sal, y fría hasta que la cebolla acitrone: aproximadamente 2 minutos. Añada los jitomates rallados y siga cocinando a fuego alto hasta que se sazonen: alrededor de 15 minutos, o hasta que tenga una salsa jugosa y texturada. Mantenga la salsa caliente.

Huevos con epazote y chile
Puebla
Señora Hortensia de Fagoaga
Rinde 2 porciones

Como siempre, la señora Tencha regresó de visitar su pueblo en la Sierra Norte de Puebla con una nueva planta, con una nueva idea, y esta vez, con una nueva receta para hacer huevos que su hermana le había servido con tortillas recién salidas del comal.

Para quienes acostumbran comer huevos –todavía quedan unos cuantos– o para quienes disfrutan de un platillo picoso para el almuerzo del domingo, esta receta es perfecta. Ahora yo la he adaptado y la sirvo con salsa de jitomate sin chile.

Me dijeron que sólo rompiera los huevos en la sartén y revolviera un poquito sólo para mezclarlos, pero usted puede mezclarlos primero en un tazón si lo desea... sólo hay más trastes que lavar.

2/3 taza (165 ml) de agua
6 chiles serranos, asados hasta que estén suaves, toscamente picados
(véase pág. 566)
1/3 de taza (85 ml) de epazote picado, muy apretado
sal al gusto
3 cucharadas de aceite vegetal
4 huevos grandes

229

Ponga el agua en el vaso de la licuadora y agregue los chiles, el epazote y la sal. Licúe hasta obtener una consistencia texturada.

Caliente el aceite en una sartén grande, rompa los huevos allí mismo y añada un poquito de sal. Revuelva para mezclar apenas. Cocine los huevos a fuego medio, volteándolos para que se cuezan parejo hasta que cuajen. Vierta la salsa sobre los huevos y siga cocinando, sin revolver, aún a fuego medio, hasta que la salsa se haya reducido y sazonado un poco: aproximadamente 2 minutos.

Picnic hidalguense

Desde la primera vez en que me llevaron en los años setenta al restaurante Los Migueles (que, por desgracia ya no existe), propiedad de María Elena Lara, en una de las secciones más remotas de la Ciudad de México, me impresionó lo honesto y bien hecho de esa suculenta comida que tenía un gran sazón. Y desde aquel día María Elena generosamente ha compartido sus recetas y sus conocimientos conmigo.

A inicios de un mes de septiembre, María Elena me invitó al *picnic* que ella iba a hacer con su familia en su rancho, en el estado de Hidalgo. Me dijo que iba a preparar el platillo típico para esa ocasión: el *pollo en itacate*. Todo se hace el día anterior para mejorar el sabor y luego, al día siguiente, se calienta en el campo a la leña.

Cuando llegué para observar los preparativos, me pareció que la cocina estaba llena de canastas, todas forradas con trapos blancos o de cuadritos rojos y blancos. Las botellas de tequila y una docena de limones, "para abrir el apetito", como María Elena me lo explicó, ya estaban listas para empacarse; también había queso manchego para botanear y acompañar las bebidas; tunas verdes y rojas; huevos cocidos; y jarritos de barro porque sin duda alguien iba a llevar pulque fresco de algún rancho vecino.

Primero María Elena coció el pollo a fuego lento para preparar el *pollo en frío*. Era un pollo grande y gordo y lo puso a cocer con una cabeza entera de ajo y sal: nada más. Mientras se cocía, cortó cuatro chiles jalapeños y cuatro cebollitas de cambray. Los desmenuzó en la parte inferior para que, luego de sumergirlos brevemente en agua helada, se abrieran como flores. Cuando el pollo estaba tierno, lo doró muy ligeramente en manteca caliente. Luego María Elena insertó un chile y una cebolla en cada uno de las cuatro articulaciones y, mientras el pollo aún estaba caliente, lo amarró fuertemente con un trapo grande.

Con el caldo del pollo hizo arroz: lo frío con jitomate licuado, cebolla y ajo, como se acostumbra, pero añadiendo unos granos de elote. Cuando estuvo cocido, lo espolvoreó con ramas de perejil y lo decoró con rebanadas de huevo duro y con chipotles enteros de lata. Tapó la cacerola con un trapo apretado y el arroz quedó listo para la mañana siguiente.

Luego María Elena hizo dos salsas, roja y verde, dentro de las cuales sumergió unas tortillas calientes, que dobló en ordenados paquetes en unas grandes servilletas (vea la receta para tortillas dobladas, pág. 235) y después empezó a hacer cuatro rellenos para las *Lolitas* (véase la receta que sigue), que son unas gorditas rellenas hechas con masa para tortillas. Su labor parecía no tener fin mientras machacaba y freía garbanzos, habas secas, frijoles y chiles; para mí lo más sabroso de todo era la salsa de chile ancho con muchísimo queso rallado. Amasó la masa para tortillas con manteca y sal y después, con una maravillosa destreza, le dio forma a cientos de *Lolitas* -diamantes, triángulos, óvalos- cada uno de los cuales estaba relleno de uno de los cuatro. Las *Lolitas* se inflaron invitantemente en el comal, y se les salió un poquito de queso que siseó y rápidamente se secó con un aroma tentador. La espera hasta el día siguiente parecía demasiado larga así que probamos una de cada una.

Lolitas
Hidalgo
Señora María Elena Lara
Rinde 2 docenas de Lolitas

Las Lolitas pueden prepararse con varias horas de anticipación, listas para cocerlas en el comal. Pero hay que cubrirlas con un trapo húmedo para que la masa no se seque. Lo ideal es comerlas en cuanto están listas, siempre y cuando no se queme la boca.

EL RELLENO
2 chiles ancho grandes, sin venas ni semillas
1 diente de ajo
2/3 de taza (165 ml) de agua
sal al gusto
1/2 cucharada de aceite vegetal
115 gr de queso Chihuahua, rallado (aproximadamente 1
taza raza/235 ml)

LA MASA

85 gr de manteca de cerdo (aproximadamente 1/3 de taza/85 ml)

sal al gusto

565 gr de masa para tortillas (aproximadamente 2 1/2 tazas/625 ml)

Primero prepare el relleno. Tueste ligeramente los chiles anchos en una plancha o comal caliente. Cubra los chiles con agua caliente y déjelos remojar unos 10 minutos, o hasta que estén suaves. Escúrralos y transfiéralos al vaso de la licuadora. Agregue el ajo, agua y sal y licúe hasta obtener una mezcla lisa.

Caliente el aceite en una sartén chica, agregue el puré de chile y cocínelo a fuego bastante alto, revolviendo constantemente para que no se pegue, durante 5 minutos o hasta que se reduzca y espese. Deje la salsa a un lado para que enfríe y luego incorpore el queso rallado, ajuste la sazón y reserve mientras prepara la masa.

Amase la manteca con la masa y la sal. Haga bolitas como de 3.25 cm de diámetro. Con la palma de la mano y los últimos dedos de la mano derecha (o izquierda) aplane una bolita para hacer un círculo como de 8 cm de diámetro. Si le cuesta trabajo manejar la masa, humedezca sus manos y vuelva a empezar.

Ponga una cucharadita copeteada del relleno en el centro de cada uno. Doble la orillas para que se unan, y luego vuelva a doblarlas para que sellen. Presione las orillas hasta obtener una empanadita en forma de media luna. Ponga le empanadita y aplánela hasta que tenga un grosor de 1.5 cm, y dele forma de cuadrado, rectángulo, triángulo o círculo, o lo que su imaginación le dicte, cuidando que el relleno no traspase la masa. Repita lo mismo con el resto de las bolitas de masa.

Caliente una plancha o comal, engráselo muy ligeramente, y cueza las Lolitas a fuego bajo hasta que estén ligeramente doradas y esponjosas, y la masa esté bien cocida pero no seca: aproximadamente 8 minutos de cada lado.

Tortillas dobladas Hidalgo

Señora María Elena Lara

Rinde 6 porciones

Ésta es la forma en que María Elena hizo la salsa roja y preparó las tortillas dobladas o "paseadas". Algunas tenían salsa roja y otras verdes (véase la receta para salsa de tomate verde en la pág. 293). Las salsas tenían mucha manteca de cerdo y por una buena razón: para que las tortillas estuvieran suaves y esponjosas cuando se recalentaran en el campo al día siguiente.

Luego, extendió una servilleta grande y en el centro colocó algunas tortillas, cortadas con cuchillo para formar un cuadrado de unos 20 cm: la idea era proteger a la servilleta de salsa de las dobladas que estaban encima y absorber un poco de la grasa.

2 chiles ancho grandes, sin venas ni semillas
2 dientes de ajo, toscamente picados
1/2 cucharadita de sal, o al gusto
aproximadamente 1 1/4 tazas (315 ml) de caldo de pollo o agua
aproximadamente 1/2 taza (125 ml) de manteca de cerdo
12 tortillas recién hechas (véase pág. 75), aún calientes

Abra los chiles y áselos ligeramente por ambos lados sobre una plancha o comal caliente. Cúbralos con agua hirviendo y déjelos remojar hasta que estén suaves: aproximadamente 5 minutos. Escúrralos y transfiéralos al vaso de la licuadora. Agregue el ajo, sal y 1 taza (250 ml) del caldo y licue hasta obtener una consistencia lisa.

Caliente la manteca en una sartén pesada y añada los chiles licuados. Cocine a fuego bastante alto, revolviendo constantemente, para que se reduzca un poquito, durante unos 4 minutos. Añada 1/4 de taza (65 ml) más del caldo y deje que rompa el hervor. Retire del fuego y reserve. La salsa debe tener una consistencia media.

Ponga una de las tortillas, bocabajo, en la salsa y cubra bien la superficie. Doble la tortilla con la salsa adentro y presione los bordes, luego sumerja los bordes redondeados en la salsa, de modo que haya un borde de salsa como de 75 mm de ancho. Coloque la doblada, con la parte que no tiene chile, paralela a los bordes de la servilleta, a lo largo de un lado del cuadrado de tortillas que ya tiene listo en la servilleta. Repita el proceso con la segunda tortilla, colocándola frente a la primera, con los bordes curvos tocándose.

Haga otras dos dobladas y colóquelas sobre la primera capa, con los bordes doblados tocándose, de modo que los otros lados del cuadrado se completen. Repita hasta que se acabe todas las tortillas. Doble los bordes de la servilleta sobre las tortillas y almacene hasta el día siguiente.

Recaliente sobre un comal o plancha sin engrasar.

Chiles capones
Puebla
Rinde 12 chiles

Estos chiles rellenos de queso también pueden prepararse con chiles poblanos ¡para hacer una versión menos picante!

Los chiles deben comerse literalmente en cuanto salgan de la olla. ¡Imposible esperar!

Los chiles
*13 jalapeños grandes, frescos, asados y pelados como si fueran chiles
poblanos (véase pág. 564)*
sal al gusto
115 gr a 180 gr de queso fresco, desmoronado (3/4 a 1 tazas/188 a 250 ml)
1 cucharada copeteada de epazote picado

Para servir
Aceite vegetal para freír
12 tortillas, recién hechas y aún calientes
1 taza (250 ml) de crema

Haga una incisión a lo largo de uno de los lados del chile, dejando el tallo intacto, y con cuidado raspe las venas y las semillas para eliminarlas. Para disminuir lo picoso, ponga los chiles en una cacerola y cúbralos bien con agua fría. Añada la sal, deje que rompa el hervor y deje que hiervan lentamente durante 5 minutos. Escurra bien y seque sobre toallas de papel.

Mezcle el queso fresco con el epazote y sal al gusto, y rellene bien los chiles.

Caliente el aceite y coloque los chiles, con la abertura hacia arriba, en la sartén para freírlos en una sola capa. Fríalos a fuego medio durante aproximadamente 7 minutos. Voltéelos de vez en cuando hacia un lado y luego hacia el otro (no deje que se cocinen con la abertura hacia abajo o el relleno se derretirá y se saldrá).

Ponga cada chile en una tortilla caliente, cubra con un poquito de crema, doble y sirva de inmediato.

Plátanos rellenos con queso
Tlacotalpan, Veracruz
María Elena Romero
Rinde aproximadamente 8 "plátanos" de 13 cm

Los "plátanos" hechos a base de masa de plátano macho a la que se le vuelve a dar la forma de ese fruto, son una botana típica de las tardes veracruzanas, sobre todo en Alvarado y en Tlacotalpan. Junto con las empanadas que se hacen de la misma masa, se preparan en puestecitos de comida que se alinean a lo largo de la rivera del inmenso río Papaloapan. El relleno está hecho con un queso fuerte que se hace en Chiapas, finamente rallado, o con picadillo de carne.

La suave masa tiende a absorber mucha grasa cuando se fríe, así es que es necesario tener bastante papel de estraza o toallas de papel. Otro método que resulta muy efectivo consiste en recalentar los "plátanos" sobre toallas de papel en el horno –como lo haría con los chiles rellenos– y el exceso de grasa sale fácilmente.

Yo acostumbro servirlos de un modo poco tradicional, con un poco de arroz blanco y salsa de jitomate, a manera de entrada.

Necesita plátanos machos maduros y amarillos, pero muy firmes al tacto.

675 gr de plátano macho (vea la nota superior)

3 cucharadas de harina

1/2 cucharadita de sal

aceite vegetal para freír

3/4 de taza (185 ml) de queso de Chiapas finamente rallado (véase la nota superior) o sustitúyalo por queso cotija.

Monde los extremos de los plátanos pero no los pele. Córtelos en pedazos como de 13 cm de largo. Póngalos en una olla, cúbralos con agua, tápelos y deje que rompa el hervor. Deje que se sigan cociendo a fuego medio hasta que la pulpa esté suave (es probable que la piel se haya abierto): aproximadamente 1 hora. Escúrralos y déjelos a un lado a que enfríen.

Pele los plátanos, macháquelos y amáselos con la harina y sal hasta obtener una consistencia bastante lisa.

Caliente el aceite en una sartén, que debe tener aproximadamente 2 cm de profundidad, a fuego lento. Humedezca sus manos ligeramente y divida la masa en ocho partes iguales. Con una de ellas haga una bolita como de 5 cm de diámetro. Presiónela con sus manos o con una prensa para tortillas forrada con bolsitas de plástico (vea las instrucciones para hacer tortillas en la pág. 75) hasta formar un círculo como de 10 cm de diámetro y 75 mm de ancho. Ponga aproximadamente 1 cucharada raza de queso a lo largo del centro de la masa, pero no en el borde.

De nuevo humedezca sus manos, y dele a la masa la forma de un platanito como de 13 cm de largo y 3.25 cm de ancho. El aceite debe estar caliente, pero sin exceder los 120 °C (250 °F) o de lo contrario se dorarán mucho por fuera pero quedarán crudos por dentro.

Fría dos o más plátanos, dependiendo del tamaño de la cacerola, y recuerde que necesita bastante espacio para voltearlos, ya que tienden a pegarse al fondo de la olla. Fríalos durante unos segundos, luego empiece a darles vuelta de vez en vez hasta que adquieran un color dorado profundo parejo: de 10 a 12 minutos. Sáquelos y escúrralos. Vea la nota superior.

Sírvalos calientes a manera de botana.

Nota: la masa puede prepararse con varias horas de anticipación.

Molletes
Ciudad de México
Rinde 6 porciones

Este popular platillo para el almuerzo que se llama molletes se hace con bolillo.

6 bolillos
aproximadamente 1/3 de taza (85 ml) de mantequilla sin sal, derretida
2 tazas (500 ml) de frijoles refritos (pág. 199), calientes
225 gr de queso Chihuahua, rallado
(aproximadamente 1 3/4 tazas/440 ml)
2 tazas (500 ml) de salsa mexicana (véase pág. 292) o salsa verde (pág. 293)

Precaliente el horno a 205 °C (400 °F). Corte los bolillos horizontalmente por la mitad y quíteles el migajón, dejando sólo la costra de menos de 1.5 cm de grueso. Coloque los bolillos en una charola para hornear bien engrasada: de preferencia deben estar como a 75 mm de distancia uno de otro. Con una brocha ponga un poco de mantequilla en el interior del bolillo y hornéelo hasta que las orillas apenas comiencen a ponerse crujientes: aproximadamente 10 minutos.

Saque los bolillos del horno. Rellénelos con los frijoles refritos y vuelva a hornearlos durante aproximadamente 5 minutos, o hasta que los frijoles estén bien calientes. Sáquelos brevemente del horno, espolvoree los molletes con el queso, y apenas derrítalo en el horno: no dore el queso. Sirva de inmediato con bastante salsa encima.

Guajolotas

Ciudad de México

Señora María Luisa de Martínez

Rinde 6 porciones

Un día en Cuautla, mi amiga María Luisa de Martínez, quien constantemente me da ideas y recetas, preparó estos pambazos, que ella convirtió en "guajolotas". Son muy sabrosos, crujientes y llenadores, pero sí requieren de un buen sistema digestivo. En Tulancingo, Hidalgo (y en la Ciudad de México), se le llama "guajolotas" al bolillo relleno de tamal.

2 chiles anchos, sin venas ni semillas

1 cucharadita de sal, o al gusto

1 cucharada de cebolla blanca toscamente picada

1 diente de ajo, toscamente picado

1 1/4 tazas (315 ml) de agua fría

4 chorizos (de aproximadamente 100 gr cada uno), pelados y desmoronados

225 gr de papas, cocidas y cortadas en cubitos de 1.5 cm

2 chiles chipotles adobados, licuados con 1/4 de taza (65 ml) de agua

6 pambazos grandes o teleras

aproximadamente de 4 a 6 cucharadas de aceite vegetal

115 gr de queso Chihuahua, Manchego, rallado

(aproximadamente 1 tasa raza, 225 ml)

2 tazas (500 ml) de lechuga rallada

Precaliente el horno a 205 °C (400 °F). Coloque la charola para hornear en la parilla superior.

Ase ligeramente los chiles limpios en una plancha o comal. Cúbralos con agua hirviendo y déjelos en remojo hasta que suavicen, aproximadamente 10 minutos. Luego escúrralos y transfiéralos al vaso de la licuadora. Añada la sal, cebolla, ajo y el agua fría, y licúe hasta obtener una textura lisa. Vierta la mezcla en un tazón no muy hondo y reserve.

240

Ponga los chorizos pelados y desmoronados en una sartén chica. Cocínelos a fuego bajo hasta que la carne esté cocida y suelte toda la grasa, pero cuide de no freírlos hasta que estén crujientes y secos. Escurra el exceso de grasa y guárdela para un uso futuro.

Agregue los cubitos de papa cocida y los chipotles licuados. Fríalos unos cuantos minutos más, volteando todo constantemente.

Corte los pambazos horizontalmente por la mitad. Elimine parte del migajón. Caliente 2 cucharadas del aceite en una sartén chica. Sumerja una de las mitades del pambazo muy rápidamente en la salsa –apenas debe quedar cubierto de salsa, no estar empapado– y fríalo rápidamente por ambos lados. Inmediatamente después, colóquelo sobre la charola para hornear caliente, en el horno. Repita el proceso hasta que todos los pambazos estén listos, añadiendo un poquito de aceite a la olla, según sea necesario. (Si pone demasiado aceite de una vez, el pan lo absorberá y se pondrá muy grasoso). Hornee los pambazos hasta que estén ligeramente crujientes: aproximadamente 10 minutos.

Rellene la mitad inferior de los pambazos con la mezcla de chorizo y papa. Espolvoréelos generosamente con el queso rallado y adórnelos con una capa gruesa de lechuga picada. Cubra con las tapas y sirva de inmediato.

SEMITAS

El nombre de semita puede resultar confuso ya que afuera de Puebla por lo general es un nombre que se refiere a un tipo de pan dulce que varía de un lugar a otro. Sin embargo, en Puebla una semita es un pan medio redondo, un poco aplanado y crujiente, espolvoreado con ajonjolí y que tiene un característico nudo arriba. Las semitas más deliciosas suelen cocerse en hornos de leña y no tienen ningún rastro del azúcar que se usa para que la masa levante más pronto, algo que constituye la ruina de muchas de las panaderías mexicanas de hoy.

Las semitas clásicas están robustamente rellenas con cubitos de papa, pata de res en escabeche, y aguacate, todo sazonado con chiles chipotles y con papaloquelite, una hierba de sabor punzante y hojas redondas.

TORTA MEXICANA

La torta mexicana no tiene igual en el mundo de los sandwiches. Una telera, que es un pan medio ovalado, no muy grueso, se corta de manera horizontal y se rellena hasta que se desborda. Es necesario usar ambas manos para comerla e, incluso así, se necesitan muchas servilletas, ¡si están rellenas adecuada y generosamente, el relleno de sale por todos lados a la primera mordida! Aunque los ingredientes que se mencionan abajo son los más comunes, hay mucho campo para innovar.

Primero elimine un poco de migajón. Después unte una parte de la telera abierta con una generosa porción de pasta de frijoles refritos (véase pág. 199) y añada varias rajas de chile jalapeño en escabeche. La otra cara puede untarse, también generosamente, con pasta de aguacate machacado, en tanto que la capa del centro puede ser de rebanadas de queso fresco o queso Oaxaca, tomate, crema, queso de puerco, o puerco en adobo (véase pág. 340), pollo deshebrado o jamón.

Empanadas de san Cristóbal de las Casas
Chiapas
Señora Rode, San Cristóbal de las Casas
Rinde 2 docenas de empanadas

En mi libro *Mexican Regional Cooking* hablé de las deliciosas y crujientes empanadas rellenas de pollo y espolvoreadas con azúcar que había comido en una visita a San Cristóbal. Durante un viaje posterior a esa ciudad un taxista gourmet apodado El Tigre me presentó a la señora Rode, una de las pocas mujeres que aún hacen estas empanadas comercialmente, y que conservan la calidad y la tradición que hizo famosa a su tía hace muchos años.

Era imposible no encontrar su casa pues, a medida que uno avanzaba por la calle, sentía el invitante y apetitoso aroma del horno, en medio del fresco aire montañoso de la tarde. La señora Rode, aún bastante joven, robusta, chapeada, estaba acabando con paciencia una última tanda de quinientas empanadas para una boda al día siguiente.

Había estado trabajando desde las cinco de la mañana. La cocina estaba tibia y la masa muy suave, y sin embargo, con una habilidad asombrosa, lograba voltear las orillas de la masa para convertirlas en plieguecitos perfectos. Para satisfacer las preferencias locales, rellenaba algunas de papa, otras de atún, de crema pastelera, o simplemente las espolvoreaba con queso seco rallado. Pero las verdaderamente fastuosas eran las que estaban rellenas de pollo, y esta es la receta que me dio para hacerlas.

Al seguir la receta tal y como me la dio la señora Rode, pero usando ingredientes estadounidenses, el resultado fue una pasta mucho muy dura, de modo que tuve que adaptar la receta. Lo que resulta es una costra muy quebradiza, que hay que manejar con delicadeza. Lo inusual de la técnica me intrigó tanto que la seguí al pie de la letra.

La masa

500 gr de harina

1/4 de cucharadita de sal

150 gr de manteca de puerco, más otro poco para embarrar la masa

150 gr de manteca vegetal

2 huevos enteros

2 yemas de huevo

aproximadamente 2 cucharadas de agua fría

El relleno

2 cucharadas de aceite vegetal

1/4 de taza (65 ml) de cebolla blanca finamente picada

3 chiles jalapeños en escabeche, o al gusto finamente picados

225 gr de jitomates finamente picados

1/2 taza (125 ml) de calabacitas cocidas en cubos de 75 mm

1/2 taza (125 ml) de zanahorias cocidas en cubos de 75 mm

2 1/2 tazas (625 ml) de pollo cocido y finamente picado

2 cucharadas del líquido del escabeche

1/4 de cucharadita de orégano

sal al gusto

pimienta negra recién molida

Para adornar

Aproximadamente 60 gr de azúcar

Cierna la harina, la maizena y la sal juntas, y luego póngalas en una superficie de trabajo lisa y haga un pozo en el centro. Ponga la manteca suave, la manteca vegetal, junto con el agua, los huevos y las yemas, en el pozo, y trabaje todos los ingredientes con los dedos hasta que obtenga una emulsión lisa. Poco a poco incorpore la harina y amase la masa hasta que esté suave y tersa.

Divida la masa en tres bolas iguales de aproximadamente 285 gr cada una. Con una brocha úntelas con bastante manteca derretida, cúbralas con una toalla y déjelas reposar (no las refrigere) durante 2 o 3 horas.

Con el rodillo extienda cada una de las bolas hasta formar cuadrados de aproximadamente 23 por 23 cm y 75 mm de ancho. Con la brocha úntelas con bastante manteca derretida, espolvoréelas con harina, y coloque uno de los cuadrados encima del otro. Con el rodillo extiéndalos para hacer un solo cuadrado más grande de aproximadamente 28 por 28 cm. (La señora Rode extiende una bola, la unta con manteca y harina, luego extiende la segunda encima de la primera y la tercera encima de eso. Mi sugerencia es mucho más sencilla.)

Con cuidado enrolle las tres capas juntas –ni demasiado apretadas ni demasiado flojas– para formar una salchicha como de 4 cm de diámetro. Unte el rollo con bastante manteca derretida y déjela en reposo durante otras 2 horas en el refrigerador.

Mientras tanto prepare el relleno. Caliente el aceite en una sartén y fría la cebolla, los chiles y los jitomates juntos a fuego medio hasta que la mezcla se reduzca y se sazone: aproximadamente 3 minutos. Incorpore los vegetales y el pollo, sazone, y deje que la mezcla se enfríe completamente antes de rellenar las empanadas.

Precaliente el horno a 220 °C (425 °F).

Corte el rollo en rodajas de aproximadamente 1.5 cm de ancho. Con el rodillo extienda cada una hasta obtener un círculo como de 10 cm de diámetro. Ponga aproximadamente una cucharada copeteada del relleno en uno de los lados de la masa, después doble el otro lado para cubrir el relleno. Pellizque firmemente los bordes semicirculares, torciendo la masa con sus dedos para formar pequeños bordes en toda la orilla. Coloque las empanadas muy separadas en una charola para hornear sin engrasar y hornee las empanadas durante unos 25 minutos, hasta que estén bien doradas.

Espolvoréelas con el azúcar y sirva de inmediato, como platillo para una cena ligera o como entrada.

Ensaladas

A fines de los años cincuentas, todos los sábados por la mañana íbamos al mercado de San Juan, en la Ciudad de México. Esas visitas nos hacían agua la boca y también consumían mucho tiempo. Había montoncitos de delicadísimas cebollitas de cambrai; hermosos y crujientes rabanitos que tenían un ligero gusto a nuez; aguacates de todas formas y tamaños; berros, pepinos y todo tipo de verduras imaginables. Pero las más frescas y delicadas eran las que vendía una indígena que se sentaban en el piso a la entrada del mercado. Alargaba la mano para darle un tironcito a mi falda o para atraer mi atención me decía "marchanta" con un ligero siseo. Tenía montoncitos perfectamente ordenados de hierbas recién cortadas, o flores de calabaza, o chícharos y habas recién sacados de la vaina. Yo casi siempre terminaba comprando de más pues se me olvidaba lo que en verdad había ido a conseguir, de modo que volvía a casa con dos gigantescas canastas que desbordaban todo tipo de preciosos y delicados productos frescos, en tal cantidad que dos personas jamás habrían podido consumir antes de se marchitara todo.

Pero era el domingo por la mañana cuando nos apresurábamos a los puestos donde, en grandes platones, se exhibían la ensaladas ya preparadas de nopalitos o, sobre todo, de habas intrincadamente adornadas con rodajas de tomate y cebolla, y espolvoreadas con cilantro picado.

La ensalada no es una parte indispensable de la comida mexicana como sí lo son los frijoles, por ejemplo. Pero esto no significa que en México no se consuman verduras crudas. Por el contrario, resulta inconcebible comer un antojito sin una auténtica cascada de lechuga picada, rebanadas de jitomate y rabanitos, ya sea cortados en rodajas o en forma de flor. Y también están las salsas de mesa y los aderezos el guacamole, la salsa mexicana cruda y su contraparte de Yucatán: el xni-pec, que se comen en grandes cantidades con tacos o con tortillas solas. Durante los meses de verano los vendedores ambulantes ofrecen pepinos, pelados y cortados que parecen una flor, servidos con bastante chile piquín en polvo, sal y un chorrito de limón. En invierno los pepinos se sustituyen por jícamas, que se rebana finamente y se adereza de la misma forma.

Antes se le llamaba "ensalada" a casi cualquier cosa que sirviera de acompañamiento para un platillo principal. Me resulta fascinante leer en los libros de cocina mexicana del siglo diecinueve sobre una ensalada de piña cruda y de cómo se cocían las manzanas con bastante jerez; sobre los xoconostles hervidos con canela y azúcar, y una *ensalada de damas* que se consideraba mucho más apropiada para las señoritas –en vez de las carnes que se ofrecían a los caballeros–, porque las damas "no son tan fuertes y llevan una vida más sedentaria", según el escritor. Las damas comían una asombrosa mezcla de verduras cocidas –betabel, ejotes, chícharos, calabacita, coliflor– picadas con plátano macho, piña, camote, manzanas, aguacates, aceitunas y chiles en vinagre.

También se sugería que, para ocasiones más elegantes, las ensaladas verdes se adornaran con coloridas flores comestibles: borraja, mastuerzo, malva, achicoria silvestre o azahar.

Como es natural, hoy en día es la influencia gastronómica de Estados Unidos es muy fuerte e incluso han empezado a aparecer barras de ensalada en algunas de las cadenas de restaurantes más populares, así como en los restaurantes de los hoteles. Pero en la privacidad del hogar es mucho más probable que a uno le sirvan la tradicional ensalada de verduras cocidas –calabacita, coliflor, ejotes–, aderezada con aceite de oliva y vinagre, y espolvoreada con orégano y aros de cebolla cruda.

Realmente nunca pude tomar en serio la vistosa ensalada de Nochebuena: una mezcla de lechuga, betabel, caña de azúcar, naranja, plátano, lima, jícama, cacahuates y colación (dulces de azúcar). Pero dos ensaladas que me vienen a la mente porque a mi parecer tienen la combinación justa de elementos, resultan diferentes y muy mexicanas, son la ensalada de nopales y la de chiles rellenos, cuyas recetas brindo aquí, junto con otras recetas para ensaladas de verduras cocidas, y una ensalada de jícama que es crujiente y muy refrescante.

La original ensalada Alex-César Cardini

Ciudad de México

Alex Cardini, Sr.

Rinde 2 porciones

A principios de los años setenta murió uno de los restauranteros más queridos de la Ciudad de México: Alex Cardini Sr. Se había iniciado en el negocio de los restaurantes en Italia, cuando tenía diez años de edad. Para cuando era adolescente ya había trabajado en algunos de los mejores restaurantes europeos. Como piloto de combate con la Fuerza Aérea Italiana recibió una condecoración por el valor y el arrojo que demostró durante la Segunda Guerra Mundial.

En 1926 Alex Sr. Alcanzó a su hermano César en Tijuana donde éste tenía un próspero restaurante y donde inventó su famoso aderezo. Con este aderezo y una combinación única de otros ingredientes más, Alex inventó su ensalada en honor de los pilotos de la Base Aérea de Rockwell en San Diego. Al principio se le conoció como la "Ensalada del aviador", y posteriormente se le llamó y se le imitó con el nombre de "Ensalada César", pero yo me referiré a ella por su nombre correcto: Ensalada Alex-César Cardini.

Unos meses de que muriera, asistí a una de esas largas y maravillosas comidas con los hermanos Cardini y sus amigos. Platicamos durante horas sobre las rarezas y lo fascinante que es la comida mexicana y Alex Sr. nos preparó su ensalada.

10 hojas de lechuga orejona, aproximadamente

6 rebanadas de bolillo o pan francés duro de

aproximadamente 1.5 cm de grosor

1/4 de taza (65 ml) de aceite de oliva

3 dientes de ajo

6 filetes de anchoa

1 huevo grande, crudo

1 cucharada de jugo de limón

1 cucharadita de salsa Worcestershire

1/4 de taza (65 ml) de queso parmesano recién rallado

sal y pimienta recién molida, al gusto

Lave la lechuga, sacúdala para secarla, envuélvala en un trapo seco y métala al refrigerador para que se ponga crujiente.

Precaliente el horno a 205 C. Ponga las rebanadas de pan en una charola para hornear sin engrasar y hornéelas hasta que estén crujientes: 20 minutos. Con una brocha úntelas con 1 1/2 cucharadas del aceite y vuelva a meterlas al horno para que se doren: aproximadamente 10 minutos.

Machaque el ajo y las anchoas juntos y, poco a poco, añada 1 cucharada del aceite. Unte esta mezcla sobre las rebanadas de pan y apártelas.

Cubra el huevo con agua hirviendo y cuézalo durante 1 minuto; la clara debe estar opaca pero apenas cuajada.

Ponga las hojas de lechuga en la ensaladera, añada el resto de los ingredientes, y revuelva con el huevo y con el pan hasta que todo quede bien incorporado. Se sirve de inmediato.

Chiles en escabeche colimenses
Colima

Señora Esperanza Orozco de Olea

Rinde 6 porciones

Ésta es una versión deliciosamente diferente de los chiles rellenos. Me la dio una distinguida cocinera de Colima. Para mejores resultados, hay que empezar esta receta tres días antes. Un chile por persona es suficiente, pues este platillo resulta muy llenador cuando se sirve como ensalada o como entrada.

Los chiles

Aproximadamente 1/3 de taza de aceite vegetal

6 chiles poblanos medianos

La mezcla para el escabeche

5 dientes de ajo, cortados por la mitad

1 taza (250 ml) de cebolla morada rebanada delgada

1 zanahoria mediana, pelada y rebanada delgada

1/2 taza (125 ml) de vinagre de vino

2 cucharadas de agua

1 cucharadita de sal, o al gusto

El relleno

225 gr de frijoles canarios o flor de mayo, cocidos (véase pág. 196),

con su caldo

340 gr de chorizo

2 cucharadas de manteca de cerdo

3 cucharadas de cebolla blanca finamente picada

aproximadamente 180 gr de jitomates finamente picados (aproximadamente

1 taza copeteada/265 ml)

3 cucharadas de queso ranchero seco o añejo, rallado

PARA SERVIR

Hojas de lechuga orejona para adornar el platón
6 rebanadas de queso panela

Tres días antes, caliente el aceite en una sartén y fría los chiles a fuego medio, volteándolos con frecuencia, hasta que estén ampollados y bien dorados: aproximadamente 10 minutos. Retire la sartén del fuego, tápela, y deje que los chiles "suden" alrededor de 5 minutos en la sartén. Saque los chiles de la sartén, escúrralos, y apártelos para que se enfríen mientras usted prepara el escabeche. Elimine todo el aceite excepto 3 cucharadas.

En el mismo aceite, fría el ajo ligeramente hasta que apenas esté dorado. Agregue los otros ingredientes del escabeche y deje que rompa el hervor. Reduzca la flama y deje que la mezcla hierva suavemente, revolviendo de vez en cuando, durante unos 2 minutos. Transfiera el contenido de la olla a un tazón de vidrio o de porcelana.

Pele los chiles (si los frió de manera correcta podrá quitarles la piel con gran facilidad). Con cuidado haga una abertura en cada chile y quítele las semillas y las venas, cuidando de no romperlos y de mantener el tallo intacto. Agregue los chiles a los ingredientes que están en el tazón y refrigérelos en el anaquel inferior durante 2 o 3 días, volteándolos de vez en cuando para que se impregnen completamente del escabeche. Elimine todo el aceite excepto 3 cucharadas.

Prepare el relleno el día que tenga planeado servir los chiles. Licúe los frijoles con su caldo (no los licúe demasiado, pues deben conservar algo de su textura). Apártelos.

Pele y desmorone el chorizo, luego caliente la manteca en un sartén y fría el chorizo suavemente –tenga cuidado porque el chorizo se quema fácilmente– hasta que la carne suelte toda la grasa: aproximadamente 5 minutos. Saque el chorizo de la sartén y apártelo.

En la misma grasa fría la cebolla ligeramente, sin dorar, hasta que acitrone. Añada los jitomates y fríalos 3 minutos más. Añada los frijoles licuados y el chorizo. Fría la mezcla, revolviendo y raspando el fondo de la olla, hasta que se reduzca y forme una pasta espesa. Retire la mezcla del fuego y deje que se enfríe. Entonces incorpore el queso rallado.

Rellene los chiles con la mezcla de frijol y dispóngalos alrededor de un platón adornado con las hojas de lechuga. Cubra cada chile con una tira del queso y con las piezas de cebolla y de zanahoria del escabeche. Sirva los chiles a temperatura ambiente.

Chiles de la sierra
Puebla
Rinde 6 porciones

Ésta es una forma muy sencilla de preparar los chiles anchos enteros para servirlos con carnes asadas o rostizadas, o como aderezo con carnes frías. La receta proviene de la Sierra de Puebla.

Hace algunos años asistí en Morelia a una exposición de comida tradicional mexicana, donde sirvieron casi esta misma receta a manera de botana: los chiles anchos estaban rellenos de requesón, ¡una magnífica idea! Los chiles pueden comerse el mismo día de su preparación o, mejor aún, después de dejar que se sazonen uno o dos días, en el refrigerador.

Un día antes
6 chiles anchos medianos, que se limpian con un trapo
3 cucharadas de aceite vegetal
1 cebolla blanca chica, rebanada delgada
1/2 taza (125 ml) de vinagre
1/2 cucharadita de sal, o al gusto
1/2 taza (125 ml) de agua
60 gr de queso añejo finamente rallado
(aproximadamente 2/3 de taza/165 ml)
1/4 de cucharadita de orégano

Para servir
1 cebolla blanca chica, rebanada delgada
6 hojas de lechuga orejona
1 jitomate mediano, en rebanadas

Un día antes, caliente un comal sin engrasar a fuego medio y deje que los chiles se calienten, volteándolos de vez en cuando, hasta que se suavicen. Aplane cada chile lo más posible, y luego hágale una abertura a lo largo y hasta la mitad de la parte superior, en donde se unen la corona y el tallo. Elimine las semillas y las venas.

Caliente el aceite en un sartén. Presione el interior de un chile a la vez en el aceite, deje que se fría así durante aproximadamente medio minuto: cambiará de color hasta adquirir un tono café opaco. (Cuide que la flama no esté muy alta o el chile se quemará enseguida.) Una vez que todos los chiles estén fritos, séquelos y escurra el exceso de aceite.

Agregue a la sartén la cebolla rebanada y fríala ligeramente hasta que acitrone; no debe dorarse. Añada el vinagre, la sal, el agua y los chiles, y deje que cocinen suavemente unos 10 minutos, o hasta que los chiles estén completamente suaves. Saque los chiles de la sartén, escúrralos y apártelos para que se enfríen.

Espolvoree el interior de cada chile con un poquito de queso. Vuelva a darles forma doblando las orillas y acomodándolas en su lugar. Luego colóquelos en un platón, en una sola capa, y vierta encima el líquido de la olla. Espolvoréelos con orégano. Adórnelos con aros de cebolla cocida y cruda. En este punto los chiles pueden dejarse marinar en el refrigerador durante uno o dos días. Justo antes de servir, decore los bordes del platón con las hojas de lechuga y las rebanadas de jitomate.

Ensalada de chiles rellenos
Monterrey, Nuevo León
Eizabeth Borton de Treviño
Rinde 6 porciones

LA MARINADA
1/3 de taza (85 ml) de agua
2 cucharadas de vinagre
1 diente de ajo, rebanado
3 ramas de mejorana o 1/8 de cucharadita de mejorana seca
1 hoja de laurel
sal al gusto
3 cucharadas de aceite de oliva

LOS CHILES
6 chiles poblanos chicos, asados y pelados (véase pág. 564)

252

EL RELLENO DE GUACAMOLE

3 cucharadas de cebolla blanca finamente picada

2 aguacates medianos

1/2 cucharadita de jugo de limón

sal al gusto

PARA SERVIR

Hojas de lechuga

Semillas de granada

Mezcle bien todos los ingredientes de la marinada y apártela.

Deje intacto el tallo de los chiles, hágales un corte a lo largo y con cuidado elimine las semillas y las venas. Ponga los chiles en la marinada y refrigérelos durante por lo menos 2 días, volteándolos esporádicamente.

Cuando esté lista para servir los chiles, machaque la cebolla. Abra los aguacates y saque la pulpa con una cuchara. Macháquela junto con la cebolla, el jugo de limón y la sal.

Escurra los chiles y rellénelos bien con el guacamole. Dispóngalos en un platón sobre una cama de hojas de lechuga y adórnelos con semillas de granada.

Ensalada de nopalitos

Centro de México

Rinde 6 porciones

LA ENSALADA

2 tazas (500 ml) de nopalitos, cocidos (véase pág. 596)

2 cucharadas de aceite de oliva (opcional)

4 cucharadas de vinagre suave

1/4 cucharadita de orégano

3 cucharadas de cebolla blanca finamente picada

sal al gusto

1/4 de taza (65 ml) de cilantro toscamente picado

253

PARA SERVIR

Hojas de lechuga

Rajas de chile jalapeño en escabeche

1 cebolla morada chica, rebanada

2 jitomates medianos, rebanados

Mezcle bien todos los ingredientes de la ensalada y apártelos para que se sazonen aproximadamente 1 hora.

Adorne un platón con hojas de lechuga, ponga la ensalada encima y adórnela con el resto de los ingredientes.

Ensalada de ejote y calabacita
Centro de México

Rinde 6 porciones

340 gr de calabacitas cocidas

340 gr de ejotes cocidos

1 cebolla blanca chica finamente rebanada

un aderezo de aceite y vinagre bien sazonado

2 duraznos, pelados y rebanados

1 aguacate chico, pelado y cortado en rebanadas

las semillas de media granada

Corte las calabacitas a lo largo y luego en cuartos. Corte los ejotes en tercios. En un tazón de vidrio, mezcle la cebolla con las calabacitas y los ejotes.

Mezcle las verduras con el aderezo y dispóngalas en un platón.

Para servir, decore la ensalada con los duraznos pelados y rebanados, las rebanadas de aguacate y las semillas de granada.

Ensalada de calabacita
Centro de México

Rinde 6 porciones

675 gr de calabacitas cocidas (o coliflor, o chayote), pero que conserven su
textura
1/2 cucharadita de orégano
aderezo de aceite y vinagre bien sazonado
rebanadas de cebolla blanca desflemada en jugo de limón
1 aguacate chico, rebanado
aceitunas verdes
115 gr de tiras de queso fresco (aproximadamente 2/3 de taza/165 ml)

Corte las calabacitas a lo largo y luego en cuartos. O bien, divida la coliflor en ramilletes, pele y rebane el chayote.

Mezcle con el orégano y con el aderezo en un tazón de vidrio. Disponga la mezcla en un platón y decórela con los aros de cebolla, las rebanadas de aguacate, aceitunas y las tiras de queso.

Ensalada yucateca de jícama

Yucatán

Rinde 6 porciones

2 jícamas chicas o una grande (aproximadamente 675 gr)
1 cucharada copeteada de cilantro finamente picado
sal al gusto
1/2 taza (125 ml) de jugo de naranja agria o sustituto (véase pág. 593)
1 naranja dulce grande

Pele las jícamas con un pelador de papas y córtelas en cubitos de 75 mm. Póngalos en un tazón de vidrio. Añada el cilantro, sal y el jugo de naranja agria. Aparte y deje que se sazonen durante al menos una hora.

Pele y rebane finamente la naranja. Adorne la ensalada con las rebanadas de naranja. Sirva.

Platillos

de vegetales
y legumbres

El botín de los toltecas

Gozaban de un gran botín;

Había abundancia de comida y de todo lo que sustenta a la vida.

Dicen que las calabazas era tan grandes

Que algunas llegaban a medir hasta dos metros de diámetro

Y que las mazorcas de maíz eran tan largas como moletas de piedra;

Sólo podían abarcarse con ambos brazos.

Fragmento del *Códice Matritense de la Biblioteca Real de Palacio*

Para un extranjero curioso que esté en México, una de las vistas más interesantes es la de caminar, temprano por la mañana, por el canal que conduce al Lago de Chalco. Hasta ahí llegan constantemente cientos de indios en canoas de distintos tamaños y formas, cargadas con la más enorme variedad de productos animales y vegetales de los alrededores; por lo general las mujeres navegan acompañadas por su familia. Las mejores verduras cultivadas que se producen en los jardines europeos, y las innumerables frutas de la zona tropical –muchos de cuyos nombres son desconocidos para nosotros–, se apilan en pirámides y se decoran con las flores más llamativas.

Fragmento de *Seis meses de residencia y viaje en México*, de W.H. Bullock, siglo XIX

Recuerdo con claridad a un anciano sentado sobre un costal de chiles en el Mercado Juárez de la Ciudad de México, a finales de los años cincuenta. Mientras yo comentaba llena de emoción acerca de la variedad y la belleza de los chiles, las hierbas y las flores comestibles que vendía su mujer, él respondió: "¡Sí, señora. Aquí comemos al pie de la vaca!"

Si a un campesino mexicano se le dan unos cuantos metros cuadrados de tierra, casi de inmediato construirá un pequeño cobertizo y lo adornará por fuera con cientos de latitas llenas de plantas con guía y de flores de todos colores. En verano la parcelita estallará de vida: plantas de maíz, altas y fuertes, entretejidas con las sinuosas guías de la calabaza y las plantitas del frijol. Los chícharos estarán en flor y las hiervas se apiñarán en cada resquicio donde encuentren un espacio, celebrando con exhuberancia la llegada de las tan ansiadas lluvias.

Pero ya no llegan a la ciudad las canoas con su cargamento de productos frescos.

En vez de eso, en las cuadras que circundan al mercado de La Merced –el gran mercado al mayoreo de la Ciudad de México– hay una densa masa de lentísimos camiones que llegan de todas partes de la República forcejeando para encontrar un sitio dónde estacionarse para descargar sus productos. Los jóvenes invierten en pequeñas carretillas, o *diablitos*, donde cargan los productos hasta los puestos que están en el interior del mercado, pero todavía quedan muchos ancianos que, encorvados bajo el peso de gigantescos bultos desbordantes que amarran con cinturones de cuero, llevan la pesada carga sobre la cabeza. Avanzan, virando entre la multitud y apartando a la gente, con una discreta y monótona cantaleta que, milagrosamente, se escucha por encima del estruendo del mercado: "Golpe... golpe... bulto".

A pesar de la austeridad de los edificios de concreto de los mercados modernos, éstos aún conservan un carácter que es típicamente mexicano. Hay que recorrer algunos de los mercados locales más pequeños, como el de Santa Julia, el Mercado Juárez, el de Medellín o el de San Ángel. Algunos puestos tienen torres de productos que se desbordan hasta el piso, mientras que otros sólo ofrecen unos cuantos montoncitos de chiles de brillantes colores, tunas pequeñas, ya sean rojas o anaranjadas, algunas de las cuales están cuidadosamente peladas, listas para comerse; unas cuantas flores de colorín para tortas, o unos limoncitos color verde pálido. Uno se pregunta cómo es que la persona que está ahí sentada se las ingenia para pasar el día y, al final, cuántos pesos habrá ganado para alimentar a su familia.

Los mercados de San Juan y Santa Julia tenían una variedad particularmente asombrosa de hongos. Más o menos, desde mediados de julio hasta octubre, hay cepas de color bermejo; morillas de un profundo color café; pequeños hongos blancos para la ensalada; los hongos clavitos para sopas y quesadillas; yemas de profundo color naranja y, muy de vez en cuando, unos cuantos hongos azules de las sierras que circundan Valle de Bravo.

Hay grandes atados de huauzontles, delicados romeritos que se cocinan con camarón seco para hacer tortitas en mole para Cuaresma y Navidad, verdolagas silvestres que se guisan con carne de puerco; acelgas, coles, poros y nabos: ahí encontrará todo tipo de verduras imaginables. Si hay algún producto que no conozca y que no sepa cómo cocinar, en menos de cinco minutos recibirá tantas recetas como el número de personas que hayan escuchado su pregunta. Y mientras compra habrá un constante coro de voces jóvenes que preguntan: "¿Le ayudo con su mandado?...¡Le ayudo?", pues todos quieren ganarse unos cuantos pesos cargando los bultos de la compra.

Por lo general las verduras se sirven como un plato aparte, antes del platillo principal. Se preparan en forma de tortitas –frituras capeadas que se sirven con salsa de jitomate–, o guisadas en budines bastante sólidos hechos a base de huevo, queso y harina; o se cocinan en un guisado de carne o de pescado, o en sopas muy sustanciosas como el mole de olla o el pozole de milpa, que es uno de los platillos preferidos en Sonora.

Nopales al vapor estilo Otumba
Estado de México
Rinde 2 1/2 tazas (625 ml), suficiente para rellenar 12 tacos

Entre más vivo en México, más variadas se vuelven mis fuentes para conseguir recetas. Ésta me la dio el chofer de un autobús en el pueblo de Otumba (cerca de las pirámides de Teotihuacan), a quien le gustaba mucho cocinar. Su cuñado, también chofer de autobús, conducía el camión que debía llevar a nuestro grupo al mercado de La Merced a fin de comprar las variadas y exóticas provisiones que necesitábamos para las clases de cocina que yo impartía hace muchos años. Invadido por la curiosidad, el chofer quería conocerme, así que nos acompañó durante una parte del trayecto. Me contó que había montado su "cocina" –una pequeña estufita de carbón con dos cazuelas y un comal– en el garage donde guardaba el camión y ahí cocinaba el almuerzo (cuando el tiempo se lo permitía) para el resto de sus compañeros, todos choferes como él. A juzgar por el tamaño de sus vientres, ha de haber sido un buen cocinero. Para mí es la mejor receta para preparar nopales que conozco.

2 cucharadas de aceite vegetal
2 dientes de ajo finamente picados
450 gr de nopales limpios de ahuates y cortados en cubitos (véase pág. 596)
(aproximadamente 3 1/2 tazas de nopales crudos/875 ml)
1 cebolla de rabo finamente picada
2 chiles jalapeños (con venas y semillas) finamente rebanado
1 cucharadita de sal, o al gusto
2 ramas grandes de epazote, toscamente picado

Caliente el aceite en una sartén grande y pesada. Fría el ajo, sin dorar, durante unos segundos. Añada el resto de los ingredientes, excepto el epazote. Tape la sartén y cocine a fuego bajo, revolviendo la mezcla de vez en cuando, hasta que los nopales estén casi tiernos; soltarán un jugo viscoso.

Destape la sartén y siga cociendo los nopales a fuego un poquito más alto hasta que se reseque todo el líquido viscoso de los nopales: aproximadamente 20 minutos, según lo tiernos que estén. Incorpore el epazote 3 minutos antes del final del tiempo de cocción.

Para servir, ponga un poquito de nopales en una tortilla caliente, recién hecha y, si desea, agregue un poco de queso fresco.

Nota: este platillo puede prepararse con anticipación.

Legumbres en pipián oaxaqueño
Oaxaca
Señora Domatila Santiago de Morales
Rinde 6 porciones

Hace muchos años, mientras cocinaba con mi amiga, la señora Domatila, ella sugirió que hiciéramos un pipián de chícharos y nopales. Este platillo constituye un magnífico plato principal vegetariano, cuyo color, textura y sabor resultan deliciosos.

Domatila o "La Regañadora", como yo la llamo, no dejó de quejarse y de regañarme durante todo el tiempo que cocinamos. Mientras tostaba las semillas para esta receta, le pregunté hasta qué punto tenían que dorarse. "Ni muy, muy, ni tan, tan", respondió con un chasquido de su lengua que me indicaba la decepción que le causaba mi pregunta. Y luego, mientras ella molía las pepitas en el metate –algo que es suficiente para que cualquiera se queje, según me ha mostrado la experiencia– me dijo que la preparación de la comida mexicana era "dura pero segura". (Por cierto, las pepitas molidas, se pasaron por un colador pequeño hecho a base de un guaje en el que se habían perforado unos agujeritos.)

Desde luego, este pipián puede hacerse con pollo, carne de puerco o de conejo y, durante la Cuaresma, con camarones secos. Yo lo preparé con calabacitas en cubitos y champiñones cortados en cuartos, y precocidos durante unos minutos. Salió muy bien. Tan deliciosa es la salsa que puede añadir legumbres al gusto.

225 gr de pepitas de calabaza enteras, crudas (aproximadamente 2 3/4 tazas/685 ml)

1 chile ancho

2 chiles chilcosle o guajillo

1 diente de ajo

aproximadamente 1 l de agua fría

1/4 de cucharadita de cominos

3 cucharadas de aceite vegetal

2 cucharaditas de sal, o al gusto

450 gr de nopales, en cuadritos (aproximadamente 2 2/3 tazas/665 ml),

cocidos, (véase pág. 596; aproximadamente 3 1/2 tazas/825 ml)

2 ramas grandes de epazote o 1 hoja de aguacate asada

En una sartén muy gruesa tueste las pepitas a fuego lento. Voltéelas constantemente hasta que se doren parejo. Tenga muy a mano una tapadera, porque suelen saltar con ferocidad. Apártelas para que se enfríen.

Elimine las semillas y las venas del chile ancho; deje enteros los chiles guajillo o chilcostle. Cubra los chiles con agua y hiérvalos a fuego muy lento durante 5 minutos, y luego deje que se remojen 5 minutos más. Escúrralos y transfiéralos al vaso de la licuadora. Añada el ajo y 1 taza (250 ml) del agua a los chiles y licúe hasta obtener una mezcla lisa.

Cuando las pepitas tostadas se hayan enfriado, muélalas, junto con el comino –de preferencia en un molino para café o para especias– hasta que aún conserven un poco de textura. Transfiéralas a un tazón e incorpore las 3 tazas (750 ml) del agua restante hasta obtener una mezcla lisa. Páselas por un colador mediano y apártelas. (Nota: quedarán bastantes desechos de las cáscaras de pepita en el molino o colador.)

Caliente el aceite en una sartén grande y pesada. Añada la salsa de chile, colándola a través de un colador, y presionando para extraer todo el jugo posible de los chiles. Baje la flama y fría la salsa de chile, raspando el fondo de la olla constantemente, hasta que se haya reducido y sazonado: aproximadamente 2 minutos.

Poco a poco, incorpore la pepita y cocínela a fuego lento durante unos 20 minutos, revolviendo y raspando el fondo de la olla de vez en cuando, mientras la salsa se sigue espesando. Agregue la sal y las verduras, y deje que todo se calienten bien durante 15 minutos más, añadiendo el epazote o la hoja de aguacate justo antes del final del tiempo de la receta. (Cuando la salsa está bien cocinada, se forman charquitos de aceite en la superficie.)

La salsa debe tener una consistencia mediana y cubrir ligeramente el revés de una cuchara de madera.

Sirva el pipián caliente, con tortillas recién hechas.

Nota: puede hacer la salsa con anticipación.

Coliflor en aguacate
Centro de México
Rinde 6 porciones

Esta receta proviene del libro Recetas de cocina, un volumen de 1911. La idea de cocinar la coliflor con anís me causó mucha curiosidad; le da un sabor interesante, pero es probable que el anís tenga la única y sutil razón de disminuir el efecto gaseoso de la coliflor que llena de gases. Este platillo puede servirse como un plato aparte de vegetales o como ensalada, pero como no tiene una apariencia muy atractiva yo prefiero servirlo como dip –coliflor al dente con guacamole– o disfrazada con guacamole a manera de ensalada o de acompañamiento.

Este platillo debe prepararse en su totalidad a último minuto. De lo contrario, el guacamole pierde su color y se pone un poco acuoso, y la coliflor se pone amarga y se pierde el delicado sabor del anís. Éste es uno de esos casos en que un guacamole liso es apropiado.

LA COLIFLOR
450 gr de coliflor, sin las hojas exteriores
una pizca grande de semillas de anís, atadas en un pedacito de manta de cielo
1 cucharadita de sal

EL GUACAMOLE

2 chiles serranos

3 ramas de cilantro

2 cucharadas de cebolla blanca finamente picada

1/4 cucharadita de sal o al gusto

225 gr de jitomates, asados (véase pág. 589)

2 aguacates

EL ADORNO

60 gr de queso fresco, desmoronado

(aproximadamente 1/3 de taza/85 ml)

Enjuague bien la coliflor y divídala en racimos pequeños. Ponga a hervir agua vigorosamente en una olla grande. Añada la coliflor, las semillas de anís y la sal, y cuézala hasta que apenas esté tierna: aproximadamente 5 minutos después de que el agua vuelva a hervir. Escurra la coliflor y apártela para que se enfríe.

Haga el guacamole mientras la coliflor se cuece. Machaque los chiles, el cilantro, la cebolla y la sal en la licuadora hasta obtener una pasta. Añada los jitomates y lícuelos durante uno o dos segundos más. Pele los aguacates y macháquelos hasta que estén lisos. Añada los ingredientes licuados y mezcle bien.

Para servir este platillo a manera de dip vegetariano, coloque el guacamole en un tazón chico y adórnelo con el queso desmoronado. Ponga el tazón en medio de un platón grande y disponga la coliflor alrededor.

Para servir este platillo como un plato vegetariano o como ensalada, coloque la coliflor en un platón plano, en una sola capa. Vierta encima el guacamole y adórnelo con el queso desmoronado.

Chayotes rellenos
Centro de México
Rinde 6 porciones

Quizá ésta sea la mejor manera de preparar chayotes, que tienden a ser algo insípidos cuando se les cocina sin embellecerlos un poco. Elija un refractario no muy hondo en el que quepan las mitades de chayote.

Los chayotes rellenos pueden servirse como entrada con salsa ranchera (véase pág. 296), sin la cebolla, o como un platillo principal vegetariano.

3 chayotes, como de 450 gr cada uno
2 cucharaditas de sal
2 cucharadas copeteadas de mantequilla sin sal
2/3 de taza (165 ml) de cebolla blanca finamente picada
2 dientes de ajo finamente picados
4 huevos grandes, bien batidos con sal y pimienta
180 gr de queso fresco, desmoronado
(aproximadamente 1 taza/250 ml) y
12 tiras de queso fresco o de queso Chihuahua
2/3 de taza (165 ml) de crema (véase pág. 588) o al gusto

Cubra los chayotes con agua hirviendo con sal, deje que rompa el hervor y cuézalos a fuego medio, tapados, hasta que estén apenas tiernos: aproximadamente _ hora.

Escurra los chayotes y deje que se enfríen. Cuando pueda manejarlos, córtelos por la mitad. Elimine el centro y la semilla que tiene forma de almendra. (¡Cómase la semilla antes de que alguien más se la gane!) Con cuidado saque la pulpa con una cuchara, dejando intacta la cáscara. Machaque bien la pulpa y déjela escurrir en un colador durante unos minutos, ya que en México los chayotes tienen mucha agua. Ponga las cáscaras de chayote al revés para que escurran.

Precaliente el horno a 205 °C. Derrita la mantequilla en una sartén. Fría la cebolla y el ajo a fuego medio hasta que acitronen. Agregue los huevos y revuélvalos como si fuera a hacer huevos revueltos, hasta que apenas cuajen.

Luego agregue la pulpa machacada de chayote y deje que la mezcla se reseque un poquito, a fuego lento, durante uno o dos minutos.

Incorpore el queso desmoronado y rellene las cáscaras de chayote que escurrió y reservó. Colóquelas en el refractario.

Ponga las tiras de queso y la crema sobre los chayotes rellenos y caliéntelos bien en el horno durante aproximadamente 15 minutos antes de servirlos. (No intente comerse la cáscara.)

Chiles rellenos de elote con crema
Centro de México

Rinde 6 porciones

De todas las recetas para chiles, elote y crema, esta es exquisita. Puede usar chiles poblanos o anchos: son igualmente deliciosos. Este platillo constituye una entrada maravillosamente rica y exótica.

Los chiles horneados en un platón de arroz blanco constituyen un delicioso platillo vegetariano (véase pág. 207).

1/4 de taza (65 ml) de mantequilla sin sal

1 1/4 tazas (315 ml) de cebolla blanca finamente picada

2 dientes de ajo finamente picados

4 tazas (1 l) de granos de elote

sal al gusto

1/3 de taza (85 ml) de agua, si es necesario

3 cucharadas de epazote finamente picado

12 chiles poblanos chicos, asados, pelados y limpios (véase pág. 564),

o 12 chiles anchos, sin venas ni semillas, remojados en agua caliente

durante 15 minutos (véase pág. 569)

225 gr de queso fresco, cortado en rebanadas gruesas

2 tazas (500 ml) de crema (véase pág. 588)

aproximadamente 85 gr de queso Chihuahua, rallado (aproximadamente

1 taza copeteada/275 ml)

Derrita la mantequilla en una sartén grande. Fría ligeramente el ajo y la cebolla, sin dorar, hasta que estén suaves: aproximadamente 2 minutos. Agregue el elote y la sal, luego tape la olla y cocine el elote a fuego suave hasta que los granos estén tiernos. Si el elote está muy seco, añada aproximadamente 1/3 de taza (85 ml) de agua. El tiempo de cocción varía de los 10 a los 15 minutos. Agregue el epazote y ajuste la sazón. Retire del fuego para que se enfríe un poco.

Precaliente el horno a 180 °C.

Limpie los chiles con cuidado, dejando intacta la corona y el tallo. Rellene bien los chiles con la mezcla de elote. Ponga una rebanada de queso en el centro del relleno (los chiles deben estar gordos pero abiertos).

Coloque los chiles en una sola capa en un refractario no muy hondo, donde quepan cómodamente. Vierta encima la crema y hornéelos hasta que estén bien calientes. Luego espolvoréelos con el queso rallado y hornéelos hasta que el queso se haya derretido.

Nota: puede preparar el relleno de elote con anticipación y refrigerarlo. De ser así, caliéntelo ligeramente antes de rellenar los chiles. Tape el refractario y hornéelo a 180 °C de 20 a 30 minutos.

Chiles rellenos de calabacitas
Centro de México
Rinde 6 porciones

Esta receta me llamó la atención mientras hojeaba un librito titulado *Recetas de Cocina*, publicado en la Ciudad de México en 1911. Como muchos recetarios de su época, es una recopilación de recetas de cocina reunidas por un grupo de mujeres para alguna causa de caridad. Esta en especial era para reunir fondos a fin de construir el Templo del Arcángel San Gabriel. He incluido aquí algunas de las recetas más interesantes, como la Coliflor en Aguacate. Estas recetas siempre son vagas: la de este platillo da las siguientes instrucciones: "Después de asarlos y limpiarlos [los chiles], rellénelos con calabacita cocida, cebolla, orégano, etcétera."

Este platillo constituye una ensalada tibia que es tan deliciosa como poco común.

2 1/2 cucharadas de aceite vegetal

2/3 de taza (165 ml) de cebolla blanca finamente picada

2 dientes de ajo finamente picados

675 gr de calabacitas, mondadas y cortadas en cubitos de 75 mm

(aproximadamente 5 1/4 tazas/1.313 l)

sal al gusto

1/4 de cucharadita se orégano

2 cucharadas de vinagre de vino

1/2 cucharadita de jugo de limón

2 cucharadas de aceite de oliva

180 gr de queso fresco, desmoronado

(aproximadamente 1 taza/250 ml)

6 chiles poblanos medianos, asados y limpios,

listos para rellenarse (véase pág. 564)

2 cucharadas de mantequilla sin sal

PARA ADORNAR

Hojas de lechuga orejona

6 rábanos cortados en flor

Caliente 1 1/2 cucharadas del aceite en una sartén gruesa. Agregue 2 cucharadas de la cebolla y la mitad del ajo, y fría ligeramente sin dorar durante 2 minutos. Agregue las calabacitas y sal, tape la olla, y cocine todo a fuego medio, meneando la sartén de vez en cuando para que la mezcla no se pegue, hasta que las calabacitas estén *apenas* cocidas: aproximadamente 8 minutos. (Las calabacitas varían mucho según su grado de humedad. En esta receta deben cocerse al vapor, es decir, en su propio jugo, pero si están muy secas, añada un poquito de agua; si están demasiado jugosas, destape la olla y reduzca el líquido.)

Cuando la mezcla aún esté tibia, añada el resto de la cebolla picada, el resto del ajo, y el orégano, el vinagre, el jugo de limón, el aceite de oliva y el queso. Ajuste la sazón.

Rellene los chiles hasta que estén bien llenos pero puedan juntarse los bordes de la abertura. Debe quedarle aproximadamente 1/3 a 1/2 taza (85 a 125 ml) de relleno, dependiendo, desde luego, del tamaño de cada chile. Asegure la abertura de cada chile con un palillo.

Derrita el resto de la mantequilla y 1 cucharada del aceite restante juntos en una sartén. Agregue los chiles rellenos y fríalos a fuego medio, volteándolos cuidadosamente para que el relleno no se salga, hasta que estén ligeramente dorados.

Disponga los chiles en un platón y adórnelos con la lechuga y las florecitas de rábano. Espolvoréelos con el relleno sobrante. Pueden servirse fríos o calientes, a manera de primer plato.

Chiles rellenos de picadillo
Centro de México
Rinde 6 porciones

Ésta fue la primera receta que me enseñó la señora Godileva, que me ayudaba con los quehaceres de la casa. Es una receta de 1957 que sigo usando hasta la fecha.

Desde luego, hay muchas variedades de chiles rellenos, pero quizá la más conocida y popular es la de los chiles poblanos, asados, pelados y sin semillas. Con la corona intacta, los chiles se rellenan ya sea de carne o de queso, se capean, se fríen, y se sirven en un caldillo de jitomate.

Muchas cocineras se saltan un paso y usan carne molida, pero el sabor y la textura del relleno de picadillo es mucho más sabrosa si la carne se cuece primero y luego se deshebra. Además uno tiene el caldo para la salsa. La combinación del toque dulce que le dan las pasas y el acitrón (véase pág. 596), lo crujiente del acitrón y las almendras, y el sabor ligeramente ácido del caldillo de jitomate con los chiles que no son muy picantes, dan como resultado un platillo muy interesante.

Cuando los chiles poblanos maduran y se secan, se convierten en chiles anchos los cuales me gustan rellenos de queso. Primero hay que remojar brevemente los chiles anchos enteros para que se suavicen, luego se abren con cuidado, se les quitan las semillas y las venas, y se rellenan.

EL PICADILLO

900 gr de maciza de puerco con un poco de grasa, cortada en cubos de 2.5 cm

1/2 cebolla blanca, rebanada

2 dientes de ajo

sal al gusto

1/4 de taza (65 ml) de manteca o de aceite vegetal

2/3 de taza (165 ml) de cebolla blanca finamente picada

3 dientes de ajo finamente picados

8 pimientas negras, machacadas

5 clavos enteros, machacados

1 raja de canela de 1.5 cm, trozada en pedazos más pequeños, machacados

3 cucharadas copeteadas de pasitas

2 cucharadas de almendras peladas y cortadas en tiritas

2 cucharadas copeteadas de acitrón (véase pág. 596)

565 gr de jitomates, toscamente picados (aproximadamente 2 3/4 de taza/685 ml)

EL CALDILLO DE JITOMATE

565 gr de jitomates, toscamente picados

(aproximadamente 2 3/4 de tazas/685 ml)

3 cucharadas de cebolla blanca toscamente picada

2 dientes de ajo, toscamente picados

2 cucharadas de manteca o de aceite vegetal

4 clavos enteros

5 pimientas negras

2 hojas de laurel

3 ramas de tomillo fresco, o 1/4 de cucharadita de tomillo seco

1 raja de canela de 2.5 cm, cortada en dos

3 tazas (750 ml) del caldo en que se coció la carne de puerco

sal al gusto

LOS CHILES

6 chiles poblanos, asados y pelados (véase pág. 564)

Para el capeado
Aceite vegetal para freír
4 huevos grandes, separados
1/4 de cucharadita de sal
aproximadamente 1/3 de taza (85 ml) de harina

Picadillo. Ponga la carne en una olla grande con la cebolla rebanada, el ajo y la sal, y apenas cúbrala con agua. Deje que brote el hervor y siga cociendo la carne a fuego lento hasta que esté tierna: aproximadamente 40 minutos. Deje que la carne se enfríe en el caldo. Cuando pueda manejarla, cuele la carne y reserve el caldo. Primero deshebre y luego pica la carne hasta obtener una textura mediana: debe tener aproximadamente 3 tazas (759 ml) de carne picada.

Derrita la manteca en una sartén grande. Fría la cebolla picada y el ajo hasta que acitronen: aproximadamente 2 minutos.

Agregue la carne y deje que se cocine a fuego vivo hasta que empiece a dorar: aproximadamente 8 minutos.

Añada las especias a la mezcla de carne, junto con el resto de los ingredientes para el picadillo, excepto los jitomates. Cocine la mezcla unos minutos más para que se sazone bien.

Licúe brevemente los jitomates y añádalos a la mezcla. Siga cocinando la mezcla a fuego alto durante unos 10 minutos, revolviéndola de vez en cuando para que no se pegue. Debe quedar húmeda pero no jugosa.

Para preparar el caldillo de jitomate: Licúe los jitomates con la cebolla y el ajo hasta obtener una mezcla lisa.

Derrita la manteca en una sartén grande y fría los jitomates licuados a fuego alto durante aproximadamente 3 minutos, revolviendo para que no se pegue. Agregue el resto de los ingredientes, excepto el caldo y la sal, y cocínelos a fuego alto durante unos 5 minutos, revolviendo.

Añada el caldo de la carne y siga cocinando el caldillo a fuego medio durante aproximadamente 10 minutos. Para entonces, el caldillo estará bien sazonado y se habrá reducido un poco, pero seguirá siendo un caldillo más que una salsa espesa. Añada sal si es necesario.

PARA PREPARAR LOS CHILES: Haga una abertura lateral en cada chile y con cuidado elimine las semillas y las venas. Procure dejar intacta la corona del chile.

Rellene cada chile con aproximadamente 1/3 a 1/2 taza (125 ml) del picadillo hasta que quede bien relleno pero las orillas todavía puedan juntarse.

PARA PREPARAR EL CAPEADO: Caliente el aceite en una sartén honda.

Mientras tanto, bata las claras a punto de turrón, pero no demasiado secas. Añada la sal y las yemas, una por una, batiendo bien tras cada adición.

Prepare un chile a la vez: con un trapo seque el chile completamente (de lo contrario el capeado no se adhiere) y espolvoréelos ligeramente con harina. Cúbralo con el huevo batido.

Fríalo en el aceite caliente, volteándolo de vez en cuando, hasta que el capeado adquiera un color dorado profundo: aproximadamente 2 minutos.

Escurra los chiles sobre toallas de papel y colóquelos en el caldillo de jitomate –que debe llegar como a la mitad de cada chile– para que se calienten bien a fuego medio. Sirva de inmediato.

Nota: Puede preparar el relleno, el caldillo y limpiar los chiles el día anterior. Pero no rellene los chiles sino hasta unas 2 horas antes de cocinarlos.

Si, en efecto, prepara los chiles 2 horas antes, no los ponga en el caldillo. Póngalos sobre una charola para hornear con varias capas de toallas de papel, y recaliéntelos en el horno a 180 C durante unos 20 minutos (5 minutos, si están rellenos de queso: la receta se da a continuación). Este método tiene la ventaja adicional de que el papel absorbe gran parte de la grasa. Luego coloque los chiles en el caldillo. Sirva con tortillas calientes.

Chiles rellenos de queso
Centro de México

Para hacer esta receta puede usar chiles poblanos o anchos.

Siga las instrucciones de la pág. 269 para preparar los chiles y, para rellenarlos, use tiras de queso en vez de picadillo. En México suele usarse queso Oaxaca o Chihuahua, pero puede usar algún otro tipo de queso que se derrita fácilmente. Luego siga las instrucciones para hacer el caldillo de jitomate y el capeado que se dan en la página anterior.

Rajas de chile estilo oaxaqueño
Señora Domatila Santiago de Morales
Oaxaca
Rinde 6 porciones

Durante todos los años que he vivido en México nunca había visto esta receta hasta un día de agosto, hace muchos años, en que estaba cocinando con mi amiga, doña Domatila, en Oaxaca. Tradicionalmente las rajas se sirven sobre una cama de arroz blanco, lo que constituye una combinación poco común de sabores y texturas.

En Oaxaca usan chiles de agua para hacer esta receta. Tienen un color verde claro y son muy picantes, pero usted puede usar chiles poblanos o chilacas.

3 cucharadas de aceite vegetal
1/2 taza (125 ml) de cebolla blanca rebanada delgada
1/2 taza (125 ml) de hojas de epazote enteras
9 chiles de agua, chiles poblanos o chilacas, asados, pelados y
limpios (véase pág. 559), cortados en rajas
sal al gusto (dependiendo de tipo de queso)
1 3/4 tazas (375 ml) de leche entera
340 gr de queso fresco, en rebanadas

En una sartén gruesa de unos 25 cm de diámetro, caliente el aceite, agregue la cebolla y las hojas enteras de epazote, y fríalas hasta que se marchiten, revolviendo e vez en cuando, durante aproximadamente 2 minutos. Añada las rajas de chile y sal, y fríalas durante unos 3 minutos, revolviendo de vez en cuando. A fuego lento, incorpore poco a poco la leche, agregue las rebanadas de queso y cocínelas hasta que se derritan. Sirva las rajas calientes sobre arroz blanco (véase pág. 206).

Nota: Estas rajas pueden prepararse con anticipación, agregando el queso justo antes de servir.

Rajas de chile poblano

Rinde 6 porciones

Las rajas son las tiras delgadas del chile poblano que se asa y se pela. Son deliciosas para acompañar carnes asadas. También pueden servirse sobre arroz blanco, fritas con papas, añadidas a una salsa de jitomate, o incorporadas a platillos como el budín azteca, entre muchos otros.

12 chiles poblanos, asados y pelados (véase pág. 564)
1/4 de taza (65 ml) de aceite vegetal
1 taza (250 ml) de cebolla blanca rebanada delgada
sal al gusto

Elimine los tallos, las semillas y las venas de los chiles y córtelos en rajas de unos 8 cm de largo y un poco menos de 1.5 cm de ancho.

Caliente el aceite en una sartén grande, agregue la cebolla y fríala hasta que acitrone: unos 2 minutos. Añada las rajas y sal, tape la sartén y cocine, meneando la sartén de vez en cuando, durante unos 8 minutos. Sirva las rajas calientes.

Nota: estas rajas pueden prepararse con varias horas de anticipación.

Chile con queso
Chihuahua
Rinde 6 porciones

Hasta que fui a Chihuahua, siempre había pensado que el Chile con Queso era un platillo texano. En Chihuahua se come a manera de verdura con carnes asadas, y también se sirve como botana con tortillas calientes. El chile que usan allá es un Anaheim verde claro que se cultiva mucho en el norte de México y en el suroeste de Estados Unidos. Se utiliza frecuentemente en las cocinas de Chihuahua y de Sonora.

Dos de los mejores quesos mexicanos provienen de Chihuahua: el queso del mismo nombre que hacen los menonitas que viven allá, y el queso asadero, que es muy cremoso, ligeramente ácido, en forma de madeja igual que el mozzarella. Casi siempre se usa derretido, y tiene la cremosidad que produce las hebras de queso que son el encanto de los mexicanos. Es curioso que en algunas partes del estado de Chihuahua se usan unas pequeñas bayas –que son verdes cuando están frescas y de tono amarillo/ rojizo cuando están secas– de una planta silvestre para coagular la leche en vez de usar el cuajo común y comercial.

5 cucharadas de aceite vegetal
1 1/2 tazas (375 ml) de cebolla blanca finamente rebanada
1 taza (250 ml) de jitomate finamente rebanado
15 chiles Anaheim, asados,
pelados y cortados en rajas (no elimine
las semillas; véase pág. 575)
sal al gusto
3/4 de taza (185 ml) de leche entera
3 cucharadas de agua
225 gr de queso Chihuahua o asadero, rebanado delgado

Caliente el aceite en una sartén hondo y fría la cebolla a fuego muy bajo hasta que acitrone: aproximadamente 2 minutos.

Agregue los jitomates con las rajas a la sartén. Añada sal. Tape la sartén y cocine las rajas a fuego medio durante unos 5 minutos. Agregue la leche y el agua y deje que la mezcla se cocine unos minutos más.

Justo antes de servir, agregue el queso. Sirva en cuanto el queso se derrita.

Nota: El chile con queso debe comerse en cuanto termine de prepararlo. Sin embargo, siempre puede preparar la mezcla de chile y jitomate con bastante anticipación y añadir el queso a último minuto.

Chiles en Nogada
Puebla
Rinde 6 porciones

Mucho se ha escrito sobre este ostentoso platillo de chiles rellenos cubierto con una salsa de nueces peladas, y decorado con semillas de granada y hojas perejil.

Cada uno de los autores que he consultado al respecto concuerdan en señalar que la receta es obra de los agradecidos habitantes de la ciudad de Puebla, que ofrecieron un banquete para celebrar el santo de Agustín de Iturbide, el 28 de agosto de 1821. Él y sus seguidores habían librado la última batalla contra los españoles. Como emperador autoproclamado, Iturbide acababa de firmar el Tratado de Córdoba. Según cuenta la historia, todos los platillos del banquete se prepararon con ingredientes que tuvieran el color de la bandera mexicana: el verde de los chiles, el blanco de la nogada, y el rojo de las semillas de granada.

Sin embargo, una eminente cocinera y restaurantera está en total desacuerdo con esta versión. Doña Lucila Merlos nació en Teziutlán, Puebla, y es la propietaria de un muy exitoso restaurante que lleva su nombre y que se dedica a la cocina de ese estado. Doña Lucila afirma que en su juventud se acostumbraba -como se hizo durante generaciones- que los habitantes de los pueblos de la zona donde ella nació compitieran por producir el chile poblano más grande del estado. A inicios del julio -los patrones climáticos han cambiado desde entonces- familias enteras salían a los campos a recoger los chiles junto con las cosechas de frutas nuevas que había en el huerto: grandes duraznos de carne blanca, peras rojas y manzanas (de variedades que ya no existen) para rellenar los chiles. Recogían las nueces -de los nogales originalmente traídos a México por los españoles- para hacer la salsa, o nogada, y todos los miembros de la familia participaban en la laboriosa tarea de sacarlas de la cáscara y quitarles la suave piel, tan delgada como el papel, que las cubre.

Como muchos otros platillos que han pasado de una generación a otra, el relleno y la nogada han sufrido modificaciones y embellecimientos. Teresa Irigoyen, una cocinera muy conocida de Puebla, usa carne molida en el relleno y le agrega un poquito de cognac a la nogada. La mamá de una gran amiga mía, también de Puebla, usa carne de puerco cocida y luego deshebrada, y añade una pequeña cantidad de pan blanco molido para suavizar un poco la nogada. En el libro *La cocinera poblana* (publicado en 1877), la receta lleva queso fresco, azúcar y un poquito de aceite; las variaciones no tienen fin, pero la mayoría está de acuerdo en que para cada chile se necesitan diez nueces.

El relleno de estos chiles es asombrosamente dulce y lleva muy poca carne, al contrario de las proporciones de otras recetas que se han publicado, incluida la mía.

Siempre vale la pena visitar México a finales del verano para probar este colorido platillo y, en especial, para ir a Casa Merlos, donde puede estar seguro de que encontrará los auténticos chiles en nogada.

Se sirven como platillo principal con tortillas –como entrada podría servir un plato de arroz, o sopa o ceviche– pero el plato se sirve con el chile solo, sin ningún otro acompañamiento.

Si le resulta más fácil, primero cueza la carne de puerco antes de deshebrarla y picarla.

340 gr de lomitos de puerco finamente picados, no molidos,
aproximadamente
1 taza (250 ml)
2/3 de taza (165 ml) de agua
sal al gusto
3 cucharadas de manteca de puerco
180 gr de jitomates, asados (véase pág. 589)
1 rebanada de cebolla blanca
1 diente de ajo
450 gr de duraznos, pelados, sin hueso, y cortados en cubos chicos
(aproximadamente 1 1/2 tazas/375 ml)
450 gr de manzanas, peladas, sin corazón, y cortadas en cubos chicos
(aproximadamente 1 3/4 de taza/435 ml)

450 gr de peras, peladas, sin corazón,

y cortadas en cubos chicos (aproximadamente

1 3/4 de taza/435 ml)

1 plátano macho maduro (aproximadamente 225 gr), pelado y cortado en

cubos chicos(aproximadamente 1 taza/250 ml)

1/3 de taza (85 ml) de pasitas

1/3 de taza (85 ml) de almendras peladas y fileteadas

3 cucharadas de azúcar

8 chiles poblanos grandes, asados, pelados, sin venas ni semillas

(véase pág. 564)

EL CAPEADO

Aceite vegetal para freír

4 huevos grandes, separados

1/4 de cucharadita de sal

harina para enharinar los chiles

PARA DECORAR

1 taza (250 ml) de semillas de granada

1/2 taza (125 ml) de hojas de perejil

Ponga la carne de puerco en una olla grande y pesada. Agregue el agua y la sal. Tápela y cueza la carne a fuego lento hasta que esté tierna: aproximadamente 25 minutos. Es probable que tenga que agregar un poquito más de agua, dependiendo de lo suave que esté la carne. La carne debe quedar húmeda pero no jugosa. Añada la manteca y fría la carne a fuego medio durante unos 3 minutos.

Licúe los jitomates con la cebolla y el ajo, y agréguela a la sartén. Cocine a fuego bastante alto hasta que estén casi secos: aproximadamente 5 minutos.

Incorpore el resto de los ingredientes, excepto los chiles, y cocínelos a fuego lento –con la olla tapada durante los 10 primeros minutos– revolviendo de vez en cuando para que nada se pegue, durante unos 20 minutos. La fruta debe quedar tierna pero no pastosa. Aparte y deje que enfríe.

Rellene bien los chiles: cada uno debe llevar aproximadamente 1/2 taza (125 ml)de relleno. Luego siga las instrucciones de la pág. 269 para capearlos y freírlos. Escúrralos sobre toallas de papel. Cubra cada chile con la nogada y decórelo con las semillas de granada y las hojas de perejil.

PARA LA NOGADA

Aproximadamente 72 nueces de castilla, sin cáscara, peladas, y toscamente
picadas
Aproximadamente 1/2 taza (125 ml) de leche entera (de ser posible, cruda)
2/3 de taza (165 ml) de jerez medio seco
1/4 de cucharadita de sal.

Justo antes de freír los chiles, licúe las nueces con la leche e incorpore el jerez y la sal. La salsa quedará ligeramente texturada.

Nota: Aunque los chiles en nogada saben mejor si se preparan y se sirven de inmediato, puede prepararlos con anticipación hasta el punto en que se rellenan y se frien. Pueden recalentarse en el horno a 180 C en una charola para hornear, forrada con toallas de papel para que absorban un poco de grasa.

Esquites
Centro de México
Rinde 6 porciones

El nombre esquite proviene del náhuatl y significa "elote tostado". Probablemente, se refiere al elote que se abre cuando se tuesta, pero ahora se usa comúnmente para describir al elote que se prepara de una manera muy sencilla y que se vende en las calles, afuera de los mercados o en las esquinas de la Ciudad de México y de Toluca. A veces los granos de elote se rasuran de la mazorca y a veces la mazorca entera se corta en rodajas gruesas. Pero, de nuevo, aquí lo importante es el epazote. El elote debe estar muy fresco y tierno.

6 elotes pequeños

2 cucharadas de mantequilla sin sal o de aceite vegetal

3 cucharadas de manteca de puerco o de aceite vegetal

1 1/2 cucharadas de sal, o al gusto

2 chiles serranos finamente picados

3 cucharadas copeteadas de hojas de epazote picadas

Corte cada mazorca en la base y elimine todas las hojas y los pelos del elote. Corte los elotes en rodajas como de 4 cm de grueso.

Caliente una cacerola muy gruesa en la que quepan todos los elotes en una sola capa. Derrita la mantequilla y la manteca, luego agregue las rodajas de elote, sal y los chiles. Tape la cacerola y cueza los elotes a fuego medio, sacudiendo la olla de vez en cuando y volteando los elotes una vez, hasta que estén tiernos y ligeramente dorados: aproximadamente 15 minutos. Incorpore el epazote tres minutos antes de que termine de guisar los esquites.

Nota: puede preparar los esquites con anticipación, pero añada el epazote tres minutos antes de servirlo.

Elote con crema

Centro de México

Rinde 6 porciones

Estos dos ingredientes, hacen que cualquier paltillo resulte siempre delicioso. A mí me gusta servirlo como entrada, con tortillas de maíz, antes quizá de un platillo principal de pescado.

1/4 de taza (65 ml) de mantequilla
2/3 de taza (165 ml) de cebolla blanca finamente picada
1 diente de ajo finamente picado
5 chiles poblanos, asados, pelados y sin semillas (véase pág. 564)
aproximadamente 4 tazas (1 l) de granos de elote
1 cucharadita de sal, o al gusto
115 gr de queso Chihuahua, en cubitos
aproximadamente 1 taza (250 ml) de crema

Precaliente el horno a 180 °C.

Derrita la mantequilla en una cacerola que pueda meter al horno y acitrone la cebolla y el ajo a fuego lento.

Corte los chiles en rajitas delgadas, agréguelos a la olla, y cocínelos, tapados, durante unos 5 minutos.

Agregue los granos de elote y la sal a la mezcla de chile. Tape bien y meta la olla al horno durante unos 20 minutos. Agregue el queso justo antes de que termine el tiempo de horneado.

Sirva este platillo caliente, con crema. Sabe mejor si se come justo después de prepararse, porque el queso se endurece cuando se recalienta.

Torta de elote
Rinde 6 porciones

Esta torta de elote constituye una entrada deliciosa, sobre todo cuando se sirve con rajas en salsa de jitomate (véase pág. 273 con salsa, con sal, pero sin agua).

Para obtener mejores resultados necesita encontrar elotes maduros pero todavía jugosos.

5 tazas (1.25 l) de granos de elote

un poquito de leche

115 gr de mantequilla sin sal, suavizada (1/4 de taza/65 ml)

1/2 taza (125 ml) de azúcar granulada

4 huevos grandes, separados

sal al gusto

1 cucharadita de polvo para hornear

crema (véase pág. 588)

Precaliente el horno a 180 °C y ponga a calentar una charola.

Engrase un refractario de aproximadamente 23 por 23 por 5 cm y espolvoréelo con pan muy finamente molido.

Ponga aproximadamente un tercio de los granos de elote en la licuadora o en el procesador de alimentos, añadiendo sólo la leche necesaria para liberar las aspas de la licuadora, y licúe los granos de elote hasta obtener una consistencia texturada. Poco a poco, añada el resto del elote. Apague la licuadora con frecuencia para liberar las aspas. Aparte la mezcla.

Bata la mantequilla y el azúcar juntos hasta que estén esponjosos.

Añada las yemas, de una en una, a la mezcla y siga batiendo hasta que todo esté bien mezclado. Agregue sal y la mezcla de elote y vuelva a batir.

Bata las claras hasta que estén a punto de turrón e incorpórelas con un movimiento envolvente, junto con el polvo para hornear. Vierta la mezcla sobre el refractario que engrasó. Coloque el refractario sobre una charola ya caliente dentro del horno y hornéelo durante alrededor de 1 hora o hasta que esté esponjoso al tacto.

Sirva de inmediato con crema, o con rajas de chile poblano en salsa de jitomate (véase pág. 273)

Cuitlacoche con calabacitas estilo Querétaro

Obdulia y AnaMaría Vega

Querétaro

Rinde 6 porciones

El cuitlacoche, *un lujo para muchos, está de moda hoy día. AnaMaría y Obdulia Vega me dicen que antes éste era uno de los alimentos más baratos en el ranchito de Querétaro donde nacieron y crecieron. Así cocinado, el cuitlacoche resulta maravilloso como relleno para tacos; también puede servirse como un plato de verdura.*

1/4 de taza (65 ml) de aceite vegetal

2 cebollitas finamente picadas

1 diente de ajo, picado

450 gr de calabacitas, mondadas y cortadas en cubitos pequeños

(aproximadamente 3 1/2 tazas/875 ml)

1 taza (250 ml) de granos de elote

450 gr de cuitlacoche, rasurado de la mazorca y toscamente picado

(aproximadamente 4 tazas/1 l)

2 chiles jalapeños, serranos, cortadosen rajitas

1/2 cucharadita de sal, o al gusto

1 cucharada copeteada de hojas de epazote toscamente picadas

Caliente el aceite en una sartén grande y fría ligeramente las cebollitas y el ajo, sin dorar, hasta que acitronen. Añada la cuarta parte de las calabacitas en cubos y cocínelas unos cuantos segundos a fuego bastante alto, revolviendo constantemente, y luego añada el otro cuarto, y así, hasta acabar. Cuando todas las calabacitas estén en la olla, fríalas unos minutos más.

Poco a poco, añada los granos de elote, de la misma forma que las calabacitas. Agregue el cuitlacoche del mismo modo. Añada las rajitas de chile y sal, y tape la olla. Cocine todo a fuego lento, revolviendo de vez en cuando, hasta que los vegetales estén tiernos: aproximadamente 15 minutos. (Los vegetales deben quedar jugosos y cocinarse en su propio jugo, pero si se resecan un poco, rocíelos libremente con agua.)

Cuando ya estén casi cocidos, añada las hojas de epazote y deje que todo hierva lentamente unos cuantos segundos más.

Nota: Este platillo puede prepararse más o menos media hora antes de servirse, y recalentarse ligeramente.

Calabacitas con crema

Rinde 6 porciones

En México hay cientos de maneras de guisar las calabacitas, y cada cocinera o cocinero tiene su propio método y sazón. Esta receta me la dio Godileva, la señora que me ayudaba a hacer el aseo, y era un platillo muy común en nuestra mesa. Tiene un sabor exótico y no se parece a ningún otro platillo de calabacitas que haya visto.

675 gr de calabacitas, mondadas y cortadas en cubitos (aproximadamente
5 1/4 tazas/1.313 l)
340 gr de jitomates finamente picados (2 tazas rasas/500 ml)
6 pimientas negras
4 ramas de cilantro
2 ramas de hierbabuena
1 raja de canela de 1.5 cm
4 clavos enteros
2 chiles serranos enteros
1/2 taza (125 ml) de crema
1/2 cucharadita de sal, o al gusto

Ponga las calabacitas en una cacerola gruesa junto con el resto de los ingredientes. Tape bien la olla y cueza la mezcla a fuego lento, raspando el fondo de la olla y revolviendo la mezcla de vez en cuando para que no se pegue. Si las calabacitas se secan demasiado, añada un poquito de agua. Estarán cocidas en aproximadamente media hora.

Nota: este platillo puede prepararse con anticipación y quizás hasta sabe mejor si se recalienta al día siguiente.

Torta de calabacitas
Rinde 6 porciones

Las calabacitas que más me gustan son las que se encuentran todo el año en el Valle de Oaxaca y en temporada de aguas en Zitácuaro, Michoacán.

Lamento decir que no recuerdo quién me dio esta receta que constituye un excelente y colorido platillo vegetariano.

675 gr de calabacitas
sal al gusto
2 cucharadas de pan finamente molido y tostado
1/3 de la receta de rajas de chile poblano
con salsa ranchera (págs. 273 y 296),
usando 4 chiles, 285 gr de tomates, y media cebolla blanca mediana
180 gr de queso Chihuahua
3 huevos grandes, separados
3 cucharadas de mantequilla suavizada

Limpie y monde las calabacitas y córtelas en rodajas como de 5 mm de grosor. Póngalas en una olla grande, cúbralas con agua hirviendo, añada sal y cuézalas hasta que estén apenas tiernas: aproximadamente 3 minutos, dependiendo del tipo de calabacita. No debe permitir que se cuezan demasiado. Escurra las calabacitas y apártelas para que se enfríen.

Mientras tanto, precaliente el horno a 180 ºC. Enmantequille un molde como para soufflé y espolvoréelo con el pan molido.

Prepare las rajas, deje que se enfríen, y luego rebane el queso finamente y córtelo en pedacitos.

Bata las claras a punto de turrón, luego añada sal al gusto y, una por una, las yemas, batiendo bien tras cada adición.

Ponga una capa de calabacitas en el fondo del traste, vierta la mitad de las rajas encima, ponga un tercio del queso sobre la salsa, y cubra con un tercio de los huevos batidos. Ponga encima unos pedacitos de mantequilla. Repita en el mismo orden y termine la torta con una capa de calabacitas, el resto de los huevos batidos, mantequilla y queso.

Hornee la torta en el anaquel superior del horno hasta que los huevos estén bien cuajados: de 25 a 30 minutos. Sirva de inmediato.

Nota: los distintos elementos de este platillo pueden prepararse con anticipación. Luego puede batir los huevos y armar la torta a último minuto.

Calabacitas rellenas de elote
Centro de México

Rinde 6 porciones

675 gr de calabacitas: elija 6 que estén gordas

2 tazas copeteadas (525 ml) de granos de elote

2 huevos grandes

2 cucharadas de leche

sal al gusto

180 gr de queso fresco, desmoronado (aproximadamente 1 taza/250 ml)

3 cucharadas de mantequilla sin sal, suavizada

1 1/2 tazas (375 ml) de salsa ranchera (pág. 296), sin la cebolla

Precaliente el horno a 180 °C. Tenga listos dos refractarios no muy hondos, ligeramente engrasados.

Limpie y monde las calabacitas. Córtelas a lo largo y con una cuchara retire la pulpa, dejando una cáscara como de 1.5 cm de grosor. Use la pulpa para otro platillo. Coloque las calabacitas en el refractario y apártelas mientras prepara el relleno.

Licúe los granos de elote, los huevos, la leche y la sal hasta obtener una mezcla texturada. No añada más líquido a menos que sea absolutamente necesario para liberar las aspas de la licuadora. Añada aproximadamente tres cuartas partes del queso en la mezcla de elote, y guarde el resto para adornar.

Rellene bien las calabacitas huecas con la mezcla de elote, que estará bastante aguado. Espolvoréelas con el queso restante y póngales encima unos trocitos de mantequilla. Tape el traste y hornéelo hasta que las calabacitas estén tiernas: aproximadamente 30 minutos. Sírvalas cubiertas con salsa de tomate.

Nota: Este platillo sabe mucho mejor si se come justo después de cocinarlo. Sin embargo, el relleno, las calabacitas y la salsa pueden prepararse con anticipación, listos para armarse y meterse al horno.

Calabacitas guisadas estilo Michoacán
Señora Efigenia Hernández

Michoacán

Rinde 6 porciones

De las innumerables versiones de calabacitas guisadas con jitomate, esta es mi favorita. Es uno de los dos platillos que me enseñó a guisar una sirvienta, hija de una familia vecina. Curiosamente a esta muchacha no le gustaba cocinar.

Puede servirse como un plato vegetariano, o con pescado. Espolvoreado con queso, constituye un magnífico platillo vegetariano.

1/4 de taza (65 ml) de aceite vegetal

900 gr de calabacitas, mondadas y cortadas en cubitos (aproximadamente

7 tazas/1.75 l)

1/3 de taza (85 ml) de cebolla finamente picada

1/3 de taza (85 ml) de hojas de epazote toscamente picadas

sal al gusto

340 gr de jitomates, asados (véase pág. 589)

2 chiles serranos, asados (véase pág. 566)

2 dientes de ajo

Caliente el aceite en una cacerola grande y honda, y añada las calabacitas, la cebolla, el epazote y sal. Revuelva bien, tape la olla, y cocine todo a fuego medio, revolviendo todo el tiempo, hasta que las calabacitas estén apenas tiernas: aproximadamente 10 minutos.

Licúe los jitomates, los chiles y el ajo, e incorpore la mezcla a las calabacitas. Cocínelas a fuego medio, sin tapar, hasta que estén suaves y la salsa de jitomate se haya absorbido: aproximadamente 15 minutos. Las calabacitas deben quedar húmedas pero no muy jugosas. Ajuste la sazón y sirva de inmediato.

Nota: este platillo sabe mejor si se consume en cuanto se prepara, ya que tiende a aguarse.

Budín de chícharo
Jalisco
Rinde 6 porciones

Descubrí por primera vez los budines de verduras en Jalisco. Se sirven como primer plato, después de la sopa, o como acompañamiento de un plato de carne.

Obtuve esta receta, y la que sigue, de una familia de Ciudad Guzmán.

900 gr de chícharos frescos preferiblemente porque los descongelados se
ponen muy aguados
180 gr de mantequilla sin sal
3 huevos grandes, separados
1/2 taza (125 ml) de azúcar granulada
180 gr de harina de arroz, cernida (aproximadamente 1 1/2 tazas/375 ml)
1 cucharadita de sal
114 gr de queso Chihuahua, rallado (aproximadamente 1 taza rasa/235 ml)
1 1/2 cucharaditas de polvo para hornear
una salsa hecha a base de combinar 2 tazas (500 ml) de jugo de naranja con
3/4 de taza (185 ml) de nueces finamente picadas

Precaliente el horno a 260 °C. Enmantequille un refractario cuadrado y ponga a calentar una charola para hornear.

Pase los chícharos por el disco mediano de un molino para comida o procéselos en el procesador de alimentos. Derrita la mantequilla y apártela para que se enfríe.

Apartando las claras, bata las yemas hasta que espesen. Añada el azúcar y siga batiendo hasta que todo esté bien incorporado. Bata el harina de arroz alternada con la mantequilla.

Incorpore el puré de chícharos, la sal, el queso y mezcle bien. Agregue el polvo para hornear.

Bata las claras a punto de turrón e incorpórelas a la mezcla con movimientos envolventes. Vierta la mezcla en el refractario que preparó. Colóquelo sobre una charola para hornear y hornéelo durante 10 minutos. Luego disminuya la temperatura del horno a 180 °C y hornéelo 45 minutos más. El budín debe quedar suave y esponjoso al tacto; la tapa y los lados deben estar dorados, pero el interior debe quedar húmedo.

Sirva de inmediato, acompañado de la salsa de jugo de naranja y nueces.

Nota: la charola se pone a calentar para dar "empuje" a la mezcla.

Budín de zanahoria
Rinde 6 porciones

900 gr de zanahorias cocidas

Siga la receta para el Budín de chícharo (pág. 288), omitiendo el queso y añadiendo 1/2 taza (125 ml) de pasas.

Puede comerse caliente, para acompañar al café, o como postre, con un almíbar ligero y 1/4 de taza (65ml) de ron que se vierte encima, justo antes de servirse.

Budín de elote
Rinde 6 porciones

Licúe 900 gr de granos de elote con el mínimo de leche necesario para liberar las aspas de la licuadora. Siga las instrucciones del Budín de chícharo (pág. 288) y sirva con sal toscamente molida y crema.

Salsas

Sería impensable sentarse a comer una auténtica comida mexicana y no encontrar un plato de salsa o de chiles jalapeños en vinagre en la mesa; son tan comunes como la sal y la pimienta. Supongo que no es de sorprender dada la enorme variedad de chiles que se cultivan –además de los que crecen silvestres– a todo lo largo y ancho de México. Hay una gran diferencia en cuanto al grado de picor, en el color y en el sabor de los chiles, tanto frescos como secos. Las formas de preparar los chiles, y los ingredientes con que se combinan, son muy regionales, como lo demostrarán muchas de las recetas que se ofrecen a continuación. Dudo mucho que cualquier otra cocina tenga semejante variedad de "condimentos".

Salsa mexicana cruda

Rinde aproximadamente 1 1/2 tazas (375 ml)

Esta salsa sabe mejor si se consume de inmediato. Aunque podría prepararla hasta con 2 horas de anticipación, tiende a perder su frescura y su consistencia se marchita. Va bien con prácticamente todo.

180 gr de jitomates finamente picados (aproximadamente 1 taza copeteada/265 ml)
1/2 taza (125 ml) de cebolla blanca finamente picada
1/3 de taza (85 ml) de cilantro finamente picado
3 chiles serranos finamente picados
sal al gusto
1/3 de taza (85 ml) de agua (opcional)

Mezcle bien todos los ingredientes y sirva a temperatura ambiente.

Salsa de tomate verde

Centro de México

Rinde aproximadamente 1 1/4 tazas (315 ml)

Esta es la más popular de las salsas (de mesa) mexicanas; todos los ingredientes están crudos, excepto por el tomate verde que, por lo general, pero no siempre, se cuece antes de usarse.

Desde luego, los tradicionalistas de hueso colorado que tengan manos fuertes pueden hacer esta salsa en el molcajete –siempre es mejor por razones de textura y de sabor– pero si usa una licuadora trate de mantener un poquito de textura en la salsa; es fácil licuarla en exceso.

Las cantidades de los ingredientes son flexibles; en especial los chiles y el cilantro dependen mucho del gusto de cada quien. Pero no abuse de la cebolla y el ajo.

2 o más chiles serranos finamente picados
1 cucharada copeteada de cebolla blanca finamente picada
1 diente de ajo pequeño finamente picado
1/3 de taza (85 ml) muy apretada de cilantro toscamente picado
225 gr de tomates verdes, cocidos (véase pág. 590) y parcialmente escurridos
(aproximadamente 1 taza/250 ml)
sal al gusto
1 cucharadita extra de cilantro finamente picado (opcional)

Ponga los chiles, la cebolla, el ajo y el cilantro en el molcajete o en la licuadora, y machaque o licúe (en este caso necesitará un poquito de agua) los ingredientes hasta formar una pasta. Poco a poco añada los tomates verdes y licúe hasta obtener una consistencia texturada. Añada sal y espolvoree el resto del cilantro encima.

Nota: esta salsa puede hacerse hasta con 3 horas de anticipación pero tiende a perder color y sabor después de transcurrido ese tiempo.

VARIACIONES: Aquí hay dos variaciones que producen salsas más rústicas:

1. Utilizando las misma cantidad de ingredientes: pique todos los ingredientes juntos en crudo y licúe brevemente para obtener una consistencia texturada.

2. Utilizando la misma cantidad de ingredientes: ase los chiles y los tomates verdes en un comal a fuego medio hasta que estén suaves y ligeramente dorados. Luego licúelos junto con el resto de los ingredientes para obtener una consistencia texturada.

3. Se pueden cocer los chiles con los tomates.

Chiles serranos o jalapeños en escabeche

Rinde 1.5 l

NOTA IMPORTANTE: los chiles parcialmente cocidos permiten el crecimiento de las bacterias, así que es muy importante asegurarse de que los chiles estén bien cocidos si es que quiere guardarlos durante un lapso prolongado.

675 gr de chiles serranos o jalapeños
3/4 de taza (185 ml) de aceite vegetal
2 cebollas blancas medianas, en rebanadas gruesas
2 zanahorias medianas, peladas y en rodajas delgadas
1 cabeza de ajo, con los dientes separados pero sin pelar
750 ml de vinagre suave
2 cucharadas de sal
2 hojas de laurel
1/2 cucharadita de orégano
6 ramas de mejorana fresca o 1/2 de cucharadita de mejorana seca
6 ramas de tomillo fresco o 1/2 de cucharadita de tomillo seco
1 cucharada de azúcar

Lave los chiles, dejando intactos los tallos. Corte una cruz en la punta de cada chile para que el vinagre pueda penetrar.

Caliente el aceite en una sartén grande y profunda, añada los chiles, las cebollas, las zanahorias y el ajo, y fríalos a fuego medio durante aproximadamente 10 minutos, volteándolos con frecuencia. Agregue el vinagre, la sal, las hierbas y el azúcar y deje que rompa el hervor. Baje la flama y deje que hiervan a fuego lento durante 5 minutos si usa chiles serranos, y 10 minutos si usa jalapeños. Llene 6 frascos de 250 ml con los chiles, las verduras, y las hierbas. Añada el vinagre y séllelos.

Estos frascos duran aproximadamente un mes en el refrigerador.

Rajas de chiles jalapeños frescos
Señora Arcelia Vázquez de Valles

Durango

Rinde aproximadamente 2 tazas (500 ml)

Este aderezo fresco y picante invariablemente aparece en la mesa de los hogares y de los restaurantes en Durango. Se come con carnes asadas, encima del arroz, o con frijoles.

225 gr de chiles jalapeños (aproximadamente 13)
1 cebolla blanca mediana, rebanada delgada (aproximadamente 1 1/2
tazas/375 ml)
4 dientes de ajo, enteros
1 1/2 cucharaditas de sal, o al gusto
1/2 cucharadita de orégano
3/4 de taza (185 ml) de vinagre suave
1/4 de taza (65 ml) de aceite vegetal

Lave y seque bien los chiles. Elimine los tallos y corte los chiles a la mitad, a lo largo. Elimine tantas semillas como le sea posible y corte cada chile en cuatro rajas. Mézclelas con el resto de los ingredientes y apártelas para que se marinen por lo menos 2 horas.

Nota: Estas rajas puede usarse transcurridas las 2 horas pero saben mejor al día siguiente. Duran hasta una semana en el refrigerador.

Salsa ranchera
Centro y Norte de México
Rinde aproximadamente 1 taza (250 ml)

Aunque por lo general la salsa ranchera suele asociarse con los huevos rancheros (pág. 215) es en realidad una salsa de usos múltiples (véase tambien Queso flameado, pág. 40, y molletes, pág. 239).

Desde luego, el número de chiles depende del gusto de cada quien.

Hay una discusión interminable acerca de si los jitomates deben usarse crudos o asados. Yo los prefiero asados por su sabor y textura, aunque implica un poco más de trabajo.

450 gr de jitomates, asados (véase pág. 589)
4 chiles serranos o cualquier chile verde picante, asado (véase pág. 566)
1 diente de ajo, toscamente picado
2 cucharadas de aceite vegetal
2 cucharadas de cebolla blanca finamente picada
1/2 cucharadita de sal, o al gusto

Licúe los jitomates, los chiles y el ajo juntos hasta que estén bastante lisos.

Caliente el aceite, fría ligeramente la cebolla, sin dorar, hasta que acitrone. Agregue los ingredientes licuados y la sal, y cocine la salsa a fuego bastante alta durante unos 5 minutos, revolviendo y raspando el fondo de la olla hasta que la salsa se haya reducido un poquito y esté bien sazonada.

Sírvala como se describe arriba.

Nota: desde luego, esta salsa puede hacerse con varias horas de anticipación, y dura de un día al otro.

Salsa de jitomate sonorense
Sonora
Rinde aproximadamente 2 tazas (500 ml)

Los sonorenses están muy orgullosos de su cocina regional. Afirman ser muy saludables porque no tienen ni las especias ni los chiles picantes que se usan en el resto de México y que tanto irritan el estómago. Ciertamente esta es una salsa bastante suave pero deliciosa que puede encontrarse a diario en la mesa, y un muy buen acompañamiento para la típica carne asada sonorense: un gigantesco trozo de carne asada a la leña en uno de los restaurantes al aire libre que hay en Hermosillo. Allá también me han servido esta salsa con almejas y ostiones frescos del Golfo de California que está muy cerca.

450 gr de jitomates, asados (véase pág. 589)
1 cucharada de cilantro toscamente picado
1/3 de taza (85 ml) de cebolla blanca finamente picada
sal al gusto
2 chiles verdes del norte, asados y cortados
en rajas con todo y semillas (véase pág. 567)
1 1/2 cucharaditas de vinagre blanco suave

Licúe los jitomates hasta obtener una consistencia texturada. No los licúe demasiado.

Transfiera la salsa de jitomate a un tazón de vidrio y añada el cilantro y la cebolla con la sal. Añada los chiles con sus semillas. Por último, agregue el vinagre. Aparte la salsa para que se sazone durante unos 30 minutos.

Nota: Esta salsa sabe mejor el día de su preparación.

Salsa de jitomate veracruzana

Veracruz

Rinde aproximadamente 1 1/2 tazas (375 ml)

Ésta es la salsa típica que acompaña a las garnachas veracruzanas y a otros antojitos de la región de la costa en los alrededores del Puerto de Veracruz, Alvarado y Tlacotalpan.

Esta salsa dura refrigerada alrededor de 3 días.

La mayoría de las cocineras de hoy usan licuadora, pero tradicionalmente esta salsa se habría hecho en el molcajete.

340 gr de jitomates, asados (véase pág. 589)
2 chiles jalapeños, asados
1 diente de ajo, toscamente picado
sal al gusto

Ponga todos los ingredientes (no pele los jitomates ni elimine las semillas de los chiles) en el vaso de la licuadora y lícuelos para obtener una salsa lisa, añada sal, y licúe para mezclar.

Sírvala a temperatura ambiente.

Salsa de jitomate yucateca

Yucatán

Rinde aproximadamente 2 tazas (500 ml)

Esta es una salsa de tomate sencilla, o chiltomate, que se usa en muchas de las recetas yucatecas. Se usa para los papadzules y para el pan de cazón (las recetas están en mi libro *El arte de la cocina mexicana*) y para el frijol con puerco (pág. 346).

También existe una discusión interminable acerca de la mejor manera de prepararla. Parece que tras cocer los tomates a la manera tradicional sobre las piedras calientes del pib (el pozo que se hace en la tierra para cocer la carne con el calor de las piedras ardientes), sólo se machacaban y nunca se freían... pero los tiempos han cambiado.

A pesar de que el chile habanero tiene la reputación de ser uno de los más picosos del mundo –si es que realmente uno puede hacer estas comparaciones– tiene un sabor deleitante: esto, y no su picor, es lo que debe quedar impregnado en la salsa. Pero, como ocurre tantas veces, hay distintas formas de hacerla y algunas cocineras licuan un pedacito de chile con el jitomate.

680 gr de jitomates, cocidos o asados (véase pág. 589)
3 cucharadas de aceite vegetal
1/4 de taza (65 ml) de cebolla blanca toscamente rebanada
1 chile habanero entero
1/2 cucharadita de sal, o al gusto

Si asa los jitomates, úselos con todo y piel; si los hirvió, elimine la piel, ya que la piel hervida tiende a endurecerse. Machaque o licúe los jitomates brevemente: la salsa debe tener un poco de textura.

Caliente el aceite en una sartén y fría la cebolla a fuego lento, sin dorar, hasta que acitrone. Agregue los jitomates, el chile entero y sal, y cocine la salsa a fuego medio, revolviendo de vez en cuando, hasta que se haya reducido y sazonado: aproximadamente 5 minutos.

Sirva la salsa como se describe arriba.

Nota: refrigerada, esta salsa dura alrededor de 2 días.

Salsa de muchos chiles

Señora María Elena Lara

Ciudad de México

Rinde aproximadamente 1 1/2 tazas (375 ml)

Ésta es otra de esas salsas de mesa picantes que se hacen con los ingredientes crudos, y que se usa como condimento, al contrario de la salsa guisada que se convierte en una parte integral del platillo. Esta salsa tiene tantos sabores excitantemente distintos que, junto con la salsa de chile cascabel (véase pág. 305), se ha convertido en uno de los favoritos imprescindibles de mi cocina.

María Elena Lara, sobre quien ya he escrito en alguna otra parte, siempre servía esta salsa (que ella llama simplemente así: salsa) en su restaurante Los Migueles de la Ciudad de México (el establecimiento ya no existe), con unas suculentas gorditas rellenas de chicharrón prensado. Esas gorditas eran un aperitivo maravilloso –acompañadas de un caballito de tequila– para una de esas increíblemente maravillosas y engordantes comidas de domingo. Esta salsa sirve para acompañar muy bien carnes asadas, o sopes y otros antojitos.

Si usted no tiene a la mano todos los chiles que lleva esta receta, sustitúyalos por los que tenga en casa, recordando siempre que los chiles ancho y mulato casi nunca, o raramente se usan para este tipo de recetas.

2 chiles cascabel, que hay que limpiar con un trapo

2 chiles moritas, que hay que limpiar con un trapo

2 chiles de árbol, que hay que limpiar con un trapo

1 chile chipotle, que hay que limpiar con un trapo

1 chile guajillo, que hay que limpiar con un trapo

285 gr de jitomates, asados (véase pág. 589)

sal al gusto

1/2 taza (125 ml) de agua fría

1 diente grande de ajo, toscamente picado

1 cucharada de cilantro toscamente picado

Caliente una sartén o un comal sin engrasar y ase los chiles, volteándolos constantemente para que no se quemen. Deje que se enfríen y luego trócelos (después de asarlos, será muy fácil), con todo y semillas y venas.

Ponga los jitomates sin pelar, la sal y el agua en el fondo del vaso de la licuadora. Luego añada el ajo y los chiles trozados, y licúe todo hasta que tenga una salsa de consistencia texturada (podrán verse los trozos de la piel de los chiles). Incorpore el cilantro y sirva la salsa a temperatura ambiente.

Nota: esta salsa puede prepararse con varias horas de anticipación pero no añada el cilantro sino hasta antes de servirla.

Salsa de chile de árbol I
Señora Clara Zabalza de García
Guadalajara, Jalisco
Rinde aproximadamente 1 1/4 tazas (315 ml)

Esta es quizá la mejor forma de usar el feroz chile de árbol en una salsa, e incluso entonces puede ser que quiera reducir el número de chiles en proporción a los jitomates. Usada con discreción, la salsa puede servirse con tacos, flautas y otros antojitos, o con platillos a base de arroz o pasta.

5 chiles de árbol, que hay que limpiar con un trapo
1 cucharada de aceite vegetal
285 gr de jitomates, asados (véase pág. 589)
5 tomates verdes medianos, cocidos
(véase pág. 590; aproximadamente
1/2 taza/125 ml)
2 dientes de ajo, toscamente picados
sal al gusto

Haga un corte a los chiles y elimine las semillas y las venas. Guarde las semillas y elimine las venas. Caliente el aceite en una sartén y fría los chiles y las semillas hasta que estén

301

bien dorados, pero no deje que se quemen o, de lo contrario, la salsa tendrá un gusto amargo.

Ponga los jitomates, los tomates verdes, el ajo y la sal en el vaso de la licuadora. Añada los chiles y las semillas fritos y licúe brevemente. (No los licúe en exceso; la salsa debe quedar un poco texturada).

Nota: esta salsa puede prepararse con bastante anticipación y, refrigerada, dura hasta 3 días.

Salsa de chile de árbol II
Jalisco
Rinde aproximadamente 1 1/2 tazas (375 ml)

Ésta es una de las muchas salsas crudas de mesa de Jalisco que se una como condimento con carnes asadas y huevos, en sopas, o para adornar antojitos. También puede diluirse con agua y freírse con carne deshebrada para hacer un relleno para tacos. Es ferozmente picante, así que reduzca el número de chiles a su gusto.

9 chiles de árbol, que hay que limpiar con un trapo
1 1/2 tazas (375 ml) de tomates verdes, cocidos y parcialmente escurridos
(véase pág. 590)
1/2 taza (125 ml) de agua
sal al gusto
1 diente de ajo, toscamente picado

Ase bien los chiles en una plancha o comal, volteándolos constantemente para que no se quemen (véase pág. 300).

Ponga los tomates verdes en el vaso de la licuadora con el agua, la sal y el ajo. Elimine los tallos de los chiles. Desmorónelos, con todo y venas y semillas, en el vaso de la licuadora. Licúelos hasta que la mezcla esté casi lisa. (No licúe la salsa en exceso; debe quedar un poco texturada y deben verse pedacitos de la piel de los chiles.)

Nota: consulte la receta anterior para ver cómo conservar esta salsa.

Salsa de chile guajillo
Michoacán
Rinde aproximadamente 1 1/2 tazas (375 ml)

Esta salsa del Centro de México constituye un acompañamiento maravilloso para carnes asadas y para todo tipo de tacos.

6 chiles guajillo, que hay que limpiar con un trapo
aproximadamente 1 taza (250 ml) de agua
180 gr de jitomates, asados (véase pág. 589)
1 rebanada de cebolla blanca, toscamente picada
1 diente de ajo, toscamente picado
sal al gusto

Caliente una plancha o comal y ase bien los chiles por ambos lados (véase pág. 300): al enfriarse deben estar casi crujientes, pero cuide de no quemarlos o la salsa tendrá un gusto amargo.

Ponga el agua en el vaso de la licuadora, agregue el resto de los ingredientes, y licúe hasta que estén casi lisos (deben verse pedacitos de la piel de los chiles).

Nota: Consulte la pág. 301 para ver cómo se conserva esta salsa.

Salsa arriera
Centro de México
Rinde aproximadamente 1/2 taza (125 ml)

El más sencillo de los tacos, que supuestamente es el que come un arriero, se hace con una tortilla caliente y un poco de queso añejo (que es bastante fuerte), y un poquito de esta salsa incendiaria.

20 chiles serranos frescos
2 cucharadas de cebolla blanca toscamente picada
1 diente de ajo, toscamente picado
de 3 a 4 cucharadas de agua fría
sal al gusto

Ase los chiles sobre un comal o una plancha medianos (véase pág. 300), volteándolos de vez en cuando hasta que les salgan ampollas y estén tostados. Mientras aún están calientes, muélalos en el molcajete (de preferencia), junto con el resto de los ingredientes, hasta obtener una pasta texturada.

Nota: esta salsa puede prepararse con varias horas de anticipación.

Salsa de chile serrano rojo
Señor José Meza, restaurante *El pastor*, Monterrey
Nuevo León
Rinde aproximadamente 1 1/4 tazas (315 ml)

Cuando hace muchísimos años fui a Monterrey a fines de octubre, los mercados estaban llenos con pilas de brillantes chiles serranos rojos (que ya están maduros). Según me dijeron, en esta parte de México para hacer salsa la gente prefiere los chiles cuando están rojos. (Sin embargo, un poco más al sur, las salsas más populares son las que se hacen con chiles serranos verdes, que pican y tienen un sabor penetrante.) Casi podría decirse que ésta es una salsa violenta, pero muy colorida. Va muy bien con el cabrito al pastor que comí durante mi estancia en Nuevo León. El cabrito asado a la leña es una especialidad del Norte de México. Aquella vez también ordené la cabeza del cabrito al vapor –sólo para comprobar que mi memoria no exageraba en cuanto a lo suculento que había sido este platillo cuando lo probé en una visita anterior– y luego pedí machitos [el intestino delgado que se enmadeja y se asa a la leña]. Todo estaba maravillosamente acompañado por un tarro de cerveza de barril y, para terminar, un plato de frijoles rancheros (por cierto, eran los mejores frijoles rancheros que he comido en mi vida) y esta salsa.

Antes de cocer el sacahuil.

El sacahuil ya listo para comer.

Chiltepin, Tampico, Tamps.

Hongos, Estado de México.

Ahumando jalapeños maduros para chiles moras.

Chiles poblanos, mercado de Cholula.

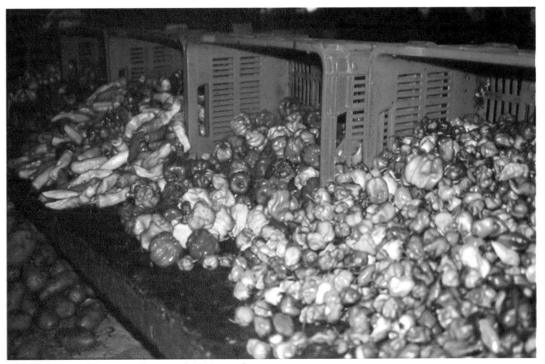

Chiles habaneros, dulces y xcatiks, mercado de Campeche.

Chilhuacles frescos, Cuicatlán, Oax.

Preparando hojas de plátano para envolver tamales.

Hoja santa, tlanepa, acuyo, etc. *Piper auritum.*

Epazote, *Teloxys ambrosioides.*

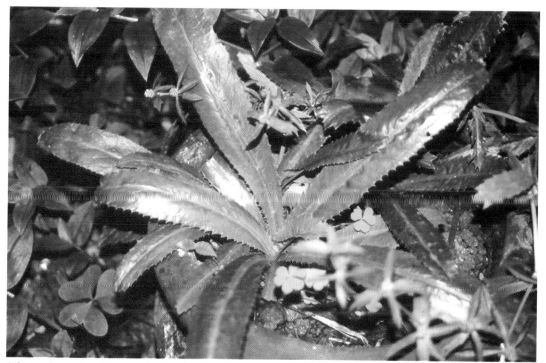

Culantro, "perejil" en Tabasco, etc. *Eryngium foetidum.*

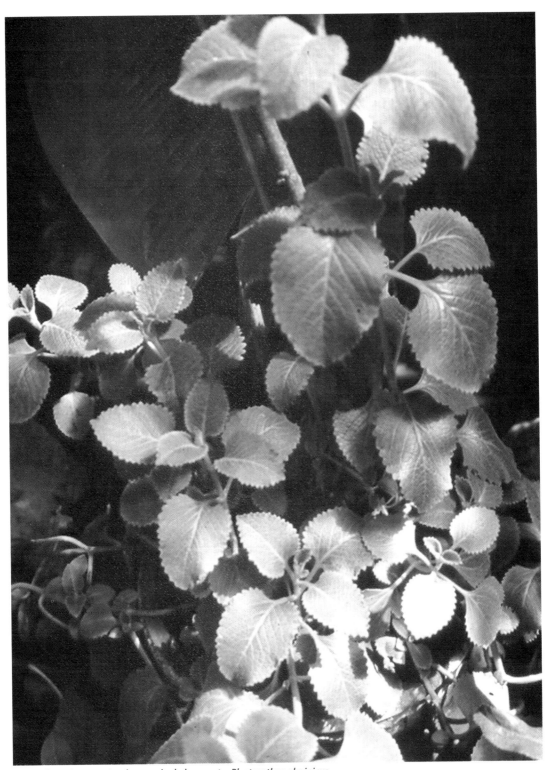

Oreganón, orégano extranjero, oreja de burro, etc. *Plectranthus aboinicus.*

60 gr de chiles serranos rojos (maduros)
(aproximadamente 18)
180 gr de jitomates
1/4 de taza (65 ml) de agua
1/2 cucharadita de sal, o al gusto

Ponga los chiles en una sartén pequeña junto con los jitomates. Cúbralos con agua y deje que hiervan suavemente. Cuézalos, sin tapar, durante unos 15 minutos, o hasta que estén suaves.

Escurra los chiles y los jitomates. Transfiéralos al vaso de la licuadora. Añada el _ de taza de agua y la sal, y lícuelos brevemente. (No los licúe en exceso; la salsa debe quedar un poco texturada.)

Sirva esta salsa con carnes asadas o al carbón.

Nota: esta salsa puede prepararse con varias horas de anticipación pero no recomiendo congelarla.

Salsa de chile cascabel
Centro y Norte de México
Rinde aproximadamente 1 1/2 tazas (375 ml)

Ésta es otra de esas salsas rústicas que resultan muy satisfactorias. El chile cascabel asado tiene un sabor muy rico y como de nuez. Aunque las semillas también se muelen, la salsa no es demasiado picante. Me topé con esta salsa cuando en los años sesenta visitamos la zona arqueológica y planeábamos un viaje a la selva para ver las ruinas de Bonampak y Yaxchilan, que están en un sitio más remoto. Nos la sirvieron en el pequeño restaurante que una familia de Chihuahua tenía en las afueras de Palenque. Cuando llegué a casa todos la adoptaron, y desde entonces es una de nuestras salsas favoritas.

10 chiles cascabel, que hay que limpiar con un trapo, sin venas ni semillas
(reserve las semillas)
340 gr de jitomates, asados (véase pág. 589)
3 dientes de ajo, toscamente picados
1/2 cucharadita de sal
aproximadamente 2/3 de taza (165 ml) de agua

Ase los chiles sobre un comal o plancha medianos, volteándolos constantemente para que no se quemen.

Ase las semillas hasta que adquieran un profundo color dorado, volteándolas constantemente o, de lo contrario, se quemarán con facilidad.

Licúe todos los ingredientes juntos durante uno o dos minutos, pero cuide de no licuarlos en exceso: la salsa debe quedar un poco texturada. Añada un poquito más de agua, si es necesario. La salsa debe tener una consistencia bastante floja, pero se irá espesando mientras reposa.

Nota: esta salsa puede prepararse con bastante anticipación y, refrigerada, dura aproximadamente 3 días.

Salsa de chile pasilla
Centro de México
Rinde aproximadamente 1 taza (250 ml)

4 chiles pasilla enteros, que hay que limpiar con un trapo
1 diente de ajo, toscamente picado
sal al gusto
3/4 de taza (185 ml) de agua fría
1 cucharada copeteada de cebolla blanca finamente picada

Ase bien los chiles sobre un comal o plancha medianos (véase pág. 300). No los remoje.

Licúe los chiles asados con el ajo, sal y agua. No los licúe en exceso: la salsa debe quedar un poco texturada. Ponga la salsa en un plato y adórnela con la cebolla.

Nota: Refrigerada, esta salsa dura aproximadamente 3 días.

Salsa de la tía Georgina
Señora Rosamaría Casas
Centro de México
Rinde aproximadamente 1 1/2 tazas (375 ml)

A esta salsa a veces se le llama "salsa de tijera", ya que los chiles se cortan en rajitas con un par de tijeras. Estrictamente hablando, es más un aderezo que una salsa. Dura indefinidamente, y mejora con la edad. Tiene una textura interesante y constituye un acompañamiento muy rústico y crujiente para carnes asadas, carnitas (pág. 47), y arroz.

Ésta es una receta de familia y es una variación de varias recetas del mismo tipo. Cuando los chiles pasilla se usan de esta manera a la salsa se le llama "salsa de moscas". La "salsa de los reyes" tiene los tres tipos de chile: mulato, ancho y pasilla. Todas estas salsas se usan principalmente con barbacoas.

Resulta aconsejable enjuagar los chiles rápidamente y luego limpiarlos con cuidado con un trapo, para eliminar cualquier resto que puedan tener de polvo o tierra.

8 chiles anchos, que hay que limpiar con un trapo, sin venas ni semillas
1/3 de taza (85 ml) de cebolla blanca finamente picada
4 dientes de ajo finamente picados
1/2 taza (125 ml) de aceite vegetal o de aceite de oliva ligero
1/2 taza (125 ml) de vinagre suave
sal al gusto
1/4 de taza (65 ml) de queso fresco desmoronado

Corte los chiles en rajitas delgadas. Mezcle todos los ingredientes excepto el queso. Aparte la salsa para que se sazone durante al menos 2 horas o toda la noche.

Para servirla, espolvoréela con queso desmoronado.

Nota: esta salsa dura por lo menos 9 meses si se guarda en el refrigerador.

Salsa de chile habanero

Yucatán

Rinde aproximadamente 1 taza (250 ml)

Ésta es una salsa muy concentrada que se usa con medida, y más como un condimento que como una salsa, en el estricto sentido de la palabra.

Tradicionalmente, los chiles se muelen, o se tamulan, *en un mortero de madera que se llama* kokoic, *con el jugo de limón y la sal hasta obtener una pasta de consistencia floja.*

12 chiles habaneros
2/3 de taza (165 ml) de jugo de limón
o de vinagre blanco suave
sal al gusto

Ase los chiles ligeramente en un comal o plancha a fuego medio, volteándolos constantemente hasta que estén bastante suaves. Licúe los chiles con el resto de los ingredientes durante unos segundos.

Nota: esta cantidad de salsa rinde mucho y dura una semana.

Cebollas encurtidas yucatecas

Yucatán

Rinde aproximadamente 2 tazas (500 ml)

1 cebolla morada grande finamente rebanada
(aproximadamente 1 1/3 tazas/435 ml)
10 pimientas negras
4 pimientas gordas
1 cucharada rasa de orégano (de Yucatán, si es posible), asado y desmoronado

2 dientes de ajo, rebanados

3/4 de taza (185 ml) de vinagre suave

sal al gusto

En un tazón de vidrio mezcle bien todos los ingredientes. Apártelos en el refrigerador durante por lo menos 24 horas antes de usar.

Cebollas encurtidas para panuchos

Señora Bertha López de Marrufo

Yucatán

Rinde aproximadamente 2 tazas (500 ml)

Estas deliciosas cebollas que están ligeramente encurtidas se usan para adornar panuchos (pág. 65). Desde luego, son aún más deliciosas si para hacerlas consigue naranjas agrias. Debe preparar estas cebollas por lo menos con 2 horas de anticipación y, refrigeradas, duran varios días. Puede ser que le llamen la atención las cantidades, pero las cebollas reducen su volumen considerablemente.

2 cebollas blancas medianas, en aros finamente rebanados

(aproximadamente 3 tazas/750 ml)

4 tazas (1 l) de agua hirviendo

1/2 taza (125 ml) de jugo de naranja agria o substituto (véase pág. 593)

1/2 taza (125 ml) de agua

1 cucharada rasa de orégano (de Yucatán, si es posible), asado y desmoronado

1 chile habanero finamente rebanado

sal al gusto

Remoje los aros de cebolla durante unos segundos en una cacerola con agua hirviendo hasta que estén ligeramente desflemados. Escúrralos bien y póngalos en un tazón de vidrio.

Mezcle el resto de los ingredientes. Apártelas para que las cebollas se sazonen durante al menos 2 horas antes de usarlas.

Salsa de cebolla
Chiapas
Rinde aproximadamente 1 taza (250 ml)

Esta salsa se parece más a un aderezo que a una salsa propiamente dicha, pero sin embargo le da una crujiente y picosa acidez a ciertas comidas, como por ejemplo el arroz o los tamales. La señora Esperanza Murillo de Tapachula, Chiapas, la sirve con filetitos fritos de malanga. También es perfecta con papas fritas.

2/3 de taza (165 ml) de cebolla blanca finamente picada
1/4 de taza (65 ml) de jugo de limón
1/2 taza (125 ml) de agua
2 chiles serranos finamente picados
sal al gusto

Mezcle bien todos los ingredientes y apártelos durante al menos 1 hora antes de servir.

Nota: este tipo de salsa fresca dura entre 2 y 3 días en el refrigerador.

Pico de gallo con duraznos
Dr. Alfredo Garduño
Estado de México
Rinde aproximadamente 2 tazas rasas (475 ml)

Se le llama "pico de gallo" a un colorido aderezo que se prepara a base de ingredientes finamente picados que se sazonan con chile. La primera vez que probé un pico de gallo fue en Jalisco y estaba hecho con jícama y naranja, y se sirvió con las bebidas, antes de la comida. En algunas partes del norte de México se utiliza este nombre para designar a una salsa mexicana de jitomates picados, chiles, cebolla, y cilantro. Aquí ofrezco una versión más, pero esta vez con duraznos.

Los duraznos crecen durante varios meses al año en los recónditos valles del este de Michoacán y el vecino Estado de México. Son pequeños y firmes y la pulpa es de un color naranja muy pálido; resultan ideales para pelarlos y cortarlos en cubitos para esta receta que me dio el doctor Alfredo Garduño, de Coatepec de Harinas, en el Estado de México. En San Pancho, el pueblo donde vivo en Michoacán, se prepara una versión más sencilla.

1 1/2 tazas (375 ml) de duraznos firmes, pero maduros,
cortados en cubitos muy finos
3 cucharadas de cebolla blanca finamente picada
2 cucharadas de epazote finamente picado
1 chile perón, sin semillas y finamente picado, o 3 chiles serranos finamente
picados con todo y semillas
3 cucharadas de jugo de limón
sal al gusto

Mezcle todos los ingredientes y apártelos para que se sazonen durante al menos 1/2 hora antes de usar.

Nota: este pico de gallo se sirve como aderezo para acompañar el arroz, la sopa, o para adornar tlacoyos y muchos otros antojitos.

Salsa de chile pasilla de Oaxaca
Abigail Mendoza
Oaxaca
Rinde un poquito más de 11/3 tazas (335 ml)

La señorita Abigail Mendoza –"la estrella de la cocina zapoteca", como a mí me gusta llamarla– generosamente me permitió reproducir aquí su receta para esta salsa de mesa. Se parece mucho a la pasta oscura del chintesle *que tradicionalmente se lleva durante los viajes largos y las peregrinaciones para untarlo en las tortillas. Es tan nutritivo como llenador.*

Abigail insiste en que los chiles enteros deben asarse muy ligeramente sobre cenizas calientes, lo que le da a los sabores de la salsa un balance ligeramente distinto. Pero si usted no tiene las cenizas calientes, caliente los chiles sobre un comal no muy caliente.

Aunque no se puede comparar en lo que a sabor respecta, a veces se usa el chile de agua seco para hacer esta receta; sin embargo, fuera del Valle de Oaxaca son muy difíciles de encontrar.

Cuando las hermanas Mendoza preparan esta salsa a la manera tradicional, la muelen ya sea en el metate o en la chilmolera de barro: un mortero de barro que tiene surcos en el interior. Ésta es una salsa espesa, ligeramente texturada.

Aproximadamente 1 1/3 tazas (335 ml) de agua
6 chiles pasilla de Oaxaca, medianos
4 hojas santas grandes
1/4 de taza (65 ml) de cabezas de camarón seco (véase pág. 596), enjuagados y
secados (puede usar los cuerpos para hacer arroz o sopa)
3 dientes de ajo pequeños, toscamente picados
sal al gusto

Ponga el agua en el vaso de la licuadora.

En un comal tibio caliente bien los chiles, volteándolos constantemente durante unos 2 minutos, con cuidado de no quemarlos. Despedácelos y añádalos al agua de la licuadora. Ase las hojas santas sobre el comal tibio hasta que estén secas y crujientes: aproximadamente 3 minutos. Desmorónelos en el vaso de la licuadora.

Ase las cabezas de camarón secas, volteándolas para que no se quemen, durante unos 2 minutos. Desmorónelas en el vaso de la licuadora. Añada el ajo y licúe todo hasta obtener una salsa texturada. Añada sal si es necesario.

En una casa hecha con palos se sirvió comida en abundancia, al estilo español. No pude distinguir los componentes de la mayoría de los platillos, pero uno llamó mucho mi atención: un lechón de tres meses de edad, rostizado entero, y relleno con nueces, que me pareció un platillo excelente y bien preparado

Descripción del siglo XIX de una comida rural en las afueras de Xalapa, en *Seis meses de residencia y viaje a través de México*, de W.H. Bullock

Durante mis primeros días en México, las mañanas del sábado significaban para mí una visita a los mercados. Salía temprano, primero rumbo a San Juan, y luego me detenía en el Mercado Juárez de regreso a casa. Para esa hora el señor Raúl, mi carnicero, ya estaba preparando su almuerzo; podía olerse desde el momento en que uno entraba al mercado y casi a una cuadra de distancia. Hacía que todos sintiéramos mucha hambre y mucha envidia. A él le encantaba cocinar, y su almuerzo no era nada común. Siempre, a la misma hora, llegaba una niñita con un gran vaso de café con leche y una bolsa de pan dulce, de ese que tiene una concha redonda de azúcar con canela en la parte de arriba; una vieja casi tiró de golpe unas tortillas flácidas y humeantes sobre el mostrador, y todos nos asomábamos con curiosidad hacia la estufita que don Raúl tenía ahí para ver qué estaba guisando ese día. A menudo era un trozo de carne enchilada –adobada con chile guajillo– o una chuleta de cerdo en adobo (véase pág. 340) que preparaba para sus clientes.

Una vez, estaba batiendo unos huevos a los que añadió carne de res deshebrada. A cucharadas, echó la mezcla en el aceite caliente y enseguida las tortitas de carne se esponjaron y doraron, listas para el caldillo de jitomate en que iban a servirse.

Don Raúl me enseñó lo deliciosos que pueden ser los riñones de ternera, pero los que él vendía no eran tan grandes como los que estamos acostumbrados a conseguir. El riñón entero con su cubierta grasosa no medía más de 6.5 cm de largo, y cada onda medía alrededor de 1 cm. Él los rebanaba, con todo y grasa, y los freía ligeramente. Me sugirió que comprara estos riñoncitos y los horneara, con todo y su cubierta grasosa, hasta que el exterior estuviera crujiente y dorado mientras el interior estaba muy tierno y jugoso. ¡Una delicia!

Me enseñó también cómo cortar el filete para hacer carne asada y a preparar el adobo para las chuletas de cerdo. Como no vendía carne de ternera yo tenía que ir a un puesto vecino, donde un grupo de alegres y energéticos muchachos cortaban las escalopas a la perfección y rebanaban el hígado entero –que no pesaba ni un kilo y que tenía un color café rojizo pálido–en rebanadas delgadas como el papel. Sólo como híga-do cuando lo compro ahí. Así que, aunque no podía conseguir el mejor roast beef o las mejores chuletas de cordero, había muchas otras cosas.

Como muchos mexicanos que viven en el campo, Godileva, nuestra sirvienta a menudo engordaba un par de cerditos en su jardín a manera de inversión. Ningún des-hecho escapaba a su ojo avisor, de modo que Godileva se llevaba las cáscaras de papa y las hojas exteriores de la lechuga, así como el pan viejo y las tortillas secas de los veci-nos, para alimentar a sus puerquitos.

En los mercados de los pueblos y de las ciudades pequeñas, los puestos de los carniceros tienen colgados metros y metros de carne delgada: tasajo de cecina fres-co, secándose o ya seco. Yo quería aprender a cortarlo, así es que un domingo en la mañana, durante un viaje a la Sierra Norte de Puebla, me dirigí a u mercado casi de-sierto en Huauchinango. Los dos carniceros eran muy amables y tomaban un flanco de res o de cerdo, o un gigantesco trozo de pulmón de buey, y con un cuchillo largo y delgado primero cortaban una capa delgada, luego le daban vuelta a la carne y corta-ban en la otra dirección, hacia adelante y hacia atrá, volteándola una y otra vez hasta que, casi de inmediato, la pieza quedaba esparcida en una tira larga y continua. Con un quiebre de la muñeca, le lanzaban una capa delgada de sal, le exprimían encima bastante jugo de limón, y doblaban la carne en un canasto para ropa, donde la deja-ban sazonar toda la noche. Al día siguiente la colgaban en un sitio aireado para que se secara. Asada al carbón y acompañada de una salsa de tomate verde o de una salsa de chile cascabel, es muy sabrosa.

En México el Norte es la región por excelencia de la carne. Cuando visité la región, la ciudad de Chihuahua tenía algunos de los restaurantes especializados en carne más opulentos de todo el país. Allá se dice que el exquisito sabor de la carne se debe a que los animales se alimentan de orégano silvestre. Hacia el oeste, en Hermosillo, sirven las carnes más grandes de todas en los restaurantes al aire libre, donde se cocinan a la leña. Luego, en el otro extremo, tienen la carne machacada que parece un encaje de tan delgada.

He probado el cabrito en muchos lugares, pero en ningún sitio es tan delicioso como en Monterrey. El cabrito no debe tener más de 30 días de nacido, ya que después de ese tiempo deja de alimentarse de leche. Conforme empieza a pacer su carne se vuelve más dura y adquiere con un sabor como a cabra. De preferencia, debe comerse al aire libre y cocinarse sobre una leña de huisaches, pero yo me conformaría con el cabrito que con tanto esmero preparan en el Restaurante Principal o en El Tío, de Monterrey. El cabrito se abre plano. Luego se empala y se coloca a un ángulo de 70 grados sobre el borde del fuego. Tarda dos horas en cocerse, y se le cambia de posición cada media hora. La cocción sigue un estricto patrón, y cuando hay por lo menos diez cabritos cocinándose es difícil imaginar cómo se las ingenia el cocinero para acordarse exactamente de en qué orden debe voltearlos, pero lo hace. La riñonada, que es la parte más suculenta, es la parte inferior de la espalda, el lugar donde el goteo del riñón grasoso continuamente la baña. Está dorada y crujiente por fuera, pero la carne del interior es tan delicada y tan suave como la ternera más fina.

Pero ese cabrito venía acompañado de otras cosas: un tazón de frijoles rancheros con una fuerte sazón a comino; una salchicha de tripa rellena con el hígado y el riñón que se llama "machitos". Y, lo más exquisito de todo, la cabeza del cabrito cocida al vapor: la lengua constituye la mayor de las exquisiteces. O también estaba la fritada, un caldo de cabrito espesado con sangre, para el cual se requiere más que un gusto adquirido.

En Culiacán los puestos de carne tienen pilas de chilorio, color ladrillo –listo para freír y rellenar los tacos–, elaborado con carne de cerdo cocida y frita, y sazonada con chiles molidos y especias; y unos cortes de carne de res que se llaman "gusano" que se usa para preparar el asado placero sinaloense (pág. 357). Curiosamente no es carne asada como su nombre lo indica, sino hervida y luego frita en cubitos con papas, bañada con salsa de jitomate, y adornada con calabacitas, zanahorias, aros de cebolla y lechuga. Es un platillo muy popular para la merienda, sobre todo en Mazatlán, porque a esa hora ya no hace tanto calor y uno tiene hambre debido a que la comida es ligera, por lo general un platillo a base de mariscos.

En Guadalajara la birria (pág. 372) es el plato de carne más popular, y a lo largo del altiplano del centro de México, el domingo los mercados están llenos de carne de borrego y de pancita y montalayo que se cuecen en una barbacoa forrada con hojas de maguey. La pancita es el estómago del borrego relleno con el hígado, los riñones y los intestinos del animal, sazonados con chile. En Hidalgo y en Tlaxcala casi siempre se consigue el mixiote, que es carne de borrego sazonada con chiles secos y cocida en paquetitos cubiertos con la membrana exterior de la hoja del maguey. En Oaxaca la barbacoa se hace de carne de borrego o de cabra, cocinada sobre una cama de maíz martajado, que absorbe todos los jugos y es maravillosamente deliciosa.

Antes uno solía subir al piso de arriba del mercado de Mérida para encontrar todos los cortes imaginables de venado cocido en un pib, en la tierra –aunque hoy día ya está prohibido–. La carne del pequeño venado que abundaba en Yucatán tiene un color claro y un sabor delicado, mucho más parecido a la ternera que al venado de intenso sabor y color rojo al que estamos acostumbrados. Suele servirse con un pipián hecho a base de unas diminutas pepitas de calabaza que se asan y se muelen, con todo y cáscara. O se deshebra finamente y se mezcla con rábanos mucho muy finamente picados, cebolla y cilantro, y humedecido con naranja agria para hacer un salpicón para tacos (véase pág. 31).

Parece que en Campeche el sábado sigue siendo el día en que se mata al ganado para hacer el chocolomo, una especialidad que se sirve los sábados por la noche. Únicamente se hace con la carne y las menudencias de la res recién sacrificada. Es uno de esos caldos muy nutritivos que se encuentran por todo México, pero con una diferencia: junto con la carne, se guisan los sesos, los riñones, el hígado y el corazón, con ajo y cebolla asados y, al final, se le da sabor con la lima agria que le da nombre a la sopa de lima típica de Yucatán.

Podría seguir y seguir. Las variaciones son enormes, como verán por las recetas que se dan a continuación.

Carne de puerco

Caldillo de puerco duranguense

Señora Arcelia Vázquez de Valles

Durango

Rinde 6 porciones

Este platillo que es muy popular en el norte del estado, es un caldillo –más bien un guisado– que se hace con filete de res o con carne seca y deshebrada de res o de puerco. Se parece mucho a la carne de puerco en chile colorado de Chihuahua.

La señora Arcelia Vázquez de Valles, una cocinera de gran reputación que es famosa sobre todo por sus exquisitas frutas de mazapán, me dio esta receta hace muchos años.

8 chiles anchos

5 1/2 tazas (1.375 l) de agua, aproximadamente

1 taza (250 ml) de tomates verdes, cocidos (véase pág. 590) y parcialmente colados

3 cucharadas de aceite vegetal o de manteca de puerco

1 kg de maciza de puerco, con un poco de grasa, cortada en cubitos de 1.5 cm

2 dientes de ajo finamente picados

2/3 de taza (165 ml) de cebolla blanca finamente picada

sal al gusto

2 cucharaditas de harina

1/4 de cucharadita de orégano

Cubra los chiles enteros con agua y deje que hiervan suavemente hasta que estén suaves: aproximadamente 10 minutos, dependiendo de qué tan secos estén. Luego escúrralos y transfiéralos al vaso de la licuadora. Agregue 2 tazas (500 ml) del agua y los tomates verdes. Licúe hasta obtener una mezcla lisa. Apártela.

Caliente el aceite o la manteca en una cacerola ancha y fría la carne, junto con el ajo, la cebolla y sal, hasta que esté dorada, revolviendo constantemente, durante unos 5 minutos. Espolvoréela con la harina y fríala, revolviendo hasta que esté ligeramente dorada. Agregue a la olla los chiles licuados y cocine todo a fuego bastante alto, durante unos 10 minutos, raspando el fondo de la olla para que no se pegue.

Añada el orégano y aproximadamente 3 tazas (750 ml) del agua: la carne debe quedar cubierta por la salsa. Luego tape la olla y deje que hierva suavemente hasta que la carne esté tierna: aproximadamente 30 minutos. (Cuando está cocida, la salsa debe estar algo caldosa, como un atole de consistencia media; añada más agua si es necesario.)

Sirva en tazones, con mucho caldillo y tortillas de harina.

Nota: este platillo puede prepararse con varias horas de anticipación.

Carne de puerco en chile colorado
Señora Rosa Margarita J. de Mejía

Chihuahua

Rinde 6 porciones

Cuando apareció mi libro *The Cuisines of México*, mis amigos del norte de México me reclamaron discretamente que no hubiera tomado más en cuenta sus platillos favoritos. Así que para mi siguiente libro, Mexican Regional Cooking, tras otro largo recorrido por los estados del norte, recopilé algunas recetas de esa región, incluida esta. Debo admitir que yo prefiero la comida del sur –con sus fascinantes hierbas, chiles y verduras del centro de México– pero encuentro que estos sencillos guisados son muy buenos, y muy reconfortantes después de tanta comida complicada.

La señora Rosa Margarita J. de Mejía, una talentosa cocinera de Chihuahua que me ha revelado muchos de los platillos regionales, me dio esta receta en particular. Se prepara con chile de la tierra, pero puede substituirlo por chilacates de Jalisco. Si no las consigue, use chiles guajillos, removiendo todas las venas y remojándolos durante media hora.

1 kg de maciza de puerco, con un poco de grasa, cortada en cubos de 1.5 cm
2 cucharaditas de sal, o al gusto
3 1/2 tazas (875 ml) de agua, aproximadamente
2 dientes de ajo
1/8 de cucharadita de cominos
1/4 de cucharadita de orégano
8 chiles de la tierra (véase pág. 575), o chilacates, con todo y semillas
2 cucharadas de aceite vegetal, aproximadamente
2 cucharaditas de harina

Ponga la carne, sal y 1/4 de taza (65 ml) de agua en una cacerola grande y pesada en la que pueda colocar la carne en dos capas. Tape la cacerola y cueza la carne a fuego lento, meneando la olla de vez en cuando para que no se queme, hasta que la carne esté *apenas* tierna, todo el líquido se haya absorbido, y la carne haya soltado la grasa: aproximadamente 45 minutos, dependiendo del corte de la carne y de qué tan suave esté. Si se pone muy seca durante el tiempo de cocción, añada un poquito más de agua.

Machaque el ajo, el comino y el orégano en un molcajete o en un mortero. Cubra los chiles con agua en una olla pequeña, y deje que hiervan suavemente, sin tapar, aproximadamente 10 minutos, o hasta que la piel esté suave. Escúrralos y transfiéralos al vaso de la licuadora, junto con 1 taza (250 ml) del agua y los ingredientes que machacó. Licúe hasta que estén lisos. Apártelos.

Agregue aceite suficiente a la grasa de la cacerola para completar 3 cucharadas, aproximadamente. Caliente el aceite y fría la carne ligeramente, volteándola de vez en cuando. Espolvoree la harina sobre la carne y siga volteándola y friéndola hasta que se dore un poquito. Añada la salsa de chile a la cacerola pasándola por un colador, y fríala unos minutos más, revolviendo y raspando el fondo de la cacerola. Agregue las 2 tazas (500 ml) restantes del agua: la salsa debe quedar algo ligera. Cocine el guisado de 15 a 20 minutos más.

Sírvalo en tazones con mucha salsa y tortillas de harina.

Nota: este platillo puede prepararse con varias horas de anticipación y congelarse hasta por 2 semanas, aproximadamente.

Ayocotes con carne de puerco estilo Querétaro

Obdulia y AnaMaría Vega

Querétaro

Rinde 6 porciones

Los ayocotes son grandes frijoles secos que vienen en todos los tonos de café y morado, y que pueden encontrarse en los mercados a lo largo del centro de México. Pueden guisarse cuando están recién cosechados, pero más a menudo se secan y se almacenan para los meses siguientes. Las grandes vainas se cosechan y luego se secan bajo el ardiente sol de octubre, luego se golpean con unos palos para que se abran y liberen a los frijoles. En Puebla se acostumbra servirlos para acompañar el mole.

En realidad los ayocotes nunca me habían gustado mucho hasta que AnaMaría y Obdulia Vega, que trajeron una bolsa enorme de ayocotes de regreso de una visita a su casa, me enseñaron a guisarlos como solía hacerlo su madre en su ranchito de Querétaro. Los chiles parecen subrayar el delicioso y terroso sabor de los ayocotes, aunque uno pensaría justo lo opuesto, que taparían su sabor. Puede substituir los ayocotes por cualquier tipo de frijol grande seco.

LOS FRIJOLES

3 tazas (750 ml) de ayocotes secos (aproximadamente 510 gr)

2 l de agua fría

2 cucharaditas de sal, o al gusto

LA CARNE

675 gr de carne de puerco, mitad costillitas y mitad maciza,

cortada en cubitos de 4 cm

sal al gusto

manteca de puerco, si es necesario

LA SALSA

9 chiles pasilla, sin venas ni semillas

9 chiles guajillo, sin venas ni semillas

5 pimientas, toscamente machacadas

3/4 de cucharadita de cominos, machacados

3 clavos enteros, machacados

2 dientes de ajo, machacados

2 1/2 tazas (625 ml) de agua caliente

2 hojas de laurel

Enjuague bien los frijoles y póngalos en una olla. Cúbralos con el agua y déjelos remojando 30 minutos. En la misma agua, deje que rompa el hervor, baje la flama, y deje que los frijoles hiervan suavemente hasta que estén tiernos: de 2 a 3 horas, dependiendo de lo secos que estén. Añada sal.

Mientras tanto, cueza la carne de puerco. Ponga los cubos de carne en una olla ancha y gruesa, apenas cúbralos con agua, añada sal y cuézala, sin tapar, revolviendo de vez en cuando, para que la carne suelte la grasa y se dore bien. Si la carne es muy magra tendrá que añadir un poco de manteca, digamos 1/4 de taza (65 ml). Retire la carne de la olla y sólo deje 1/4 de taza (65 ml) de la grasa.

Caliente una plancha o un comal y ase bien los chiles (véase pág. 300), cuidando de no quemarlos o la salsa tendrá un gusto amargo. Cubra los chiles con agua caliente por separado y déjelos en remojo aproximadamente 5 minutos; escúrralos.

Añada las especias que machacó y el ajo junto con 1/2 taza (125 ml) de agua al vaso de la licuadora y licúe muy bien. Agregue otra taza (250 ml) de agua y los chiles pasilla escurridos y licúe hasta que estén casi lisos. Recaliente la manteca en la olla y luego añada los ingredientes licuados. Fríalos a fuego medio. En 1 taza (250 ml) de agua, licúe muy bien los chiles guajillo y agréguelos a la olla, pasándolos y exprimiéndolos por un colador fino para eliminar los pedacitos de piel dura. Siga cocinando la salsa a fuego medio, revolviendo de vez en cuando.

Agregue los frijoles con su caldo y el laurel. Ajuste la sazón y cocine a fuego lento 20 minutos más.

Nota: este platillo puede prepararse con anticipación y congelarse durante una semana.

Cochito al horno
Chiapas
Rinde de 6 a 8 porciones

El cochito, contracción de "cochinito", es una palabra que se usa en Chiapas y en Tabasco. Tradicionalmente al puerco se le deja el cuero intacto y se corta en trozos grandes antes de sazonarlo y asarlo. La cantidad y variedad de especias que se usan, dentro de las cuales domina el sabor de la pimienta gorda, son características de la comida del área cirundante a Tuxtla Gutiérrez, Chiapa de Corzo y San Cristóbal de las Casas.

Ya he mencionado en otra ocasión las famosas botanas –frías y calientes que se sirven en los bares y en los pequeños restaurantes de la región– que con frecuencia incluyen al cochito guisado así. No encontrará este platillo en los menús ordinarios pero, hace mucho tiempo, vi que lo servían, con tortillas calientes, a manera de un abundante almuerzo o un desayuno tardío en el pequeño y viejo aeropuerto de Tuxtla Gutiérrez.

De preferencia, empiece un día antes para subrayar el sabor.

4 chiles anchos, sin venas ni semillas
6 ramas de tomillo fresco o 1/4 de cucharadita de tomillo seco
4 hojas de laurel
10 pimientas negras, machacadas
6 clavos enteros, machacados
20 pimientas gordas, machacadas
1 raja de canela de 5 cm, machacada
4 dientes de ajo, machacados
1 1/2 cucharadas de sal
2/3 de taza (165 ml) de vinagre suave, aproximadamente
2.5 kg de espaldilla o pierna, de ser posible, con hueso y cuero
1 taza (250 ml) de agua

Para servir
2 tazas (500 ml) de cebolla blanca finamente rallada
2 tazas (500 ml) de lechuga orejona rallada

325

En un tazón cubra los chiles con agua hirviendo y déjelos en remojo aproximadamente 15 minutos, o hasta que estén suaves. Ponga las hierbas, las especias, el ajo, la sal y el vinagre en el vaso de la licuadora y lícuelos muy bien. Poco a poco agregue los chiles remojados y escurridos, y lícuelos hasta que estén lisos, deteniendo la licuadora de vez en cuando para liberar las aspas: quizá tenga que agregar un poquito de agua, pero la mezcla debe tener la consistencia de una pasta floja.

Perfore la carne por todos lados con un cuchillo afilado. Úntela con bastante pasta y déjela reposar por lo menos 4 horas, pero de preferencia toda la noche.

Precaliente el horno a 180 °C.

Ponga la carne en una olla y hornéela durante 1 hora. Dele vuelta y hornéela 1 hora más, todavía tapada. En este punto, raspe la pasta que se haya pegado al fondo de la olla y dilúyala con agua tibia. Vuelva a voltear la carne y hornéela 2 horas más, o hasta que esté muy tierna, bañándola de vez en cuando con los jugos de la olla. Cuando la carne esté cocida debe quedar bastante salsa en la cacerola.

Sirva la carne rebanada, con un poco del jugo de la cacerola. Adórnela con bastantes aros de cebolla y lechuga rallada. Se come con tortillas recién hechas.

Nota: la carne puede sazonarse hasta con 2 días de anticipación, pero una vez guisada sabe mejor si se consume el día de su preparación.

Puerco en naranja
Centro de México
Rinde de 6 a 8 porciones

La primera vez que probé esta receta la cocinera había usado lomo sin hueso. Como ese corte de carne suele tener poca grasa y estar un poco seco, yo uso cabeza de lomo con su hueso, que es mucho más suculento.

Ésta es una de las muchas variaciones del puerco en naranja –cada cocinera tiene su propio toque secreto– con mi método para cocinarlo. A menudo se sirve con rajas de chile poblano fritas con cebolla, que complementan la carne muy bien.

2.5 kg de cabeza de lomo con su hueso (si es necesario, en dos trozos para
completar esta cantidad)
5 dientes de ajo
sal al gusto
2 cucharaditas de orégano
12 pimientas negras
3 naranjas

Perfore la carne por todos lados con la punta de un cuchillo afilado. Machaque el ajo junto con la sal, el orégano y las pimientas, y humedézcalo con el jugo de 1 naranja. Unte la carne con esta mezcla y deje que se sazone durante 1 hora.

Precaliente el horno a 180 °C.

Ponga la carne de puerco en una cacerola pesada en la que quepa ajustada y humedézcala con el jugo de una segunda naranja. Ponga la cáscara de la naranja en la olla, tápela y hornée durante 2 horas.

Escurra los jugos de la olla excepto 3 cucharadas y resérvelos. Dele vuelta a la carne y hornéela 1 hora más, sin tapar, bañándola de vez en cuando.

De nuevo, escurra los jugos de la olla y resérvelos. Suba la temperatura del horno a 205 °C. Deje que la carne se dore por arriba, luego dele vuelta y deje que se dore del otro lado.

Mientras tanto, elimine casi toda la grasa de los jugos que reservó de la olla. Agregue a estos jugos los que estén en la olla junto con el jugo de la tercera naranja y reduzca la salsa rápidamente a fuego alto. Rebane la carne y pase la salsa por separado o sirva la salsa sobre la carne a medida que la vaya rebanando.

Nota: este asado de puerco sabe mejor si se come el día que lo prepare. Al día siguiente, más que reca-
lentarlo, prefiero servirlo a temperatura ambiente, rebanado.

Asado de puerco a la veracruzana

Veracruz

Rinde de 6 a 8 porciones

Conseguí esta receta en Huatusco, Veracruz. Debe empezar a prepararla un día antes para que sepa mejor. Originalmente, era para hacer una pierna de puerco, pero a mí me parece algo seca, así que sugiero usar espaldilla.

Este asado también sabe bien al día siguiente, ya sea rebanado o frío, y es excelente para sándwiches o tortas.

2.5 kg de espaldilla de puerco con hueso

6 dientes de ajo

1 cucharada de sal

3 cucharadas de jugo de limón

6 chiles ancho, sin venas ni semillas

4 chiles morita, o 1 chile chipotle o 1 chile mora

1 taza (250 ml) de agua, aproximadamente

4 pimientas gordas, machacadas

suficientes hojas de plátano para envolver el asado en una capa doble

(opcional; véase pág. 558)

Con la punta de un cuchillo afilado perfore la carne por todos lados. Machaque el ajo con la sal y humedézcalo con el jugo de limón. Unte bien la carne con esta mezcla y apártela para que se sazone mientras prepara la mezcla de chiles.

Ase ligeramente los chiles anchos (véase pág. 300) sobre una plancha o comal caliente. Cúbralos con agua caliente, añada los chiles morita enteros y sin asar, y hiérvalos suavemente durante 5 minutos. Apague el fuego y deje que los chiles se remojen 5 minutos más.

Transfiera los chiles al vaso de la licuadora con el agua. Agregue las pimientas gordas y licúelas hasta que estén lisas. Agregue un poquito más de agua si es necesario para liberar las aspas de la licuadora.

Cubra la carne con bastante pasta de chile. Pase las hojas de plátano sobre la lumbre para que se suavicen y envuelva la carne en ellas. Deje que la carne se sazone toda la noche en el refrigerador. (Si no está usando la hoja de plátano, simplemente deje la carne descubierta.)

Precaliente el horno a 165 °C.

Ponga la carne en una cacerola con tapa firme y hornéela durante 2 horas. Al final de ese tiempo debe haber bastantes jugos en el fondo de la olla. Destape la olla y siga horneando la carne, bañándola de vez en cuando, durante otras 2 horas, o hasta que esté suave.

Sirva la carne caliente, con tortillas de maíz.

Nota: más que recalentar la carne al día siguiente, prefiero comerla fría.

Puerco en mole verde veracruzano

Señora Ángela de Galindo

Veracruz

Rinde 6 porciones

Ángela de Galindo, la esposa de Sergio Galindo, el reconocido dramaturgo veracruzano, me dio esta receta de su familia en Xalapa. El sabor preponderante es el de la hoja santa. La receta original lleva las guías tiernas del chayote: si las consigue, pele la capa fibrosa que está alrededor de la parte inferior del tallo y córtelos en pedazos chicos. No hay sustituto.

Opcional: para enriquecer este platillo se añaden bolitas de masa con un hueco en el centro, que ahí se conocen como "ombliguitos".

LA CARNE

1.8 kg de espinazo y costillas de puerco

329

LOS VEGETALES

1/2 cebolla blanca, toscamente rebanada

2 dientes de ajo

8 pimientas negras

1 cucharada de sal

450 gr de calabacitas

450 gr de chayote

225 gr de ejotes

10 brotes tiernos de la guía del chayote,

cortada en pedazos chicos (vea el texto superior)

225 gr de habas frescas

LA SALSA

3 tazas (750 ml) de tomates verdes crudos toscamente picados

2 dientes de ajo, toscamente picados

6 chiles serranos, toscamente picados

1/4 de taza (65 ml) de manteca o de aceite vegetal

2 tazas (500 ml) del caldo que reservó

1 rama grande de perejil

4 ramas grandes de cilantro

3 hojas de lechuga orejona

3 hojas santas

sal al gusto

Corte o compre la carne en piezas adecuadas para servir. Póngalas en una olla grande con la cebolla, el ajo, las pimientas y la sal. Cúbralas apenas con agua y deje que rompa el hervor. Baje la flama y deje que hierva a fuego lento durante 25 minutos.

Monde y corte las calabacitas, y córtelas en cuartos. Pele los chayotes, quíteles el corazón y córtelos en gajos de aproximadamente 1.5 cm de grosor. Monde los ejotes y córtelos a la mitad. Agregue los vegetales (excepto las habas) a la carne de la olla y cocínela 15 minutos más, o hasta que la carne y los vegetales estén suaves. *No los cueza demasiado.*

Cueza las habas por separado y apártelas.

Licúe el tomate verde, el ajo y los chiles hasta obtener una salsa lisa. Caliente la

330

manteca en una sartén y cocine la salsa a fuego alto hasta que se reduzca y se espese un poquito: aproximadamente 10 minutos. Agregue al caldo con la carne.

Licúe el perejil, el cilantro, la lechuga y la hoja santa hasta que estén listos y añádalos al mole, pasando la mezcla por un colador, a último minuto. Deje que el mole apenas rompa el hervor, agregue sal si es necesario, y sirva de inmediato.

Tradicionalmente este mole se sirve solo, con tortillas.

Nota: como cualquier guisado, esta receta puede hacerse con anticipación y luego calentarse muy lentamente durante 30 minutos antes de servir, pero añada el puré verde hasta el último minuto.

Puerco en mole verde de cacahuate
Señora Virginia Villalón

Veracruz

Rinde 6 porciones

En 1977 volví a Pánuco, el pequeño pueblo ribereño que está al norte de Veracruz, con la esperanza de visitar a la señora Chanita quien, seis años atrás, me había preparado un tamal enorme y muy especial que se llama sacahuil, pero me enteré de que había muerto hacía dos años. Cuando pregunté quién conocía bien la comida regional y sabía cocinarla bien, me mandaron al modesto restaurante de Virginia Villalón que estaba situado en una de las calles principales. Virginia era bastante joven. Su tía la había enseñado a preparar los sencillos platillos de la región. Pacientemente me dictó sus recetas, deteniéndose de vez en cuando para darme probaditas de algunas de las grandes cazuelas que burbujeaban en su estufa. Éste fue uno de los guisos.

LA CARNE

1 kg. de carne de puerco, con todo y grasa, cortada en cubos de 2.5 cm,

o bien 1.58 kg de costillas de puerco, cortadas en trozos chicos

1/3 de taza (85 ml) de cebolla blanca toscamente picada

2 dientes de ajo, toscamente picados

2 cucharaditas de sal, o al gusto

LA SALSA

4 cucharadas de aceite vegetal o manteca de puerco
1 taza (250 ml) de cacahuates crudos (aproximadamente 140 gr
pesados ya sin cáscara)
250 gr de tomate verde, toscamente picados (aproximadamente 2 tazas/500ml)
1 manojo chico de cilantro
6 pimientas gordas
3 o 4 chiles serranos
2 dientes de ajo
1/2 taza (125 ml) de cebolla blanca rebanada delgada

Ponga la carne, la cebolla toscamente picada, el ajo y la sal en una olla. Cubra la carne con agua y deje que hierva suavemente. Cuézala durante unos 30 minutos (dependiendo de la calidad y del corte de la carne). Escurra la carne y reserve el caldo. La carne debe quedar medio cocida.

Mientras tanto, caliente 1 cucharada del aceite y fría los cacahuates (o tuéstelos en un horno tostador), volteándolos constantemente, hasta que tengan un profundo color dorado. Macháquelos y transfiéralos al vaso de la licuadora. Agregue el tomate verde, el cilantro, las pimientas, los chiles, el ajo y 3/4 de taza (185 ml) del caldo de la carne. Licúe todo hasta que esté casi liso (quizá tenga que agregar un poquito más de caldo, pero cuide que la salsa no se vuelva muy aguada).

Caliente las 3 cucharadas restantes de aceite en una olla gruesa y fría juntos el puerco y la cebolla rebanada hasta que doren, volteando las piezas constantemente. Agregue la salsa licuada y cocínela unos minutos más, revolviendo y raspando el fondo de la olla todo el tiempo. Agregue aproximadamente 2 1/2 tazas (625 ml) del caldo, luego ajuste la sazón y hierva el mole lentamente aproximadamente 20 minutos, o hasta que la carne esté tierna y la salsa bien sazonada. (Quizá tenga que diluir la salsa un poco más –debe tener una consistencia mediana, como una crema ligera– y se espesará considerablemente mientras se cocina.)

Sirva este platillo con bastante salsa y tortillas calientes.

Nota: esta receta puede prepararse con varias horas de anticipación.

Calabaza guisada con puerco

Señora Domitila Santiago de Morales

Oaxaca

Rinde 6 porciones

Éste es un guisado oaxaqueño muy sencillo que no es ni picante ni muy especiado. Todo el año los mercados de Oaxaca están llenos de calabacitas verde pálido que tienen un sabor increíblemente delicado pero dulce. Puede usar cualquier calabacita para preparar este platillo, pero podría sustituirlas por calabaza tierna.

LA CARNE

1 kg de costillas de puerco, cortadas en cubos de 4 cm

2 cucharaditas de sal

1/4 de cebolla blanca, toscamente picada

2 dientes de ajo, toscamente picados

LA SALSA

1 1/2 cucharadas de aceite vegetal

180 gr de jitomates finamente picados (aproximadamente 1 taza/250 ml)

2 cucharadas de cebolla blanca finamente picada

2 dientes de ajo pequeños finamente picados

450 gr de calabacitas o calabaza, mondada y cortada en cubitos de 1.5 cm

1 1/2 tazas (375 cm) de granos de elote

1 rebanada gruesa de piña fresca, pelada y cortada en pedacitos

1 chile ancho

1/8 de cucharadita de comino, machacado

1 plátano macho mediano, muy maduro (aproximadamente 225 gr), pelado y cortado en rodajas de 1.5 cm

sal al gusto

Ponga la carne en una olla grande junto con la sal, la cebolla y el ajo, y apenas cúbrala con agua. Deje que rompa el hervor, baje la flama y deje que hierva lentamente, sin tapar, hasta que esté apenas tierna: aproximadamente 45 minutos. Escurra la carne y reserve el caldo.

Caliente el aceite en una olla grande y pesada y luego agregue los jitomates, la cebolla y el ajo, y fríalos a fuego alto, revolviendo constantemente, hasta que la mezcla se haya reducido un poco: aproximadamente 4 minutos. Agregue las calabazas, el elote, la piña y 2 tazas (500 ml) del caldo de la carne.

Tape la olla y cocínela a fuego medio, revolviendo de vez en cuando, aproximadamente 10 minutos: si uso calabacitas y el elote deben estar *apenas* tiernos.

Hágale un corte al chile ancho, elimine las semillas y las venas, cúbralo con agua caliente y hiérvalo 5 minutos. Transfiera el chile al vaso de la licuadora, junto con 1/3 de taza (85 ml) de agua y el comino. Licúe hasta que esté liso.

Agregue el plátano macho, el chile licuado, y la carne a la salsa. Ajuste la sal y hierva lentamente alrededor de 15 minutos.

Sirva con tortillas calientes.

Guiso de puerco

Oaxaca

Rinde 6 porciones

Rufina venía de un pueblo muy pobre de Oaxaca. Trabajó con nosotros varios años y esta receta me la dio ella. Era joven e impaciente y en realidad no le gustaba cocinar. Sin embargo, le encantaba comer y todo lo que nos preparaba era delicioso. Este platillo de puerco guisado en una salsa de tomates y piña –especiada y ligeramente endulzada– es muy simple y refrescante; perfecto para quienes no les gusta la comida picante, ya que el chile se guisa entero y, aunque le da sabor a la salsa no la vuelve picante. El chile güero –que es largo, delgado y de un color amarillo un poco verde– tiene un sabor delicioso y se usa para este guisado. Aunque no era de Oaxaca, posiblemente Rufina usaba chile de agua en su pueblo.

La carne

1.8 kg de costillas de puerco, cortadas en 12 porciones

1 cucharada de sal

6 pimientas negras

2 dientes de ajo

1 1/2 tazas (375 ml) de cebolla blanca rebanada delgada

La salsa

1/4 de taza (65 ml) de manteca

1 cebolla blanca mediana, rebanada delgada

3 dientes de ajo, rebanados

1.125 kg de jitomates, toscamente picados (aproximadamente 7 tazas/1.75 l)

1 1/2 rebanadas gruesas de piña fresca, pelada

1 plátano macho grande y maduro, pelado

2 ramas de perejil

1/4 de cucharadita rasa de orégano

1 cucharada copeteada de almendras peladas y fileteadas

2 cucharadas de pasas

2 cucharaditas de azúcar granulada (opcional)

1 cucharadita de sal o al gusto

1 taja de canela de 1.5 cm

4 clavos enteros

4 chiles de agua o güeros

10 aceitunas deshuesadas

2 a 3 tazas (500 a 750 ml) del caldo de la carne, aproximadamente

sal, la necesaria

Ponga la carne, junto con la sal, las pimientas, el ajo y la cebolla en una olla grande, cúbrala apenas con agua fría y deje que rompa el hervor. Baje la flama y deje que la carne hierva lentamente en la olla tapada hasta que esté apenas tierna: aproximadamente 35 minutos. Reserve y deje que la carne se enfríe en el caldo.

Derrita la manteca en una cazuela o en una olla gruesa y acitrone la cebolla y el ajo.

Licúe los jitomates unos segundos solamente y añádalos a la cebolla y al ajo. Cocínelos a fuego alto hasta que se reduzcan y espesen: unos 10 minutos.

Corte la piña en gajos pequeños. Corte el plátano macho en rebanadas gruesas. Agréguelos junto con el resto de los ingredientes a la olla y cocínelos a fuego bastante alto durante 15 minutos. Para entonces la salsa se habrá espesado de manera considerable y estará muy bien sazonada.

Añada la carne con el caldo a la salsa. Cocínela otros 15 minutos a fuego lento. Agregue sal al gusto. La salsa no debe quedar ni muy aguada ni muy seca: es probable que necesite añadirle un poquito más de caldo o agua.

Nota: este guiso sabe mejor si se consume el mismo día de su preparación, pero puede hacerse varias horas antes, añadiendo la carne y el caldo a último minuto.

Puerco con verdolagas
Señora María Elena Lara
Ciudad de México
Rinde 6 porciones

2 kg de espinazo de puerco, cortado en piezas de 4 cm
1 cebolla blanca mediana, toscamente rebanada
8 dientes de ajo
sal al gusto
900 gr de verdolagas (aproximadamente 16 tazas/4 l)
2 tazas (500 ml) de agua hirviendo, aproximadamente
4 tazas (1 l) de tomates verdes, cocidos (véase página) y colados,
reservando 1 taza (250 ml) del agua de la cocción
4 a 6 chiles jalapeños, cocidos con los tomates verdes
60 gr de manteca de puerco
2 tazas (500 ml) de cebolla blanca finamente rebanada
1/2 cucharadita de comino
1/4 de cucharadita de orégano

Ponga la carne en una olla grande y apenas cúbrala con agua. Agregue la cebolla toscamente rebanada, 2 dientes de ajo y sal, y deje que rompa el hervor. Baje la flama y deje que la carne hierva lentamente hasta que *apenas* esté tierna: aproximadamente 40 minutos; no la cueza demasiado. Cuele la carne reservando el caldo. Debe tener por los menos 3 tazas (750 ml) de caldo. Si es necesario, agregue agua para completar esta cantidad.

Lave las verdolagas. Elimine las raíces y los tallos muy gruesos. Pique toscamente las hojas y los tallos tiernos. Ponga aproximadamente 2 tazas (500 ml) de agua hirviendo en una olla junto con las verdolagas y 1 cucharadita de sal. Tape la olla, deje que rompa el hervor a fuego alto, y cuézalas durante unos 3 minutos, revolviéndolas de vez en cuando. Cuélelas, eliminando el agua de la cocción y apártelas.

Licúe los tomates verdes con los chiles y 1 taza (250 ml) del agua en que los coció. Apártelos.

En una cacerola gruesa, derrita la manteca y fría la carne y la cebolla en rebanadas finas hasta que la carne esté ligeramente dorada y la cebolla, suave, volteando las piezas a menudo.

Machaque el ajo restante, el comino y el orégano en un molcajete o mortero, y agréguelo a la carne que está friendo en la olla. Con un poquito del puré de tomate verde "limpie" el molcajete. Añada esto y el resto del puré de tomate verde a la olla. Fríalo unos minutos más, revolviendo de vez en cuando para que no se pegue.

Agregue las verdolagas a la olla junto con 3 tazas (750 ml) del caldo de la carne y deje que hierva suavemente durante 10 minutos más. Ajuste la sazón antes de servir con tortillas recién hechas.

Nota: este platillo puede prepararse con varias horas de anticipación.

Tinga poblana de carne de puerco
Puebla

Rinde suficiente para 12 tostadas

En el menú de todos los restaurantes poblanos encontrará las tostadas de tinga. Desde luego, puede servirla como platillo principal y se acompaña muy bien –aunque no es típico– con arroz blanco a la mexicana (véase Arroz blanco, pág. 206).

El *Diccionario de Mejicanismos* traduce la palabra tinga como algo "vulgar" o "desordenado". ¡Debo decir que es un desorden muy sabroso!

450 gr de maciza de puerco, cortada en cubitos de 2.5 cm

1/2 cucharadita de sal, o al gusto

225 gr de chorizo

450 gr de jitomates finamente picados (aproximadamente 2 2/3 de taza/665 ml)

1/3 de taza (85 ml) de cebolla blanca toscamente rebanada

3 ramas de tomillo fresco o 1/8 de cucharadita de tomillo seco

1/8 de cucharadita de orégano seco

2 hojas de laurel

3 chiles chipotles enlatados en vinagre, o en adobo, cortados en rajas

2 cucharadas del líquido o de la salsa de los chipotles enlatados

PARA SERVIR

1 aguacate, en rebanadas delgadas

1 taza (250 ml) de lechuga rallada

Cubra los cubos de carne con agua, agregue sal y deje que rompa le hervor. Luego baje la flama y deje que hierva lentamente hasta que esté tierna: aproximadamente 40 minutos. Deje que la carne se enfríe en el caldo, luego escúrrala, reserve el caldo, y deshebre la carne finamente.

Pele el chorizo, desmorone la carne en una sartén y fríalo a fuego lento hasta que suelte toda la grasa. Retire las piezas de chorizo de la sartén y apártelas.

Elimine toda la grasa de la sartén excepto 2 cucharadas. Añada los jitomates y la cebolla y fríalos a fuego bastante alto durante unos 5 minutos, revolviendo bien la mezcla y raspando el fondo de la olla de vez en cuando. A la salsa de jitomate añada la carne deshebrada, el chorizo frito, el tomillo, el orégano, las hojas de laurel, los chiles, el líquido o la salsa de la lata de chiles, y 1/2 taza (125 ml) del caldo. Ajuste la sazón y deje que la mezcla se cocine y sazone aproximadamente 10 minutos, revolviendo bien de vez en cuando. La tinga debe quedar húmeda pero no jugosa.

Úsela en tostadas y adórnelas con el aguacate y la lechuga rallada

Nota: puede preparar la tinga con un día de anticipación.

Chuletas de puerco adobadas
Sierra Norte de Puebla
Rinde 6 porciones

El adobo se usa mucho para sazonar carnes. Yo me volví aficionada a esta forma de preparar las chuletas de puerco una vez, hace mucho años, cuando comí en Xicotepec de Juárez en un lugar llamado Mi Ranchito. *La carne, que era de un puerco criollo estaba tierna y deliciosa. Me sirvieron las chuletas con salsa verde y, curiosamente, con crema.*

El adobo se hace con chiles secos, especias, hierbas y sal, molidos con vinagre hasta obtener una pasta. En esta receta recomiendo sazonar la carne con un día de anticipación: vale la pena en términos de sabor.

Las chuletas deben tener un poco de grasa –no tiene que comérsela– pero ayuda a mejorar mucho la textura y el sabor.

Nota: Se puede preparar el adobo en cantidades granes porque se conserva bien y así siempre lo tiene a mano.

EL ADOBO
4 chiles anchos grandes, sin venas ni semillas
1/8 de cucharadita de comino, machacado
1/8 de cucharadita de orégano
3 ramas de tomillo fresco o 1/8 de cucharadita de tomillo seco
1 cucharada de sal
2 dientes de ajo
1/2 taza (125 ml) de vinagre blanco suave o de jugo de naranja agria
6 chuletas gruesas de puerco
manteca derretida o grasa de puerco para freír

PARA SERVIR
1 1/2 tazas (375 ml) de cebolla blanca rebanada delgada
rábanos en rodajas
lechuga rallada

339

Es mejor preparar el condimento un día antes. Ase los chiles ligeramente, volteándolos a menudo para que no se quemen.

Ponga los chiles en un tazón y cúbralos con agua hirviendo. Deje que se remojen alrededor de 10 minutos, luego sáquelos con una cuchara perforada y transfiéralos al vaso de la licuadora. Agregue el resto de los ingredientes del adobo y licúelos hasta obtener una pasta bastante lisa. Añada agua si es necesario para soltar las aspas de la licuadora.

Haga que el carnicero le aplane las chuletas hasta el grueso deseado. Úntelas con la pasta por ambos lados y deje que se sazonen, en el refrigerador, durante toda la noche.

Al día siguiente, caliente la grasa y fría las chuletas *muy lentamente* por ambos lados hasta que estén bien cocidas: alrededor de 20 minutos, según el grosor de la carne. Cuando estén bien cocidas, suba el fuego y dórelas rápidamente.

Sirva las chuletas de inmediato y adórnelas con la cebolla rebanada. Decore el plato con los rábanos y la lechuga.

Puerco en adobo
Señora Godileva Castro

Guerrero

Rinde de 6 a 8 porciones

En mis primeros meses en México, Godileva Castro nos ayudaba con las labores de la casa. Su nombre aparece varias veces en este libro porque era una talentosa y entusiasta cocinera que me enseñó mucho sobre la comida de su región. Muchas veces, cuando yo no estaba en el trabajo, las labores del hogar ocupaban un segundo plano y nos poníamos a cocinar.

Desde luego, Godileva usaba una cantidad extravagante de manteca para freír para que el platillo brillara y se viera más apetitoso.

1.5 a 1.8 kg de maciza de puerco con un poco de grasa, cortada

en cubos de 4 cm

450 gr de espinazo

1/2 cebolla blanca, rebanada

2 dientes de ajo

8 pimientas

1 cucharada de sal

El adobo

6 chiles anchos, sin venas ni semillas

10 chiles pasilla, sin venas ni semillas

1 raja de canela de 2.5 cm., machacada

5 clavos enteros, machacados

6 pimientas negras, machacadas

6 ramas de tomillo fresco o 1/4 de cucharadita de tomillo seco

6 ramas de mejorana fresca o 1/4 de cucharadita de mejorana seca

1/4 de cucharadita de cominos, machacados

6 dientes de ajo, toscamente picados

2 cucharadas de vinagre blanco suave

La etapa final

1/4 de taza (65 ml) de manteca

2 hojas de laurel

2 cucharadas de azúcar

3 tazas (750 ml) del caldo de la carne

sal al gusto

2 tazas (500 ml) de cebolla blanca rebanada delgada

Ponga la carne, los huesos, la cebolla, el ajo, las pimientas y la sal en una olla grande. Apenas cubra la carne con agua. Deje que rompa el hervor, baje la flama y deje que la carne hierva suavemente hasta que esté *apenas* tierna: aproximadamente 35 minutos. Deje que la carne se enfríe en el caldo.

Cuele la carne y reserve el caldo. Apártela.

Ase los chiles ligeramente, volteándolos de vez en cuando para que no se quemen. Cúbralos con agua caliente y déjelos en remojo 10 minutos. Transfiera los chiles a la licuadora junto con 1 taza (250 ml) de agua. Añada el resto de los ingredientes del adobo y licúelos hasta obtener una mezcla bastante lisa, añadiendo más agua si es necesario.

Derrita la manteca en una cacerola grande. Agregue la salsa del adobo, las hojas de laurel y el azúcar y cocínela durante unos 15 minutos, revolviendo casi todo el tiempo para que no se pegue. Tenga a mano una tapadera para evitar las salpicaduras. La salsa está lista cuando adquiere un color rojo oscuro y se espese.

Poco a poco añada el caldo y añada sal, según sea necesario. Agregue la carne y siga cocinando el adobo a fuego muy lento durante 10 minutos más.

Sirva el platillo adornado con aros de cebolla.

Nota: la salsa en sí puede hacerse con 2 o 3 días de anticipación –de hecho, mejora con el tiempo– hasta el punto en que se añade el caldo. Entonces puede cocer la carne el día en que la vaya a usar. Si sobra algo, la salsa se congela muy bien y, mezclada con carne deshebrada, constituye un excelente relleno para tacos.

Carne de puerco con uchepos
Señora Beatriz Dávalos (+)

Morelia, Michoacán

Rinde 6 porciones

Durante años oí hablar de los uchepos pero nunca los había probado hasta que, en 1969, fui a Morelia por vez primera. La difunta Beatriz Dávalos, en aquel tiempo una de las grandes cocineras de la región, hizo que los prepararan especialmente para mí en el Casino Charro. Ella me dio esta receta. Los uchepos proveen un maravilloso contraste con el delicado sabor del elote fresco y de los tamales, la suavidad de la carne de puerco en su salsa de jitomate asado, y el sabor penetrante y atintado de las rajas de chilaca contra la textura de la crema y el queso. Y ni qué decir de los colores: amarillo, rojo y blanco con una celosía de verde negruzco. A veces se usan corundas.

LA CARNE

2 kg de costillitas de puerco

2 cucharaditas de sal

4 dientes de ajo pelados

LA SALSA

1.35 kg de jitomates, asados (véase, pág. 566)

4 chiles serranos, asados (véase pág. 589)

2 dientes grandes de ajo

sal al gusto

PARA SERVIR

18 uchepos chicos (pág. 141) o corundas (pág. 70 en El arte de la cocina mexicana*)*

1 taza (250 ml) de crema (véase pág. 588)

225 gr de queso fresco

3 chilacas grandes o chiles poblanos, asados, pelados y cortados en rajas

(véase págs. 564).

En una cacerola, apenas cubra la carne con agua, añada sal y los ajos. Deje que rompa el hervor. Siga cociéndola, sin tapar, a fuego medio durante unos 30 minutos. Retire aproximadamente 2 tazas (500 ml) de caldo y resérvelas. Siga cociendo la carne hasta que esté apenas tierna: unos 15 minutos más. Deje que la carne suelte toda la grasa y fríala en esa misma grasa hasta que esté ligeramente dorada (como si fuera a hacer hacer carnitas; véase pág. 47). Retire la carne y toda la grasa, excepto 4 cucharadas.

Mientras tanto, prepare la salsa de jitomate. Licúe los jitomates con los chiles, el ajo y la sal hasta obtener una consistencia lisa. Añada la salsa de jitomate a la grasa de la olla y guísela a fuego alto durante unos 8 minutos, hasta que reduzca y se espese un poquito. Baje el fuego, agregue la carne, y deje que se caliente lentamente.

Sirva cada porción de carne con dos o tres uchepos o corundas, y bastante salsa, un poco de crema, tiras de queso y rajitas de chile serrano pelado y finamente deshebrado.

Nota: la salsa y la carne pueden prepararse con varias horas de anticipación. Es posible que , cuando caliente la salsa, tenga que diluirla con un poquito de caldo.

343

Cochinita pibil

Yucatán y Campeche

Rinde 6 porciones

La primera vez que probé la cochinita pibil, estaba deshebrada en unos panuchos (pág. 65). Esto fue a fines de los años cincuenta, en el que entonces era nuestro restaurante yucateco favorito: El Círculo del Sureste. Quedé prendada.

Pib es una palabra maya que designa un horno tradicional, o para barbacoa, en la Península de Yucatán y todavía hoy se usa en los pueblos. Se prepara cavando un hoyo rectangular como de un metro de profundidad. El fondo se forra con piedras grandes que se calientan a la leña. Cuando las brasas se apagan y las piedras están lo suficientemente calientes (sólo los expertos saben cuándo, por instinto) las carnes que se van a cocer (la carne de puerco con todo y piel, guajolote o tamales de carne como el Muk-bil pollo, pág. 137), se envuelven en varias capas de hoja de plátano, se colocan en un traste de metal, y se cubren con costales y tierra. La cocción lleva varias horas. Cocidas así, las carnes adquieren una suculencia y un sabor muy especiales. Esta es la forma en que puede hacer la cochinita pibil en casa.

La mayoría de las cocineras compra el recado de achiote ya reparado, pero también se puede hacer y es bastante sencillo, pero no caiga en el error de servirlo aparte como si fuera una salsa, porque su sabor resulta insoportable.

UN DÍA ANTES

1.5 a 2 kg de carne de puerco, de preferencia cabeza de lomo,

con grasa

3 cucharadas de sal

EL RECADO

2 cucharadas de jugo de naranja agria

1 cucharada copeteada de semillas de achiote

1/4 de cucharadita de comino

1/4 de cucharadita de orégano

12 pimientas

3 pimientas gordas

4 clavos

1/8 de cucharadita de chile seco yucateco molido (opcional; véase pág. 578) o

de páprika picante molida (opcional)

3 cucharadas de jugo de naranja agria o sustituto; o de vinagre blanco suave

2 hojas de plátano grandes (véase pág. 558)

1/2 taza (125 ml) de agua

Un día antes, perfore la carne por todos lados y úntela con 2 cucharaditas de la sal y el jugo de naranja agria. Apártela mientras prepara el recado para sazonar.

En un molino eléctrico para especias o para café, muela las semillas de achiote, el comino, el orégano, las pimientas negras y las pimientas gordas hasta obtener un polvo liso. Páselo por un colador fino y muela los deshechos una vez más.

Machaque el ajo junto con el chile seco, la cucharadita de sal restante, el jugo de naranja agria, y mézclelos con las especias que molió. La pasta debe quedar espesa. Úntela a la carne.

Rápidamente, pase las hojas de plátano por la flama de la estufa para que se suavicen. Envuelva la carne en las hojas de plátano y deje que se sazone en el refrigerador por los menos 6 horas o toda la noche.

Precaliente el horno a 165 °C (325 °F).

Coloque una parrilla para hornear en la parte inferior del horno y ponga ahí la carne envuelta. Agregue agua y tape la olla bien. Voltee la carne y báñela con los jugos de la olla. Hornéela 2 1/2 horas, o hasta esté suave y se desprenda del hueso.

La salsa

1/2 taza (125 ml) de cebolla morada muy finamente picada

3 chiles habaneros, muy finamente picados

1/2 cucharadita de sal

2/3 de taza (165) ml de jugo de naranja agria o sustituto (véase pág. 593)

Mientras tanto, prepare la salsa. Mezcle todos los ingredientes. Apártelos para que se sazonen durante aproximadamente 2 horas.

Para servir, deshebre la carne toscamente. Vierta encima la grasa y los jugos de la olla. Sirva la cochinita pibil caliente, con tortillas y la salsa en un plato aparte para que cada quien se haga sus propios tacos.

Frijol con puerco

Señora Bertha López de Marrufo

Mérida, Yucatán

Rinde 6 porciones

Éste es uno de esos grandes platillos mixtos que recuerdan a sus populares equivalentes del Caribe y de Brasil. Los frijoles, la carne y el arroz son de color negro, y están llamativa y pródigamente salpicados con rábanos finamente picados, hojas de cilantro y salsa de jitomate, y servidos con limón en cuartos y rebanadas de aguacate: un platillo sustancioso, crujiente y llenador.

Recomiendo cocer los frijoles un día antes, justo hasta el punto en la receta donde se añade la carne. La salsa de jitomate también puede prepararse con anticipación, pero aun así el tiempo de cocción es de 2 1/2 horas, pues no puede empezar a preparar el arroz hasta que la carne se haya cocido.

LOS FRIJOLES

450 gr de frijoles negros (aproximadamente 2 1/3 tazas/565 ml)

1 cucharada de manteca de puerco

1/3 de taza (85 ml) de cebolla blanca toscamente rebanada

14 tazas (3.5 l) de agua fría, aproximadamente

sal al gusto

1 rama de epazote

Limpie los frijoles para eliminar cualquier piedrita o pedacito de tierra que puedan tener. Enjuáguelos y póngalos en una olla muy grande junto con la manteca, la cebolla y agua. Deje que hiervan suavemente y cuézalos lentamente hasta que la piel empiece a reventar: aproximadamente 1 1/2 horas. Añada la sal y el epazote y cueza los frijoles aproximadamente 1/2 hora, no más.

LA CARNE DE PUERCO

225 gr de carne maciza de puerco, cortada en cubos grandes

450 gr de chamberete de puerco, cortado en rebanadas de 1.5 cm

450 gr de costillitas de puerco, cortadas en cubos de 5 cm

1 oreja de puerco, cortada en pedacitos (opcional)

1 pimiento verde, sin venas ni semillas, cortado en cuadritos

2 ramas grandes de epazote

2 cucharadas de cebolla blanca toscamente picada

1 cucharada de sal, o al gusto

A los frijoles agrégueles la carne de puerco y el resto de los ingredientes. Tape la olla y siga cociéndolos a fuego lento, revolviéndolos de vez en cuando. (Debe haber bastante caldo, teniendo en cuenta que va a emplear 3 tazas/750 ml del caldo para el arroz. Si el caldo parece haberse reducido demasiado, añada 1 taza de agua más o menos.) Cueza todo hasta que los frijoles estén suaves y la carne esté tierna: 1 hora y 15 minutos, dependiendo de la carne.

Durante la cocción, empiece a preparar el arroz.

EL ARROZ

1 1/2 tazas (375 ml) de arroz blanco

1/3 de taza (85 ml) de aceite vegetal

1/4 de cebolla blanca pequeña, toscamente picada (aproximadamente

1 cucharada)

3 tazas del caldo de los frijoles

1 diente de ajo, toscamente picado

sal al gusto

Cubra el arroz con agua caliente y déjelo remojando unos 5 minutos. Luego enjuáguelo con agua fría y escúrralo bien. Caliente el aceite en una cacerola muy gruesa (el caldo de frijol tiende a pegarse mucho) e incorpore el arroz meneando hasta que todos los granos estén uniformemente cubiertos de grasa. Agregue la cebolla y el ajo. Fría el arroz, volteándolo de vez en cuando, para que adquiera un color dorado parejo. Ladee la cacerola y escurra el exceso de aceite.

Añada el caldo de los frijoles y sal. Tape la olla y cocine el arroz suavemente hasta que todo el líquido se haya absorbido: aproximadamente 15 minutos. Retire del fuego. Tape el arroz con un pedazo de manta de cielo y apártelo durante 25 minutos, para que se siga cociendo y se expanda en su propio vapor.

347

ARMANDO EL PLATILLO

2 tazas (500 ml) de salsa de jitomate yucateca (pág. 298)

1 taza (250 ml) de rábanos muy finamente picados

1/2 taza (125 ml) de cilantro muy finamente picado

4 limones, cortados en cuartos

2 aguacates, en rebanadas

Saque la carne de los frijoles y sírvala en un platón calentado. Sirva el arroz en la cacerola en la que lo coció. Sirva los frijoles y su caldo en platitos hondos individuales y pase por separado el resto de los ingredientes, para que cada persona se sirva al gusto.

Nota: Consulte el texto al principio de la receta para preparar este platillo con anticipación. Pero, cuando por fin esté listo, debe servirse sin demora.

Lomitos

Señora Bertha López de Marrufo

Yucatán

Rinde 6 porciones

Rara vez aparece este platillo en los menús de los restaurantes yucatecos, pero como muchas otras de las especialidades locales, tiene más probabilidades de encontrarlo en los mercados, temprano por la mañana. La primera vez que probé una versión local de esta receta fue en el mercado de Valladolid, donde se servía en tacos o apilado en un pim (un pastelito redondo hecho con masa para tortillas, mezclada con manteca y sal, y cocido sobre una plancha o comal; por lo general un pim mide 8 cm de diámetro y un "un dedo" de grueso). Esta receta de la señora Marrufo es una versión de lomitos algo refinada pero igualmente deliciosa.

Los lomitos también se sirven sobre una cama de ibis –frijolitos blancos que crecen en la península de Yucatán– o de arroz blanco.

348

1 cucharada de recado rojo simple (pág. 583)

2 cucharadas de jugo de naranja agria o sustituto (véase pág. 593)

900 gr de maciza de puerco, cortada en cubos de 1.5 cm

2 cucharadas de aceite vegetal o de manteca de puerco

340 gr de jitomates finamente picados (aproximadamente 1 3/4 tazas/435 ml)

1/2 pimiento verde finamente picado

2/3 de taza (165 ml) de cebolla blanca finamente picada

2 cucharaditas de sal

1 cabeza chica de ajo, sin pelar

1 chile habanero entero o cualquier chile verde picante

2 a 2 1/2 tazas (500 a 625 ml) de agua, aproximadamente

Diluya el recado rojo con el jugo de naranja agria y úntelo a la carne. Aparte y deje que se sazone 30 minutos.

Caliente el aceite en una sartén y fría los jitomates, los pimientos y la cebolla a fuego bastante alto, revolviendo bien y raspando el fondo de vez en cuando, durante unos 10 minutos. Agregue sal y aparte.

Ase la cabeza entera de ajo sobre una plancha o comal, volteándola de vez en cuando, hasta que se haya dorado por fuera y los dientes estén bastante suaves por dentro. Ase el chile habanero.

Ponga la carne en una olla grande y pesada con el agua, que apenas debe cubrir la carne. Agregue la mezcla de jitomate y el ajo asado y sin pelar, así como el chile habanero, y deje que rompa el hervor. Baje la flama y deje que la carne hierva lentamente, sin tapar, hasta que esté tierna: aproximadamente 1 hora. (La salsa debe tener una consistencia media; si se ve muy aguada, suba la flama y redúzcala rápidamente.) Sirva el platillo caliente.

Nota: los lomitos pueden prepararse con varias horas de anticipación: de hecho, su sabor aumenta con el reposo.

Calzones del diablo

Señorita Elvia Carrillo

Coatepec, Michoacán

Rinde de 4 a 6 porciones

Una vecina mía de Coatepec, la señorita Elvia Carrillo heredó esta receta de su madre quien, a su vez, la aprendió de una ancianita que vivía en su mismo pueblo. Sin embargo, a su mamá el nombre del platillo le parecía un poco indecente y por eso lo rebautizó como mole blanco.

Elvia me dio instrucciones muy estrictas para preparar este platillo: la carne debe cocerse en una olla de barro o peltre, pero por ningún motivo debe usarse una olla exprés. Deben utilizarse chiles serranos en escabeche -no jalapeños- y, al servirse, el platillo debe tener bastante grasa en la superficie.

1kg de costillitas de puerco, cortadas en cubos de 5 cm

sal al gusto

60 gr de ajonjolí (aproximadamente 2/3 de taza/165 ml)

3 cucharadas de manteca de puerco o de aceite vegetal

1 chile ancho, sin venas ni semillas

1 cebollita grande con un poco de la parte verde, o 1 cebolla blanca pequeña

cortada en rebanadas gruesas

1 diente de ajo

4 chiles serranos en escabeche (el platillo no debe quedar muy picante)

4 jitomates guaje

2 rebanadas de pan francés blanco como de 2.5 cm de ancho

1 clavo entero

2 pimientas negras

1 pimienta gorda

1 hoja de laurel

2 ramas de mejorana fresca o 1/8 de cucharadita de mejorana fresca

2 ramas de tomillo fresco o 1/8 de cucharadita de tomillo seco

En una olla grande cubra la carne con agua, agregue sal y cuézala, tapada, a fuego medio hasta que esté tierna pero no suave: aproximadamente 40 minutos. Cuélela y reserve el caldo. Enfríelo y desengrásalo, pero guarde la grasa.

En una sartén sin engrasar, tueste el ajonjolí hasta que adquiera un color dorado profundo, con cuidado de no quemarlo. Enfríelo y muélalo en un molino eléctrico para café o para especias, hasta obtener un polvo texturado.

Derrita en la sartén 2 cucharadas de manteca, aplane el chile ancho y fríalo unos segundos hasta que el interior adquiera un color café claro. Escúrralo, despedácelo y póngalo en el vaso de la licuadora. En la misma grasa fría la cebollita, el ajo, los chiles y los jitomates enteros durante 1 minuto o hasta que la cebollita acitrone. Transfiéralos al vaso de la licuadora. Agregue la manteca restante a la sartén y fría el pan hasta que esté crujiente por fuera; desmorónelo dentro del vaso de la licuadora. Agregue 1 taza (250 ml) del caldo que reservó y licúe todo hasta que esté bastante liso.

Ponga 2 cucharadas de la grasa que le quitó al caldo en una cacerola, añada los ingredientes que licuó junto con el ajonjolí molido, y fríalos a fuego medio, revolviendo y raspando el fondo de la olla para que no se pegue, durante unos 5 minutos. Agregue la carne y el resto de los ingredientes (enteros), junto con el caldo restante y cocine todo a fuego lento 10 minutos más. Ajuste la sazón. La salsa debe tener una consistencia mediana y debe cubrir el revés de una cuchara de palo con una capa delgada.

Puerco en mole chatino

Señorita Francisca Pérez

Oaxaca

Rinde aproximadamente 10 porciones

Éste es un mole muy poco común, y muy picante, de la región de Sola de Vega, en Oaxaca. La receta me la dio una joven y talentosa cocinera de esa zona. Es poco común porque para hacerla no se emplean los chiles de la región sino chiles guajillo y de árbol que son más comunes y baratos, y tiene una base muy sustanciosa de nueces y semillas.

Como podrá ver, casi todos los ingredientes van asados. Es mejor asar los chiles en un comal o una plancha a fuego medio para voltearlos en el momento indicado y así evitar que se quemen: deben estar bien asados para que se pongan crujientes cuando se enfrían. Las nueces y las semillas pueden tostarse en un horno, o mejor aún -aunque no muy tradicional- en un horno tostador, para que se tuesten lenta y uniformemente sin quemarse.

La mayoría de los moles que se hacen con chiles secos saben mejor si los ingredientes se asan o se fríen y luego se muelen en seco: tradicionalmente esto se hacía en el metate, y todavía se sigue haciendo así en algunas áreas rurales. Sin embargo, bien vale la pena moler los ingredientes en un molino eléctrico para café o para especias, o en una licuadora con potencia, de poquito en poquito, o deshacer los ingredientes primero en un procesador de alimentos, aunque este aparato no puede llevar a cabo todo el proceso.

Los ingredientes molidos requieren de una cantidad bastante generosa de manteca para que al freírlos no se pequen ni se quemen, pero después la grasa flotará en la superficie y puede eliminarse.

A mí me gusta usar carne de puerco con hueso y un poco de grasa, pero es cuestión de gustos. También puede usar pollo, o una mezcla de ambas carnes.

Si el mole le parece muy picante, incremente la cantidad de jitomates.

LA CARNE
1.575 kg de costillitas de puerco, cortadas en piezas de 5 cm
1 jitomate grande, toscamente rebanado
1/2 cebolla blanca mediana, toscamente rebanada
6 dientes de ajo sin pelar
sal al gusto

LA SALSA
140 gr de chiles guajillo, aproximadamente 28, sin venas ni semillas, asados
20 gr de chiles de árbol, aproximadamente 28, asados enteros
125 gr de pepitas peladas (aproximadamente 1 taza/250 ml), asadas
125 gr de cacahuates crudos, pelados (aproximadamente
1 taza rasa/225 ml), asados
60 gr de ajonjolí (aproximadamente 1/2 taza/125 ml), tostado
60 gr de almendras sin pelar (aproximadamente 40), tostadas
60 gr de nueces (aproximadamente 2/3 de taza/165 ml), tostadas
2 cucharadas de orégano oaxaqueño, o 2 cucharaditas de orégano normal

3 ramas de tomillo fresco o 1/4 de cucharadita de tomillo seco

4 pimientas negras

2 clavos

1 cebolla blanca chica, cortada en seis y asada

8 dientes de ajo sin pelar, asados

_ taza (125 ml) de manteca derretida o de aceite vegetal

250 gr de jitomate guaje, asados (véase pág. 589)

Ponga la carne en una olla grande, añada el jitomate, la cebolla, el ajo y sal. Cubra bien la carne con agua y póngala a cocer a fuego medio hasta que empiece a hervir suavemente. Deje que la carne se siga cociendo lentamente, tapada, hasta que esté apenas tierna. Retírela del fuego y deje que la carne se enfríe en el caldo. Escúrrala y apártela. Necesitará aproximadamente 10 tazas (2.5 l) de caldo; si es necesario complete esa cantidad con agua.

Muela todos los ingredientes de la salsa, excepto la manteca y los jitomates, hasta obtener una pasta de consistencia quebradiza.

Caliente la manteca en una cacerola pesada y agregue los ingredientes molidos. Fríalos a fuego medio, revolviendo constantemente para que no se peguen, durante unos 10 minutos. Licúe los jitomates, incorpore a la olla la mezcla que frió y cocínela durante otros 5 minutos. Poco a poco incorpore el caldo que reservó y cocínelo a fuego medio hasta que los ingredientes estén bien incorporados y el mole se empiece a espesar: ¡en este punto empezará a chisporrotear de manera alarmante! Pruébelo de sal, luego agregue la carne y vuelva a cocinarla aproximadamente 10 minutos. El mole estará bastante espeso.

Nota: este mole puede prepararse un día antes, utilizando el caldo de puerco o de pollo que pueda tener a mano, pero resulta mejor cocer la carne el día que vaya a servir el mole.

Carne de res

Carne con chile verde

Señora Rosa Margarita J. de Mejía

Chihuahua

Rinde 6 porciones

1 kg de aguayón con un poco de grasa, cortado en cubos de 1.5 cm

sal al gusto

3 dientes de ajo finamente picados

2 tazas (500 ml) de agua, aproximadamente

1 1/4 de taza (315 ml) de cebolla blanca finamente picada

1 1/2 cucharadas de harina

12 chiles Anaheim o poblanos, asados, pelados, sin semillas, y cortados en cuadritos

225 gr de jitomates, asados y machacados

En una cacerola grande y pesada ponga la carne en no más de dos capas. Agregue la sal, ajo y 1/2 taza (125 ml) del agua. Tape la olla y cueza la carne a fuego muy lento hasta que esté casi tierna, el líquido se haya evaporado y empiece a soltar la grasa: aproximadamente 45 minutos, según el corte y la calidad de la carne. (Es probable que tenga que añadir un poquito más de agua para que la carne no se pegue. Por otro lado, si cuando la carne está por alcanzar el punto correcto de suavidad tiene demasiado líquido, destape la olla, suba la lumbre a fuego alto y reduzca el líquido rápidamente.) Agite la olla y dele vuelta a la carne de vez en cuando.

Agregue suficiente aceite a la cacerola para completar aproximadamente 3 cucharadas de grasa. Baje la lumbre a fuego medio, luego agregue la cebolla y dore la carne ligeramente. Espolvoree la harina en la cacerola y deje que se dore ligeramente, sin dejar de revolver. Añada los chiles, los jitomates y la 1 1/2 tazas (375 ml) del agua restante. Tape la olla y cocine todo a fuego lento durante otros 20 minutos más. (Al final del tiempo de cocción debe quedar un poco de líquido en la olla, sin estar caldoso; es probable que tenga que añadir un poquito más de agua durante el tiempo de cocción.)

Ajuste la sazón y sirva la carne caliente, con tortillas de harina.

Nota: Este platillo puede prepararse con varias horas de anticipación y luego recalentarse.

Asado placero sinaloense

Señora María Luisa Cárdenas, Restaurante *La Negra*, Mazatlán

Sinaloa

Rinde 6 porciones

Este platillo es muy popular en Sinaloa y ocupa un sitio en cualquier colección de recetas típicas mexicanas. Desde luego, no existe un consenso en cuanto a qué vegetales deben usarse, y algunas cocineras incluyen zanahorias, chayotes y ejotes.

En Mazatlán al medio día se acostumbraba comer mariscos y en la noche un asado o, como ocurre en otras partes de México, tacos y antojitos. Si hace unos años atrás usted hubiera preguntado cuál era el mejor lugar para comer asado, la respuesta inmediata habría sido el restaurante La Negra. Acudí al local y, desde luego, estaba cerrado: lo estaban pintando. Hallé a la señora Cárdenas sentada en su cocina, en la parte trasera del restaurante, y cuando le expliqué que había hecho el viaje especialmente para verla, con gran generosidad me brindó su receta.

Sugiero usar aguayón o bola, o sobrantes de roast beef, en cuyo caso debe saltarse la primera parte de la receta.

LA CARNE Y LOS VEGETALES

1 kg de carne de res (vea el texto superior), cortada en cubos de 1.5 cm

1/2 cebolla blanca mediana, toscamente rebanada

3 dientes de ajo

sal

450 gr de papas, cortadas en cubos de 1.5 cm

3 tazas (800 ml) de cebolla blanca rebanada delgada

1/2 taza (125 ml) de vinagre suave

1/2 taza (125 ml) de betabel cocido y cortado en cubos (opcional)

1/4 de taza (65 ml) de aceite vegetal

1 taza (250 ml) de col finamente rallada, desflemada en agua hirviendo

2 tazas (500 ml) de lechuga rallada

357

Ponga la carne, la cebolla toscamente rebanada, el ajo y aproximadamente 1 cucharada de sal en una olla grande. Cubra la carne con agua. Deje que rompa el hervor y cuézala hasta que esté tierna: aproximadamente 45 minutos; el tiempo varía enormemente, según el grosor de la carne. Deje que la carne se enfríe en el caldo.

En otra olla cubra las papas con agua, añada sal al gusto, tape la olla y cuézalas hasta que todavía estén un *al dente*. Escúrralas, deje que se enfríen un poco y luego pélelas.

Ponga la cebolla rebanada y el betabel en el un tazón de cristal. Agregue el vinagre y sal al gusto, y deje que se maceren.

Caliente el aceite y fría la carne y las papas juntos hasta que estén ligeramente dorados. Luego ajuste la sazón y sírvalos adornados con la cebolla, la col y la lechuga. Pase la salsa por separado.

Nota: Este platillo puede prepararse con varias horas de anticipación.

LA SALSA
500 gr de jitomates
1 diente de ajo
1 chile serrano
sal al gusto
1/2 cucharadita de orégano

Prepare la salsa: cubra los jitomates con agua hirviendo y deje que hiervan a fuego lento hasta que estén suaves: aproximadamente 15 minutos. Escúrralos y licúelos con el ajo, el chile y la sal hasta que estén lisos. Agregue el orégano y aparte la salsa, pero que quede tibia.

Bisteces rancheros sonorenses

Señora Consuelo M. De Martínez

Hermosillo, Sonora

Rinde 6 porciones

Este platillo es un típico ejemplo de la sencilla pero robusta cocina sonorense. No predomina ninguno de los sabores, y el toque de cilantro y de los chiles –que casi no pican– resulta perfecto. Aunque por lo general esta receta se cocina arriba de la estufa, a mí me gusta más su sabor cuando se hace en el horno.

6 bisteces como de 75 mm de grueso (aproximadamente
900 gr)
1 diente grande de ajo, aplastado
sal y pimienta al gusto
1/4 de taza (65 ml) de aceite vegetal
2 tazas (500 ml) de cebolla blanca rebanada delgada
900 gr de jitomates
8 ramas enteras de cilantro
sal al gusto
450 gr de papas
3 chiles Anaheim o poblanos, asados, pelados, sin venas ni semillas

Sazone los bisteces por ambos lados con ajo, sal y pimienta y apártelos durante más o menos 1 hora.

Precaliente el horno a 180 °C (350 °F).

Caliente 2 cucharadas del aceite en una sartén. Rápidamente dore los bisteces por ambos lados, añadiendo más aceite si es necesario. Colóquelos en una sola capa en un refractario, apártelos y manténgalos calientes.

Deje que el aceite se enfríe un poquito, luego agregue la cebolla y acitrónela ligeramente, sin dorar.

Córtele la tapa a cada jitomate. Ralle la pulpa en un rallador grueso hasta que sólo le quede la piel aplanada en la mano. No olvide rallar la pulpa de las tapas.

Agregue la pulpa de jitomate, el cilantro, la sal y la cebolla a la sartén y deje que la salsa se cocine rápidamente a fuego bastante alto durante unos 5 minutos. Menéelo de vez en cuando para que no se pegue.

Pele y rebane las papas como de 75 mm de grosor. Coloque las rebanadas de papa sobre los bisteces. Vierta la salsa sobre la carne y las papas.

Corte los chiles en rajas delgadas y colóquelas sobre la salsa. Tape el refractario y hornéelo durante 35 minutos. Hornéelo, sin tapar, otros 35 minutos. Para entonces la salsa debe estar reducida y las papas apenas deben comenzarse a dorar.

Nota: Este platillo puede prepararse con un par de horas de anticipación; de hecho, mejora su sabor.

Carne de res con col
Señora Patricia Martínez
Tapachula, Chiapas
Rinde aproximadamente 1.63 l para tostadas
Como platillo principal rinde 4 porciones

Cuando estoy en Tapachula, Chiapas, siempre me gusta desayunar en el mercado. Una mañana, tuve un desayuno un poco inusual: tostadas de carne de res con col, adornadas con aros de cebolla macerada en jugo de limón. La señora Patricia me dijo que esa carne también puede usarse para rellenar chiles o como platillo principal, con arroz blanco. Sirve muy bien para tostadas.

A mí me gusta prepararlo con un poco de anticipación para que los sabores se intensifiquen.

3 dientes de ajo, toscamente picados
6 pimientas negras
sal al gusto
450 gr de carne molida de aguayón con un poquito de grasa
3 cucharadas de aceite vegetal
1/4 de taza (65 ml) de cebolla blanca finamente picada
1 chile verde criollo de Chiapas o jalapeño finamente picado

180 gr de jitomates finamente picados
(aproximadamente 1 taza copeteada/265 ml)
4 tazas (1 l) de col finamente rallada
2/3 de taza (165 ml) de agua
1/2 taza (125 ml) de cilantro toscamente picado, muy apretado

Machaque los ajos, las pimientas y la sal. Mezcle esto bien con la carne (lo mejor es usar las manos). Apártela para que se sazone durante unos minutos.

Caliente el aceite en una sartén grande y pesada. Agregue la cebolla, el chile y una espolvoreada de sal, y cocine a fuego medio hasta que la cebolla se acitrone: aproximadamente 1 minuto. Agregue los jitomates y siga cocinando hasta que casi todo el jugo se absorba: aproximadamente 3 minutos.

Incorpore la carne a la sartén y cocínela a fuego bastante alto, revolviendo de vez en cuando, durante unos 7 minutos. Añada la col, el agua y el cilantro y siga cocinando a fuego medio, revolviendo de vez en cuando hasta que la mezcla esté bien sazonada y húmeda, pero no caldosa: aproximadamente 15 minutos. Déjelo de lado durante media hora para aumentar el sabor. Sirva como se sugiere arriba.

Estofado de lengua
Señora Domatila Santiago de Morales (+)
Ciudad de Oaxaca, Oaxaca
Rinde de 6 a 8 porciones

2.250 kg de lengua de res
1 cebolla blanca chica, toscamente picada
3 dientes de ajo, toscamente picados
8 pimientas
sal al gusto

La salsa
2 cucharadas de ajonjolí
6 cucharadas de manteca o de aceite vegetal

2 chiles ancho, que hay que limpiar con un trapo, sin venas ni semillas

60 gr de almendras sin pelar: un generoso tercio de taza (85 ml)

1 tortilla chica, seca y despedazada

1/2 taza (125 ml) del caldo de la lengua o agua

1/8 de cucharadita de orégano

6 ramas de tomillo fresco o 1/4 de cucharadita de tomillo seco

6 ramas de mejorana fresca o 1/4 de cucharadita de mejorana seca

1 raja de canela de 1.5 cm, machacada

900 gr de jitomates finamente picados (aproximadamente 5 1/3 tazas/1.3 l)

sal al gusto

1/2 taza (125 ml) de aceitunas

En una olla ponga la lengua con la cebolla, el ajo, las pimientas y sal. Cúbrala con agua y deje que rompa el hervor. Baje la flama y deje que hierva suavemente hasta que la lengua esté suave: alrededor de 3 horas. Deje que la carne se enfríe en el caldo. En cuanto pueda manejarla con las manos, quítele la piel y elimínela. Cuele el caldo y vuelva a poner la lengua en el caldo. Manténgala caliente.

Tueste el ajonjolí en una sartén a fuego bajo durante unos 5 minutos, revolviéndolo y agitando la sartén de vez en cuando hasta que adquiera un color dorado profundo, pero cuide de no quemarlo.

Caliente 3 cucharadas de la manteca en una sartén chica y fría los chiles a fuego medio, aproximadamente medio minuto de cada lado: el interior debe adquirir un color tabaco. Escúrralos y apártelos.

En la misma manteca, fría las almendras a fuego medio, revolviéndolas y agitando la sartén hasta que adquieran un tono más oscuro. Escúrralas y macháquelas bien (de modo que no fuerce demasiado la licuadora).

En la misma manteca fría los trozos de tortilla durante unos minutos hasta que estén crujientes. Escúrralos y apártelos.

En el vaso de la licuadora ponga 1/2 taza (125 ml) del caldo en el que se coció la lengua o de agua. Agregue las hierbas y las especias, y licúe hasta obtener una mezcla lo más lisa posible. Poco a poco agregue los chiles, los jitomates, el ajonjolí, las almendras y la tortilla, licuando muy bien tras cada adición, y añada más líquido si es necesario.

Caliente las 3 cucharadas restantes de manteca en una cacerola gruesa, añada la salsa y cocínela a fuego medio durante unos 10 minutos, revolviendo y raspando el fondo de la olla de vez en cuando para que no se pegue. Incorpore sal al gusto. La salsa debe tener una consistencia media y cubrir ligeramente el revés de una cuchara de palo. Si es necesario, añada más caldo para diluirla.

Escurra la lengua y córtela en rebanadas gruesas. Dispóngala en un platón, en una sola capa, con casi toda la salsa. Espolvoréela con las aceitunas y sirva de inmediato. Pase el resto de la salsa por separado.

Nota: Esta receta puede prepararse con horas, e incluso con todo un día de anticipación, y luego recalentarse.

Carne claveteada
Ciudad de Oaxaca, Oaxaca
Señora Domatila Santiago de Morales
Rinde 6 porciones

Esta receta me la dio una de las cocineras más interesantes que conocí en Oaxaca: la señora Domatila Santiago de Morales, a quien ya he mencionado en muchas ocasiones anteriores porque fue mi mentora en lo que a cocina oaxaqueña se refiere, allá por 1970.

La carne puede cocinarse en las hornillas de la estufa pero yo prefiero hornearla.

Este platillo queda muy bien si se acompaña, no tradicionalmente, con una ensalada verde sencilla.

1.35 kg de pecho de res en un solo trozo, con la mitad de su grasa

1 1/2 cucharadas de almendras fileteadas

225 gr de tocino o jamón, cortado en pedacitos

3 chiles anchos grandes, sin venas ni semillas

1 1/2 cucharadas de vinagre suave

3/4 de taza (185 ml) de agua

3 clavos enteros, machacados

1 raja de canela de 1.5 cm, machacada

4 pimientas negras, machacadas

6 ramas de tomillo fresco o 1/4 de cucharadita de tomillo seco

6 ramas de mejorana fresca o 1/4 de cucharadita de mejorana seca
1/4 de cucharadita de orégano
3 dientes de ajo, toscamente picados
3 cucharadas de manteca o de aceite vegetal
sal al gusto
675 gr de papas

Precaliente el horno a 165 °C (325 °F).

Perfore toda la carne con la punta de un cuchillo y méchela con las almendras y el tocino. Aparte la carne mientras prepara la salsa.

Ase los chiles ligeramente, volteándolos a menudo para que no se quemen. Ponga los chiles en un tazón, cúbralos con agua caliente y déjelos remojar durante unos 10 minutos.

Ponga el vinagre y el agua en el vaso de la licuadora y agregue las especias, las hierbas y el ajo. Licúe todo hasta obtener una consistencia lo más lisa posible. Agregue los chiles y licúelos hasta que estén bastante lisos.

Caliente la manteca en una cacerola con tapa y cuando esté muy caliente selle bien la carne por todos lados. Retire la carne y apártela. Escurra la grasa y deje sólo 2 cucharadas en la olla. Añada la salsa a la olla y deje que se cocine rápido durante unos 5 minutos, sin dejar de revolver. Añada sal al gusto.

Vuelva a poner la carne en la cacerola y báñela con la salsa. Tape bien la cacerola y hornee la carne durante unas 2 horas.

Ponga las papas, sin pelar, en una olla, cúbralas con agua hirviendo y cuézalas durante 5 minutos. Escúrralas y apártelas para que se enfríen. Cuando pueda manejarlas con las manos, quíteles la piel.

Saque la cacerola del horno, dele vuelta a la carne y báñela bien con la salsa. Raspe la salsa de los lados y del fondo de la cacerola y agregue un poquito de agua si está muy espesa.

Ponga las papas en la salsa alrededor de la carne, vuelva a tapar la olla, y deje que la carne se cueza hasta que esté muy suave pero sin desmoronarse: pruébela después de transcurrida 1 hora.

Rebane la carne en rebanadas bastante gruesas y dispóngala en un platón con las papas alrededor. Vierta la salsa encima.

Nota: De ser necesario, este guisado puede prepararse con un día de anticipación, pero en ese caso tendrá que cocer las papas por separado y luego calentarlas en la salsa.

Aguayón estilo Leonor

Señorita Leonor

Oaxaca

Rinde 6 porciones

Esta receta me la dio la sirvienta oaxaqueña de una amiga. Aunque no es un platillo sobresaliente en sí, tiene un sabor delicioso y les encantó a unos amigos a los que usé como conejillos de indias. Yo siempre sirvo esta carne adornada con chile pasilla frito para agregarle un poco de textura.

1.125 a 1.35 kg de aguayón, en un solo trozo

2 cucharaditas de sal, o al gusto

pimienta negra recién molida

3 cucharadas de aceite vegetal

3 chiles pasilla, limpiados con un trapo, sin venas ni semillas

2 1/2 tazas (625 ml) de agua, aproximadamente

340 gr de jitomates, toscamente picados (aproximadamente 2 tazas/500 ml)

3/4 de taza (185 ml) de ajonjolí, tostado

3 rebanadas de bolillo tostado hasta que esté crujiente y machacado

2 dientes de ajo, toscamente picados

PARA SERVIR

4 chiles pasilla, que hay que limpiar con un trapo, y que hay que freír hasta
que estén crujientes (opcional)
(véase pág. 571)
papitas hervidas

Sazone la carne con sal y pimienta. Caliente el aceite en una cacerola y dore la carne ligeramente por todos lados. Retírela del aceite y apártela.

Ase los chiles en un comal o plancha no muy caliente. Cuando se enfríen deben estar bastante crujientes, pero tenga cuidado de no quemarlos o la salsa tendrá un gusto amargo. Ponga 1 taza (250 ml) de agua en el vaso de la licuadora y agregue los jitomates, los chiles asados, el ajonjolí, el pan y el ajo y licúe hasta obtener una mezcla lisa. (Es probable que necesite un poquito más de agua, pero use sólo la suficiente para liberar las aspas de la licuadora.)

Fría la salsa a fuego relativamente alto, revolviendo y raspando el fondo de la olla, durante unos 5 minutos. Agregue la carne y 1 1/2 tazas (375 ml) de agua. Ajuste la sazón, tape la olla y cocine a fuego lento aproximadamente de 3 a 4 horas, o hasta que la carne esté suave.

Para servir, rebane la carne en rebanadas un poco gruesas, vierta encima la salsa, adorne con los chiles pasilla fritos y acomode las papitas hervidas alrededor.

Nota: este platillo puede prepararse con varias horas de anticipación, incluso un día antes, y recalentarse.

Carnes varias

Conejo en chile
Señora María Elena Lara

Hidalgo

Rinde 6 porciones

Ésta es la receta tal y como me la dio la señora Lara, y es particularmente apropiada para guisar un conejo de más edad y carne compacta, que tiene un sabor más fuerte. Sin embargo, mi experiencia al comprar conejos a lo largo y ancho del país es que su tiempo de cocción puede variar muchísimo. Si usted tiene un buen proveedor de conejos tiernos o va a usar dos conejos más pequeños, le sugiero que suprima el primer paso en que se hierve la carne y, tras preparar la salsa, fría las piezas de conejo crudo.

El conejo

1 conejo (aproximadamente 1.35 kg), cortado en 6 piezas

2 cucharaditas de sal

1/2 taza (125 ml) de vinagre suave

2 hojas de laurel

6 ramas de tomillo fresco o 1/4 de cucharadita de tomillo seco

6 ramas de mejorana fresca o 1/4 de cucharadita de mejorana seca

La salsa de chile

15 chiles guajillo (aproximadamente 75 gr), que hay que limpiar con un trapo

10 chiles pasilla (aproximadamente 75 gr), que hay que limpiar con un trapo

2 tazas (500 ml) de agua

565 gr de jitomates, asados (véase pág. 589)

sal al gusto

2 dientes de ajo grandes
1/4 de cucharadita de comino
1/2 cucharadita de orégano
6 ramas de mejorana fresca o 1/4 de cucharadita de mejorana seca
6 ramas de tomillo fresco o 1/4 de cucharadita de tomillo seco
2 hojas de laurel
1/2 cucharadita de sal, o al gusto
2 cucharadas de agua

Para terminar
3 o 4 cucharadas de manteca o de aceite vegetal
1 1/2 tazas (375 ml) de cebolla blanca rebanada delgada
2 tazas (500 ml) de caldo de pollo o agua, aproximadamente

Ponga el conejo en una olla grande y añada la sal, el vinagre, el laurel y las hierbas. Cúbralo con agua y deje que hierva apenas a fuego lento: unos 40 minutos, dependiendo de lo tierno que esté el conejo. Escúrralo y elimine el agua de la cocción.

Prepare la salsa mientras el conejo se está cociendo. Elimine los tallos, las venas y las semillas de los chiles. Ábralos y áselos aplanados sobre una plancha o comal caliente por ambos lados (véase pág. 300), con cuidado de no quemarlos. (Al enfriarse deben estar crujientes.)

Ponga las 2 tazas (500 ml) de agua, los jitomates sin pelar y sal en el vaso de la licuadora y desmorone ahí dentro la mitad de los chiles. Licúelos hasta que estén casi lisos. Desmorone la mitad restante de los chiles en la licuadora y licúelos brevemente; la salsa debe tener una consistencia texturada. (Puede añadir un poquito más de agua a la licuadora, pero procure que sea sólo la suficiente para liberar las aspas.) Aparte la salsa mientras prepara el sazonador de ajo.

Machaque el ajo en el molcajete, luego muélalo junto con el comino, el orégano, la mejorana, el tomillo, el laurel y sal. Diluya con agua y aparte.

Derrita la manteca en una olla gruesa y fría ligeramente las piezas de conejo junto con la cebolla rebanada. Agregue la mezcla del ajo y especias, y fríalo un minuto más, revolviendo constantemente. Lave el mortero o el molcajete con un poquito más de agua y añádala a la olla. Agregue la salsa de chile y fríala, revolviendo y raspando constantemente el fondo de la olla, aproximadamente 2 minutos. Añada las 2 tazas (500 ml) de caldo o agua y cueza todo a fuego lento durante unos 20 minutos, revolviendo de vez en cuando. (La salsa debe tener una consistencia media. Si se reduce demasiado, añada más caldo o agua.)

Sirve este platillo caliente, con tortillas recién hechas.

Nota: Esta receta puede prepararse con varias horas de anticipación.

Mixiotes
Señora María Elena Lara

Hidalgo

Rinde 6 porciones

Las gigantescas plantas de maguey son una de las características primordiales del paisaje del centro de México. La hoja larga, puntiaguda y carnosa del maguey, o penca, se usa para forrar los hoyos para la barbacoa y le da un sabor muy especial a la carne. La penca está cubierta por una membrana recia y transparente que se desprende y se usa para envolver la carne que va a cocerse en el hoyo de la barbacoa –hoy su uso está prohibido–. Además de ser impermeable, también le da un sabor especial a la carne. Estos paquetitos de carne sazonada con chiles se llaman mixiotes. (Hoy día la venta de hojas de maguey está prohibida debido a la sobreexplotación de esta planta antes de que alcance su madurez.)

Ya que resulta poco probable que usted tenga un hoyo para barbacoa forrado con hojas de maguey, o incluso la piel para el mixiote, use una vaporera convencional y envuelva la carne con papel para cocinar (no use aluminio que, en mi opinión, no debería usarse para cocinar.) La señora Lara cuece los mixiotes en una vaporera que tiene una mezcla de pulque y agua, y hay quienes sugieren que use agua y cerveza. En mi opinión esta última sugerencia le da a la carne un sabor casi demasiado fuerte, pero es mejor que no usar nada. Aunque en el centro de México las carnes más populares para hacer los mixiotes son la de carnero y conejo, puede usar cualquier carne, incluso pollo que, de hecho, sabe muy bien guisado así. En general yo prefiero carne con hueso, ya que no es tan seca y se cocina mejor, y me parece que las costillas de res son particularmente suaves y jugosas para este platillo.

Aproximadamente 1.35 kg de carne, de preferencia con hueso, cortada en

cubos de 6 cm (vea arriba)

4 cucharaditas de sal, o al gusto

8 chiles guajillo, que hay que limpiar con un trapo

7 chiles pasilla, que hay que limpiar con un trapo

1 1/2 tazas (375 ml) de pulque o de cerveza, o 1/2 taza (125 ml) de vinagre suave

más 1 taza (250 ml) de agua

1/4 de cucharadita de comino

1/2 cucharadita de orégano

6 ramitas de tomillo o 1/4 de cucharadita de tomillo seco

6 ramitas de mejorana o 1/4 de cucharadita de mejorana seca

5 clavos enteros

2 hojas de laurel

3 dientes de ajo

1 cucharada de vinagre suave

12 cuadros, aproximadamente de 18 por 18 cm, de mixiote (véase la

nota superior) o de papel para cocinar

líquido para la vaporera (partes iguales de pulque o cerveza y agua)

Un día antes, sazone la carne con 2 cucharaditas de la sal y apártela mientras prepara los chiles.

Elimine las venas y las semillas de los chiles. Aplánelos y áselo bien (véase pág. 300) sobre una plancha o comal caliente. (Debe asarlos bien, de manera que cuando se enfríen puedan desmoronarse con facilidad, pero tenga cuidado de no quemarlos o la salsa tendrá un gusto amargo.) Ponga los chiles, desmoronados, en el vaso de la licuadora, agregue el pulque y deje que se remojen unos 15 minutos.

Mientras tanto, machaque el comino, el orégano, el tomillo, la mejorana, los clavos, el laurel y el ajo junto con las 2 cucharaditas restantes de sal. Añada el vinagre y muela todo hasta obtener una pasta, ponga todo en el vaso de la licuadora con los chiles y licuelo brevemente; la salsa debe estar texturada.

Unte la carne generosamente con la salsa y, si tiene tiempo, deje que se marine toda la noche en el refrigerador.

Si usa mixiotes, al día siguiente cúbralos con agua caliente y déjelos en remojo durante unos 5 minutos, o hasta que estén relativamente suaves pero flexibles.

Divida la carne y la salsa en 12 porciones. Ponga una porción en el centro de cada cuadrado de mixiote o papel y junte todas las orillas para formar un paquetito. Amárrelos fuertemente y métalos a la vaporera. Coloque una moneda en el fondo de la vaporera (cuando la moneda deje de "bailar" usted sabrá que tiene que agregar más líquido); agregue el pulque (si tiene) y agua, y deje que rompa el hervor. Deje que los mixiotes se cuezan hasta que la carne esté suave: aproximadamente 2 1/2 horas, según el tipo y el corte de la carne que haya usado. Los mixiotes deben tener bastante jugo.

Sirva los mixiotes calientes, con tortillas recién hechas.

Nota: esta receta puede prepararse con anticipación.

Birria
Jalisco
Rinde de 8 a 10 porciones

La palabra birria *se refiere a algo deforme o grotesco, y se utiliza coloquialmente en el noroeste de México para referirse a algo que es un desastre o un fracaso. ¡Ciertamente este platillo se ve como un desastre, pero es un desastre delicioso!*

Éste es un platillo muy rústico; por lo general toda una cabra o un borrego –aunque en algunas partes sólo se usan las menudencias–, se sazonan con una pasta de chiles secos especias, y se cuecen en un hoyo para barbacoa.

Cuando uno recorría Guadalajara de noche, veía que los tacos de birria encabezan la lista de los antojitos que se vendían en los puestos callejeros o en las pequeñas cenadurías, y siempre aparecía en primerísimo lugar en los menús dominicales de los pequeños restaurantitos familiares.

Ésta es una versión poco común de la birria, pero yo me he tomado ciertas libertades con la receta para la cual usé una variedad de chiles que son más propios del estado de Zacatecas. La mezcla de distintos tipos de carne, como una cocinera de allá me sugirió, le confiere a este platillo una textura y calidad interesantes. Necesitará aproximadamente 3.25 kg de carne, y es más rico con un surtido de carnes, como una cocinera de allá me sugirió. Se usa el suave chilacate o guajillo.

2 piernas de cordero

1 pecho de ternera

1 pecho de cordero

1.35 kg de lomo de puerco, costillas o cabeza de lomo

2 cucharadas de sal

6 chiles anchos, sin venas ni semillas

3 chiles chilacates o guajillos, sin venas ni semillas

10 chiles cascabel, sin venas ni semillas

aproximadamente 1 taza (250 ml) de agua caliente

1/2 taza (125 ml) de vinagre suave

18 pimientas

4 clavos enteros

1/4 de cucharadita de orégano

1/4 de cucharadita rasa de comino

1/4 de taza (65 ml) de cebolla blanca toscamente picada

6 dientes de ajo, toscamente picados

1 1/4 tazas (375 ml) de agua

2 cucharaditas de sal

900 gr de jitomates, asados (véase pág. 589)

1 taza (250 ml) de cebolla blanca finamente picada

1/2 cucharadita de orégano

Tendrá entre 2.75 a 3.25 kg de carne. Perfore las carnes hasta el hueso en varios sitios y úntelas bien con sal. Mientras tanto, prepare la pasta de chile.

Caliente el comal y ase los chiles ligeramente, volteándolos de vez en cuando para que no se vayan a quemar. Póngalos a remojar unos 15 minutos en agua caliente y luego escúrralos

Ponga el vinagre, las especias, la cebolla y el ajo en el vaso de la licuadora y licué todo bien. Agregue la 1 1/2 tazas de agua y, poco a poco, vaya agregando los chiles, licuando muy bien después de cada adición. Añada sal. La mezcla debe semejar una pasta espesa.

Cubra la carne con una capa espesa de esta pasta y apártela durante 12 horas si el tiempo se lo permite.

Precaliente el horno a 180 °C (350 °F).

Ponga el agua en el fondo de una cacerola gruesa y coloque la carne sobre una rejilla apenas arriba del agua. Selle la tapa con una pasta de harina y agua, y cueza la carne de 3 1/2 a 4 horas: para entonces la carne casi debe desprenderse del hueso.

Cuele los jugos que están en el fondo de la olla, deje que enfríen y desengráselos. Debe tener aproximadamente 2 tazas (500 ml) de jugo: si no es así, añada agua hasta completar esa cantidad.

Licúe los jitomates hasta obtener una salsa lisa. En una sartén, agregue la salsa de jitomate al jugo de carne que desengrasó y deje que rompa el hervor.

Sirva una porción de las distintas carnes en un plato hondo. Vierta encima 1/2 taza (125 ml) de la salsa y espolvoree con la cebolla picada y el orégano. La birria se come con tortillas calientes.

Fiambre potosino

Restaurante *La Lonja*

San Luis Potosí

Rinde 6 porciones

A fines de los años cincuenta, cada vez que Paul, mi difunto marido, y yo íbamos en auto hasta Monterrey o Laredo, nos deteníamos en San Luis Potosí a comer en La Lonja, *uno de los restaurantes regionales verdaderamente famosos de aquella época. Sin excepción, ordenábamos el fiambre que, tras largas y calurosas horas de manejar en carretera, resultaba refrescante y ligero.*

Algunos años después, cuando volví a San Luis para saber más sobre la comida potosina, conocí don Miguel Armijo, dueño y administrador del restaurante. Un hombre de edad, muy distinguido y encantador, junto con Arturo, su maître d', me enseñó, fascinado, los platillos regionales. Una comida que resultó inolvidable –y sé bien que esto puede resultar irrelevante aquí, pero la comida fue tan maravillosa que no puedo evitar describirla– tenía el propósito de mostrarme todas las delicias que puede producir el desierto. La comida se inició con lo que yo llamé hors d'oeuvre *del desierto, pues el platillo tenía botones de flor de yuca con huevo; el delicado corazón de la palmera regional con una vinagreta excelente; unos botones de la flor del maguey que se llaman chochas, en escabeche; y los brotes circulares de una biznaga grande en forma de cojín que se llaman cabuches. Después, había una tira de filete al carbón, al estilo de la huasteca, servido con un platito de garambullos: una fruta redonda, parecida a una uva, que proviene de un cacto órgano: la frutita es pequeña, pero dulce y jugosa, y tiene semillas crujientes en el interior. Y de postre, un queso de tuna especial, elaborado por un anciano que vivía en un pueblo vecino y que lo preparaba mejor que nadie con una receta secreta. El queso de tuna es una pasta espesa de color café que se hace con tunas rojas cocidas con piloncillo, y que luego se seca al sol.*

Las carnes deben cocerse por separado.

LAS PATITAS DE PUERCO
3 patitas de puerco, cortadas por la mitad
1 hoja de laurel
10 pimientas negras
1/2 cebolla blanca mediana, toscamente picada
2 dientes de ajo
6 ramitas de tomillo fresco o 3/4 de cucharadita de tomillo seco
6 ramitas de mejorana o 3/4 de cucharadita de mejorana seca
sal al gusto

LA LENGUA DE RES
1 lengua de res fresca (aproximadamente 675 a 800 gr)
sal al gusto
6 pimientas
1 diente de ajo
1/4 de cebolla blanca
1 hoja de laurel
3 ramitas de tomillo fresco o 1/8 de cucharadita de tomillo seco
3 ramitas de mejorana o 1/8 de cucharadita de mejorana seca
sal al gusto

LAS PECHUGAS DE POLLO
3 pechugas enteras de pollo
1/4 de cebolla blanca chica
1 diente de ajo

LAS VERDURAS

4 zanahorias grandes

5 papas (aproximadamente 225 gr)

sal al gusto

LA VINAGRETA

1/2 taza (125 ml) de aceite de oliva

1/4 de taza (65 ml) de aceite vegetal

1 taza (250 ml) de vinagre de buen vino

2 cucharaditas de mostaza inglesa (no McCormick)

sal y pimienta recién molida al gusto

2 cucharaditas del vinagre de los chiles jalapeños en lata

1 diente de ajo, machacado

1 cucharada de perejil muy finamente picado

3 yemas de huevo duro finamente picado

Ponga las patitas de puerco en una olla junto con el resto de los ingredientes con suficiente agua fría para cubrirlas. Deje que rompa el hervor, baje la flama, y deje que hiervan a fuego lento hasta que estén suaves: aproximadamente de 2 a 2 1/2 horas. Luego deje que se enfríen en el caldo.

Mientras tanto, elimine el exceso de grasa de la lengua. Póngala en una olla junto con los otros ingredientes, cúbrala con agua fría y deje que rompa el hervor. Baje la flama y deje que hierva a fuego lento hasta que la lengua esté suave: aproximadamente 1 hora y 20 minutos. Deje que la lengua se enfríe un poquito en el caldo. Cuando pueda manejarla con las manos, pélela y vuélvala a meter al caldo hasta que se enfríe por completo. Córtela en rebanadas gruesas.

Ponga las pechugas de pollo en la olla con el resto de los ingredientes, cúbralas con agua y deje que hiervan lentamente durante unos 20 minutos. Deje que se enfríen en el caldo, luego quíteles la piel y córtelas en rebanadas delgadas.

Pele las zanahorias y córtelas en rodajas de 1 cm. Pele las papas y córtelas en cuartos. Cubra los vegetales con agua caliente, añada la sal, y cuézalos aproximadamente 10 minutos. No deben estar suaves sino retener su consistencia al dente. Escúrralos y apártelos.

Mezcle los ingredientes de la vinagreta.

376

Ponga las carnes y los vegetales en un tazón grande y vierta encima la vinagreta. Mezcle bien y deje que la fiambre se marine durante al menos 2 horas. Ocasionalmente revuelva bien.

Disponga todas las carnes y los vegetales en un platón y vierta encima la vinagreta.

Albóndigas en chipotle quemado
Señora María Elena Lara
Ciudad de México
Rinde 6 porciones

Me parece que ésta es una innovación genial y deliciosa: una variante del tema de las albóndigas con chipotle.

LAS ALBÓNDIGAS
6 ramitas de tomillo fresco o 1/4 de cucharadita de tomillo seco
6 ramitas de mejorana o 1/4 de cucharadita de mejorana seca
1 hoja de laurel
1/4 de cucharadita de comino, machacado
8 pimientas negras, machacadas
2 cucharaditas de sal
1/3 de taza (85 ml) de leche entera
1 huevo grande
2 dientes de ajo
1 rebanada de pan duro
340 gr de carne molida de res molida
340 gr de carne molida de puerco con un poco de grasa
1/3 de taza (85 ml) de arroz blanco parcialmente cocido
1 huevo grande cocido finamente picado

377

LA SALSA

6 chiles chipotle (secos, no de lata)

2 cucharadas de manteca de puerco o de aceite vegetal

675 gr de jitomates maduros, asados (véase pág. 579)

1/2 taza de cebolla blanca rebanada delgada

2 dientes de ajo

1/4 de cucharadita de comino

1 cucharadita de sal, o al gusto

2 1/2 tazas (625 ml) de caldo de carne o de agua, aproximadamente

Ponga las hierbas, las especias, la sal, la leche, el huevo crudo y el ajo en el vaso de la licuadora y licúelos hasta que estén lisos. Remoje el pan en esta mezcla hasta que esté totalmente empapado y luego añada todo a las carnes molidas, junto con el arroz y el huevo cocido, y amáselo con las manos. Esta cantidad rendirá para aproximadamente 24 albóndigas de unos 3 cm de diámetro. Forme las albóndigas y apártelas mientras prepara la salsa.

Caliente un comal o una plancha y caliente los chiles, volteándolos de vez en cuando hasta que se pongan suaves y flexibles. Ábralos a lo largo.

En una olla gruesa caliente la manteca y fría los chiles, aplanándolos con una espátula, hasta que adquieran un color café muy oscuro, casi negro. Retírelos de la olla, deje la manteca y ponga los chiles en el vaso de la licuadora junto con los jitomates asados, sin pelar. Licúelos hasta que estén lisos.

Recaliente la manteca de la olla y acitrone ligeramente la cebolla, sin dorar. Machaque el ajo, el comino y la sal en un molcajete o en un mortero. Añada 2 cucharadas de agua –para limpiar el molcajete– y añada la mezcla a la cebolla que está en la olla. Fría, revolviendo y raspando el fondo de la olla, a fuego alto, hasta que la mezcla esté casi seca. Luego agregue los ingredientes que licuó y fríalos a fuego bastante alto, revolviendo y raspando constantemente el fondo de la olla, hasta que la salsa se reduzca y espese.

Añada el caldo y las albóndigas –la salsa debe cubrirlas apenas–, tape la olla, y cocínelas a fuego medio, volteando las albóndigas de vez en cuando, hasta que estén bien cocidas y esponjosas: de 30 a 45 minutos.

Nota: esta receta puede prepararse hasta con un día de anticipación.

Albóndigas de Jalisco
Jalisco
Rinde 6 porciones

Cada región tiene su propia receta de albóndigas, pero creo que este platillo verdaderamente hace valer sus méritos en el noroeste de México: en Sonora, Sinaloa y, más al sur, en Jalisco. La señora Rubio, de Guadalajara, que tiene reputación de ser una magnífica cocinera, me dio sus recetas familiares, y aquí están las dos siguientes. Creo que son las mejores albóndigas que he comido. Son mucho muy suaves por la carne finamente molida y la forma de cocinarlas larga y lentamente; también tienen la textura que les dan las calabacitas y el fresco sabor de la hierbabuena.

Siempre que voy a hacer albóndigas le dejo un poquito de grasa a la carne porque le agrega sabor y les da una textura más esponjosa. Mi buen amiga y gran cocinera María Luisa Martínez muele un poco de chicharrón y lo añade a la mezcla de carne por los mismos motivos.

LAS ALBÓNDIGAS

1 1/2 cucharadas de arroz blanco

340 gr de carne molida de puerco

340 gr de carne molida de res

180 gr de calabacitas

2 huevos grandes

1/4 de cucharadita rasa de orégano

3 ramas de hierbabuena

8 pimientas negras

3/4 de cucharadita de sal

1/4 de cucharadita rasa de comino

1/3 de taza (85 ml) de cebolla blanca finamente picada

LA SALSA

340 gr de jitomates

2 cucharadas de aceite vegetal

1 taza (250 ml) de cebolla blanca rebanada delgada

4 tazas (1 l) de caldo ligero de carne o de pollo

Cubra bien el arroz con agua hirviendo y déjelo remojar unos 45 minutos.

Muela la carne usando el disco más fino del molino para carne. Monde las calabacitas y píquelas muy finamente. Agréguelas a la carne. Licúe los huevos con el resto de los ingredientes para las albóndigas hasta que estén lisos y mezcle bien con la carne.

Escurra el arroz y añádalo a la mezcla. Forme 24 albóndigas, cada una como de 4 cm de diámetro.

Vierta agua caliente sobre los jitomates hasta cubrirlos y deje que se cuezan durante unos 5 minutos. Escúrralos y licúelos hasta que estén casi lisos.

Caliente el aceite en una olla grande y acitrone la cebolla ligeramente. Agregue los jitomates, deje que rompa el hervor, y deje que se cuezan rápidamente durante unos 3 minutos. Añada el caldo a la salsa de tomate y deje que hierva a fuego lento. Agregue las albóndigas, tape la olla, y deje que hiervan de 1 1/4 a 1 1/2 horas. Sirva en platos hondos con bastante salsa.

Nota: Puede cocinar estas albóndigas con anticipación, un día antes.

Albóndigas en salsa de jitomate y chipotle

Jalisco

Rinde 6 porciones

LAS ALBÓNDIGAS

340 gr de carne molida de puerco

340 gr de carne molida de res

180 gr de calabacitas

2 huevos grandes

1/4 de cucharadita rasa de orégano

8 pimientas negras

1/4 de cucharadita rasa de comino

1/3 de cebolla finamente picada

sal al gusto

LA SALSA

900 gr de jitomates

3 o 4 chiles chipotles en adobo, o al gusto

3 cucharadas de aceite vegetal

3/4 de taza (185 ml) de caldo ligero de carne o de pollo

sal al gusto

Haga que el carnicero le muela la carne con el disco más fino del molino para carne.

Monde las calabacitas y píquelas muy finamente. Agréguelas a la carne.

Licúe los huevos junto con el resto de los ingredientes para las albóndigas y mézclelos bien con la carne. Forme 24 albóndigas de aproximadamente 4 cm de diámetro.

Cubra los jitomates con agua hirviendo y deje que se cuezan durante unos 5 minutos. Escúrralos y licúelos con los chiles hasta obtener una salsa bastante lisa.

Caliente el aceite en una olla grande, añada la salsa, y cuando rompa el hervor, cocínela a fuego alto durante unos 5 minutos. Agregue el caldo y deje que hierva lentamente. Añada las albóndigas y una vez más deje que hiervan lentamente.

Tape la olla y siga cocinando las albóndigas a fuego lento hasta que estén listas:

aproximadamente 50 minutos. Ajuste la sazón justo antes del final del tiempo de cocción.

Nota: puede preparar este platillo con anticipación, o incluso el día anterior.

FIN DE SEMANA Y BARBACOA EN OAXACA

Nunca he podido resistir una invitación a una barbacoa y mucho menos a esta en especial, que se llevaría a cabo a fines de septiembre para celebrar la maduración del maíz, en un remoto pueblito del estado de Oaxaca. Con sólo pensarlo se me hizo agua la boca.

Mis anfitriones, Teófilo y su esposa Blanca, eran los veladores de unos departamentos pequeños, pero bastante elegantes, en la Ciudad de México, a donde, año tras año, solía quedarme con unos amigos. Teófilo siempre estaba muy pulcro, era robusto, tenía una mata de cabello negro entrecano, y grandes ojos como de búho detrás del grueso armazón de sus lentes. No hablaba mucho pero era muy agradable, y siempre respondía con una sonrisa a cualquier cosa que uno le dijera. Se veía extremadamente bien alimentado.

Doña Blanca, como las sirvientas de los departamentos se referían a su esposa, tenía reputación de ser buena cocinera. Cuando me enteré, no pude dejar pasar la oportunidad y me apresuré a conocerla formalmente. Doña Blanca era una mujer monumental –una *mujer doble*, como se dice en México– con rasgos muy indígenas, largo y suave cabello ondulado, grandes ojos brillantes de color café, siempre sonriente y dueña de una voz acariciante.

Desde el inicio nos hicimos amigas. Con orgullo yo le llevaba los panes que personalmente había horneado en una panadería cercana y, ante el asombro de mis amigos, ella enviaba a cambio un tazón un guisado humeante o un fragante mole de la comida de su familia, hasta la puerta de la cocina. A menudo cocinábamos juntas. Platicábamos durante horas sobre su familia y la de Teófilo, y sobre sus infancias en Tepzuitlán.

Al principio las invitaciones a visitar su pueblo habían sido sólo tentativas, pero aquel verano la visita y la barbacoa por fin se iban a llevar a cabo... y yo me ofrecí a pagar la cabra.

Como el trayecto en coche era muy largo planeamos un fin de semana que duraría tres días. Durante toda la mañana del viernes Teófilo empacó cosas en su camioneta, un auto reciclado que, cinco años atrás, literalmente había sacado del deshuesadero y que –con hojalatería, refacciones y algunas adiciones menores– había servido perfectamente bien desde entonces. Lo habían pulido hasta sacarle brillo y estaba atestado con blancos y muebles para su casita nueva, que todavía estaban construyendo en Tepzuitlán, así como cubetas y tazones de plástico de colores chillantes para llevarles a sus parientes allá en el pueblo. Los tres nos sentamos en el asiento delantero mientras, Francisca, la hija adoptiva que ayudaba a doña Blanca con los quehaceres del hogar y en la cocina, se sentó apretujada en la parte posterior. Y así, al mediodía emprendimos puntualmente el viaje, dejando atrás la Ciudad de México rumbo a la carretera de Cuernavaca. Después de una media hora ya íbamos a medio camino, en el largo descenso hacia el valle de Morelos: un trayecto pausado que permite admirar la impactante belleza del paisaje de fértiles planicies y montañas distantes. En ese punto viramos hacia Cuautla. Pasamos por las dramáticas formaciones rocosas de Tepoztlán y por los desarrollos turísticos de Cocoyoc y Oaxtepec. Durante muchos kilómetros recorrimos una fértil planicie agrícola, donde se cosechaban vastas extensiones de tomate que se cargaban en los camiones estacionados a un lado de la carretera.

Teófilo siempre era muy puntual con sus comidas, y a las dos treinta en punto nos detuvimos en un paraje muy agradable y sombreado que estaba junto a un veloz arroyo. Bordeando el río había un campo de amaranto en flor. Yo había escuchado que la semilla del amaranto se usaba desde épocas precolombinas para hacer distintos tipos de preparaciones. Aquella vista era maravillosa.

Teófilo desempacó una gran canasta cubierta con un trapo impecable. Todo lo que había adentro estaba cuidadosamente envuelto en servilletas blancas: tortas hechas con el pan blanco que se llama telera: abierto por la mitad, estaba relleno –hasta el punto de desbordarse–, con frijoles refritos, chiles, jamón, queso, lechuga y jitomate. Luego siguió un melón muy dulce y jugoso, cuyo exquisito sabor quedó subrayado por el calor del sol. Fue un almuerzo tan sencillo como delicioso.

Pronto volvimos a emprender el rumbo y pasamos cerca de Izúcar de Matamoros, en el Estado de Puebla. Luego, por unos campos de azúcar de caña, y muy pronto empezamos a serpentear a través de unas colinas rocosas de piedra caliza, salpicadas de plantas de mesquite, pequeñas palmas y enormes órganos. No había ninguna señal de vida hasta que el auto se acercó a un río donde encontramos un asentamiento de casas primitivas con techo de palma, rodeadas por unos maizales diseminados y, de vez en cuando, unos parches de brillante alfalfa. Aquí vi por primera vez esos curiosos graneros en forma de cono puntiagudo que se llaman *cuescomates*, y de los que sólo había oído hablar: estaban elevados sobre unos pilotes para proteger al maíz seco de los predadores.

Nos detuvimos brevemente en Huajuapan –un pueblito a mitad de camino entre la Ciudad de México y Oaxaca–, y luego viramos rumbo al oeste, hacia un camino de terracería. Ya había atardecido. Después de la contaminación y el ruido de la ciudad, el aire estaba fresco y fragante, y había un silencio maravilloso. La tarde-noche estaba tan clara que parecía que podía tocar las estrellas, y lo único que veía al derredor eran las siluetas borrosas de las escarpadas montañas y los brillantes parches de luz de los pueblos distantes, que cambiaban de posición constantemente a medida que el camino viraba y serpenteaba. Avanzamos en completo silencio.

Cuando por fin llegamos a Tepzuitlán ya había oscurecido. Primero fuimos a casa de Petra, la hermana de Blanca. Ella y Pedro, su marido campesino, tenían nueve hijos y todos estaban allí. Acompañados por sus esposas, dos de los hijos mayores, que vivían y estudiaban en la ciudad, habían viajado especialmente para la ocasión. La familia vivía en una gran casa rústica muy vieja que estaba dispuesta alrededor de un patio rectangular salpicado de arbustos y de flores. La parte que daba a la calle principal alguna vez había sido una tienda, pero en aquel tiempo no tenía techo y estaba abandonada. Ahí, en una humeante fogata, había una gran olla de agua hirviendo con maíz cocinado y un toque de cal para suavizarlas. Se usarían para hacer la masa del tamal para la barbacoa del día siguiente. Cerca había otra olla con maíz que se había puesto a remojar hasta la otra mañana para hacer una sopa que se llama *yigue*. Y así empezó mi lección. Mis numerosas y entusiastas maestras estaban sorprendidas de que un extranjero se interesara tanto en la vida y en los alimentos que ellos daban por sentados.

Nos llamaron a cenar. Petra, Francisca y otra muchacha a quien la familia había adoptado desde muy niña, prepararon y sirvieron la comida exactamente como, sin duda, pudo haberse hecho siglos atrás. La "estufa" era típica de las haciendas coloniales: un fogón, una construcción con un amplio espacio, hecha con ladrillos de adobe y un terminado como de cemento color terracota. Incrustados en el mostrador, en línea recta, había pequeños pocitos de barro para contener el carbón humeante, y de cada lado había varios niveles, uno de ellos a la altura perfecta para moler en el metate. También había otros niveles para acomodar las cazuelas, los trastes y las ollas de barro vidriado, así como para almacenar las canastas de frutas y vegetales. Una gran olla de frijoles negros hervía al lado de una olla de leche, con su gruesa nata amarilla de crema, y otra más donde hervía el café, con canela y piloncillo.

Petra estaba en el metate, moliendo y amasando las cuajadas de queso. Cuando pensaba que las cuajadas estaban lo suficientemente lisas, usaba ambas manos para empacarlas firmemente dentro de un aro de madera de unos 15 cm de diámetro y 2.5 cm de profundidad. Luego levantaba el aro con ambas manos y empezaba a presionar el queso entre las palmas, primero de un lado y luego del otro, como si hiciera una tortilla. Cuando el queso estaba listo, Petra le daba unos golpecitos al aro sobre la mesa y el queso salía: un queso fresco, compacto y cremoso (al que a veces se le llama queso de metate), listo para comerse en la cena.

La mayoría de los invitados eligieron cecina, que el carnicero, un vecino que vivía a unas puertas de distancia, había salado y secado apenas dos días antes. Sencillamente la echaron sobre el carbón ardiente y se asó durante un minuto por cada lado. Para complementar la carne, en el molcajete había una salsa picosa de fragantes chiles frescos. Desde luego, también había tortillas, pan dulce de la panadería, y chocolate caliente.

Petra había preparado el chocolate con granos de cacao tostado, almendras sin pelar, canela y azúcar, machacándolos y moliéndolos en el metate, bajo el cual había un poco de carbón ardiente para darle al chocolate la consistencia exacta. Una vez molido, el chocolate se aplanó en unos moldecitos redondos y se dejó secar al sol. Almacenado en una gigantesca vitrolera, el chocolate ahora estaba listo para hervirse con agua y batirse con un batidor de madera hecho a mano cuyos cuatro anillos móviles, hechos del mismo bloque de madera, le darían al chocolate una corona de apetitosa espuma.

Teófilo y Blanca no habían regresado a su casa en varios meses, así que tenían que ponerse al corriente de muchísimos chismes y eso nos detuvo hasta bastante tarde. Pero todavía nos faltaba detenernos a cenar en la casa de la hermana de Teófilo, donde guardaríamos el coche. Celosos de que hubiéramos cenado en otro sitio, los anfitriones insistieron en que por lo menos nos tomáramos una copita antes de dormir. Aunque yo estaba exhausta y, además, tenía un dolor de cabeza espantoso, me sorprendió la calidad del brandy hecho en casa: una infusión de flor de jamaica (*Hibiscus sabdariffa*) en alcohol.

Por fin pudimos proseguir para desempacar las cosas del coche y acarrearlas por la calle, una empinada formación de gigantescas rocas que conducían a la casa de Teófilo y Blanca. El pueblo entero parecía dormir, y sólo el incesante ladrido de los perros rompió el silencio. Tuvimos que gritar un buen rato para despertar a la viejita que cuidaba la casa, pero por fin salió a abrir la puerta para dejarnos entrar.

Teófilo y Blanca me mostraron con orgullo su hogar, todavía en obra negra: una construcción de concreto con techo de lámina de asbesto. La casa estaba inmaculada. Me pareció que había transcurrido una eternidad antes de que, por fin, acomodáramos todo lo que habíamos traído; el cilindro del gas quedara conectado y el agua, encendida. Sacaron sábanas limpias para hacer las camas y luego, en mi cuarto, Blanca colocó discretamente una bacinilla sobre un banquito de madera y al pie de éste, un tapete blanco cuidadosamente doblado, para que no se me enfriaran los pies en el piso de cemento.

Fue una noche muy corta. A las cinco de la mañana me despertaron *Las mañanitas* que retumbaban a todo volumen en mis oídos. Afuera se escuchaba el suave sonido de pasos y susurros de los devotos habitantes del pueblo que subían por la colina hacia la capilla, que estaba a menos de cien metros de distancia, mientras cuatro altavoces colocados en la torre de la iglesia emitían canciones sentimentales y valses de Strauss a todo volumen. Este era sólo uno de los treinta días que durarían las celebraciones en honor a la Virgen del Rosario.

Para entonces ya se me había quitado el sueño. Evidentemente, no quedaba más remedio que levantarse. Nos vestimos y caminamos a casa de Petra, donde ya estaban llegando las cubetas de leche espumosa. Una parte se usaría para el desayuno y de inmediato se puso el resto a cuajar para hacer queso (no usaron pastillas de cuajo, sino un coagulante natural que consiste en una infusión a base de un trozo de estómago de vaca seco.) Casi de inmediato me apresuraron para ir al molino donde se muele el maíz para las tortillas y los tamales, con las dos tandas de maíz para la barbacoa. El joven que operaba el molino recibió instrucciones mucho muy precisas. El maíz que se había cocido la noche anterior tenía que molerse, pero no demasiado fino, para la masa de los tamales, mientras que el maíz remojado tenía que triturarse apenas para preparar el *yigue*. El joven continuamente detenía la máquina y nos enseñaba un pedacito de masa para que lo sintiéramos y le dijéramos cuando alcanzara el punto perfecto.

Después, a desayunar. Petra nos ofreció la misma comida de la noche anterior, huevos que habían recogido por la mañana, y bolillos. Pero el tiempo apremiaba y aún faltaba mucho por hacer.

El traqueteo y los gritos en la calle anunciaron la llegada del camión que iba a transportarnos a nosotros, y a la comida, hacia el sitio donde se iba a llevar a cabo la barbacoa. Empezaron a cargar el camión: un costal entero de elotes, gigantescas ollas de barro, cajas de cerveza y de refrescos, enormes cantidades de leña, chiles, sal, especias y manojos de hierbas frescas: la lista parecía interminable. Por fin, cuando todo quedó empacado, avanzamos por las calles pero nos deteníamos a cada instante para recoger aún a otro pariente más. Todos me miraban con curiosidad, pero eran demasiado educados para preguntar quién era yo o qué hacía ahí.

Transcurridos unos quince minutos, el camino de terracería se terminó abruptamente en un puente a medio terminar que pasaba sobre un río angosto, pero de corriente veloz. Ahí empezamos a desempacar y, por relevos, cargamos todo a través de un maizal cuya altura nos cubría por completo, hasta que llegamos a un claro que estaba río arriba. Ahí, junto a un enorme y frondoso árbol, habían cavado un hoyo como de un metro cuadrado y un metro de profundidad. A Teófilo, a Pedro y a mí nos dejaron ahí, pues el resto de las personas tenían que volver a sus casas para terminar las labores del día. Sin embargo, casi de inmediato se nos unieron otras tres personas: dos hombres que ayudaban a la familia a trabajar las tierras y la Señorita, como todos la llamaban.

La *Señorita* era una mujer como de cincuenta años. Su cabello cano y fuertemente trenzado colgaba de ambos lados bajo su sombrero: era de paja, era de hombre y era de ala ancha. Su rostro estaba muy arrugado y maltratado por la intemperie; sus ojos azules brillaban, y tenía un cuerpo ligero y musculoso. Era la especialista del pueblo en lo referente a preparar cabras para barbacoa.

Casi no hablamos; no era necesario, porque todos sabían qué hacer. Me limité a seguirlos y los ayudé a recoger piedras no muy grandes del lecho del río para cubrir el fondo del hoyo de la barbacoa. Recogimos leña y cortamos la madera que habíamos traído. Lanzamos todo eso al hoyo hasta que la pila rebasó los bordes. Alguien encontró los cerillos y encendimos la fogata.

Pedro me contó que el hombre que nos había vendido la cabra había ido a traerla. De alguna forma yo esperaba que volviera con grandes trozos de carne lista para cocinarse, pero no: a través de la bruma de la hoguera, pronto lo vi volver con un largo y delgado machete en una mano y, en la otra, traía una hermosa cabra blanco y canela, atada a una cuerda. Cuando el animal nos vio lanzó unos cuantos balidos femeninos, pero cuando olió el aroma de la leña empezó a mover los ojos nerviosamente. "Ahora puede aprender a matar a una cabra", me dijo el marido de Petra entre risas, mientras el hombre afilaba su machete en una piedra.

Regañé a todos por no haber elegido un animal feo y bizco en vez de ese lindo animalito. Después me tapé los oídos, me di la media vuelta y me puse a caminar a lo largo de la rivera del río, tratando de concentrarme en una gran mariposa negra con magníficas manchas rojas que revoloteaba alrededor de un grupo de flores moradas. Cuando por fin me di la vuelta y emprendí el camino de regreso, todos se rieron de mí: me dijeron que me había saltado una parte importante de la lección.

Para ahora la *Señorita* sostenía la cabeza laxa de la cabra con una mano, mientras que con la otra, una cubeta bajo la yugular del cuello pulsante del animal, *de donde* emanaba a borbotones la sangre de brillante color rojo. Cuando estuvo satisfecha y consideró que tenía suficiente sangre, rápidamente la mezcló con unos granos de sal gruesa para evitar que se coagulara.

En cuestión de minutos los hombres ya habían despellejado al animal y, con gran pericia, lo estaban destazando. Con una puntería precisa lanzaron los intestinos y el estómago hacia una piedra en el río, a unos cuantos pasos de la *Señorita*, que estaba parada con el agua hasta las rodillas y las enaguas amarradas alrededor de la cintura. Siempre la recordaré parada allí, hábilmente volteando al revés metros y metros de intestinos que flotaban mientras la corriente los golpeaba y los limpiaba contra las rocas. Luego, la *Señorita* tomó el estómago, desechó su contenido de forraje sin digerir, y lo lavó tallándolo con limón para quitarle el fuerte olor. Muy pronto todo estuvo limpio, raspado y cortado, y la carne y las entrañas colgaban ordenadamente en una rama, en la parte más sombreada del árbol.

La leña ya se había convertido en cenizas, y se apilaron más leños. Cuando el fuego se reanimó, Teófilo decidió que nos habíamos ganado nuestro primer bocado. Lanzó al fuego unos elotes, todavía envueltos en sus hojas verdes. En cuestión de minutos, los sacó con una rama y, en cuanto pudimos tomarlos con las manos, desenrolló las hojas de la punta y sopló con fuerza dentro de cada elote. "Ayuda a que se terminen de cocer", explicó. El elote estaba crujiente y dulce, mucho más delicioso que el maíz sobrecocido que nos dieron más tarde.

Hasta este punto todo me había parecido sorprendentemente bien organizado, pero entonces ocurrió el retraso fortuito que es tan típico de la vida en México. Alguien se había olvidado de traer la manteca, nadie había cortado las ramas de aguacate del árbol de un vecino y el molcajete no aparecía por ningún lado. Mandaron a dos hombres a traer todo eso. Entre tanto, nosotros platicamos y observamos a la *Señorita* mientras preparaba el relleno para el estómago de la cabra. De nuevo batió vigorosamente la sangre, a la que añadió más sal y agua para alisar los grumos. Los intestinos del animal se cortaron en trozos más pequeños. Picó hierbabuena y mejorana, y molió el comino con el ajo y la cebolla. Incorporó todo esto a la sangre y yo sostuve el estómago mientras ella vertía esta mezcla en el interior. Luego, tomó los bordes desiguales del estómago y los amarró fuertemente con una tira de fibra que tomó de una penca de agave, asegurándola firmemente alrededor de una varita de madera especialmente cortada para este propósito, que tenía unos 10 cm de largo.

Las hermanas de Téofilo ya habían llegado y ayudaban. Una de ella batió la masa para el tamal, con manteca y sal, hasta que estuvo ligera y esponjosa. Luego la esparció en una capa de "dos dedos de ancho" en un traste para hornear poco profundo, forrado con capas sobrepuestas de hoja santa. Las hojas desbordaban los bordes de la olla y se doblaron sobre las orillas de la masa. Cubrieron la masa con otra capa de hojas y listo.

Uno de los invitados trajo pollos; otro, conejos, y de nuevo hubo un pequeño retraso mientras se preparaba la pasta de picosos chiles costeños secos, molidos con vinagre y hierbas. Los cuerpecitos de los animales se untaron con una gruesa capa de esta pasta, y se apartaron hasta que el fuego estuvo lo suficientemente caliente.

A estas alturas la *Señorita* ya había comenzado a preparar el *yigue*. Había puesto a remojar el maíz martajado en agua traída del río, y empezó a tallarlo con fuerza entre las palmas de sus manos para aflojar la dura y transparente piel exterior de los granos que flotaba a la superficie. Cuidadosamente, se juntaron estas cascaritas para alimentar con ellas al ganado. Lavaron el maíz tres veces más y mucho se discutió si estaba listo o no para ponerse en la olla. Había dos ollas grandes de barro llenas de agua hasta dos tercios de su capacidad. Guardaron casi toda el agua del remojo para dársela a los puercos, pero otra parte se usó para el *yigue*. (Se usaron casi 4 kilos de maíz para alimentar a 45 invitados y todavía sobró un poco para la familia.)

Ahora la mamá de Blanca empezó a ayudar. Enjuagó unos chiles secos, guajillos y costeños (un chile delgado, de color rojo-naranja que, como su nombre lo indica, crece en la zona costera, y que es muy apreciado por los oaxaqueños), y los molió en el molcajete durante unos minutos antes de colar la salsa muy pesada en cada una de las dos ollas. Alguien tomó unas cuantas ramas de hojas del aguacate local y las pasó sobre las cenizas calientes, de modo que sisearon y chisporrotearon, emanando un maravilloso aroma a aguacate anisado, antes de hundirlas en la sopa. Por último, un poco de sal de grano, un poco de grasa de la cabra, un vigoroso meneo, y listo.

Una vez más los leños de habían convertido en cenizas, y las piedras ahora estaban lo suficientemente calientes para comenzar a cocinar. Dos de los hombres más fuertes alzaron las ollas, se tambalearon un poco bajo el peso, y casi corrieron hacia el hoyo, donde bajaron su carga con cuidado hacia las piedras candentes. Algunos hombres cortaron ramas de los árboles de cazahuate que estaban del otro lado del río. Suele usarse ese tipo de madera porque se carboniza pero no se quema. Cortaron las ramas en varitas, y las colocaron en una red de líneas cruzadas encima de las ollas para formar unas parrillas. Pusieron las gruesas y puntiagudas pencas del agave de mezcal sobre esas parrillas de cazahuate, y encima los perniles, los lomos y los flancos abiertos de la cabra, junto con el estómago relleno y el hígado entero. Luego metieron los pollos y los conejos y, por último, los dos trastes planos del tamal. Alguien había olvidado meter la cabeza de la cabra a la barbacoa, y también lo hicieron. Le habían cortado los cuernos, quitado la piel, y limpiado. De una manera algo pintoresca, se colocó un pequeño taquete, hecho con el extremo de una mazorca de maíz, en la parte superior del cráneo para que los sesos no se desbordaran. Se colocó otra rama grande de aguacate sobre la carne, y luego, encima de todo, dos hombres arrastraron un par de petates ahumados que habían estado remojándose en río. Varios jóvenes entusiastamente tomaron las palas y cubrieron por completo los petates con la tierra suelta que habían sacado del hoyo. Un jirón de humo escapó, pero rápidamente se extinguió con una última palada de tierra.

La fiesta crecía. Un gran camión de ganado acababa de detenerse en el puente y se escuchaban las risas distantes de un grupo de jóvenes que estaban llegando, junto con un innumerable grupo de tías, cuñadas y padrinos; incluso la abuelita, que jamás salía de su cuarto en la casa familiar, llegó en brazos de dos de los jóvenes más fuertes, que la cargaron a través del maizal.

Ahora comenzaba la agónica espera por la comida. Estábamos despiertos desde las cinco de la mañana y ya era más de la una. Lo único que habíamos comido desde la hora del desayuno era el elote y una mandarina. Como aún tenía una migraña espantosa, decidí tomar una siesta, pero cuando me acomodé bajo un árbol, las moscas –atraídas por la matanza–, así como algunos insectos regionales, cuyo nombre no puedo ni deletrear ni pronunciar, me atacaron sin piedad para saciar su sed. Me di por vencida.

Era un día luminoso, pero el agua estaba demasiado fría siquiera para vadear, no digamos para que me bañara como el resto de las mujeres. Tras breves saludos y presentaciones, observé a toda una tropa dirigirse río arriba hacia su sitio preferido para bañarse en la parte más honda. El murmullo de su parloteo, y los ocasionales gritos que se escuchaban al lanzarse al agua helada, llegaba hasta nosotros e interrumpía la silenciosa conversación de los hombres que, ordenada y constantemente, bebían brandy mexicano bajo el calor del sol.

Transcurrió como una hora antes de que las mujeres se vistieran y volvieran en grupitos para cuidar la barbacoa. Era el turno de los hombres que, con paso lento, se alejaron, algunos de ellos ya muy borrachos. El agua tonificante cobró su precio y después de un tiempo, vimos a Teófilo cargado en hombros de sus compañeros, tambaleándose, hasta que por fin se colapsó en el banco del río, a unos cien metros de nosotros, y no volvió a moverse hasta que estuvimos listos para partir.

Ya eran las cuatro y media. Todos nos moríamos de hambre y los niños se quejaban de que ya no podían aguantar más. Tras cierta discusión se decidió abrir el hoyo de la barbacoa. Se hizo a un lado la tierra, se quitaron los petates y emergió el aroma fragantísimo de las hierbas, la carne, los chiles y, desde luego, las hojas de aguacate. Mientras sacaban la carne, algunos de los niños más grandes se robaron unos pedacitos, pero la mayoría se sentó pacientemente alrededor del mantel rectangular que estaba en el suelo.

Se encendieron otras dos fogatas. En una olla hervían los elotes (hasta matarlos de manera irremediable), y en la otra había un comal: un gigantesco disco de barro sin barnizar que se había estado calentando todo el día, listo para recibir las tortillas.

Petra se apresuraba a hacer una salsa de chiles y jitomates asados. La mamá de Blanca revolvía el *yigue*, que se había enriquecido aún más con los jugos de la carne, y empezó a servir grandes platos del *caldo* con un poco de maíz blanco martajado, ya suave, del fondo de la olla. Yo corté los tamales en cuadros mientras la *Señorita* rebanaba el estómago relleno con su afilado cuchillo y Blanca servía la carne. Todo el mundo ayudó con entusiasmo y, durante un rato, el grupo quedó en silencio.

La carne estaba suculenta y tenía un sabor maravilloso, con un toque ahumado y a aguacate. Debo confesar que el *caldo* estaba demasiado fuerte para mi gusto, pero el tamal –rico, esponjoso y maravillosamente fragante por la hoja santa– me pareció , junto con la pancita y su sabroso relleno, el epítome de la excelencia gastronómica. Me serví una y otra vez, un poquito más y un poquito más, sólo para asegurarme de que no me estaba imaginando nada.

"A la barbacoa le hizo falta por lo menos una hora más", dijo el marido de Petra, un hombre sombrío y pesimista. "Y lo que es más, la *Señorita* no batió bien la sangre. Está grumosa", dijo, mientras comía apenas, ponderando cada mordida. Pero estaba sólo en lo que respecta a sus comentarios. Todos los demás se sirvieron dos y tres veces, hasta que no pudieron comer ni un bocado más.

Algunas de las piezas más suculentas de carne se guardaron para que Blanca se las llevara de vuelta a la ciudad. De pronto recordé la cabeza de la cabra. ¿Dónde estaba? Ésa era la parte que más ganas tenía de probar, recordando las delicadas cabecitas de cabrito al pastor que había comido en Monterrey, donde lo preparan *par excellence*, como en ningún otro lugar de la República. Pero también la cabeza se había guardado discretamente, pues ya que la barbacoa se había llevado a cabo en su terreno, la madre de Blanca había reclamado el preciado cráneo.

Cuando nos hartamos y no pudimos comer más, nos sentamos a bromear, cantar, platicar y eructar, hasta que las sombras se hicieron más largas y las fogatas de apagaron hasta convertirse en cenizas. Justo antes de que el sol desapareciera detrás de las montañas, empezamos a guardar las cosas en gigantescas canastas que se cargaron en el camión hasta que prácticamente no quedaba lugar. El vehículo emprendió la marcha, meciéndose precariamente rumbo a casa a través del camino polvoso y desigual, mientras algunos de nosotros decidimos caminar de regreso, disfrutando de la fresca brisa de la tarde y el extravagante azul brillante del ocaso.

Para cuando llegamos a la casa lo único que yo quería era dormir, pero en cuanto posé mi cabeza sobre la almohada los abominables altavoces de la iglesia empezaron a proferir los estrepitosos saludos nocturnos a la Virgen del Rosario. Estaba desesperada: pero como ese fin de semana yo era la invitada de honor, las jóvenes sobrinas de Blanca fueron corriendo a la iglesia con una petición sin precedentes: bajar el volumen de la música. Para asombro de todos, así lo hicieron.

Todavía faltaba mucho para que terminara el fin de semana. Para disfrutarlo al máximo, Blanca decidió que teníamos que formar parte del espíritu festivo del pueblo: nos levantaríamos al son de *Las mañanitas* para ir a las peñas a bañarnos.

Apenas estaba aclarando el día cuando emprendimos el camino, cargando toallas, champú, jabón y contenedores para el agua. Blanca había mencionado este viaje varias veces, pero yo no estaba segura de a qué se refería. Conforme ascendimos por la colina y pasamos junto a la iglesia, escuchamos a la congregación que oraba. Las calles estaban desiertas, y sólo los gigantescos cebúes atados en el jardín de un vecino se volvieron para inspeccionarnos con curiosidad. La mayoría de las casas estaban construidas en el mismo estilo rústico y con los mismos materiales: paredes de adobe con techos de grandes tejas de terra cotta curva que sobresalían de las amplias canaletas, apoyadas sobre fuertes vigas que formaban galerías alrededor de las casas. El aire estaba invadido por el aroma de las fogatas que se habían prendido desde temprano para cocinar las primeras tortillas del día.

Estábamos en las afueras del pueblo. Escalamos entre unas enormes rocas que sobresalían unos cientos de metros, y de pronto nos encontramos en un paisaje de enormes piedras lisas que se inclinaban aproximadamente un kilómetro hasta un pastizal. Algunas personas habían llegado antes que nosotros y llevaban a sus burros, cargados en ambos lados con botes de agua fresca, llenos hasta el tope. Delante de nosotros iban dos niñitos: sobre los hombros cargaban un rústico yugo de madera del cual se balanceaban las cubetas llenas de agua.

Primero fuimos al manantial principal. Al principio, parecía apenas un chorrito que salía de una abertura entre dos rocas gigantescas, pero luego caía en una cuenca que estaba abajo para formar un pozo pequeño, pero muy cristalino. Nos inclinamos para beber de un guaje: el agua helada estaba deliciosa. Con razón a diario la gente venía desde kilómetros a la redonda para traerla, y se negaban a beber cualquier otra cosa.

Blanca y yo le encargamos nuestros contenedores a Teófilo mientras las dos escalamos más arriba para encontrar un pozo en el cual bañarnos. Satisfecha con el lugar, Blanca se desvistió sin el menor pudor y se sentó en el pozo como una escultura viviente de Zúñiga, echándose agua con abandono y lavando su largo cabello negro. A esa hora el agua me parecía tan fría como la de cualquier baño inglés (que aborrezco desde que era niña), pero a medida que el sol subió yo también me hallé a mí misma sumergida en un pozo claro y profundo. El golpe del agua helada me hizo temblar, pero fue maravillosamente refrescante y me dejó la piel y el cabello suave y satinado. A medida que regresamos para relevar a Teófilo de su vigilia, Blanca mencionó casualmente que me había estado vigilando mientras me bañaba: resulta que las serpientes de agua se esconden en los pozos. Si alguien las molesta salen de su escondite y, con la velocidad de un rayo, ¡se enroscan alrededor del intruso!

Cuando volvimos a casa, nos esperaba un gran desayuno que había preparado Francisca. Luego dio inicio un día tan atiborrado de actividades que, en comparación, cualquier grupo turístico bien organizado se habría sentido avergonzado. Primero fuimos al mercado, donde los indígenas de pueblos distantes vendían su pequeña producción de maíz, calabaza, chiles o hierbas. Recogían el dinero, o vendían tortillas, con unas canastas altas y angostas que se llaman *tenates*. A menudo llevaban varios tenates, uno dentro del otro. El de afuera tenía un cinturón de cuero cocido para colgarlo al hombro. Sentados, platicando o vigilando a sus animales en el campo, tenían las manos en constante movimiento, mientras tejían tenates y sombreros de ala ancha, con un rollo de fibra (que se hace pelando y secando la palma de la región que crece en abundancia en las zonas semiáridas de Oaxaca) bajo la axila. Se saludan tocándose, no apretándose las manos, siempre con una sonrisa, y hablando incesantemente en su suave idioma mixteco.

Después de la visita al mercado teníamos que ir a misa, visitar la tumba del padre y comer con las hermanas de Teófilo, que habían preparado una especialidad oaxaqueña: amarillito, que es carne de pollo o puerco con muchas verduras, preparada en una salsa ligera, aderezada y coloreada con un chile costeño amarillo seco. Habían preparado tamales cocidos al vapor en las hojas del elote, y de postre, un delicioso ate de guayabas de la región.

En cuanto terminó la comida y pudimos despedirnos, Teófilo, Francisca y yo fuimos a buscar provisiones para llevar de regreso a la Ciudad de México, mientras Blanca fue a consolar a su mamá porque no habíamos ido a comer a su casa. Primero nos dirigimos a la carnicería. Al fondo del establecimiento había un cuartito completamente protegido contra las moscas, en el cual por todos lados colgaba la cecina de res. El olor era extremadamente fuerte, y me sentí feliz cuando por fin terminamos de escoger varios kilos de carne. La doblamos minuciosamente en una canasta como si se tratara de la ropa más fina. De ahí nos dirigimos al barrio –como todos lo llamaban–, que estaba como a un kilómetro del pueblo. Era un área no muy grande de fértil tierra negra al pie de un acantilado rocoso. Los pequeños propietarios la habían plantado densamente con huertas, solares de verduras con frondosas filas de cilantro y flores. Compramos barriles de guayabas, cientos de limas dulces para hacer agua fresca (en este caso limonada de lima, el refresco favorito de Blanca y de Teófilo), calabazas, cebollas y rosas.

De ahí nos dirigimos al otro lado del pueblo hacia los campos de jitomate ("tomates rojos", como se dice allá), donde a Blanca y a Teófilo –que ahora nos acompañaban– les dieron canastos de dulces y frescos jitomates: los de forma de guaje para hacer salsas y los verdes para madurar después. Petra había añadido quesos hechos en casa, envueltos en hojas de higo, y algunas tabletas de su famoso chocolate para beber. Cientos de tortillas completaron el paquete de comida campirana, suficiente para durarles varios meses, hasta la próxima vez en que regresaran a abastecerse de nuevo. A la mañana siguiente, rodeados de embriagadores aromas, manejamos lentamente de regreso a la Ciudad de México. Teófilo todavía padecía los efectos de su poco común racha alcohólica.

BARBACOA

En México la carne que se cocina en barbacoa es una comida de domingo, y varía de una región a otra. Hay especialistas que se dedican a la barbacoa, pues lleva mucha preparación y tarda mucho tiempo en cocerse. Quizá la barbacoa más conocida es la del centro de México -en los estados de Hidalgo, Tlaxcala y México- donde la carne si sazonar, por lo general de carnero, se cuece en un hoyo forrado con pencas de maguey. Se incluye la cabeza del animal, así como el estómago, que se rellena con los riñones, el hígado y los intestinos picados, y se sazona con sal y chiles. Se coloca un recipiente de metal bajo la carne para recolectar los jugos, que se sazonan con cebolla, tomate, chile, y que se sirve por separado en tacitas de consomé de barbacoa: un caldo ligero y muy sabroso; casi la mejor parte. Tradicionalmente la carne muy suave se come en tacos: se envuelve en suaves y humeantes tortillas y se aderezan con una salsa incendiaria de chile pasilla y pulque que se llama salsa borracha.

En Coahuila, en el norte, el carnero entero (incluida la cabeza, pero no el estómago ni los intestinos) se envuelve en varias capas de costales que se amarran con un cordel, al que luego se le ata una fuerte manija para bajar el atado al hoyo caliente. Me han dicho -aunque no he tenido la fortuna de probarlo- que la carne es particularmente suculenta.

Cero que una de las formas más deliciosas de cocinar en la tierra es la que se hace en la península de Yucatán, en un *pib* (la palabra maya para barbacoa). El lechoncito que se va a guisar se sazona primero con achiote molido con especias y diluido con jugo de naranja agria, para luego envolverse en hojas de plátano que le dan a la carne un sabor exquisito.

Oaxaca es otra de las regiones donde la barbacoa siempre me ha fascinado. Incluso en ese estado el tipo de barbacoa varía según la región. En la pág. 317 describo la de la parte norte, y aquí está la versión hecha en casa que proviene de la zona que circunda a la ciudad de Oaxaca.

Barbacoa de carnero oaxaqueña
Señora Domatila Santiago de Morales
Rinde de 6 a 8 porciones

Esta es la versión "doméstica" de la barbacoa de carnero del centro del estado de Oaxaca. La pasta o adobo de chile, con su canela y sus ajonjolí, tiene un sabor maravilloso, y la fragancia se emana del horno –masa, chiles y hojas de aguacate– es tan provocadora y satisfactoria en sí misma que uno no quiere que termine el tiempo de guisar.

La señora Domatila cocía su propio maíz con cal, lo dejaba remojando toda la noche, y lo mandaba al molino a la mañana siguiente con instrucciones precisas de que debía quedar muy toscamente molido para que los trozos de la mazorca le dieran a la maza una textura crujiente: quebrajada o martajada.

Obviamente no necesita usar los cortes más caros de borrego: si puede conseguirlo es preferible usar carnero. Yo hice una pierna de cordero y salió deliciosa. Para esta receta necesitará de 1.35 kg a 1.8 kg de carne, dependiendo de cuánto hueso tenga.

La salsa de barbacoa

3 chiles anchos, sin venas ni semillas

8 chiles guajillo o, en Oaxaca, chilcosles

2 cucharadas de ajonjolí

1 raja de canela de 75 mm, machacada

2 cucharadas de vinagre suave

1 1/2 tazas (375 ml) de agua, aproximadamente

3 dientes grandes de ajo, asados y pelados

6 ramas de tomillo fresco o 1/4 de cucharadita de tomillo seco

1 cucharada de orégano, de ser posible oaxaqueño

1 1/2 cucharaditas de sal, o al gusto

La carne

2 cucharaditas de sal

1.8 kg de distintos cortes de carnero o borrego o cabra

2 ramas grandes de hojas de aguacate

La masa

1/4 de taza (1.8 kg) de manteca de puerco, suavizada

2 cucharaditas de sal, o al gusto

900 gr de masa para tamales martajada (aproximadamente 4 tazas/1 l)

Ase bien los chiles sobre una plancha o comal caliente, con cuidado de no quemarlos (conforme los chiles guajillo se enfrien, deben ponerse crujientes). Cubra los chiles con agua y deje que rompa el hervor. Retírelos del fuego y déjelos 5 minutos en remojo.

Mientras tanto, ponga el ajonjolí en una sartén sin engrasar a fuego lento. Menéelo todo el tiempo hasta que adquiera un color dorado. Apártelo para que enfríe. Cuando esté tibio, póngalo, junto con la canela, es un molino para especias o en un molcajete, y muélalo lo más finamente posible. (Este paso podría parecer innecesario, pero si pone todos los ingredientes juntos en la licuadora casi todo el ajonjolí quedará entero.)

Escurra los chiles y ponga los chiles anchos en el vaso de la licuadora. Añada el vinagre, 1 taza (250 ml) del agua, el ajo, las hierbas, sal y la mezcla de ajonjolí molido. Licúe hasta que todo esté casi liso: la salsa debe tener algo de textura y debe quedar bastante espesa, casi como una pasta. Añada un poquito más de agua sólo si necesita liberar las aspas de la licuadora. Licúe los chiles guajillo o chilcosles por separado con el agua restante y páselos por un colador.

Póngale sal a la carne y después cúbrala libremente con la salsa de chile, apartando 2 cucharadas para añadirlas después a la masa. Aparte la carne para que se sazone.

Precaliente el horno a 180 C (350 F). Tenga listo un traste para rostizar en el que la carne y las hojas de aguacate quepan cómodamente. Coloque una rejilla dentro del traste y agregue 1 taza (250 ml) de agua fría. Pase las dos ramas de hojas de aguacate sobre la flama o sobre una hornilla eléctrica muy caliente: deben sisear, crepitar y emanar un fuerte aroma a aguacate.

Incorpore la manteca la sal y la salsa de chile que reservó a la masa de tamal. Divida la masa en dos partes iguales. Aplane cada una para lograr una forma más o menos circular de unos 2 cm de grueso. Coloque la carne sobre una de las piezas de masa y tápela con la segunda pieza; presiones los bordes de la masa para que la carne quede completamente sellada.

Coloque la carne cubierta de masa sobre las hojas de aguacate y cúbrala con la segunda rama de hojas. Tape la olla bien con una tapadera ajustada o con papel aluminio bien sellado para que prácticamente no pueda escapar nada de vapor.

397

Coloque la olla en la rejilla de en medio del honro y hornéela durante 1 hora. Baje la temperatura del horno a 165 ºC (325 ºF) y hornee hasta que la carne esté suave: aproximadamente 3 horas, dependiendo de la calidad y del corte de la carne. Durante el tiempo de cocción asegúrese de que quede un poco de líquido en el fondo de la olla: quizá tenga que agregar 1/2 taza (125 ml) más o menos de agua para que la masa no se reseque (al final del tiempo de cocción la carne debe estar muy suave; debe quedar un poco de salsa alrededor y la masa debe estar húmeda y esponjosa).

Corte la carne y sírvala con bastante masa, junto con tortillas recién hechas, frijoles refritos (véase pág. 199), y rajas de chile jalapeño en escabeche.

Nota: Esta carne puede sazonarse con un día de anticipación: de hecho, mejora su sabor. La masa también puede prepararse un día antes. Pero esta barbacoa sabe mejor si se consume en cuanto sale del horno.

Guajolote en mole poblano

Puebla

Rinde aproximadamente 10 porciones

Un día de Navidad de 1972, a los franceses les sorprendió mucho oír que, durante una transmisión de radio desde México, un corresponsal decía: "Hoy, mientras come pavo y pastel de chocolate (buche de Noel), deténgase un minuto a pensar que lo que está a punto de comer proviene del Nuevo Mundo. El chocolate y el pavo son ambos originarios de América; el chocolate y el pavo provienen ambos del México precolombino. Aquí en México hoy nosotros también comemos lo mismo; la única diferencia es que comemos el pavo y el chocolate juntos."

Ninguna celebración especial está completa si no hay mole poblano de guajolote. Se prepara con amor y cariño, e incluso hoy, en la mayoría de los casos, es el platillo por excelencia que hace que saquemos el metate: los chiles, las especias, las nueces, las semillas y las tortillas se muelen allí. En las fiestas de los pueblos a cada mujer se le asigna una labor: algunas limpian y asan los chiles y otras los muelen; hay que sacrificar y preparar a los guajolotes, medir especias, y el maíz para los tamales tiene que remojarse y limpiarse a conciencia.

Sería imposible decir cuántas versiones de mole existen, pues cada cocinera, desde el caserío más pequeño hasta la mansión más encumbrada de la ciudad, tiene su propio toque especial: unos cuantos chiles mulatos más aquí, menos chiles anchos, un toque de chipotle guisado con el guajolote; algunas insisten en usar cebolla, otras ni si quiera lo consideran. Muchas cocineras de la misma Puebla insisten en asar los chiles, a menudo sólo los chiles mulatos, en una flama abierta y luego molerlos en seco. Las discusiones y variantes son interminables.

En *La cocinera poblana*, un volumen publicado en Puebla en 1877, resulta interesante notar que existen por lo menos siete recetas para hacer mole poblano y ninguna de ella menciona el uso de cacao o chocolate dentro de su lista de ingredientes.

Recuerdo que justo antes de Navidad, durante mis primeros años de estancia en México, el tráfico sobre el Paseo de la Reforma se detenía por completo mientras parvadas enteras de guajolotes avanzaban a instancias de sus dueños. Uno por uno, se iban vendiendo y, durante el resto de la semana, se escuchaba un graznido constante en las azoteas en las cuadras circundantes a nuestra casa. Los guajolotes se engordaban y luego se sacrificaban para el mole de Navidad.

La palabra mole proviene del náhuatl molli que significa "mezcla". Cuando se menciona el mole, la mayoría de los extranjeros responde: "Ah, sí, ya sé: la salsa de chocolate. No creo que me guste". Bueno, pues no es una salsa de chocolate. Un pedacito de chocolate se agrega a una enorme cazuela llena de chiles de un profundo color café como chocolate. Y a todo aquel a quien se lo he servido le ha sorprendido y deleitado pues en esta salsa, como en muchas otras salsas mexicanas, los condimentos y las especias no se usan de una forma tan exagerada que luchen entre sí para reconocerlos, sino que más bien constituyen un todo armonioso.

Hay muchas historias con respecto a sus orígenes, pero todas concuerdan en que el mole nació en uno de los conventos de la ciudad de Puebla de los Ángeles. La versión más frecuente, supongo, es que Sor Andrea, la madre superiora del Convento de Santa Rosa, quería agasajar al arzobispo por haber construido un convento especialmente para esa orden. Al tratar de mezclar los ingredientes del Nuevo Mundo con los del mundo antiguo, creó el mole poblano. Hay otra historia que cuenta que el Virrey, Don Juan de Palafox y Mendoza, estaba de visita en Puebla. Esta vez fue Fray Pascual quien preparaba un banquete en el convento a donde Palafox iba a comer. Los guajolotes se estaban cociendo en unas cazuelas y cuando Fray Pascual reprendió a sus asistentes por el desorden que tenían en la cocina, reunió todas las especias que habían estado usando y las juntó en un traste. Luego, un repentino viento sopló por la cocina y las especias cayeron en las cazuelas. Pero, en palabras de un filósofo mexicano contemporáneo: "No tiene importancia precisar si el mole fue inventado por los ángeles o por las monjas de Santa Clara, si fue hecho para el Virrey o para el Arzobispo, según discrepan quienes cuentan la leyenda, pues lo que importa es confesar que la boca se hace agua ante la salsa aromática, sabrosa y excitante aunque no pique." (Dr. Alfredo Ramos Espinoza, *Semblanza mexicana*, p. 216).

Si se usa un pavo para el mole, siga las instrucciones para freír y hornearlo; aunque no es un método muy tradicional le da un sabor riquísimo al mole. Pero si usa un guajolote de rancho, que tiene una carne más dura, hay que cocinarlo con sus menudencias, reservando el caldo para el mole.

Primer paso: los chiles

Aproximadamente 1/2 taza (125 ml) de manteca

8 chiles mulatos, sin venas ni semillas

5 chiles anchos, sin venas ni semillas

6 chiles pasilla, sin venas ni semillas

(reserve 1 cucharada de semillas de chile para el cuarto paso)

Segundo paso: el caldo de guajolote

Las menudencias del guajolote

1 zanahoria chica, mondada y rebanada

1 cebolla blanca entera, toscamente picada

6 pimientas negras

sal al gusto

Tercer paso: el guajolote

Aproximadamente 1/3 de taza (85 ml) de manteca

1 guajolote chico, aproximadamente 3.6 kg, cortado en piezas para servir

sal al gusto

Cuarto paso: los ingredientes adicionales para la salsa

2 tazas (500 ml) de caldo de guajolote

1/2 taza (125 ml) de jitomate asado o tomates verdes, cocidos (véase pág. 589) y colados

3 dientes de ajo, asados y pelados (véase pág. 591)

4 clavos enteros

10 pimientas negras

1 raja de canela de 1.5 cm, asada

1/8 de cucharadita de semillas de cilantro, asadas

1/8 de cucharaditas de semillas de anís, asadas

1 cucharada de las semillas de chile que reservó, asadas por separado

7 cucharadas de ajonjolí, tostado por separado

aproximadamente 1/4 de taza (65 ml) de manteca

2 cucharadas de pasitas

20 almendras sin pelar

60 gr de pepitas crudas, sin pelar (un poquito más de 1/3 de taza/85 ml)

1 tortilla chica seca
2 rebanadas de pan seco
45 gr de chocolate mexicano para beber
aproximadamente 6 tazas (1.5 l) de caldo de guajolote
sal al gusto

Caliente la manteca en una sartén y brevemente fría los chiles por ambos lados –la pulpa del interior debe tornarse de color tabaco– cuidando de no quemarlos. Reserve la manteca. Escurra los chiles y transfiéralos a un tazón de agua fría y déjelos en remojo durante 2 horas.

Precaliente el horno a 165 ºC (325 ºF).

Ponga las menudencias en una olla, cúbralas bien con agua, agregue la zanahoria, la cebolla, las pimientas y sal, y deje que rompa el hervor. Hierva suavemente durante alrededor de 1 1/2 horas, añadiendo más agua si es necesario. Cuele el caldo y apártelo.

Mientras tanto, caliente la manteca en cazuela, añada unas cuantas piezas de guajolote a la vez, y fríalas hasta que la piel se dore. Escurra el exceso de grasa y resérvela para freír el resto de los ingredientes. Vuelva a poner todas las piezas en la cacerola con un poco de agua, espolvoréelas con sal, tápelas y dórelas en el horno hasta que la carne esté casi suave: aproximadamente 40 minutos si usa pavo. Vierta los jugos de la olla y añádalos al *caldo de menudencias*, y luego agregue agua para alcanzar aproximadamente 8 tazas (2 l) de líquido.

Ponga 1 taza (250 ml) de agua en el vaso de la licuadora y licúe los chiles escurridos, de poco en poco, hasta tener un puré ligeramente texturado, agregando sólo el agua necesaria para liberar las aspas de la licuadora. En una cazuela gruesa caliente la manteca que reservó y fría el puré de chiles a fuego medio (porque va a chisporrotear con ferocidad) durante unos 10 minutos, raspando el fondo de la olla casi constantemente para evitar que se pegue. Apártelo.

Ponga 1 taza (250 ml) del caldo en el vaso de la licuadora, añada los tomates verdes y el ajo pelado y licúe hasta que estén lisos. Gradualmente añada el resto de los ingredientes en pequeñas cantidades conforme los vaya friendo o tostando.

Primero muela las especias juntas con las semillas de chile en un molino para café o para especias hasta tener un polvo finamente texturado. Después muela todo el ajonjolí apartando 4 cucharadas, de nuevo hasta obtener un polvo texturado. Agréguelo al vaso de la licuadora.

Derrita el 1/4 de taza de manteca en una sartén y, por separado, fría las pasitas, las almendras, las pepitas, la tortilla, y el pan, escurriendo cada ingrediente en un colador antes de añadirlo al vaso de la licuadora. (Es más fácil si las almendras, el pan y la tortilla se machacan un poco antes de licuarlas.) Agregue otra taza (250 ml) del caldo, o el suficiente para liberar las aspas de la licuadora, hasta que obtenga una pasta espesa y ligeramente texturada.

Añada la pasta a los chiles de la olla y siga cocinando, de nuevo raspando bien el fondo de la olla, durante unos 15 minutos. Troce el chocolate en pedacitos más pequeños y añádalo al mole junto con otra taza (250 ml) del caldo. Pruebe de sal y siga cocinando a fuego medio hasta que el mole esté bien sazonado y se formen charquitos de grasa en la superficie: aproximadamente 40 minutos. Agregue las piezas de guajolote y cocínelas otros 20 minutos más.

Sirva cada porción espolvoreada con un poco del ajonjolí que reservó.

Nota: el mole puede prepararse con días de anticipación usando el caldo preparado y esto, de hecho, mejora su sabor. Pero naturalmente el pavo o el guajolote cocido debe agregarse 20 minutos antes de servirse.

El mole se congela muy bien y dura varios meses congelado.

Pato en mole verde de pepita
Ciudad de México y Puebla
Rinde 6 porciones

Está asentado que al tiempo de la Conquista española Moctezuma y otros gobernantes comían guisados o chiles mezclados con tomates y pepitas. Mucho antes, al sur, los mayas cultivaban calabazas y usaban las pepitas en su comida. El pato en mole verde de pepita tiene una deliciosa salsa suave de color verde pálido, que se espesa con pepita, y a la que se le añade el sutil sabor de las hierbas: un platillo verdaderamente clásico de la cocina del centro de México con variaciones regionales.

Ésta no es la forma tradicional de hacer el pato en mole, ya que primero se hierve o se pone crudo a cocer en la salsa. El método que ofrezco subraya el sabor enormemente. Desde luego puede usar pollo en vez de pato, pero tendría que escalfarlo porque su carne es demasiado suave para dorarlo y se desharía en el mole.

Cocinando el pato

Las menudencias del pato

1 zanahoria chica, raspada y rebanada

1 cebolla blanca chica, rebanada

1 diente de ajo

6 pimientas negras

sal al gusto

un pato de entre 2.25 y 2.75 kg

pimienta al gusto

La salsa

100 g de pepitas peladas (aproximadamente

1/2 de taza/188 ml; véase pág. 594)

6 pimientas negras

1/8 de cucharadita de comino

1 taza (250 ml) de caldo de pato

1 taza (250 ml) de tomates verdes, cocidos y colados (véase pág. 590)

6 chiles serranos, toscamente picados

3 cucharadas de cebolla blanca toscamente picada

2 dientes de ajo chicos, toscamente picados

3 ramas de epazote

5 ramas de cilantro

1 manojo chico de hojas de rábano

2 hojas grandes de lechuga orejona, trozada

3 cucharadas de los jugos que reservó del pato

aproximadamente 2 tazas (500 ml) de caldo de pato

sal la necesaria

Precaliente el horno a 165 °C (325 °F).

Ponga las menudencias con los vegetales y sus condimentos en una olla grande, cúbralos con agua y deje que rompa el hervor. Baje la flama y hierva lentamente, con la olla tapada, durante aproximadamente 1 1/2 horas.

Caliente bien una cacerola y dore el pato por todos lados, perforando la piel (no la carne) para que suelte la grasa. Escurra el exceso de grasa de vez en cuando y resérvela.

Añada 1 taza de agua y tape la cacerola con una tapadera ajustada y dore el pato, aproximadamente 40 minutos, dependiendo de qué tan suave esté el pato.

Aparte el pato para que se enfríe un poco, y luego córtelo en piezas para servir. Desengrase los jugos de la olla, resérvelos y añádalos al caldo de menudencias. Debe tener aproximadamente 5 tazas (1.25 l) de líquido. De lo contrario, añada agua para completar esa cantidad.

En una sartén sin engrasar, tueste las pepitas durante unos 5 minutos, revolviendo de vez en cuando hasta que se inflen, pero no deje que se doren. Apártelas para que se enfríen y luego muélalas en un molino para café o para especias junto con las pimientas y el comino.

Ponga los ingredientes molidos en un tazón e incorpore la taza (250 ml) de caldo hasta que tenga una salsa lisa. Apártela.

Licúe los tomates verdes con los chiles, la cebolla, y el ajo hasta que estén lisos. Añada las hojas verdes y licúe un poquito a la vez hasta que estén casi lisas. Aparte.

En una olla caliente 3 cucharadas de la grasa de pato que reservó y fría los ingredientes molidos a fuego lento, revolviendo y raspando el fondo de la olla para que no se peguen (se queman con facilidad), aproximadamente 5 minutos.

Poco a poco, incorpore los ingredientes licuados y cocínelos a fuego lento, revolviendo de vez en cuando durante unos 10 minutos. Diluya con 2 tazas (500 ml) del caldo y siga cocinando a fuego muy lento durante otros 10 minutos más. Ajuste la sal al gusto.

Poco a poco añada el resto del caldo. Deje que la salsa se caliente bien, todavía a fuego muy bajo. Cuando esté listo, el mole debe formar una capa bastante espesa en el revés de una cuchara de palo. Agregue las piezas de pato y deje que se calienten bien.

Sirva de inmediato.

Pollo en salsa de cacahuate

Señora Leticia Castro

Ciudad de México

Rinde 6 porciones

Una tarde mientras tomaba té con la señora Leticia Castro, una famosa cocinera, estábamos hablando sobre comida oaxaqueña, cuando llamó a una de sus sirvientas –que era de Oaxaca– y le pidió que nos dictara algunas de sus recetas favoritas. Sin dudar ni un minuto ni corregir la cantidad de algún ingrediente, lo hizo. Aquí está esta receta, tal y como ella nos la dio: es una forma muy interesante y deliciosa de preparar pollo.

La salsa no es muy picante.

2 kg de piezas de pollo

1 cucharadita de sal, o al gusto

pimienta negra recién molida

4 o 5 cucharadas de jugo de limón

1 cebolla blanca mediana, cortada en 4

2 dientes de ajo, sin pelar

1 raja de canela de 2.5 cm

6 pimientas negras

6 clavos enteros

1 1/4 de taza (315 ml) de cacahuates crudos (sin tostar, sin sal), medidos sin cáscara y sin su delgada piel

450 gr de jitomates, asados (véase pág. 589)

4 chiles chipotle en vinagre o en adobo, o al gusto

3 cucharadas de aceite vegetal o de grasa de pollo

aproximadamente 2 tazas (500 ml) de agua

Espolvoree el pollo con sal, pimienta y el jugo de limón. Apártelo para que se sazone mientras prepara la salsa.

Caliente una sartén pequeña o un comal sin engrasar y ase la cebolla y el ajo hasta que estén suaves. Pele el ajo. Eche las especias a la sartén caliente y tuéstelas ligeramente. Luego tueste los cacahuates hasta que estén dorados (un horno tostador funciona aún mejor).

Ponga los jitomates sin pelar, los chiles y los ingredientes que asó y tostó –excepto los cacahuates–, en el vaso de la licuadora. Licúelos hasta que estén lisos. Poco a poco, añada los cacahuates y licúelos hasta que estén casi lisos. Agregue un poquito de agua sólo si necesita liberar las aspas de la licuadora.

Caliente el aceite o la grasa de pollo en una cacerola pesada y fría las piezas de pollo, en tandas, hasta que estén doradas. Retire el pollo de la olla y apártelo. Debe quedarle aproximadamente 1/4 de taza (65 ml) de aceite en la olla. Quite o añada aceite para completar esa cantidad. Recaliente el aceite y fría los ingredientes licuados a fuego medio durante 3 minutos, revolviendo y raspando constantemente el fondo de la olla. Baje la lumbre y deje que la salsa se cocine aproximadamente 15 minutos más, sin dejar de raspar el fondo de la olla de vez en cuando.

Agregue las piezas de pollo y 2 tazas (500 ml) de agua. Ajuste la sazón y cocine el pollo a fuego lento hasta que esté suave: de 35 a 40 minutos. La salsa se espesará -debe cubrir ligeramente el revés de una cuchara de madera- y se formaran charquitos de aceite en la superficie.

Sirva el pollo con bastante salsa, acompañado de papitas hervidas.

Nota: este platillo puede prepararse con varias horas de anticipación.

Manchamanteles
Señora María Cortés Chávez
Centro de México y Oaxaca
Rinde 6 porciones

Tradicionalmente el manchamanteles es un platillo que se hace para el día de Corpus Christi. De las múltiples versiones regionales que existen de este platillo, creo que esta es una de las más deliciosas e interesantes. Es una receta de la señora Cortés Chávez, ganadora de un premio que apareció en una columna del periódico *Excélsior* hace más de treinta años.

340 gr de maciza de puerco, cortada en cubos de 2.5 cm
sal al gusto
1/4 de taza (65 ml) de aceite vegetal o de manteca de puerco
1 pollo grande (aproximadamente 1.5 kg), cortado en piezas
25 almendras, sin pelar
1 raja de canela de 4 cm
1 1/2 cucharadas de ajonjolí
5 chiles anchos, que hay que limpiar con un trapo
340 gr de jitomates, asados (véase pág. 589)

2 rebanadas frescas de piña, pelada y cortada en cubos de 1.5 cm
1 plátano macho (aproximadamente 340 gr),
pelado y cortado en rebanadas gruesas
1 jícama chica (aproximadamente 340 gr),
pelada y cortada en rebanadas de .5 cm

Ponga la carne de puerco en una olla y agregue suficiente agua para cubrirla, con 1 cucharadita de sal. Deje que rompa el hervor. Tape la olla y cueza la carne durante 25 minutos, no más, luego escúrrala y aparte el caldo. Cuele el caldo y desengráselo, añadiendo suficiente agua para completar 4 tazas (1 l). Apártelo.

En una olla gruesa caliente el aceite y fría ligeramente las piezas de pollo, de poco en poco. Retírelas y apártelas. En el mismo aceite, por separado fría las almendras, la raja de canela, y el ajonjolí, escurriendo el exceso de aceite en cada uno. Machaque las almendras y transfiera los ingredientes fritos al vaso de la licuadora.

En el mismo aceite, fría los chiles ligeramente por ambos lados. Escúrralos y transfiéralos al vaso de la licuadora. Agregue los jitomates asados y 1 taza (250 ml) del caldo al vaso de la licuadora. Licúe hasta que estén lisos. (Cuide de añadir sólo el caldo suficiente para liberar las aspas de la licuadora; la salsa no debe quedar demasiado líquida.)

Elimine el aceite restante de la olla excepto 3 cucharadas y fría la salsa de chile durante unos 4 minutos, revolviendo y raspando el fondo de la olla constantemente. Agregue 3 tazas (750 ml) del caldo que reservó y deje que rompa el hervor. Agregue las piezas de pollo, los cubitos de carne de puerco, la fruta, la jícama y sal al gusto. Tape la olla y cocine el manchamanteles de 1 a 1 1/2 horas, o hasta que la fruta y la carne estén suaves, revolviendo de vez en cuando.

Sirva el platillo caliente, con tortillas recién hechas.

Nota: este platillo puede prepararse con varias horas de anticipación

Tapado de pollo
Veracruz

Rinde 6 porciones

Éste es uno de esos guisados afrutados, no demasiado dulce sino agradablemente ácido, que uno encuentra en Oaxaca, Veracruz, San Luis Potosí y otras partes de México. Se
sirve de una manera muy sencilla, sólo con tortillas calientes y con chiles en vinagre
para quienes quieren agregarle un toque de picante a su comida. Para que sea verdaderamente auténtico este platillo debe cocinarse en la estufa, pero a mí me parece que el
sabor mejor si se hace en el horno.

2 kg de pollo en piezas grandes

sal

6 pimientas negras

1 clavo entero

1 raja de canela de 1.5 cm

1 cucharada de azúcar granulada

1/4 de taza (65 ml) de jerez seco

3 dientes de ajo finamente picados

1/4 de taza (65 ml) de vinagre suave

2 tazas (500 ml) de cebolla blanca rebanada delgada

340 gr de jitomates, rebanados (aproximadamente 2 tazas /500 ml)

1 manzana chica, pelada, sin corazón, y cortada en rebanadas gruesas

1 pera chica, pelada, sin corazón, y cortada en rebanadas gruesas

2 hojas de laurel

6 ramas de tomillo fresco o 1/4 de cucharadita de tomillo seco

1/8 de cucharadita de orégano

PARA SERVIR

1/4 de taza (65 ml) de aceite vegetal

1 plátano macho muy maduro (aproximadamente 340 gr),

pelado y rebanado a lo largo

410

2 cucharadas de alcaparras, escurridas
15 aceitunas, sin hueso y partidas a la mitad

Precaliente el horno a 190 °C (375 °F). Espolvoree las piezas de pollo con sal. Machaque las pimientas, el clavo y la canela juntos y mézclelos con el azúcar, el jerez, el ajo, el vinagre y aproximadamente 1 _ cucharadita de sal.

Ponga un tercio de la cebolla en el fondo de un traste refractario; cúbrala con un tercio de las rebanadas de jitomate y las frutas. Añada la hoja de laurel y espolvorée con un poquito de las hierbas. Luego coloque encima las piezas de pollo y vierta la mitad de la mezcla de vinagre y especias. Repita las capas, terminando con una capa de cebolla, jitomates y frutas.

Tape el traste y hornéelo aproximadamente 1 hora. Luego destápelo y hornéelo 30 minutos más, o hasta que el pollo esté suave y parte de los jugos se hayan reducido.

Mientras tanto, caliente el aceite y fría las rebanadas de plátano macho hasta que estén doradas. Retírelas y escúrralas. Para servir, adorne el tapado de pollo con las alcaparras, las aceitunas y el plátano macho frito.

Nota: Este platillo puede prepararse con varias horas de anticipación.

Pollo almendrado
Señora Leticia Castro

Coahuila

Rinde 6 porciones

El pollo cocinado en una salsa de almendras es uno de los platillos más suaves y elegantes de la cocina mexicana. Existen muchas recetas para hacerlo. Esta, que es una versión más inusual, me la dio la señora Leticia Castro, que es originaria de Coahuila, en el norte de México. Generosamente me permitió copiar algunas recetas de su recetario familiar que se ha usado durante varias generaciones. La receta original lleva "un pollo joven y tierno" que se cubre con una gruesa capa de "pasta" de almendras, por dentro y por fuera. Sin embargo, la costra se cae al servir el pollo, así que pienso que esta versión es más práctica.

Sugiero que sirva este pollo almendrado con papitas cocidas y una ensalada con aderezo ligero. Puede pasar unas rajas de chile jalapeño en escabeche por separado.

2 kg de piezas de pollo

2 1/2 cucharaditas de sal, o al gusto

pimienta negra recién molida

3 cucharadas de jugo de limón

6 pimientas negras, machacadas

2 clavos enteros, machacados

2 hojas de laurel

aproximadamente 1/4 de taza (65 ml) de agua

450 gr de jitomates, asados (véase pág. 589)

4 a 6 cucharadas de manteca de puerco

1 taza (250 ml) de almendras peladas, toscamente picadas

2 rebanadas gruesas de bolillo duro

Sazone el pollo con 2 cucharaditas de sal, pimienta y el jugo de limón. Aparte el pollo para que se sazone por lo menos 1 hora.

Precaliente el horno a 180 °C (350 °F).

Ponga las pimientas, el clavo, el laurel, 1/4 de taza (65 ml) de agua, y 1/2 cucharadita de sal en el vaso de la licuadora y licue todo bien. Luego, poco a poco, incorpore los jitomates y vuelva a licuar. Derrita aproximadamente la mitad de la manteca en una sartén pequeña y fría las almendras hasta que estén doradas; macháquelas y transfiéralas al vaso de la licuadora. Añadiendo un poquito más de manteca, fría el pan, trócelo toscamente y añádalo a la licuadora. Luego licúe todos los ingredientes hasta obtener una pasta ligeramente texturada, añadiendo un poquito más de agua sólo si necesita liberar las aspas de la licuadora.

Elija un traste refractario poco profundo en el que quepan todas las piezas de pollo en una sola capa. Vierta un poquito de la manteca derretida en el traste y unte el fondo con un poquito más de un tercio de la salsa de almendras. Coloque las piezas de pollo encima de la salsa y cúbralas con la salsa restante. Hornee el pollo, sin tapar, bañándolo de vez en cuando con el resto de la manteca hasta que el pollo esté suave y se forme una costar ligera de salsa: aproximadamente 45 minutos.

Nota: aunque este platillo puede prepararse con varias horas de anticipación y dejar se que sazone, debe comerse en cuanto sale del horno.

Pollo estilo Guanajuato
Señora María Luisa de Martínez
Guanajuato
Rinde 6 porciones

Las naranjas se cultivan de manera extensiva en muchas partes de la República, y se usan en muchos platillos regionales. Este proviene de Guanajuato.

Para evitar que el pollo se cueza demasiado, los vegetales deben cocerse parcialmente con anterioridad.

2 kg de piezas grandes de pollo

sal y pimienta recién molida

3 cucharadas de aceite vegetal o de grasa de pollo derretida

1 taza (250 ml) de cebolla blanca en rebanadas gruesas

3 dientes de ajo finamente picados

450 gr de jitomates, asados (véase pág. 589)

6 ramas de tomillo fresco o 1/4 de cucharadita copeteada de tomillo seco

6 ramas de mejorana fresca o 1/4 de cucharadita copeteada de mejorana seca

1 raja de canela de 2 cm, trozada

1 1/4 tazas (315 ml) de jugo fresco de naranja

la cáscara rallada de 1/2 naranja

12 papitas, sin pelar (aproximadamente 340 gr)

5 zanahorias medianas (aproximadamente 340 gr), raspadas y cortadas a lo largo en cuartos

Precaliente el horno a 180 °C (350 °F). Sazone el pollo con sal y pimienta.

Caliente el aceite en una cacerola gruesa en la que pueda colocar las piezas de pollo cómodamente y fríalas hasta que doren. Retírelas de la olla y espolvoréelas con más sal y pimienta. Apártelas.

Escurra todo el aceite de la olla excepto 2 cucharadas. Fría ligeramente la cebolla y el ajo, sin dorar, hasta que acitronen.

Licúe los jitomates sin pelar hasta que estén lisos. Añádalos a la olla, junto con el tomillo, la mejorana y la canela, y fríalos a fuego alto aproximadamente 3 minutos, revolviendo y raspando el fondo de la olla de vez en cuando. Agregue las piezas de pollo, el jugo de naranja, el sumo de naranja, las papas y las zanahorias. Tape la olla y hornee aproximadamente 30 minutos, luego voltee las piezas de pollo y hornéelas hasta que estén suaves: otros 20 a 25 minutos, aproximadamente.

Sirva el pollo con bastante salsa y los vegetales.

Nota: aunque este platillo debe servirse en cuanto se cocine, puede prepararse con anticipación hasta el punto en que agrega el pollo.

Pollo en ajo-comino
Señora María Sánchez
San Luis Potosí
Rinde 6 porciones

Éste es uno de esos guisados muy sencillos que se servían en los mercados de los pueblitos en el este de San Luis Potosí, un estado que forma parte de la Huasteca. Dentro del estado existen tres distintas áreas geográficas: las zonas bajas de la costa, las zonas montañosas más frondosas, y las tierras desnudas y semiáridas, cada una de las cuales tiene su comida distintiva.

4 chiles anchos, sin venas ni semillas
1 cucharadita de comino
12 pimientas negras
1 cucharada de sal, o al gusto
1 clavo entero
4 dientes de ajo
3 1/2 tazas (875 ml) de agua, aproximadamente
3 cucharadas de aceite vegetal
2 kg de piezas grandes de pollo

414

Cubra los chiles con agua y hiérvalos suavemente durante unos 5 minutos. Déjelos en remojo 5 minutos más. Cuélelos. En un molcajete o en un mortero, muela el comino, la pimienta, la sal y el clavo, y luego machaque el ajo añadiendo poco a poco 1/4 de taza (65 ml) del agua para diluir la mezcla. Apártela.

Transfiera los chiles anchos ya escurridos al vaso de la licuadora junto con 3/4 de taza (185 ml) de agua. Licúelos hasta que estén lisos y apártelos.

Caliente el aceite y fría las piezas de pollo (unas cuantas a la vez para que no se toquen entre sí en la olla) hasta que estén ligeramente doradas. Añada la mezcla de especias y fríala a fuego medio durante unos 3 minutos, revolviendo constantemente. Añada los chiles licuados y fríalos durante otros 3 minutos, raspando constantemente el fondo de la olla. Agregue el agua restante, luego ajuste la sazón y cocine el pollo lentamente, sin tapar, hasta que esté suave: aproximadamente 40 minutos, volteando las piezas de vez en cuando. (La salsa no debe quedar muy espesa; agregue más agua si es necesario.)

Sirva el pollo caliente, con tortillas recién hechas.

Nota: Este platillo puede prepararse con varias horas de anticipación.

Pollo tepehuano
Señor Gilberto Núñez
Durango
Rinde 6 porciones

Esta receta proviene de un pueblito en Durango y me la dio Gilberto Núñez, quien durante algún tiempo trabajó como chef en la Ciudad de México antes de volver a su nativa Durango para abrir su propio restaurante. Este platillo lleva el nombre de los indios tepehuanes que viven en ese estado.

A mí me parece que, en general, los platillos de pollo con arroz son reconfortantes, pero un poco aburridos. Sin embargo, este es una excepción, quizás porque el cilantro y el comino le confieren un sabor fascinante.

4 cebollas de rabo

2 kg de piezas grandes de pollo

8 tazas (2 l) de caldo fuerte de pollo

1 1/2 tazas (375 ml) de arroz blanco

sal al gusto

2 cucharadas de aceite vegetal

285 gr de jitomates finamente picados (aproximadamente 1 2/3 de taza/415 ml)

2 chiles serranos finamente picados (opcional)

10 ramas de cilantro, toscamente picado

1/2 de cucharadita de comino, machacado

Corte 3 de las cebollas de rabo en cuartos a lo largo, usando la parte tierna del rabo y póngalas, junto con las piezas de pollo y el caldo, en una olla grande. Deje que rompa el hervor lentamente y cuézalas a fuego bajo en la olla tapada durante unos 10 minutos.

Mientras tanto, enjuague el arroz dos veces en agua fría y déjelo escurrir en el colador. Sacúdalo vigorosamente e incorpórelo, poco a poco, al caldo hirviendo. Añada sal. Siga cocinando hasta que el pollo y el arroz estén apenas suaves: el tiempo puede ir de 25 a 40 minutos, ya que varía enormemente según el tipo de olla que use, el tipo de arroz y la calidad del pollo.

Mientras tanto, pique finamente la cebolla restante. En una sartén caliente el aceite y fríala durante unos 2 minutos, sin dorar, y luego agregue los jitomates, los chiles y el cilantro. Siga cocinándolos aproximadamente 5 minutos (los ingredientes deben reducirse hasta formar una salsa texturada). Con cuidado incorpore la mezcla de tomate y el comino a la olla con el pollo y el arroz, y siga cocinando 5 minutos más. El platillo debe tener una consistencia de sopa.

Sirva caliente, con tortillas recién hechas.

Nota: este platillo sabe mejor si se consume justo después de preparado. Sin embargo, puede aguantar un par de horas, en cuyo caso recomiendo recalentarlo en el horno a 180 °C (350 °F) durante unos 20 minutos para que el arroz no se pegue ni se queme.

Pollo Tekantó

Señora Berta López de Marrufo

Mérida, Yucatán

Rinde 6 porciones

Para la familia Marrufo de Mérida el pollo Tekantó se ha convertido en un plato de celebración. La señora Berta obtuvo la receta de la abuela de su marido, que era mitad española y mitad maya. Vivió la mayor parte de su vida en la Hacienda de Tekantó y era famosa por buena cocinera.

Aunque este es un platillo delicado, tiene un regusto curiosamente perdurable por las almendras y aún más por el sabor de las cebollas y el ajo, que están tostadas por fuera mientras el interior queda parcialmente cocido: una característica de la cocina yucateca. Alteré la receta sólo en un aspecto. Requiere de una pasta que se llama reca-do para bistec; yo simplemente la subsituí por sus ingredientes separados: orégano, pimienta, ajo y sal.

Este platillo es particularmente delicioso si se hace, como en la receta original, con guajolote. Si usted lo recuerda a tiempo, sazone la carne del ave y déjela reposar toda la noche.

340 gr de cebolla blanca (aproximadamente 2 medianas)

3 chiles x-cat-ik o chiles güeros

1 cabeza de ajo, sin pelar, más 2 dientes de ajo pelados

3/4 de taza (185 ml) de almendras enteras, sin pelar

sal al gusto

1/2 cucharadita de orégano, yucateco si es posible

1/2 cucharadita de pimientas negras, machacadas

2 cucharadas de vinagre suave

3 1/2 tazas (875 ml) de agua, aproximadamente

2 kg de piezas grandes de pollo, o piezas chicas de guajolote

4 a 5 cucharadas de aceite vegetal o de grasa de pollo derretida

1 1/2 cucharadas de harina

PARA SERVIR

1/2 taza (125 ml) de aceite vegetal, aproximadamente

12 rebanadas gruesas de pan francés duro

1 plátano macho grande (aproximadamente 340 gr), pelado y cortado

diagonalmente en rodajas de 1.5 cm

hojas de lechuga, de preferencia orejona

6 "rosas" de rábano

Ponga las cebollas enteras, los chiles y la cabeza entera de ajo sin pelar directamente sobre la flama de la estufa o el carbón (si usa una estufa eléctrica use una plancha o comal muy calientes), y deje que se asen completamente. Los chiles deben estar ligeramente quemados; la cebolla y el ajo deben tener ampollas negras y el interior debe estar transparente pero no demasiado suave. Corte la capa exterior de la cebolla y pique toscamente la pulpa. Aparte la cabeza de ajo; no la pele. Deje los chiles enteros; no los pele.

Mientras tanto, cubra las almendras con agua caliente, deje que rompa el hervor y deje que hiervan suavemente durante 5 minutos. Apártelas para que se enfríen en el agua. Cuando pueda manejar las almendras, quíteles la piel deslizándola, macháquelas ligeramente y transfiéralas al vaso de la licuadora (el objeto de hervirlas es suavizarlas para la salsa). Añada la sal, el orégano, dos dientes de ajo pelados (sin cocer), la cebolla cocida, las pimientas negras, 1/2 cucharadita del vinagre, y aproximadamente 1/2 taza (125 ml) de agua y licúe todo hasta que esté liso. (Es probable que tenga que agregar un poquito más de agua para liberar las aspas de la licuadora, pero no agregue demasiada, pues la consistencia de la salsa debe ser la de una pasta floja.)

Embarre un cuarto de la mezcla de almendras sobre las piezas de pollo (va a ser una capa *muy* ligera) y aparte el pollo para que se sazone por lo menos 2 horas o toda la noche.

En una sartén gruesa, caliente 3 cucharadas del aceite hasta alcanzar una temperatura media: si está demasiado caliente la pasta de almendras se quemará. Agregue las piezas de pollo, en tandas, y fríalas muy ligeramente hasta que apenas empiecen a cambiar de color: es probable que necesite usar un poquito más de aceite.

Escurra el aceite que queda en la sartén. Rompa la cabeza de ajos cocidos y coloque los dientes de ajo en el fondo de la cacerola, junto con los chiles. Ponga las piezas de pollo encima. Añada las 3 tazas (750 ml) de agua restante –casi debe cubrir el pollo–, tape la olla, y deje que el pollo hierva lentamente hasta que esté *apenas* suave: de 35 a 50 minutos. Cambie la posición de las piezas de vez en cuando para que se cuezan parejo.

418

Mientras tanto, prepare los adornos. Caliente el aceite y fría el pan hasta que esté crujiente y dorado, luego retírelo y escúrralo. Fría las rodajas de plátano macho en el mismo aceite hasta que estén doradas. Retírelas y escúrralas.

Cuando el pollo esté casi suave, incorpore el resto de la pasta de almendras y vinagre, y deje que hiervan lentamente, sin tapar, durante unos 10 minutos.

Vierta la harina en un tazón pequeño. Añada un poquito de la salsa caliente y revuélvala hasta que esté lisa. Agréguela al pollo, revolviendo bien, y cocínelo unos minutos más, o hasta que la salsa se espese.

Adorne los bordes de un platón con las hojas de lechuga. Disponga las piezas de pollo, cubiertas con un poco de salsa, sobre las hojas de lechuga y decore con las rosas de rábano y las rodajas de plátano macho. Disponga el pan frito en los bordes del platón y disperse los chiles y el ajo asados encima.

Sirva el pollo caliente, y pase el resto de la salsa por separado.

Nota: este platillo puede prepararse con un par de horas de anticipación. No recomiendo congelar los sobrantes.

Pollo en naranja de China
Señora Isela Rodríguez

Mérida, Yucatán

Rinde 6 porciones

Hace unos años, durante un recorrido culinario en Mérida, Yucatán, me vino a visitar Isela Rodríguez acompañada de una amiga que quería conocerme. Yo había cocinado con Isela en múltiples ocasiones y algunas de sus recetas aparecieron en *El arte de la cocina mexicana*. Ella había estado pensando en nuevas recetas de su repertorio familiar para dármelas. Empezó a hablar sin parar, recitando de memoria varias recetas, hasta que la cabeza empezó a darme vueltas: no tenía mi grabadora conmigo. En especial me intrigaron dos de esas recetas, así que tomé mi cuaderno y las anoté. Eran herencia de su abuela. Una de ellas es esta receta de pollo y la otra es la de pescado en ajo quemado (pág. 443). La naranja de China es dulce.

2 dientes de ajo

sal al gusto

2 cucharadas de jugo de naranja agria o substituto (véase pág. 593)

1 cucharada de recado de toda clase (pág. 582)

2 kg de piezas grandes de pollo

3 cucharadas de aceite vegetal o de grasa de pollo derretida

1 pimiento rojo grande, sin venas ni semillas y cortado en rajas delgadas

sal al gusto

340 gr de jitomates, rebanados

1/3 de taza (85 ml) de pasas

2 cucharadas copeteadas de alcaparras grandes, escurridas o enjuagadas

para quitarles la sal

20 aceitunas sin hueso, en mitades

1 cebolla blanca grande, cortada en cuartos y asada

2 chiles x-cat-ik, o pimientos amarillos, asados, sin semillas, y cortados

en rajas delgadas sin pelar (véase pág. 561)

1 cabeza grande de ajo, asada

1 taza (250 ml) de jugo de naranja (dulce)

1/2 taza (125 ml) de agua

1 naranja entera, en rebanadas delgadas (sin pelar)

Tenga listo un traste refractario de por lo menos 8 cm de profundidad, en el que quepan las piezas de pollo y los vegetales en una sola capa.

En un tazón pequeño, machaque el ajo con la sal y el jugo de naranja agria e incorpore el recado. Unte muy ligeramente el pollo con esta pasta y apártelo para que se sazone por lo menos 2 horas o toda la noche.

Caliente el horno a 180 °C (350 °F).

Caliente el aceite en una sartén grande, agregue el pimiento y una espolvoreada de sal, y fríalo ligeramente sin dorar durante 1 minuto. Agregue las rebanadas de jitomate y cocínelas a fuego alto durante unos 3 minutos para que se reduzcan. Agregue las pasas, las alcaparras, las aceitunas y cocine 3 minutos más. Esparza la mitad de esta mezcla sobre el fondo del refractario, coloque el pollo encima en una sola capa, y cubra con el resto de la mezcla de jitomate.

Coloque la cebolla y los chiles encima. Corte la cabeza de ajo a la mitad por el medio e inserte cada mitad, boca abajo, en el platillo. Vierta encima el jugo de naranja y el agua. Tape el refractario y hornéelo durante una 1/2 hora. Destape y bañe el pollo con los jugos. Vuelva a tapar y hornee el platillo 1/2 hora más o hasta que el pollo esté suave. Sirva con las rebanadas de naranja.

Nota: prefiero apartar este platillo durante una 1/2 hora antes de servir para que se incorporen todos los sabores. Sabe mejor si se consume el mismo día de su preparación.

Pollo en pipián rojo
Señora Dora Larralde

Saltillo, Coahuila

Rinde 6 porciones

El pollo

Las menudencias del pollo

1/2 cebolla blanca, rebanada

2 dientes de ajo

1 rama de perejil

1 hoja de laurel

1 rama de tomillo fresco o una pizca grande de tomillo seco

sal al gusto

1.5 a 1.8 kg de pollo, cortado en piezas para servir

La salsa

6 chiles anchos, reservando las venas y las semillas

(reserve además 1 cucharada de las semillas)

1 raja de canela de 1.5 cm, machacada

3 clavos enteros

5 pimientas negras

3/4 de taza (185 ml) de ajonjolí

3 cucharadas de manteca

1 diente de ajo, toscamente picado

421

sal al gusto
1 hoja grande de aguacate, fresca o seca

Ponga las menudencias, la cebolla, el ajo, las hierbas y sal en una olla. Cúbralas con agua y deje que rompa un hervor vigoroso. Siga hirviéndolos suavemente durante unos 30 minutos. Agregue las piezas de pollo y cuézalo a fuego lento hasta que esté apenas suave: aproximadamente 25 minutos. Escúrralo y reserve el caldo.

Ase los chiles ligeramente. Cúbralos con agua y déjelos en remojo durante 10 minutos.

Entre tanto, ponga las semillas de chile que reservó en una sartén sin engrasar y menéelas sobre un fuego medio hasta que adquieran un profundo color café dorado, pero cuide de no quemarlas. Apártelas para que se enfríen un poquito. Transfiera las semillas asadas junto con las especias y muélalas en un molino para especias o para café hasta obtener un polvo fino.

En la misma sartén sin engrasar tueste el ajonjolí hasta que tenga un profundo color dorado y apártelo para que se enfríe un poquito. Añada al molino las semillas tostadas, ya tibias, de ajonjolí y las especias. Muélalas hasta que estén muy finas.

Derrita la manteca en una sartén y fría las semillas y especias molidas a fuego lento durante unos 3 minutos, revolviendo constantemente.

Con una cuchara perforada transfiera los chiles al vaso de la licuadora. Agregue _ taza (125 ml) del caldo que reservó y el ajo, y licúe hasta obtener un puré suave.

Agregue los chiles licuados a la mezcla de especias fritas y deje que se cocine rápidamente durante unos 5 minutos, revolviendo constantemente. Agregue 3 tazas (750 ml) del caldo que reservó y deje que la salsa se siga cocinando a fuego lento durante unos 20 minutos, o hasta que espese y esté bien sazonada. Agregue el pollo cocido y sal, y deje que el pollo se caliente.

Ase brevemente la hoja de aguacate sobre un comal o plancha y luego muélala finamente. Agréguela a la salsa.

Nota: la salsa puede prepararse con varios días de anticipación si tiene a mano un buen caldo de pollo. El pollo puede cocerse y tenerse listo para luego calentarse en la salsa cuando esté lista para servirlo.

Pollo pibil

Señora Bertha López de Marrufo

Mérida, Yucatán

Rinde 1 porción

Aquí doy las instrucciones para preparar sólo una porción individual, pero si quiere extender la receta para un grupo grande de personas, coloque las piezas de pollo sazonado en un traste refractario grande forrado con hojas de plátano y, después de añadir el jitomate y la cebolla, tape con una doble capa de hojas de plátano. (Consulte la referencia a la barbacoa de hoyo, el pib, en la receta para Cochinita Pibil, en la pág. 344)

Comience aproximadamente 6 horas o un día antes.

1/4 de pollo grande

1 cucharada de pasta de achiote (véase pág. 344)

1 cucharada de agua

sal al gusto

una pieza de hoja de plátano, de aproximadamente 30 por 30 cm (véase pág. 558)

2 cucharadas de manteca o de aceite vegetal

4 rebanadas delgadas de cebolla blanca

4 rebanadas gruesas de jitomate

1/2 cucharadita de pasta de achiote

Con un tenedor perfore el pollo por todos lados. Diluya la pasta de achiote con el agua y aparte _ cucharadita. Unte el pollo bien con el resto de la pasta y sal.

Pase la hoja de plátano rápidamente sobre la flama para hacerla más flexible y envuelva el pollo con ella para formar un paquetito. Apártelo para que se sazone en el refrigerador, de preferencia toda la noche.

Precaliente el horno a 190 °C (375 °F).

Derrita la manteca en una sartén y fría la cebolla hasta que acitrone. Agregue el jitomate y la 1/2 cucharadita de pasta de achiote y fríalo ligeramente por ambos lados.

Desenvuelva el pollo. Ponga la mitad de la cebolla y el tomate debajo del pollo y la otra mitad encima. Vuelva a envolverlo en la hoja.

Coloque el "paquete" en un traste refractario y tápelo bien. Hornéelo durante 20 minutos. Dele vuelta, báñelo en los jugos, y hornéelo durante otros 20 minutos, o hasta que esté apenas suave. No lo cueza demasiado.

Suba la temperatura del horno a 230 °C (450 °F). Destape el traste, abra la hoja de plátano y deje que el pollo se dore por encima.

Sírvalo aún envuelto en la hoja de plátano.

Nota: Este platillo puede prepararse y cocerse parcialmente con bastante anticipación, y terminar la cocción una 1/2 hora antes de que planee servirlo.

Pollo en escabeche oriental

Valladolid, Yucatán

Rinde de 6 a 8 porciones

El faisán en un escabeche ligero, o encurtido, es uno de los platillos clásicos de España que se han adaptado, y adoptado, en Valladolid, Yucatán. Se supone que la receta es herencia de las familias que llegaron a Yucatán provenientes de la región de Extremadura, en España.

Alberto Salum, del Restaurante Continental de Alberto, en Mérida, generosamente me brindó esta receta la primera vez que fui a Yucatán en busca de material para mi libro *The Cuisines of México.* Alberto me llevó hasta la cocina donde estaban cociendo el pollo al carbón, algo que, desde luego, subraya el sabor, si es que puede prepararlo de esa manera.

Para esta receta necesitará ya sea un pollo grande, o mejor aún, un pavo chico. Algunas cocineras prefieren usar cebollas moradas, mientras otras insisten en usarlas solamente para el pescado.

4 cebollas blancas medianas, rebanadas delgadas (aproximadamente 6 tazas/1.5 l) y preparadas como para hacer cebollas encurtidas yucatecas (véase pág. 305), pero remojadas en un vinagre suave durante únicamente 1 hora

El recado

8 pimientas gordas

10 clavos enteros

1 cucharada de pimientas negras

1 cucharadita de orégano, de preferencia yucateco, tostado

1 cucharadita de comino

10 dientes de ajo

sal al gusto

3 cucharas de vinagre blanco suave o jugo de naranja agria

Cocinando el pollo

Un pollo grande o un pavo chico (aproximadamente 2.25kg), cortado

en piezas para servir

3 tazas (750 ml) de agua, aproximadamente

4 dientes de ajo, sin pelar y asados (véase pág. 591)

1/8 de cucharadita de orégano, de preferencia yucateco, tostado

1 cucharadita de sal

un poquito de manteca derretida para untar el pollo

6 chiles x-cat-ik o chiles güeros enteros, asados (véase pág. 561), pero sin pelar

Prepare las cebollas.

Muela las especias juntas hasta obtener un polvo fino. Machaque el ajo e incorpore la sal, el vinagre y las especias molidas. La mezcla debe quedar como una pasta bastante espesa.

Usando sólo un tercio de la pasta, cubra muy ligeramente cada pieza de pollo. Apártelas para que se sazonen por lo menos 30 minutos.

Ponga suficiente agua en una olla grande para apenas cubrir el pollo. Agregue el ajo, el orégano y la sal. Deje que rompa el hervor. Luego añada las piezas de pollo y cuézalas aproximadamente 25 minutos a fuego lento hasta que estén casi suaves: tenga cuidado de no sobrecocer el pollo.

Escurra el pollo y póngalo en una rejilla. Reserve el caldo y manténgalo caliente. En cuanto pueda manejar el pollo, unte cada pieza ligeramente con la pasta restante.

Con una brocha, unte las piezas de pollo con la manteca y póngalas en el asador hasta que la piel esté apenas crujiente y de un color dorado pálido.

Ponga la cebolla preparada y los chiles ligeramente asados (pero sin pelar) en el caldo y deje que rompa el hervor. Coloque las piezas de pollo sobre un platón caliente y vierta encima el caldo con las cebollas y los chiles encima.

Nota: Este platillo puede prepararse con mucha anticipación; puede comerse a temperatura ambiente.

Pechugas de pollo con rajas
Ciudad de México
Rinde 6 porciones

Me temo que desconozco el origen de este platillo y no recuerdo quién me dio la receta, pero ha comprobado ser uno de los platillos favoritos de los aficionados a la cocina mexicana fuera de México. Para acompañarlo no necesita nada excepto arroz blanco (véase pág. 206)

6 pechugas de pollo chicas
sal y pimienta recién molida
1/4 de taza (65 ml) de mantequilla
1/4 de taza (65 ml) de aceite vegetal
2 tazas (500 ml) de cebolla blanca finamente rebanada
1 kg de chiles poblanos, asados, pelados, sin venas ni semillas, y cortados
en rajas finas (véase pág. 564)
sal al gusto
1/2 taza (125 ml) de leche entera
2 tazas (500 ml) de crema (véase pág. 588)
sal al gusto
115 gr de queso Chihuahua, rallado (aproximadamente 1 taza/
250 ml)

Deshuese las pechugas y quíteles la piel. Corte cada una en 4 partes. Sazónelas bien con sal y pimienta.

Caliente la mantequilla junto con el aceite en una sartén grande y fría el pollo

426

durante unos instantes por ambos lados, hasta que esté ligeramente dorado. Escúrralo y apártelo.

En la misma grasa, fría la cebolla hasta que acitrone. Agregue a las cebollas las rajas de chile poblano, excepto 2/3 de taza (165 ml) y sal. Tape la olla y cocínelas a fuego medio aproximadamente 5 minutos, agitando la sartén de vez en cuando para que no se peguen.

Licúe las rajas restantes con la leche hasta que estén lisas. Agregue la crema y licúe unos segundos más. Añada la sal a último minuto ya que tiende a agriar la salsa.

Precaliente el horno a 180 °C (350 °F).

Arregle la mitad de las piezas de pollo en un traste refractario. Cubra con la mitad de las rajas y la mitad de la salsa. Repita las capas.

Hornee el pollo hasta que esté cocido: aproximadamente 30 minutos. Espolvoree con el queso y vuelva a meterlo al honro hasta que el queso se derrita.

Nota: puede preparar todo con bastante anticipación: fría las pechugas, prepare los chiles y licúe la salsa, pero no arme el platillo sino unos minutos antes de meterlo al horno.

Este platillo sabe mejor si se consume en cuanto esté listo.

Pollo en relleno de pan

Señora María Luisa de Martínez

Michoacán

Rinde 6 porciones

La primera vez que probé este platillo fue en casa de María Luisa y su marido, el doctor Pedro Daniel Martínez, dos de las personas que más sabían sobre comida regional mexicana. María Luisa era un cocinera verdaderamente creativa y, año tras año, me regaló horas de su tiempo, hablándome sobre la comida y explicándome los matices que hacen de la comida mexicana algo muy especial. Ella y su marido nacieron y crecieron en Michoacán, un estado que, para mi gusto, tiene alguna de la mejor comida regional del país. Nunca encontraron este platillo en restaurantes ni en libros de cocina: es muy casero.

Un pollo de 1.8 kg, cortado en piezas para servir

1/2 cebolla blanca pequeña

2 dientes de ajo finamente rebanados

5 pimientas negras

sal al gusto

agua o caldo de pollo para cubrir

3 zanahorias medianas (aproximadamente 225 gr), raspadas y cortadas en cubitos de 1.5 cm

3 calabacitas medianas (aproximadamente 340 gr), cortadas en cubitos de 1.5 cm

3 cucharadas de aceite vegetal

1/4 de taza (65 ml) de cebolla blanca finamente rebanada

450 gr de jitomates, asados (véase pág. 589)

3 cucharadas de pasitas

2 cucharadas de almendras fileteadas

1 chorizo, desmoronado y frito

3 chiles jalapeños en escabeche

2 cucharaditas del jugo de los chiles en lata

1/3 de taza (85 ml) de aceite vegetal

1 1/2 tazas (375 ml) de migas de pan seco, pero no tostadas

Ponga el pollo en una olla grande con la cebolla, 1 diente del ajo, las pimientas y sal. Cúbralo con caldo y deje que rompa el hervor. Siga hirviendo lentamente alrededor de 15 minutos. Agregue las zanahorias y cuézalo 10 minutos más. Agregue las calabacitas y siga cociendo el pollo a fuego lento hasta que esté apenas suave y los vegetales estén un poquito al dente: aproximadamente 10 minutos. Cuele el pollo y reserve el caldo.

Caliente el aceite en una cacerola gruesa y fría ligeramente la cebolla y el ajo restante hasta que acitronen.

Licúe los jitomates hasta obtener una salsa bastante lisa y agréguela a la cebolla junto con 1/2 taza (125 ml) del caldo que reservó. Deje que la salsa se reduzca a fuego medio durante unos 5 minutos.

Agregue las piezas de pollo y los vegetales, las pasas, almendras, chorizo, chiles y el jugo de los chiles, y cocine todo lentamente 8 minutos más, revolviendo la mezcla de vez en cuando para evitar que se pegue. La salsa debe haberse reducido un poco.

428

Caliente el aceite en una sartén, añada las migas de pan y fríalas, revolviendo todo el tiempo hasta que tengan un color dorado parejo, aproximadamente 8 minutos. Luego espolvoree las migas sobre el pollo y los vegetales y sirva de inmediato.

Nota: si quiere preparar todo con anticipación puede hacerlo fácilmente hasta el punto en que la salsa se reduce. Unos 15 minutos antes de servir, recaliente y reduzca la salsa: esto será suficiente para que el pollo se caliente bien. Incluso puede freír las migas de pan hasta que estén crujientes y mantenerlas calientes.

Pollo a la uva

Señora Anamaría de Andrea

Aguascalientes

Rinde 6 porciones

La primera vez que fui a Aguascalientes, a principios de los años setenta, me impresionó la elegancia de la comida del Hotel Francia. Me presentaron al dueño y a su mujer, la señora Anamaría de Andrea, que muy generosamente me brindó esta receta y la de guayabas rellenas que, desde entonces y a lo largo de todos estos años, han permanecido como grandes favoritos de mi cocina (véase también *México. Una odisea culinaria*).

En aquella época la vinicultura y la fabricación de vinos eran muy importantes en Aguscalientes, pero ahora están eclipsados por muchas industrias "limpias", la producción de lácteos y la producción de guayabas a gran escala.

Muy al inicio del periodo colonial, las viñas se importaron de España y se injertaron a una uva silvestre nativa de la zona. Las viñas empezaron a florecer a pequeña escala, sobre todo en las misiones de Oaxaca a Baja California. Conforme fueron extendiéndose, los españoles temieron que los vinos americanos empezaran a competir con los españoles que se importaban al Nuevo Mundo y, en 1543 se aprobó una legislación para desanimar su cultivo. El golpe final llegó cuando, en 1771, se impusieron sanciones muy severas a quien fuera descubierto cultivando ya fueran viñas u olivos.

Para sus banquetes la señora Andrea presentaba los pollos en platones ovalados, decorados con hojas de parra y uvas blanca y negras intercaladas, cubiertas de azúcar. Para servirlo puede ser más fácil cortar los pollos en piezas grandes antes de verter la salsa encima.

2 pollos grandes, de aproximadamente 1.35 kg cada uno

2 cucharadas de mantequilla

2 cucharadas de aceite vegetal

sal y pimienta recién molidos

1 taza (250 ml) de cebolla blanca rebanada delgada

2 dientes de ajo

2 tallos de apio, picados

900 gr de jitomates, toscamente picados (aproximadamente 4 1/4 tazas/1.65 l)

6 ramas de tomillo fresco o 1/4 de cucharadita de tomillo seco

6 ramas de mejorana fresca o 1/4 de cucharadita de mejorana seca

2/3 de taza (165 ml) de vino blanco seco

450 gr de uvas blancas sin semilla

Precaliente el horno a 180 °C (350 °F).

Embroquete los pollos. Caliente la mantequilla y el aceite juntos en una cacerola de hierro forjado y dore los pollos completamente. Sazónelos con sal y pimienta. Retírelos y apártelos.

En la misma grasa, fría la cebolla, el ajo y el apio a fuego lento durante unos 5 minutos. Agregue los jitomates y las hierbas a la olla. Coloque los pollos de costado en la mezcla de jitomate. Tape la olla y hornéela aproximadamente 20 minutos.

Voltee los pollos y sigua horneándolos hasta que estén suaves: de 20 a 25 minutos. Apague el horno. Transfiera los pollos a un platón tibio y vuélvalos a poner en el horno caliente.

Licúe los vegetales y los jugos de la olla hasta obtener una salsa lisa. Devuélvala a la olla y cocínela a fuego medio hasta que se reduzca y espese: aproximadamente 10 minutos. Agregue el vino y siga cocinando la salsa durante unos 3 minutos, revolviéndola de vez en cuando. Añada las uvas y siga cocinando la salsa a fuego vivo 3 minutos más.

Nota: vierta la salsa encima y alrededor de los pollos. Sirva de inmediato.

Pollo en barbacoa comiteca

Señora Irma Espinoza

Chiapas

Rinde 6 porciones

En 1994, unos amigos y yo visitábamos la zona arqueológica cerca de Comitan, Chiapas, y de regreso nos detuvimos en una pequeña hacienda para comer. La esposa del dueño, la señora Irma Espinoza, nos sirvió este delicioso platillo. ¡Al día siguiente los zapatistas tomaron San Cristóbal de las Casas y nuestra excursión llegó a su fin!

Hoy en día no es tan difícil conseguir hojas de plátano (véase pág. 558), pero si no puede conseguirlas entonces use papel para horno (estoy tratando de erradicar el papel aluminio de mi cocina).

Lo mejor es sazonar el pollo un día antes.

6 porciones grandes de pollo

2 chiles anchos, sin venas ni semillas

180 gr de jitomates, toscamente picados (aproximadamente 1 1/4 tazas/315 ml)

115 gr de tomates verdes, sin cáscara y toscamente picados (aproximadamente

1 taza/250 ml)

1 taza (250 ml) de cebolla blanca toscamente picada

2 dientes de ajo, toscamente picados

4 pimientas negras, machacadas

2 clavos enteros, machacados

sal al gusto

3 ramas frescas de tomillo, o _ de cucharadita de tomillo seco

1 hoja de laurel, trozada

1 cucharadita de orégano

1/2 taza (125 ml) de perejil toscamente picado

1/4 de taza (65 ml) de almendras fileteadas

1/4 de taza (65 ml) de pasitas

12 aceitunas sin hueso, en mitades

hojas de plátano o papel para horno, para cubrir el platillo

431

Coloque las piezas de pollo, en una sola capa, en un traste refractario de por lo menos 8 cm de profundidad, y apártelo mientras prepara la pasta para sazonar.

Cubra los chiles anchos con agua caliente y déjelos en remojo 5 minutos.

Ponga los jitomates en el vaso de la licuadora y licúelos bien. Poco a poco añada los chiles anchos escurridos, los tomates verdes, la cebolla, el ajo, las especias machacadas y sal. Licué bien hasta obtener una mezcla bastante lisa. Viértala sobre el pollo, tápelo y refrigérelo toda la noche.

Precaliente el horno a 165 °C (325 °F).

Al día siguiente, voltee las piezas de pollo y cúbralas bien con la salsa. Esparza las hierbas, las almendras, las pasas y las aceitunas sobre la superficie, y cubra con 2 capas de hoja de plátano. Hornee el pollo durante 35 minutos. Voltee las piezas de pollo y báñelas bien con la salsa. Tape el traste y siga horneando el pollo hasta que esté suave y la salsa se haya espesado: aproximadamente 35 minutos más.

Nota: una vez horneado, este platillo puede reposar un par de horas, pero reduzca el tiempo inicial de cocción para que pueda recalentarlo sin que el pollo quede demasiado cocido.

Pollo en cuitlacoche
Señora Paula R. De González

Tehuacán, Puebla

Rinde 6 porciones

Estaba hojeando un recetario de cocina publicado en 1976, en Tehuacán, Puebla, cuando encontré esta receta que he modificado ligeramente. Espero que la señora Paula R. de González me perdone porque le agradezco sinceramente esta receta.

Elegí incluir esta receta para pollo en cuitlacoche, antes que nada, porque es deliciosa –aunque su apariencia no es muy agradable–. Por cierto, en las páginas iniciales del libro hay una sección titulada "Propósitos de un ama de casa". Entre ellos: "1. Haré mejores comidas; 2. Prepararé platillos más atractivos; 3. Descubriré la alegría de poner mesas bellas, aunque nuestros medios sean modestos; 4. Mi cocina será funcional y limpia; 5. Inventaré procedimientos para que mi familia aprenda a comer lo que debe y no sólo lo que le gusta; 6. Seré moderada para que la hora de comer sea de armonía y placer", y otros propósitos que me parecieron enternecedores.

He modificado la receta usando grasa de pollo derretida en vez de aceite, y caldo de pollo en vez de agua. También sugeriría que el pollo se deje ligeramente crudo y que el platillo se aparte para que se sazone durante una hora antes de servirlo. Luego puede recalentarse sin sobrecocer el pollo. Yo sirvo este platillo con arroz blanco.

1/4 de taza (65 ml) de grasa derretida de pollo o aceite vegetal

12 piezas grandes de pollo, aproximadamente 1.35 kg

2 tazas (500 ml) de cebolla blanca rebanada delgada

2 dientes de ajo finamente picados

675 gr de cuitlacoche, toscamente picado

(aproximadamente 6 1/4 tazas/1.563 l)

sal al gusto

1 taza (250 ml) de caldo de pollo ligero o agua

4 chiles poblanos, asados, pelados, sin venas ni semillas, cortados en rajas

(véase pág. 271)

1/3 de taza (85 ml) de hojas de epazote apretadas y toscamente picadas

1 taza (250 ml) de agua o caldo ligero de pollo

Caliente la grasa en una cacerola profunda y fría las piezas de pollo, por tandas, hasta que estén doradas. Escúrralas y apártelas.

Elimine toda la grasa de la olla excepto 1/4 de taza (65 ml). Agregue la cebolla y el ajo. Fríalos ligeramente sin dorar hasta que acitronen: aproximadamente 2 minutos. Agregue el cuitlacoche, espolvorée bien con sal, y siga cocinando, raspando el fondo de la cacerola para que no se queme, durante unos 10 minutos.

Agregue las piezas de pollo y el caldo. Tape la cacerola y siga cocinando a fuego lento alrededor de 30 minutos.

Agregue las rajas de chile y el epazote. Siga cocinando, tapado, a fuego lento hasta que el pollo esté casi suave: otros 20 minutos. Aparte el platillo para que se sazone (vea la nota superior).

Pescados y mariscos

El despliegue de pescados…era de tal variedad y belleza como nunca antes había presenciado y siquiera imaginado. Sabía que, cuando están recién salidos del agua, la raza que tiene aletas presentaba tonos más respladecientes y más variedad de formas, que las aves y los insectos, pero ahora estaba convencido de esta verdad. Cientos de distintas especies de peces cubrían las piedras del mercado de la plaza de Veracruz: brillaban con todos los colores del prisma; sobrepasaban el fulgor de las gemas preciosas y excedían todas las brillantes tonalidades de los chupamirtos.

Tomado de *Seis meses de residencia y viaje por México*, de W.H. Bullock, siglo XIX

PESCADOS Y MARISCOS

En 1970 escribí: México es un país con una gran extensión de costa, y algún día voy a recorrerla en su totalidad. Supongo que, inevitablemente, acabaría en mis sitios favoritos de mariscos –si todavía existen–, pero también me gustaría llenar los espacios y ver el resto de las cosas que no conozco. Empezaría, desde luego, en Ensenada para buscar las almejas pismo, aunque ahí se les llama simplemente almejas. La última vez sólo las puede encontrar en forma de coctel, y si hay algo que mata a los mariscos es un coctel y esa salsa a base de catsup que es sencillamente espantosa. Yo quería ver la concha de las almejas y que las abrieran frente a mí. Después de un compromiso de comida, en que me sirvieron un filete ranchero de tortuga que estaba algo duro, para mi sorpresa salí del restaurante y encontré las almejas que había estado buscando en un puestecito callejero. La almeja pismo tiene una concha grande de color blancuzco, con un músculo rosáceo y jugoso en su interior: es la almeja más dulce y deliciosa que pueda haber.

Conforme bajé por la costa, varias veces comí totoaba, un pescado grande parecido al robalo, que abunda en la parte norte del golfo de California: es maravilloso. Luego, a Guaymas para comer camarones antes de dirigirme a Mazatlán. Ahí, a media mañana el bocadillo favorito se vende en unos carritos callejeros: se trata de la pata de mula que es grande, oscura y con una concha acanalada. Me adelanté a las hordas de gente y me dirigí a *Mamucas* para almorzar un plato grande de sopa marinera: una sopa de maravilloso sabor que lleva pescado y mariscos, y después montones y montones de callos de hacha, que son las almejas pinna.

Recuerdo mi última visita a Zihuatanejo con Paul, justo antes de que nos mudáramos a Nueva York. Pasamos algunos días pescando con amigos. Recuerdo que acabábamos de atrapar un gran dorado: era tan hermoso en el agua que parecía un crimen sacarlo del mar y ver cómo se marchitaba e iba perdiendo sus tonalidades azul y dorado. Atracamos en una playa arenosa para un picnic y Goyo, el lanchero, prendió una fogata. En un rústico marco de ramas de huisache, que amarró bien con tiras de corteza, asó la mitad del dorado y, después de sazonarlo con jugo de limón y sal gruesa, cortó un solo filete largo. Cuando llegó el momento de darle la vuelta al pescado, para asombro de todos nosotros, Goyo se dirigió al mar que, le llegaba a las rodillas, y sostuvo el pescado bajo el agua durante un par de minutos. Luego volvió para terminar de cocerlo del otro lado. Había tortillas calientes; no se necesitaba nada más.

Recuerdo haber comido ostiones recién sacados del mar; los camarones más pequeños y dulces; y sierra asada a la orilla del agua en el Golfo de Tehuantepec tras un largo y caluroso viaje desde Oaxaca, un mes de agosto. Hasta el agua del mar estaba demasiado caliente para nadar, pero nos refrescamos con cerveza helada y la frescura metálica de los ostiones y el jugo de limón que acompañaron nuestra comida.

De ahí llegué casi hasta Palenque. Una vez fui ahí a visitar las ruinas mayas, y seguí a Bonampak y hacia el río Usumacinta, que divide a México de Guatemala, para llegar a Yaxchilán. Cuando nuestro avión aterrizó dando tumbos en una pista que no era otra cosa que unos cuantos metros de piedras sueltas, nos aguardaba un comité de recepción.

Era el cumpleaños del maestro del pueblo, y aquella mañana, nuestro guía en la selva –un ranchero y cazador de la zona–, habían estado celebrando, junto con otros amigos, durante un buen rato. De modo que nos recibieron calurosamente y nos llevaron en la parte trasera de un viejo camión para compartir la comida de la ceremonia. Encima de una fogata, asaban un pejelagarto –un pez prehistórico de escamas gruesas y duras, y una especie de pico largo– que acababan de sacar del río. Cuando la carne del pescado estaba cocida, se deshebró, se sazonó con un poco de achiote molido, y hojas de epazote y sal, y lo comimos en tacos.

Al día siguiente yo ya había convencido al dueño de un restaurante local para que una mujer del pueblo, experta en preparar los platillos de la zona, nos hiciera *shote* y *momo*. *Shote* es el nombre que se le da a un caracol de agua dulce que tiene una concha alargada de unos 4 cm de largo. El caracol se purga durante más o menos un día en agua fresca con hojas de *momo*. *Momo* es el nombre que se le da a la hoja santa que se usa mucho en las cocinas de Oaxaca, Veracruz y Chiapas. Luego los caracoles se cocinan en un caldo sazonado con hojas de chaya (*Cnidoscolus chayamansa*) molida y se espesa con un poquito de masa de maíz. Se sirve en platos hondos, y adentro tiene espinas duras como de 5 cm de largo que sirven para sacar los caracoles.

Y luego un breve alto en Tabasco, donde los grandes cangrejos moros se rellenan y luego se calientan en una salsa de pepitas de calabaza, sazonada y coloreada con achiote.

Valdría la pena volver al *Bal Hai* de Cozumel para hacer que la señora Moguel nos preparara un *sac kol*, el nombre en maya de la sopa de langosta que preparan en la región, y que traducido literalmente significa "caldo blanco". La langosta tiene que estar recién sacada del mar, recién matada y limpia de las espinas y de las partes que no se comen. El resto se corta con el caparazón y se cuece, junto con la cabeza, en agua sazonada del típico modo yucateco con orégano, cebolla y una cabeza de ajo asados. El caldo se espesa con un poco de masa y se colorea con achiote molido. Mientras uno espera, puede acompañar con tequila las botanas de la región: salchicha de huevo de tortuga y nanches (*Byrsonima crassifolia*), que son las bayas ácidas de un arbusto que crece en tierra arenosa en algunas partes del sur de México. Los pescadores hacen la salchicha cuando salen a sus expediciones de pesca y atrapar tortugas. Se limpian los intestinos de la tortuga y se rellenan con los huevos. Luego la salchicha se hierve para cocer los huevos. La señora Moguel también preparaba un muy buen *ajiaco:* un guisado de tortuga, con especias, tomates y vino blanco. Pero yo prefiero la tortuga de río que es más delicada, como la preparan en Tabasco, en una salsa verde hecha a base de hierbas molidas con hojas de la planta del chile.

Los campechanos y los yucatecos jamás me perdonarían si no mencionara su platillo favorito: pan de cazón. El cazón es un tiburón pequeño, cuya carne algo seca se cocina y se deshebra. Con ella se rellena una tortilla inflada a la que se le unta una pasta de frijol –igual que los panuchos– y luego se cubre con salsa de tomate. Los mejores cocineros a los que consulté insistían en que esta era la versión correcta, y no la versión que sirven en los restaurantes en que se apilan capas de tortilla con frijoles, pescado y la salsa en medio.

De todos los pescados que hay en México quizá la mayor delicia de todos sea el blanco de Pátzcuaro: el famoso pez blanco acerca del cual Calderón de la Barca dijo que "habría regocijado el corazón de un Epicuro". Desde luego, puede comerlo en los restaurantes de la Ciudad de México, pero es mucho mejor ir directamente al Lago de Pátzcuaro, en el hermoso campo michoacano, y comerlo frito, recién sacado del agua, en *El Gordo*, el pequeño restaurante que está en el embarcadero: un muellecito que hay para que las lanchitas vayan y vengan a través de lago. O pruebe el caldo michi: un caldo ligero de verduras, sazonado con cilantro fresco al que se añaden charales: pescaditos blancos que se agregan a último momento para que su carne esté suave pero sin que se deshagan.

Se dice que Moctezuma y los aztecas comían camarones. Sahagún describe un platillo de camarones con jitomates y pepitas de calabaza molidas. Los mariscos de los aztecas llegaban del Golfo a Tenochtitlán, traídos por corredores de relevos que llegaban en unas doce horas, o al menos eso dicen.

Francamente, yo soy adicta a los camarones secos que se usan a todo lo largo del país. Desde la costa de Escuinapa en Sonora y Nayarit vienen los famosos sopes de vigilia. Como su nombre lo indica, se preparan en días en que está prohibido comer carne y, desde luego, son especialmente populares durante la Semana Santa. Los camarones secos se muelen y se mezclan con la masa para tortillas, a partir de la cual se hacen unas tortillitas gruesas que se cocinan en el comal. Luego se les pinchan los bordes para formar sopes que contienen un relleno de huevos revueltos, nopales y papas. Después se espolvorean con salsa de jitomate y se adornan con lechuga picada y rábanos en forma de flor.

Quienes hayan comido cabrito en *El Correo Español* de la Ciudad de México nunca olvidarán las tacitas de picante caldo de camarón; y luego está el caldo de camarón no tan fuerte que se sirve en las cantinas de Tuxtla Gutiérrez. Y, sin duda, el platillo más popular y querido que se sirve durante Vigilia y Navidad son los romeritos con torta de camarón, que también se llaman revoltijo de romeritos. (Las tortas de camarón son frituras de camarón seco en salsa de mole con unas hierbas casi diminutas que se llaman romeritos.)

México tiene 6,000 kilómetros de costas que abarcan desde el Golfo de California o Mar de Cortés, hasta el océano Pacífico, el Golfo de México, y el Mar Caribe, lo cuales proporciona infinitas variedades de mariscos para consumo nacional y para exportar. Pero también hay pescados y moluscos en los ríos y lagos de México que ofrecen ingredientes para platillos locales muy especiales, así como para la manutención para muchas comunidades pesqueras que habitan las márgenes de ríos y lagos.

Pescado en tikin xik

Yucatán y Campeche

Rinde 6 porciones

Uno podría imaginar que los pescadores inventaron este método para asar pescado sobre una fogata de mangle. Las palabras tikin xik *significan chile seco, aunque, de hecho, se emplea muy poco para sazonarlo.*

2 meros o huachinangos, de aproximadamente 1.125 kg cada uno
1/4 de taza (65 ml) de aceite de oliva

EL RECADO
1 cucharada de semillas de achiote
1/4 de cucharadita de pimientas negras
sal al gusto
1/4 de cucharadita de orégano yucateco, si es posible, u orégano común tostado
1/4 de cucharadita de chile seco de Yucatán o chile de árbol
3 dientes de ajo
1/4 de taza (65 ml) de jugo de naranja agria
o de vinagre blanco suave

PARA SERVIR
Orégano asado
Chiles habaneros, picados
Aguacate rebanado
Cebollas encurtidas yucatecas (pág. 308)
Jitomates rebanados
Naranjas agrias rebanadas

No le quite las escamas al pescado. Elimine la cabeza y la aletas, y abra el pescado en una sola pieza aplanada. Elimine la espina dorsal.

Muela y licúe todos los ingredientes de la pasta para sazonar hasta obtener una consistencia lisa. Unte la pasta, e una capa no muy gruesa, sobre la carne (la parte abierta del pescado) y deje que se sazone por lo menos 2 horas.

Con una brocha unte el lado sazonado del pescado con el aceite y cuézalo, con el lado sazonado hacia abajo, sobre carbón o bajo el asador de 5 a 8 minutos. Voltee el pescado y cocínelo sobre el lado de la piel durante un periodo un poco más de tiempo, o hasta que la carne esté *apenas* bien cocida: aproximadamente 15 minutos, según el grosor del pescado.

Sirva el pescado caliente con tortillas frescas para que cada quien se prepare sus tacos, y pase por separado platitos con los ingredientes que lo acompañan.

Sierra en escabeche
Yucatán
Rinde 6 porciones

Éste es un platillo muy fresco y fragante que resulta muy superior a cualquier otra variante regional de pescado en escabeche. Me parece que sabe mejor aproximadamente una hora después de preparado y servido a temperatura ambiente. Dura uno o dos días en el refrigerador, aunque el pescado tiende a endurecerse.

He leído algunas recetas que piden más ingredientes aromáticos como las hojas de la pimienta gorda, del arrayán y de la naranja.

Aunque tradicionalmente la sierra es el pescado que se usa, a veces me gusta preparar esta receta de una forma más colorida con filetes de salmón.

PREPARANDO EL PESCADO
1 taza (850 ml) de agua
1/4 de taza (65 ml) de jugo de limón
1 cucharadita de sal
6 filetes de sierra o de salmón, de 2.5 cm de grosor
(aproximadamente 1.35 kg)

Paso 1

1/2 cucharadita de pimientas negras

1/2 cucharadita de semillas de cilantro

1/2 cucharadita de comino

2 clavos enteros

1 raja de canela de 1.5 cm

2 pimientas gordas

2 dientes de ajo

1/2 taza (125 ml) de vinagre de vino

1/2 taza (125 ml) de agua

1/2 cucharadita de orégano yucateco, si es posible, u orégano común tostado

2 hojas de laurel

10 dientes chicos de ajo, asados (véase pág. 580), pelados y enteros

sal al gusto

1/2 cucharadita de azúcar

Paso 2

1/2 taza (125 ml) de aceite de oliva

3/4 de taza (185 ml) de vinagre de vino

1 1/4 tazas (315 ml) de agua

Paso 3

1/2 taza (125 ml) de aceite vegetal

6 chiles güeros, asados pero no pelados (véase pág. 560)

4 tazas (1 l) de cebolla morada rebanada delgada, desflemada como para

hacer cebollas encurtidas yucatecas (pág. 308)

Vierta el agua, el jugo de limón y la sal sobre el pescado y apártelo durante 1 hora, volteándolo de vez en cuando.

Muela las especias en un molino eléctrico o en un mortero. Machaque los 2 dientes de ajo y muélalos hasta formar una pasta con las especias. Ponga la pasta de ajo y de especias en una olla junto con el resto de los ingredientes del Paso 1 y deje que la mezcla rompa el hervor. Añada el aceite, el vinagre y el agua y, una vez más, deje que la mezcla rompa el hervor. Apártela y manténgala caliente.

Seque muy bien los filetes de pescado. Caliente el aceite en una sartén y fríalos durante unos 5 minutos de cada lado. Deben estar apenas cocidos. Colóquelos en un platón y vierta encima el escabeche. Agregue los chiles y las cebollas. Aparte el pescado en el escabeche y deje que se sazone durante al menos 1 hora.

Sirva a temperatura ambiente.

Pescado en ajo quemado
Señora Isela Rodríguez de Alonso

Mérida, Yucatán

Rinde 6 porciones

Este método, los sabores y los ingredientes cocidos al carbón son típicos de la cocina de la Península de Yucatán. La señora Isela usa también una cabeza de pescado para darle una textura más gelatinosa a la salsa

Yo prefiero servir este platillo con pan francés.

6 filetes de pescado de aproximadamente 2 cm de grosor, aproximadamente 1.125 kg

una cabeza de pescado, aproximadamente 340 gr

3 cucharadas de jugo de limón

sal al gusto

2 dientes de ajo, toscamente picados

1 cucharada copeteada de recado de toda clase (véase pág. 582)

1 1/2 cucharadas de jugo de naranja agria o de vinagre afrutado

1/3 de taza (85 ml) más 2 cucharadas de aceite de oliva

1 1/2 tazas (375 ml) de cebolla blanca en rebanadas gruesas

1 pimiento verde grande, sin venas ni semillas, finamente rebanado

340 gr de jitomates finamente rebanados

1 manojo chico de perejil, toscamente picado

2 cabezas chicas de ajo, bien asadas y cortadas a la mitad horizontalmente (véase pág. 591)

6 chiles x-cat-ik, o güeros, asados, enteros, sin pelar (véase pág. 561)

1 cucharada copeteada de orégano, yucateco si es posible, tostado y desmoronado

Sazone el pescado, incluida la cabeza, con el jugo de limón y la sal. Apártelo durante unos 15 minutos.

En un tazón pequeño machaque el ajo junto con el recado y dilúyalo con el jugo de naranja agria. Unte una capa delgada sobre el pescado (y la cabeza) y apártelo para que se sazone por lo menos 1 hora.

Precaliente el horno a 180 °C (350 °F).

Caliente 1/3 de taza (85 ml) de aceite de oliva en una sartén, agregue las cebollas, el pimiento y espolvoree con sal. Fríalas a fuego lento hasta que se suavicen, aproximadamente 2 minutos. Agregue las rebanas de jitomate y fríalas hasta que se haya evaporado un poco de jugo: aproximadamente 3 minutos.

Ponga la mitad de la mezcla de jitomate en un traste refractario en el que quepa el pescado en una sola capa. Espolvoree con la mitad del perejil y cubra con el resto de la mezcla de jitomate. Coloque las mitades de ajo y los chiles sobre la superficie y espolvoree con orégano y con las 2 cucharadas restantes de aceite de oliva.

Tape el traste y hornéelo aproximadamente 20 minutos. Sáquelo del horno y báñelo bien con los jugos, luego vuelva a taparlo y hornéelo 20 minutos más o hasta que este apenas cocido. Apártelo para que se sazone una media hora antes de servir y luego recaliéntelo suavemente para no sobrecocer el pescado.

Nota: este pescado puede sazonarse con anticipación y también puede guisar la mezcla de tomate, pero el plato debe montarse justo antes de cocinarse.

Ceviche

Basado en una receta de la señora Josefina Velásquez de León

Guerrero

Rinde 6 porciones

Aunque he capitulado y utilizo la ortografía aceptada para la palabra ceviche, don Amando Farga, español por nacimiento, uno de los más importantes gastrónomos durante los años sesentas y setentas en México, insistía en usar b *en vez de* v *pues decía que la palabra provenía de* cebar *que, entre otras cosas, significa saturar o penetrar. También decía que este método de "cocinar" sin fuego se remontaba al Oriente cuando, durante el periodo colonial, los españoles abrieron las rutas comerciales entre las Filipinas y los puertos del Pacífico en América Latina. De hecho, muchos países tienen su propia receta para preparar el ceviche.*

450 gr de filetes de sierra sin piel

el jugo de 6 o 7 limones grandes (1 1/4 a 1 1/2 tazas; 315 a 375 ml), diluido en

aproximadamente 1/2 taza (125 ml) de agua

340 gr de jitomates finamente picados (2 tazas rasas/475 ml)

3 o 4 chiles serranos de lata en escabeche

1/4 de taza (65 ml) de aceite de oliva

1/2 cucharadita de orégano

1/2 cucharadita de sal, o al gusto

pimienta recién molida

PARA SERVIR

1 aguacate pequeño, en rebanadas

1 cebolla morada chica, cortada en aros

2 cucharadas de cilantro picado

Corte el pescado en cubitos de aproximadamente 1.5 cm, póngalos en un tazón de vidrio y cúbralos con el jugo de limón. Apártelo en el refrigerador hasta que el pescado se ponga opaco: aproximadamente 3 horas. De vez en cuando, revuélvalo suavemente para que los cubitos se "cuezan" parejos en el jugo de limón.

Agregue los jitomates y el resto de los ingredientes.

Aparte el ceviche en el refrigerador durante al menos 1 hora para que se sazone. (Debe servir el ceviche frío, pero no tanto que el aceite se cuaje.)

Antes de servir, adorne cada porción con rebanadas de aguacate y aros de cebolla, y espolvoree con un poquito de cilantro picado, si lo desea. Es mejor consumirlo el mismo día de su preparación.

Pámpano en salsa verde
Hotel Baluartes, Campeche

Campeche

Rinde 6 porciones como entrada

Oí hablar de este método de preparar el pámpano a fines de los sesenta, durante mis travesías para recolectar recetas para mi libro *The Cuisines of México*. Jamás podía encontrarlo en el menú de los restaurantes populares, pero por fin convencí al cocinero del Hotel Baluartes, en Campeche, el único que entonces había en el malecón, para que me lo preparara. Reunió los ingredientes en la espaciosa, pero algo desordenada, cocina y lo guisó en una sartén no muy honda en la estufa. ¡Estaba delicioso! Odio decir esto, pero es perfecto para todo aquel que esté a dieta. La salsa debe licuarse y cocinarse al último minuto o de lo contrario perderá su sabor y su color fresco.

2 pámpanos, cada uno como de 570 gr
1/4 de cucharadita de pimientas negras
1/4 de cucharadita de comino
1/2 cucharadita de sal
el jugo de un limón grande

LA SALSA
1/3 de taza (85 ml) de agua
1 cucharada de vinagre blanco suave
2 dientes de ajo, toscamente picados
1/2 pimiento verde, sin venas ni semillas,
toscamente picado
1 chile serrano, toscamente picado
3 ramas de cilantro, toscamente picado
3 ramas de perejil, toscamente picado
6 cebollitas
1/8 de cucharada de orégano, yucateco si es posible
450 gr de jitomates verdes (no maduros)

446

sal al gusto
1/3 de taza (85 ml) de aceite de oliva

Haga que el pescadero limpie el pescado, dejando la cabeza y las aletas.

Muela las especias juntas, en seco, y mézclelas con el jugo de limón.

Perfore el pescado por todos lados con un tenedor y úntelo bien con el sazonador. Apártelo, en un traste refractario, a que se sazone por lo menos 1/2 hora.

Precaliente el horno a 150 °C (300 °F).

Ponga el vinagre y el agua en el vaso de la licuadora y añada los ingredientes de la salsa, excepto el aceite, poco a poco, licuando bien después de cada adición, hasta obtener una mezcla ligeramente texturada.

Ponga un poquito de aceite debajo del pescado, vierta la salsa encima junto con el resto del aceite, y hornee el pescado, tapado con una cubierta floja, durante unos 20 minutos. Voltee el pescado con cuidado y hornéelo otros 15 minutos, bañándolo de vez en cuando con la salsa.

Nota: este platillo debe prepararse y cocinarse de inmediato para que el pescado no esté sobrecocido.

Pescado en cilantro
Señorita Evelyn Bourchier
Ciudad de México
Rinde 6 porciones como entrada

Los amigos en cuya casa probé este extraño platillo le agregaron a la salsa camarones grandes sin pelar. Aunque desconocían el origen de la receta, la habían encontrado en un librito encantador: una edición privada de la Ciudad de México titulada *Hierbas para nuestro uso* (1962), de Evelyn Bourchier y José Roldán Parrodí.

A primera vista parece que este platillo requiere de una cantidad excesiva de cilantro pero, al cocinarlo, se hace casi nada y su sabor no es tan fuerte como uno podría pensar: a menos, desde luego, ¡que usted no soporte el cilantro! Los sabores del chile, la cebolla y el cilantro, combinados con el picoso jugo de la lata de chiles constituyen una salsa única.

Un huachinango de 1.35 a 1.575 kg

1 cucharada rasa de sal

pimienta recién molida

1 1/2 tazas (375 ml) de cebolla blanca rebanada delgada

1/3 de taza (85 ml) de jugo de limón

1/3 de taza (85 ml) de aceite de oliva

3 chiles jalapeños en escabeche

3 cucharadas del jugo de la lata de chiles

2 tazas (500 ml) de cilantro toscamente picado

Haga que el pescadero limpie el pescado, dejando la cabeza y la cola.

Perfore el pescado por ambos lados con un tenedor, y úntelo con la sal y la pimienta. Colóquelo en un traste refractario con la mitad de las cebollas debajo del pescado y el resto encima. Vierta encima el jugo de limón y apártelo aproximadamente 1 hora, volteándolo de vez en cuando.

Precaliente el horno a 180 °C (350 °F).

Tape el traste y hornéelo durante unos 15 minutos de cada lado.

Agregue el resto de los ingrediente y siga horneando el pescado, tapado, hasta que esté apenas cocido, bañándolo de vez en cuando con los jugos del traste: aproximadamente 20 minutos.

Nota: este platillo también resulta delicioso frío, ¡si es que sobra algo!

Pescado alcaparrado

Tabasco

Rinde 6 porciones

Uno de los muchos excelentes cocineros que conocí en Tabasco, y cuyo nombre no puedo encontrar, me dio esta receta poco común. El pescado se cubre con una salsa cremosa de color verde pálido.

El robalo resulta excelente para este platillo, y es un tipo de pescado que encontrará muy a menudo en los menús de los restaurantes mexicanos. Se trata de robalo blanco: un pescado alargado del género de los Centropomus, que tiene una carne blan-ca y rica. Junto con el huachinango, supongo que es uno de los pescados más popula-res den México, sobre todo a lo largo de la costa del Golfo, y aparentemente así ha sido siempre. Se han identificado huesos de robalo en las cocinas del sitio olmeca de San Lorenzo, que se remonta a 1200-1000 a.C.

EL CALDO DE PESCADO

225 gr de zanahorias, raspadas y rebanadas delgadas

225 gr de nabos, pelados y en rebanadas delgadas

2 hojas de laurel

1/3 de taza (885 ml) de cebolla blanca en rebanadas delgadas

12 pimientas negras

2 cucharadas de jugo de limón

4 tazas (1 l) de agua, o suficiente para cubrir el pescado

sal al gusto

un robalo de 1.35 kg

LA SALSA

85 gr de almendras peladas, toscamente picadas (aproximadamente

3/4 de taza/170 ml)

1 1/2 tazas (375 ml) del caldo reservado de pescado

1/2 taza (125 ml) de migas de pan frescas

4 hojas grandes de lechuga, trozadas

1 cucharada de alcaparras grandes, enjuagadas y escurridas

1 rama de perejil

4 dientes de ajo

1/4 de taza (65 ml) de cebolla blanca toscamente rebanada

1/2 taza (125 ml) de aceite de oliva

sal al gusto

PARA ADORNAR

El corazón de una lechuga orejona

1 cucharada de alcaparras grandes, enjuagadas y escurridas

12 aceitunas sin hueso

449

3/4 de taza (185 ml) de cebolla blanca finamente picada
180 gr de jitomates finamente rebanados (aproximadamente 1 taza/250 ml)

Ponga todos los ingredientes del caldo en una sartén grande y hierva suavemente durante unos 30 minutos. Cuele y aparte el caldo, pero manténgalo caliente.

Limpie el pescado, dejando la cabeza y la cola, y colóquelo en un refractario no muy hondo. Cubra el pescado con el caldo tibio y escálfelo en la estufa a fuego lento hasta que esté apenas cocido: aproximadamente 20 minutos. Vierta el caldo y apártelo.

Precaliente el horno a 180 °C (350 °F).

En un molino para café o para especias, muela las almendras tan finamente como sea posible: deben completar como 1/2 taza (125 ml). Ponga 1 taza (250 ml) del caldo que reservó en el vaso de la licuadora, agregue las almendras molidas, las migas de pan, las hojas de lechuga, las alcaparras, el perejil, 2 dientes de ajo y la cebolla, y licúe hasta obtener una salsa ligeramente texturada. Apártela.

Caliente el aceite ligeramente, y agregue los 2 dientes restantes de ajo. En cuanto empiecen a dorar, retírelos con una cuchara perforada y elimínelos. Incorpore la salsa licuada, agregue 1/2 taza del caldo que reservó, y cocínela a fuego lento hasta que esté bien sazonada: aproximadamente 8 minutos.

Vierta la salsa sobre el pescado y póngalo en el horno hasta que se caliente bien: aproximadamente 15 minutos.

Disponga las hojas de lechuga alrededor del platillo y adórnelo con el resto de los ingredientes.

Huachinango a la veracruzana
Arquitecto Juan O'Gorman (+)

Veracruz

Rinde 6 porciones como entrada

El huachinango a la veracruzana es, sin duda, el platillo mexicano de pescado favorito y el más conocido, quizá junto con el ceviche. Existen muchas versiones de esta receta, algunas de las cuales incluyen pimiento rojo y otros ingredientes, pero ésta sigue siento la número uno en mi libro. Lo probé por primera vez en una cena en casa de Juan

O'Gorman, el famoso pintor, muralista y arquitecto mexicano, y de su esposa Helen, una distinguida botánica y pintora. Era una receta que él había traído de Veracruz, donde trabajó en un proyecto arquitectónico para hacer escuelas. Este platillo ha tenido mucho éxito a lo largo de los años, sobre todo en Tokio, donde lo serví durante una promoción de comida mexicana.

un huachinango de 1.35 kg
1 cucharadita de sal, o al gusto
2 cucharadas de jugo de limón
1/4 de taza (65 ml) más 3 cucharadas de aceite de oliva
1 taza (250 ml) de cebolla blanca finamente rebanada
2 dientes grandes de ajo, rebanados
900 gr de jitomates finamente picados (aproximadamente 5 1/3 tazas/1.335 l)
2 hojas de laurel
1/4 de cucharadita de orégano
12 aceitunas sin hueso o rellenas de pimiento rojo, cortadas a la mitad
2 cucharadas grandes de alcaparras
2 chiles jalapeños en escabeche cortados en rajas, o chiles largos enteros
1/2 cucharadita de sal, o al gusto

Precaliente el horno a 165 °C (325 °F).

Haga que el pescadero aliñe el pescado, dejando la cabeza y la cola intactos. Perfore el pescado por ambos lados con un tenedor, y úntelo con sal y el jugo de limón. Apártelo en un traste refractario para que se sazone durante unas 2 horas.

Caliente 1/4 de taza (65 ml) de aceite en una sartén y fría la cebolla y el ajo, sin dorar, hasta que acitronen. Añada los jitomates, junto con el resto de los ingredientes, a la sartén, y cocine la salsa a fuego alto hasta que esté bien sazonado y un poco de jugo se haya evaporado: aproximadamente 10 minutos. Vierta la salsa encima del pescado.

Espolvoree las 3 cucharadas restantes de aceite de oliva sobre la salsa y hornee el pescado aproximadamente 20 minutos, con una tapa suelta, por un lado. Voltee el pescado con mucho cuidado y hornéelo hasta que esté apenas suave: aproximadamente 20 minutos. Durante el tiempo de cocción, báñelo frecuentemente con la salsa.

Pescado relleno

Señora Rosina González

Veracruz

Rinde 6 porciones

Esta receta me la dio la mamá, ya finada, de Gonzalo González, un amigo, cuya madre veracruzana era una excelente cocinera. Ella fue mucho muy paciente con mis interminables preguntas cuando nos sentamos horas y horas a hablar de sus platillos regionales.

La receta original lleva huachinangos chicos.

6 huachinangos chicos (cada uno de aproximadamente 340 gr), uno para cada

persona

6 dientes de ajo

sal y pimienta al gusto

1/3 de taza (85 ml) de jugo de limón

2 cucharadas de mantequilla

2 cucharadas de aceite de oliva

1 1/4 tazas (315 ml) de cebolla blanca finamente picada

900 gr de jitomates finamente picados (aproximadamente 2 2/3 de taza/665 ml)

225 gr de camarones, pelados y desvenados

225 gr de callo de hacha

2 cucharadas de perejil finamente picado

sal y pimienta al gusto

225 gr de carne de jaiba cocida

6 cucharadas de mantequilla derretida o aceite de oliva

Haga que el pescadero aliñe el pescado, dejando la cabeza y la cola. Pídale que retire la mayor parte posible de la espina dorsal, para formar un buen hueco o bolsita a fin de rellenar el pescado sin tener que abrirlo por completo.

Machaque el ajo y mézclelo con la sal, la pimienta y el jugo de limón hasta formar una pasta. Perfore los pescados por todos lados con un tenedor y úntelos bien con la pasta, por fuera y por dentro. Aparte los pescados para que se sazonen por lo menos 1 hora.

Precaliente el horno a 180 °C (350 °F) y prepare el relleno.

Derrita la mantequilla con el aceite en una sartén y fría la cebolla hasta que acitrone. Agregue los jitomates y cocínelos a fuego bastante alto hasta que se evapore un poco del jugo.

Corte los camarones a la mitad y los callos de hacha en cuartos. Agréguelos, junto con el perejil, la sal y la pimienta, a la mezcla de jitomate, y deje que se cocine a fuego medio hasta que estén apenas suaves: aproximadamente 10 minutos. Incorpore la carne de jaiba.

Rellene cada pescado con aproximadamente 1/2 taza de relleno y cóselo con hilo para cocina. Ponga la mitad de la mantequilla o aceite de oliva en un traste refractario no muy hondo. Coloque los pescados, uno al lado del otro, y luego espolvoréelos con la mantequilla o aceite restante. Tape el traste y hornéelo hasta que los pescados estén suaves: aproximadamente 20 minutos.

Nota: todo puede hacerse con anticipación hasta el punto en que se rellena el pescado. Eso debe hacerse a último minuto para que el relleno no se haga aguado.

Jaibas en chilpachole
Señora María Cano Carlín

Veracruz

Rinde 6 porciones

Ésta es una de las sopas más populares de Veracruz, que se hace con los cangrejitos azules del Golfo de México. Aprendí a hacerla hace muchos años, bajo la vigilante mirada de la señora María Cano Carlín, una de las meticulosas y entusiastas cocineras del Restaurante Las Brisas del Mar, en Boca del Río, a unos kilómetros al sur del Puerto de Veracruz.

Como pueden imaginar, hay variaciones, pues algunas cocineras usan chiles anchos o chipotles. Yo le hice algunos ajustes a la receta original de doña María añadiendo un chile ancho para darle más color y asando los ingredientes en vez de cocinarlos en papel aluminio.

Muchas recetas llevan pulpa de jaiba, para no tener que chupar los caparazones. Si usted quiere hacer una sopa más refinada use 6 cangrejos para el caldo –para extraerles la grasa y los huevos– y considere aproximadamente 450 gr de pulpa de jaiba.

Otra cocinera muele un pedacito de caparazón para agregarle más sustancia al caldo. Trate de comprar cangrejos hembra, que pueden distinguirse por las patas con punta anaranjada y por la sección en forma de campana en el pecho (el macho tiene una marca larga y delgada en forma de pene).

12 cangrejos hembra vivos

1.5 l de agua hirviendo, salada

1 chile ancho, sin venas ni semillas

1/2 cebolla blanca grande, toscamente rebanada y asada

6 dientes de ajo, asados y pelados (véase pág. 591)

450 gr de jitomates, asados (véase pág. 589)

2 chiles jalapeños, asados

3 cucharadas de aceite de oliva

3 ramas grandes de epazote.

Si se atreve a hacerlo, talle bien los cangrejos en agua fría y échelos a la olla con el agua hirviendo. Deje que se cuezan durante no más de 3 minutos. Retire todos los cangrejos, excepto 2, y apártelos para que se enfríen. Hierva los dos cangrejos que apartó durante 10 minutos y luego elimínelos.

Cuando se hayan enfriado un poco y pueda manejarlos con las manos, retire la pieza en forma de campana del caparazón, y levante la parte de atrás de los cangrejos. Retírela raspando los huevos color naranja, si es que los hay. Levante cualquier grasa que se oculte en los puntos extremos del caparazón y resérvela en un tazón chico. Retire las agallas esponjosas y muélalas en un molcajete o licuadora hasta hacer una pasta con los huevos y la grasa. Reserve.

Corte cada cangrejo por la mitad y rompa las tenazas. Reserve. Vuelva a poner los caparazones y los demás restos en la olla: deje que hiervan suavemente durante unos 10 minutos.

Cuele el caldo a través de una manta de cielo doble y vuélvalo a poner en la olla, eliminando los desechos. Debe tener aproximadamente 5 1/2 tazas (1.375 l) de caldo. Si no es así, agregue agua para completar esa cantidad.

Ponga 1 taza (250 ml) del caldo de cangrejo que reservó en el vaso de la licuadora y agregue los pedazos de chile ancho, la cebolla, el ajo, los jitomates y los chiles, y licúelos hasta obtener una consistencia ligeramente texturada.

Caliente el aceite en una sartén y fría la salsa a fuego alto, revolviendo de vez en cuando para que no se pegue, hasta que se haya reducido y sazonado: aproximadamente 5 minutos. Añádala al caldo de la olla y deje que hierva suavemente unos 5 minutos. Agregue la pasta de grasa y huevos y hierva suavemente unos minutos más. Luego agregue los cangrejos, con todo y tenazas, y el epazote. Una vez más, hierva suavemente 5 minutos más.

Sirva en tazones hondos con pan francés o bolillos.

Nota: Esta sopa puede prepararse con anticipación, añadiendo los cangrejos y el epazote 5 minutos antes de servir.

No se congela.

Jaibas rellenas
Costa del Golfo
Rinde 6 porciones como entrada

Estas jaibas rellenas son grandes favoritos en los restaurantes de los puertos del Golfo de Veracruz, Tuxpan y Tampico.

Al escoger las jaibas azules, trate de elegir jaibas hembras, que tienen las puntas de las tenazas color naranja; sus huevos y su grasa le agregan sabor al relleno.

Verá que sugiero que compre dos jaibas más para que se asegure de tener suficiente carne de relleno para las seis que va a servir.

8 jaibas azules grandes
2 cucharadas de sal
1/4 de taza (65 ml) más 3 cucharadas de aceite de oliva
1 diente de ajo finamente picado
2/3 de taza (165 ml) de cebolla blanca finamente picada
340 gr de jitomates finamente picados (aproximadamente 2 tazas rasas/475 ml)

1 1/2 cucharadas de perejil finamente picado
2 chiles serranos finamente picados
1 1/2 cucharadas de alcaparras grandes, enjuagadas
1/2 cucharadita de sal, o al gusto
6 cucharadas de migas de pan tostado y finamente molidas

Eche las jaibas al agua hirviendo y salada. Tape la olla. Deje que rompa el hervor y cuézalas aproximadamente 3 minutos. Retire la olla del fuego y escúrralas.

Cuando estén lo suficientemente frías para manejarlas con las manos, retire la concha del frente que tiene forma de corazón y levante el gran caparazón, manteniéndolo intacto. Retire raspando cualquier rastro de grasa y huevos que haya podido quedar en el caparazón, así como en la jaiba misma. Apártelos.

Talle 6 de los caparazones y apártelos. Retire la carne de las jaibas y apártela. Precaliente el horno a 180 °C (350 °F).

Caliente el 1/4 de taza (65 ml) de aceite de oliva en el sartén y fría el ajo y la cebolla hasta que apenas empiecen a dorar. Agregue los jitomates, el perejil, los chiles, las alcaparras y la sal, y cocine la mezcla a fuego medio hasta que esté casi seca: de 5 a 8 minutos. Incorpore la carne de jaiba y retire del fuego.

Rellene los caparazones de las jaibas con la mezcla, espolvoree el pan molido y las 3 cucharadas restantes de aceite de oliva. Ponga los caparazones en el horno justo el tiempo suficiente para que se calienten bien.

Prenda el asador y dore la superficie del relleno.

Nota: estas jaibas rellenas casi siempre se preparan con anticipación y se recalientan.

Arroz a la tumbada
Señora Lucina Ochoa de Zamudio
Veracruz
Rinde 4 porciones como platillo principal, y 6 porciones como entrada

Uno de mis platillos favoritos del puerto de Veracruz es el arroz a la tumbada que, al igual que muchos nombres regionales no tiene traducción: es un platillo de arroz jugo-

so, al que se le agregan camarones únicamente, o bien distintos mariscos o pescado, según lo que se tenga a mano, o la preferencia de cada quien. Tradicionalmente el sabor se subraya por las hierbas silvestres de la región que se usan desde Tabasco, a través del área de Tuxtepec en Oaxaca, y la parte sur de Veracruz: una cebollita puntiaguda parecida al cebollín (Alium schoenoprasum), un orégano extranjero con sus hojitas triangulares y carnosas (Plectranthus aboinicus), el "perejil" de Tabasco o culantro con sus hojas tiesas y puntiagudas con sabor a cilantro (Eryngium foetidum), y un tipo de hierbabuena. Si no las encuentra, hay que usar cebollín, orégano, cilantro y hierbabuenas normales.

El tiempo de cocción y la cantidad de líquido dependerá del tipo de arroz que utilice.

1 taza (250 ml) de aceite de oliva (pero no extra virgen)

675 gr de camarones medianos, con cáscara (pesados sin cabeza)

sal al gusto

340 gr de jitomates finamente picados (aproximadamente 2 tazas /500 ml)

3/4 de taza (185 ml) de cebolla blanca finamente picada

1 pimiento rojo chico, sin venas ni semillas finamente rebanado

2 dientes de ajo finamente picado

1 1/2 tazas (375 ml) de arroz blanco, enjuagado y escurrido

aproximadamente 5 tazas (1. 125 l) de agua

2 cucharadas copeteadas de cilantro finamente picado (véase la nota superior)

2 cucharadas de cebollín finamente picado

2 cucharadas de hierbabuena finamente picada

1 cucharadita de orégano (vea el texto superior)

Caliente el aceite en una cacerola de unos 13 cm de profundidad. Agregue los camarones y una buena espolvoreada de sal, y fríalos rápidamente a fuego alto durante 1 minuto. Retírelos con una cuchara perforada y apártelos. En el mismo aceite, fría los jitomates, la cebolla, el pimiento y el ajo a fuego medio hasta que todo esté bien mezclado: aproximadamente 5 minutos. Incorpore el arroz, añada el agua con sal al gusto, y deje que rompa el hervor. Tape la olla y cocine el arroz a fuego medio durante unos 8 minutos. Agregue los camarones y las hierbas y siga cocinando, tapado, aún a fuego medio, hasta que el arroz esté suave: aproximadamente 10 minutos. La consistencia oscila entre la de una sopa y la de un platillo de arroz: muy jugoso (véase nota superior).

Nota: este platillo puede prepararse con anticipación hasta el punto en que se añaden los camarones y las hierbas.

Camarones en escabeche rojo
Restaurante *Las Diligencias*, Tampico
Tampico
Rinde de 6 a 8 porciones como entrada

A algunas personas no les gusta este platillo tan penetrante y de fuerte sabor, pero uno aprende a apreciarlo. Yo sirvo estos camarones fríos para acompañar un coctel y tienen un éxito arrollador.

Desde luego, originalmente el propósito de la salsa era conservar los camarones o el pescado antes de que existiera la refrigeración, en el clima caliente y húmedo de los puertos del golfo. Veracruz tiene sus propias variaciones, pero es la especialidad de Tampico. El dinámico puerto de Tampico es una ciudad gemela de Ciudad Madero, donde hay una gran refinería de petróleo. Ahí la actividad es constante; grandes cantidades de dinero cambian de manos y la gente vive, ríe y come fuerte. En Tampico los camarones se fríen, luego se añaden a la salsa en cuanto termina de prepararse, y se dejan ahí para que se maceren. La primera vez que comí estos camarones me pregunté porqué estaban algo duros y ácidos. Desde luego, habían absorbido el vinagre. Cuando unos años después visité Tampico hallé que los restauranteros habían modificado la receta. La salsa no era tan fuerte y los camarones estaban suaves, como si acabaran de ponerse en la salsa. El vinagre de piña (véase pág. 595) resultaría ideal para esta receta.

Sirva estos camarones como botana, con palillos, o como platillo principal con arroz blanco. Empiece a elaborar la receta por lo menos con 5 días de anticipación.

Lᴀ sᴀʟsᴀ

1/2 taza (125 ml) de aceite de oliva

5 chiles anchos, que hay que limpiar con un trapo, sin venas ni semillas

1/3 de taza (85 ml) de cebolla blanca toscamente rebanada

3 dientes de ajo, toscamente rebanados

1/4 de cucharadita de orégano

8 pimientas negras, machacadas

3 clavos enteros, machacados

1 1/4 tazas (315 ml) de vinagre blanco suave

agua, la necesaria

2 hojas de laurel

1/4 de cucharadita de orégano

sal al gusto

450 gr de camarones medianos pelados y cocidos

Caliente el aceite en una sartén y fría los chiles ligeramente por ambos lados. Trócelos. Agregue la cebolla y el ajo a la sartén y fríalos hasta que acitronen. Escúrralos y transfiéralos al vaso de la licuadora junto con los chiles, 1/4 de cucharadita de orégano, las pimientas y los clavos.

Caliente el vinagre y viértalo sobre los ingredientes de la licuadora. Apártelos para que se remojen unos 10 minutos, y luego licúelos hasta obtener una consistencia lisa y espesa. No debe ser necesario agregar más líquido, pero de ser así, agregue agua (véase la nota inferior).

Recaliente el aceite y agregue la salsa, junto con las hojas de laurel, y la segunda 1/4 de cucharadita de orégano y sal. Una vez que la mezcla de la sartén empiece a burbujear, baje la flama y siga cocinando la salsa durante unos 15 minutos, revolviendo de vez en cuando para que no se pegue. Tape la sartén, porque la salsa espesa empezará a chisporrotear ferozmente.

Deje la salsa en el refrigerador para que madure por lo menos 3 días antes de usarla.

Diluya la salsa con un poquito de agua, caliéntela y añada los camarones sólo el tiempo suficiente para que se calienten bien.

Nota: si la salsa no tiene agua, durará de manera indefinida en el refrigerador; pero primero deje que la salsa madure.

459

Camarones en pipián

Señor Ángel Delgado, restaurante Las Diligencias, Tampico

Tampico

Rinde de 6 a 8 porciones

En casi todo México, las pepitas tostadas y sin pelar de ciertas variedades de calabaza se muelen como base del platillo popular que se llama pipián *(aunque a veces se hace con una mezcla de nueces o ajonjolí). Pero hay varias excepciones notables que requieren de pepitas peladas: los papadzules de Yucatán y los pipianes de esa área específica, que abarca la parte norte del estado de Veracruz y la costa sur de Tamaulipas. En estas regiones se cultiva una calabaza que tiene las pepitas más grandes de todas: miden aproximadamente 2.5 cm de largo y tienen un bonito borde de color verde que combina con el de la pepita muy aceitosa que hay en su interior.*

Este es un platillo elegante e inusual: suficiente para seis porciones como platillo principal u ocho como entrada. Esta receta me la preparó el señor Ángel Delgado, propietario del restaurante Las Diligencias *en Tampico, que durante los años setenta tuvo fama de ser uno de los restaurantes serios fuera de la Ciudad de México: quizá el mejor piropo que uno puede darle. Modifiqué ligeramente la receta del señor Delgado reduciendo considerablemente la cantidad de mantequilla –la crema es ya en sí bastante pesada– y usando caldo de camarón en vez de leche para licuar la salsa.*

Los camarones de Tampico también merecen una mención. Sin dudarlo me desviaría de mi camino para comer un platón de camarones para pelar en Tampico, servidos –como debe hacerse–, sin cáscara pero con la cabeza y la cola intactas. Pero tiene que especificar si quiere camarones de las lagunas que bordean la costa o los que vienen del mar.

675 gr de camarones medianos, sin pelar

2 1/2 tazas (625 ml) de agua fría, aproximadamente

1 cucharadita de sal, o al gusto

250 ml de pepitas crudas, peladas (aproximadamente 115 gr)

1 manojo chico de cilantro, toscamente picado

4 chiles serranos finamente picados

1/2 cebolla blanca chica, toscamente picada

1 cucharada de mantequilla sin sal

2/3 de taza (165 ml) de crema (véase pág. 588)

Pele y retire la vena a los camarones, dejando las colas. Apártelos. Ponga las cáscaras y las cabezas, si las hay, en una cacerola. Agregue el agua con sal y cuézalas a fuego medio durante unos 20 minutos, para extraerles el sabor y hacer un caldo ligero. Escúrralo y deseche las cáscaras, reservando el líquido. Deje que el líquido se enfríe un poco. Agregue los camarones y cuézalos a fuego lento durante unos 3 minutos, o hasta que apenas empiecen a ponerse opacos. Cuele los camarones y reserve el caldo.

En una sartén gruesa y sin engrasar, tueste las pepitas ligeramente, revolviéndolas a menudo, hasta que empiecen a hincharse y a tronar: no deje que se doren. Apártelas para que se enfríen y muélalas finamente en un molino para café o para especias. (También puede añadirlas simplemente a la licuadora con el caldo en el paso siguiente, pero la salsa no estará tan lisa.)

Ponga el caldo de camarón, las pepitas, el cilantro, los chiles y la cebolla en la licuadora y licúelos hasta que estén lisos.

Derrita la mantequilla en una cacerola gruesa. Agregue la salsa de pepitas licuadas y cocínela a fuego muy lento, revolviendo y raspando el fondo de la olla constantemente, durante unos 3 minutos. Incorpore la crema, ajuste la sazón y deje que se caliente: aproximadamente 3 minutos. Luego agregue los camarones y vuelve a calentar otros 5 minutos. La salsa debe tener una consistencia media. Sirva de inmediato.

Sirva con tortillas frescas o con bolillos. A pesar de la tentación es mejor no servir este pipián sobre una cama de arroz, de lo contrario toda esa salsa divina se perderá en el arroz.

Nota: este pipián puede prepararse con anticipación hasta el punto en que se agregan los camarones.

Crepas de camarón en chile pasilla

Señora María Emilia de Farías

Tamaulipas

Rinde 6 porciones como entrada

Cuando hace muchos años me dieron esta receta, me pareció que era una receta mexicana moderna; ¡quizás ahora podría considerarse un clásico! Esta es una salsa maravillosa y se presta para acompañar muchos otros ingredientes, como por ejemplo enchiladas de pollo, ternera, u otros tipos de mariscos.

6 chiles pasillas, que hay que limpiar con un trapo, sin venas ni semillas

675 gr de jitomates, asados (véase pág. 589)

2 cucharadas de cebolla blanca toscamente picada

1/3 de taza (85 ml) de aceite vegetal

1/2 cucharadita de azúcar

sal al gusto

1 1/2 tazas (375 ml) de crema (véase pág. 588),

más un poco extra para servir

675 gr de camarones chicos, cocidos y pelados

12 crepas delgadas, de aproximadamente 14 cm de diámetro, preparadas

según cualquier receta para crepas

1 1/4 tazas (315 ml) de queso Chihuahua, rallado

Precaliente el horno a 180 °C (350 °F).

Caliente la plancha o el comal para asar los chiles ligeramente, volteándolos de vez en cuando para que no se quemen. Despedace los chiles en el vaso de la licuadora, añada los jitomates y la cebolla, y licúe hasta obtener una salsa lisa.

Caliente el aceite en una sartén grande. Agregue la salsa, el azúcar y la sal, y cocínela a fuego medio, revolviendo de vez en cuando para que no se pegue. Es probable que tenga que tapar la olla, porque la salsa empieza a chisporrotear. Después de aproximadamente 10 minutos la salsa se habrá espesado y sazonado. Apártela para que se enfríe un poquito.

Incorpore bien la crema en la salsa y deje que se caliente durante un minuto más o menos.

Mezcle los camarones con 1 taza (250 ml) de la salsa. Coloque un poquito de la mezcla en cada una de las crepas y enróllelas, no muy apretadas. Coloque las crepas lado a lado en un traste refractario y vierta encima el resto de la salsa.

Espolvoree con el queso rallado y ponga algunas cucharaditas de crema alrededor del borde del refractario. Deje que las crepas se caliente en el horno y que el queso se derrita. Sirva de inmediato.

Nota: Las crepas y la salsa siempre pueden prepararse un día antes. Las crepas pueden rellenarse con varias horas de anticipación y añadir el resto de la salsa justo antes de meterlas al horno.

TAMIAHUA

La señora Santiago, madre de una amiga de la Ciudad de México, a menudo me platicaba del pueblito en la Laguna de Tamiahua, cerca de Tampico, donde había pasado casi toda su vida de casada y donde había criado a sus dos hijos. Me hablaba de sus vecinos y amigos, y sobre la vida pacífica y feliz que llevaban allí: paseos en la playa donde podían atrapar y cocinar cangrejos y pescados, hervir papas para acompañar a los mariscos (una costumbre poco común en México), y hacer enchiladas de pipián, una salsa hecha a base de pepitas de calabaza. Me contó sobre la comadre se su hija, o madrina, famosa por sus tamales y bolitas de camarón; sobre las mujeres panaderas del pueblo, y sobre Leoncio Arteaga, propietario de un pequeño restaurante, renombrado por su comida regional, que se llamaba *El Veracruzano*. Empecé a soñar y, como sucede a menudo, unos cuantos días después ahí estaba yo, en Tampico.

La mañana siguiente a mi llegada me encontré a mí misma montada en un camión que avanzaba a toda velocidad por una estrecha carretera, a la manera que parece tan típica de los camiones que recorren largas distancias en México, pues el chofer parecía no tener ninguna consideración hacia cualquier ser viviente que se atravesara en su camino. Totalmente sin aliento, llegue a mi destino: el pueblo de Naranjos, un nombre agradable para lo que resultó ser un pueblo miserable, desgarbado, sucio y espantosamente caluroso. Del otro lado de la acera me esperaba uno de esos autobuses de pueblo que hace mucho perdieron el cristal de las ventanas y que tienen asientos desvencijados con los resortes de fuera. La rejilla que estaba en el techo del camión ya estaba atestada de canastas, cajas de cartón y aves vivas amarradas de manera muy precaria con una cuerda. El camión decía "Tamiahua" en grandes letras al frente, pero en México, uno nunca sabe. De todas maneras, me subí y le pagué los cincuenta centavos del pasaje a un joven muy pobremente vestido pero de una seriedad pasmosa que tenía exactamente nueve años de edad. Junto con otros cuantos pasajeros pronto emprendimos el camino, zangoloteándonos a lo largo de una terracería mucho muy trillada. De vez en cuando nos deteníamos para que alguien subiera o bajara: un joven ranchero que había dejado a su caballo apersogado bajo un refugio al costado del camino; una mujer cuyas gallinas cacareaban encima del camión; o para entregar una de las cajas a una figura que esperaba al lado de la carretera. A la derecha y a la izquierda había ranchitos, delimitados por postes vivos de corteza roja que habían echado raíces y ya tenían retoños que los convertirían en árboles. El terreno estaba clareado para alimentar al ganado, y sólo quedaban troncos calcinados y torcidos de lo que habían sido grandes árboles viejos. Esto le confería un aspecto algo siniestro al paisaje.

Los camiones que pasaban en dirección opuesta parecían advertirle a nuestro chofer que algo sucedía más adelante. Pronto supimos de qué se trataba. Aunque estábamos a mediados de octubre y la estación de lluvias ya había pasado, pero la noche anterior había caído un aguacero y el río estaba a tope. Lo vadeamos fácilmente pero, conforme empezamos a escalar la margen opuesta del río, las llantas empezaron a patinar, el motor se ahogó y quedó en silencio. El chofer le pidió a los pasajeros hombres que se bajaran a empujar, lo cual hicieron con gran vigor, pero sin resultados. Revisaron el motor y cada quien ofreció su opinión. El chofer intentó prender el motor echándose en reversa en el río, en un vano intento por esquivar el lado más hondo del concreto que dividía la corriente. El motor prendió con un fuerte sacudón y emprendimos el camino, pero, de nuevo, el motor se apagó y las llantas rechinaron en el lodo.

Una y otra vez nos echamos en reversa: la única otra mujer pasajero y yo intercambiábamos miradas de terror a medida que las llantas se hundían más y más, mientras los hombres insistían todo el tiempo en que no nos bajáramos del camión. Transcurrió más de una hora. Se nos unieron otros choferes que atravesaban por lo mismo. A estas alturas se escuchaban por lo menos veinte voces, cada una dando un consejo. Después, veinte pares de manos fuertes empezaron a empujar el camión desde atrás. El motor prendió y las llantas agarraron tracción. Todos se guardaron silencio y por fin –entre vivas y lodo que volaba a nuestro alrededor por todos lados– por fin logramos remontar la rivera. Unos tres kilómetros adelante entramos a Tamiahua, dos horas y media después de haber partido de Naranjos. Mi visión color de rosa del lugar pronto se esfumó entre señales de una prosperidad y una respetabilidad largamente perdidas. Me dirigí inmediatamente a buscar a la comadre, y como no había letreros en las calles –era un pueblo pequeño– todos conocían a sus vecinos. De pura casualidad me topé con alguien que había sido su vecina. Mientras caminábamos platicando me enteré de que mi estaba hablando con una de las panaderas que yo quería conocer. Me invitó a su casa.

Cuando entré vi un gran tejabán en la parte de atrás que tenía un techo que se unía con la casa misma, y debajo había un gran horno redondo de ladrillo como de tres metros de diámetro. Había grandes montones de leños, y a un lado, en rústicos estantes de madera, charolas de masa reposando y esponjándose y hogazas de pan enfriándose. Abrió un bolillo para que lo probara y me decepcionó. Supongo que uno espera algo distinto de estas condiciones "idealmente primitivas", pero el pan estaba suave y pastoso, como casi todo el pan típico de la costa del Golfo de México.

Me dirigí a la casa de junto y encontré a la comadre. Se veía gastada y su piel tenía un tono cenizo debido a una prolongada enfermedad. Como me pareció evidente que hablar la fatigaba, me fui lo antes posible, no sin que me diera algunas guías acerca de la comida local, sus sabores esenciales, y cómo debía prepararse.

A esas horas ya era tarde para almorzar, de modo que encontré el restaurante *El Veracruzano*: una plataforma grande y sencilla de madera, cuyo piso se extendía sobre la laguna. De un lado quedaba la cocina, y detrás había unas mesas largas con pilas y pilas de miles de ostiones, protegidos del sol por una enramada. Me senté en una mesa y ordené la sopa de pescado: un picoso caldo de jitomate lleno de grandes trozos de pescado, cangrejo y camarones de la laguna (que, por lo que podía ver, ahora se había convertido en el escenario de una actividad frenética en que pequeñas lanchas se dirigían a toda velocidad de un extremo al otro, deteniéndose cuando sus ocupantes inspeccionaban las redes que habían echado en la angosta corriente.) Después me sirvieron hueva de pescado mezclada con cebollitas, chiles y cilantro picados, unido con mucho huevo batido y frito en forma de una gran torta, y acompañada por las tradicionales enchiladas de pipián, que se preparan a base de las pepitas de calabaza especialmente grandes que crecen en la regiónPor fin Leoncio vino personalmente a sentarse a la mesa. Platicamos durante una o dos horas acerca de la comida regional, sobre todo de los tamales de pescado y de los mariscos que abundan en la laguna. Luego, lleno de orgullo, me mostró su congelador, repleto de pescado. Mi corazón se hundió al pensar en todos los pescados y mariscos que pasaban nadando a la puerta de su establecimiento.

Ya había oscurecido y el restaurante estaba a punto de cerrar. Me dije a mí misma que probaría los ostiones al día siguiente, pero nunca lo cumplí. Tras una noche miserable y pulguienta, me levanté a las cinco de la mañana y tomé el primer camión que saliera de Tamiahua. Tres de las recetas de Leoncio se dan a continuación: Saragalla de Pescado, Albóndigas de Camarones y Pescado Enchilado. Se negó a divulgarme los secretos de su receta para los ostiones pimentados, la cual guarda con gran celo.

Saragalla de pescado
Señor Leoncio Arteaga, restaurante *El Veracruzano*, Tamiahua
Veracruz
Rinde 6 porciones

El señor Leoncio usa un pescado de la región que se llama jurel, pero yo usé tiburón: se desherba con facilidad y su carne es seca y no tiene grasa o, de hecho, se puede usar cualquier sobrante de pescado.

La Saragalla puede servirse fría o caliente, como primer plato o como relleno para tacos. El señor Arteaga dice que debe adornarse con rodajas de jitomate, aros de cebolla y rajas de chile jalapeño en escabeche, pero a mí me gusta así.

1 chile ancho chico
12 pimientas negras, machacadas
1/4 de cucharadita de semillas de cilantro, machacadas
1 raja de canela de 1.5 cm, machacada
1/2 cucharadita de sal, o al gusto
2 dientes de ajo
1/4 de taza (65 ml) de agua
3 cucharadas de aceite de oliva ligero
aproximadamente 180 gr de jitomates finamente picados (aproximadamente
1 taza/250 ml)
1/4 de taza (65 ml) de cebolla blanca finamente picada

2 chiles serranos finamente picados
6 aceitunas, sin hueso y finamente picadas
1 cucharadita de alcaparras, enjuagadas, escurridas y toscamente picadas
1 1/2 cucharadas de pasitas
2 tazas (500 ml) de carne firme de pescado, deshebrada
(aproximadamente 450 gr)

Elimine las semillas y las venas del chile ancho, cúbralo con agua, y hiérvalo a fuego lento durante 5 minutos. Déjelo en remojo otros 5 minutos más. Luego escúrralo y transfiéralo al vaso de la licuadora. Añada las especias machacadas, sal, ajo y agua y licúe, añadiendo más agua sólo si es necesario, hasta obtener una pasta floja.

Caliente el aceite en una sartén gruesa y añada los jitomates, la cebolla, el chile serrano, las aceitunas, las alcaparras y las pasas. Fríalas a fuego medio aproximadamente 5 minutos, revolviendo la mezcla todo el tiempo. Agregue la mezcla de chiles y cocine 5 minutos más. Incorpore el pescado deshebrado y cocine otros 5 minutos.

Ajuste la sazón y sirva la Saragalla fría o caliente, con tortillas recién hechas.

Albóndigas de camarón
Señor Leoncio Arteaga, restaurante El veracruzano, Tamiahua
Veracruz
Rinde 6 porciones

675 gr de camarones chicos, sin cáscara, desvenados, y toscamente picados

EL CALDILLO DE JITOMATE

3 cucharadas de aceite vegetal
675 gr de jitomates finamente picados (aproximadamente 4 tazas/1 l)
1/3 de taza (85 ml) de cebolla blanca finamente picada
3 dientes de ajo finamente picados
4 tazas (1 l) de agua
2 cucharaditas de sal, o al gusto
5 pimientas negras

467

1/8 de cucharadita de semillas de cilantro

1 taza (250 ml) de papas peladas, cortadas en cubitos

(aproximadamente 225 gr)

1 taza (250 ml) de nopales, cocidos (véase pág. 596)

LA SAZÓN PARA LAS ALBÓNDIGAS

1/2 chile ancho, sin venas ni semillas

1/4 de cucharadita de semillas de cilantro

1/4 de cucharadita de pimientas negras

1 raja de canela de 1.5 cm

1 1/2 cucharaditas de sal, o al gusto

1 1/2 dientes de ajo

2 cucharadas de agua

1 cucharada de aceite vegetal

Meta los camarones al congelador durante unas 2 horas, hasta que estén ligeramente congelados (esto facilitará el molerlos en la licuadora o en el procesador de alimentos).

Mientras tanto, prepare el caldillo de jitomate. En una cacerola gruesa y ancha, caliente el aceite y fría los jitomates, la cebolla y el ajo, revolviéndolos de vez en cuando y raspando el fono de la olla, hasta que se hayan reducido para formar una salsa espesa. Añada las 4 tazas (1 l) de agua, sal, las pimientas y las semillas de cilantro y deje que rompa el hervor. Agregue las papas y cuézalas unos 10 minutos, luego añada el chayote y cuézalos hasta que estén casi suaves: aproximadamente 15 minutos más. Agregue los nopales y deje que se calienten. Ajuste la sazón.

Prepare la sazón para las albóndigas de camarón remojando primero el chile ancho en agua caliente durante 15 minutos. Luego escúrralo y póngalo en el vaso de la licuadora. Machaque las semillas de cilantro, las pimientas y la raja de canela. Agregue las especias a la licuadora, junto con sal, ajo y agua, y licúe todo hasta obtener una pasta tersa. Caliente el aceite y fría la pasta a fuego alto durante unos 2 minutos. Apártela.

Licúe los camarones ligeramente congelados hasta obtener una consistencia ligeramente texturada. Añada el condimento frito y amáselo bien con sus manos. Engrase sus manos ligeramente, y forme albóndigas como de 3.5 cm de diámetro: debe tener 18 albóndigas. Con cuidado métalas al caldillo que hierva a fuego lento, luego tape la olla, y deje que sirga hirviendo lentamente durante unos 15 minutos, volteándolas una vez durante este lapso.

Sirva las albóndigas de camarón en platos hondos, con bastante caldillo y vegetales.

Nota: este platillo puede prepararse con varias horas de anticipación.

Pescado enchilado
Señor Leoncio Arteaga, restaurante El veracruzano, Tamiahua
Veracruz
Rinde 6 porciones

Una de las especialidades de Leoncio Arteaga es el sargo asado: un pesado grande que se saca de la laguna. En una ocasión exhibió orgullosamente un ejemplar de dos kilos a la entrada del restaurante para que fuera la primera cosa que uno viera al entrar. Empaló el pescado, lo untó con bastante pasta de chile ancho y luego lo asó a la leña.

Usted puede asar este pescado con éxito sólo si los barrotes de su asador son muy delgados porque, sin importar cuánto los engrase, la pasta de chile tiende a pegarse espantosamente conforme se seca al fuego.

4 chiles anchos, sin venas ni semillas
4 chiles piquín, enteros
3 dientes de ajo
2 cucharaditas de sal, o al gusto
1/3 a 1/2 taza (85 a 125 ml) de vinagre suave
1 huachinango o un mero de 1.8 kg, desentrañado,
pero con las escamas, la cabeza y la cola
3 cucharadas de aceite vegetal

Cubra los chiles anchos con agua hirviendo y déjelos en remojo hasta que estén suaves: aproximadamente 5 minutos. Escurra los chiles y transfiéralos al vaso de la licuadora. Agregue los chiles piquín (enteros), el ajo, la sal y el vinagre, y licúe todo hasta obtener una consistencia lisa. (La mezcla debe quedar como una pasta espesa. Si necesita agregar más líquido para liberar las aspas de la licuadora, use el mínimo posible).

Ase el pescado rápidamente por ambos lados, sin sazonar, y quítele la piel. Unte el exterior del pescado con la pasta de chile, luego úntelo con el aceite y áselo hasta que este bien cocido: de 10 a 15 minutos, dependiendo del grosor del pescado.

Sirva de inmediato con tortillas calientes, recién hechas. Cualquier sobrante puede usarse para hacer Saragalla (véase pág. 466).

DON VICTORIANO

No sé cómo pude pasarlo por alto durante todos los años que llevaba de vivir en México, pero no fue sino hasta 1973 que unos amigos me contaron sobre un restaurante muy especial, notable por sus platillos regionales. Se cocinaban con esmero, según mis amigos, usando muchos cangrejos y camarones del río que fluye frente a la puerta del restaurante. Desde luego, tenía que ir.

Había atravesado el río Papaloapan, muchos kilómetros río debajo de mi destino, en un bote pequeño y atestado, pero que alardeaba un toldito que nos protegía del sol. Me uní a los otros pasajeros que esperaban el camión quienes, mientras esperaban, comían tortillas retacadas de carnitas –deliciosos trocitos de carne de puerco crujiente–, o tronaban las grandes patas grandes de los cangrejos que habían comprado en los puestecitos de comida que estaban agrupados alrededor del embarcadero. El camión estaba ahí, vacío, y empezaba a parecer que jamás saldríamos de ahí cuando, de la nada, el chofer apareció al volante. Se escucharon dos claxonazos entrecortados y nos apresuramos a abordar, intuyendo la urgencia de su mensaje: conforme la última persona se asió del barandal y encontró lugar en el último escalón, iniciamos la marcha en medio de una nube de polvo.

A la izquierda había un amplio río, lleno hasta el borde, cuyas aguas lodosas llevaban velozmente troncos, arbustos arrancados y otros desechos hacia el mar. Los caminos estaban vivos con flores de todos colores. A la derecha, las aves de colores jugueteaban sobre una angosta corriente ahorcada por lirios acuáticos de un pálido color malva. En la lejanía, en los pantanos que rodeaban las lagunas, los encorvados cebúes pastaban tranquilamente bajo la mirada atenta de las garzas.

Media hora después estábamos en Tlacotalpan, un pequeño pueblo compacto a orillas de río. Primero podían verse una masa de techos de teja bajos que el clima había tornado de un rojo profundo y que estaban acentuados por una cúpula y un chapitel blancos. Unas cuantas palmeras se erguían como centinelas por encima de ellos. Cuando me bajé del camión, me encontré a mí misma en un México que no reconocía. La mayoría de las calles no tenían pavimento. Eran suaves, tenían pasto y estaban muy calladas, con arbustos de jamaica y de adelfa en flor por aquí y por allá. Muchas de las casas estaban recién pintadas, en tonos que iban de un rosa, verde y azul profundo a delicados tonos pastel. Sus columnas de arcos clásicos, de color blanco, brillaban bajo el sol de medio día. En cada esquina parecía haber otra placita: desierta, colorida y casi irreal, como si uno hubiera ingresado a una escenografía abandonada de una película sobre el siglo XVIII. A lo largo del margen del río las lanchas de los pescadores jalaban sus cuerdas en la suave corriente; los muelles desiertos que estaban cerca eran un recordatorio de los días en que el pueblo había sido un puerto en crecimiento, y las naves del siglo diecinueve traían pasajeros y productos de España, Italia y Portugal.

Me alojé en el único hotel del pueblo, y no pasó mucho tiempo antes de encontrarme sumergida en una conversación con la dueña sobre la comida regional. Era una mina de información, y muy pronto empecé a advertir que ahí había algo muy especial en verdad. Fue ella quien me habló de don Victoriano, quien había enseñado a las cocineras del famoso restaurantito del que me habían hablado mis amigos.

Sin perder un minuto salí a buscarlo a su casa, la cual encontré con bastante facilidad, pues todos en el pueblo lo conocían. De hecho, vivía en dos casas, que se juntaban en un ángulo recto: una pintada de un profundo color violeta y la otra de brillante azul. Caminé hacia una puerta abierta y tres personas me hicieron señas. Las hallé a todas sentadas en las mecedoras que se hacen ahí y que parecen estar presentes en todas las casas. Están muy barnizadas, tienen marcos de madera oscura, y respaldos y asientos de bejuco, con los brazos y los respaldos cubiertos por unas fundas inmaculadas.

Se me pidió que esperara un momento y enseguida llegó Don Victoriano con sus huaraches de cuero gastados. Era de complexión mediana, delgado, con cabello negro muy rizado que empezaba a retroceder, y salpicado de gris en las sienes. Sus ojos eran de un vivaz azul grisáceo y su piel oscuro estaba moteada de rosa. Estaba vestido como los pescadores del pueblo, con amplios pantalones azules y una camiseta blanca. Me dio la bienvenida en el estilo franco y amistoso de la gente de la costa, como si hubiera sido una vieja amiga cuya visita esperaba.

Parecía innecesaria cualquier presentación formal. A mí me encantaba la buena comida; a mí me encantaba cocinar y quería aprender sobre las especialidades de la región. "Véngase a comer mañana como a la una. Estoy preparando una galápago en moste, y para mañana estará bien sazonada y lista para comerse."

El platillo que él me había descrito –terrapene en salsa negra– sonaba demasiado bien como para perdérmelo. Cuando volví al día siguiente, el hueco e inexpresivo sonido de la campanada de la iglesia estaba dando la una. Don Victoriano me dio la bienvenida mientras se apresuraba a salir de la cocina. Puntualizó su bienvenida chupando ruidosamente un pedazo de piña que tenía prensado con los dientes entre sus labios. Enseguida se nos nos unieron una viejita y su acompañante, ambas con grandes sombrillas negras para protegerse del sol.

Con gran orgullo, don Victoriano nos condujo a su nuevo comedor, que también era cocina. Los quemadores estaban colocados en un mostrador que abarcaba toda la anchura del cuarto y estaba recubierto completamente de mosaicos. De hecho, el cuarto entero estaba cubierto con mosaicos esmaltados de color azul y blanco: el piso, las paredes, el bufet, la estufa e incluso la mesa.

La comida dio inicio. Los bolillos que él mismo había traído de la panadería unos minutos antes fueron llevados al cuarto, junto con un cerro de tortillas cuidadosamente envueltas y una jarra de agua helada de papaya. La sirvienta trajo grandes platos de sopa de camarón –los camarones pequeños y dulces del río, que me recordaron los que solía comer en mi casa, allá en Inglaterra–, y luego arroz blanco con platanitos fritos. A esto siguió la *piece de resistante*: la galápago en moste quemado.

La tortuga estaba deliciosa. Gelatinosa y mucho más suave que una tortuga de mar, lo habían cocinado en una salsa ligera y negruzca de sabor musgoso, coloreado por las hojas tostadas y molidas del arbusto de moste que estaba en su patio. "Esta comida se remonta a la época de los zapotecas", dijo don Victoriano.

Empezaba a sentirme muy llena cuando otro fragante y humeante platillo llegó al cuarto. Don Victoriano se disculpó una y mil veces por no servir algo más elegante, pues al parecer habían llegado familiares sin avisar y les había servido el desayuno a las diez y media de la mañana, por lo que no había podido ir al mercado. Dijo que era pato "en salsa de lo que queda". Pronto me di cuenta de que literalmente la salsa era de eso: lo que queda. Parecía un pipián ligero.

A continuación pusieron sobre la mesa una montaña de rebanadas de piña, junto con galletas de piloncillo y coco rallado, pero el verdadero postre estaba en el bufet: enormes porciones de ligera natilla de huevo, espesada con almendras finamente molidas y adornada con remolinos de clara de huevo batida.

Cuando por fin terminó la comida, traté de concentrarme en la conversación de don Victoriano y su interminable retahíla de recetas, mientras nuestros compañeros de comida tomaban la siesta, con la cabeza apaciblemente inclinada mientras se mecían en las mecedoras. Don Victoriano cocinaba y daba servicio de banquetes para cientos de personas: un bautizo río arriba, una boda en las montañas, desayuno para el presidente y su comitiva. Jamás bebía ni fumaba, y nunca en su vida había estado enfermo. Tenía como setenta años.

"Quiero dar una gran fiesta para celebrar mi cumpleaños y también un buen primer año en mi casa nueva. Yo voy a cocinar todo; vuelva entonces y cocine conmigo para que aprenda. Las galápagos estarán en su punto y cargadas de huevos, los patos salvajes estarán volando y, si hay suerte, también habrá *tismiches* (embriones) del río. Tendremos que atrapar y desollar a la galápago: las mejores vienen de río arriba, cerca de las montañas. Sí, vuelva entonces."

Don Victoriano iba a terminar su casa aquel diciembre, de modo que le escribí para saber cuándo se llevaría a cabo la fiesta. En respuesta obtuve una carta muy formal escrita a máquina, evidentemente redactada por uno de los amanuenses oficiales del pueblo. Al parecer la casa todavía no estaba terminada, y la fiesta de inauguración se había pospuesto.

Los siguientes fueron años llenos de trabajo; yo viajé mucho, pero nunca a Tlacotalpan. Por fin, tres años después, me encontré a mí misma en la carretera que llevaba a Tlacotalpan para visitar a don Victoriano. Esta vez, viajé en un camión de primera clase que fue mucho más apacible y avanzó ruidosamente sobre el amplio puente que había reemplazado al ferry.

Cuando llegué el pueblo no me pareció el mismo. La mayoría de las calles estaban pavimentadas. Había mucha actividad y unos muchachos montados en sus motocicletas hacían un ruido atroz. Me apresuré hacia las calles interiores más silenciosas hacia casa de don Victoriano. Ya no vivía ahí. El hombre que jamás en su vida había estado enfermo cayó muerto de repente y nadie sabía de qué.

No fue sino hasta veinte años después que alguien de Tlacotalpan me contó que don Victoriano había muerto de neumonía. Al parecer, o al menos eso dicen, unos machines del pueblo lo sentaron en un bloque de hielo y lo obligaron a pasar ahí toda la noche. Murió poco después.

Relleno de guavino

Don Victoriano

Veracruz

Rinde 1.25 m de salchicha

Esta receta para Relleno de Guavino es de don Victoriano. Ninguna de las otras personas con quienes hablé la conocían, y nadie la recuerda.

Para hacerla, no necesita un pescado elegante y caro. Utilice lo que sea más económico: carpa, sierra, etcétera. Puede usar la salchicha de inmediato, pero su sabor se subraya mucho si deja que madure en el refrigerador dos o tres días. El caldo puede congelarse, usarse para escalfar pescado o como base para una sopa de pescado.

450 gr de pescado, cortado en rebanadas de 1.5 cm,
de las cuales se reservan las espinas y la piel
225 gr de camarones chicos y limpios,
de los cuales se reservan las cáscaras

EL CALDO

2 ramas de perejil
1 tallo de apio, toscamente picado
2 zanahorias chicas, raspadas y rebanadas
4 tazas (1 l) de agua
2 hojas de laurel
3 ramas de tomillo fresco o 1/8 de cucharadita de tomillo seco
1 cucharada de jugo de limón
6 pimientas negras
2 cucharaditas de sal, o al gusto

LA SALCHICHA

180 gr de jitomates finamente picados (1 taza rasa/250 ml)
1/4 de taza (65 ml) de cebolla blanca finamente picada
1 zanahoria mediana, raspada y cortada en cubitos muy chicos, medio cocida

474

1 1/2 cucharadas de perejil finamente picado

1 papa, pelada y cortada en cubitos muy chicos, media cocida

2/3 de taza (165 ml) de chícharos

1 cucharada de jugo de limón

1 cucharadita de sal, o al gusto

6 cucharadas de aceite de oliva, aproximadamente

1 chile jalapeño finamente picado

pimienta negra recién molida

aproximadamente 1.35 de tripa para salchichas (no de plástico)

PARA SERVIR

1/4 de taza (65 ml) de alcaparras escurridas, picadas

1/4 de taza (65 ml) de aceitunas sin hueso, picadas

Ponga el pescado y los camarones en el congelador y déjelos ahí durante unas 2 horas o hasta que estén medio congelados.

Prepare el caldo. Ponga los deshechos del pescado y de los camarones en una olla grande junto con el resto de los ingredientes para el caldo. Deje que rompa el hervor para que hierva suavemente durante 40 minutos. Cuele el caldo y devuélvalo a la olla.

Ponga el pescado y los camarones, en tandas pequeñas para que las aspas no se atoren, en el vaso de la licuadora o en el procesador de alimentos, y muélalos hasta que estén casi lisos. Mezcle la pasta de pescado con el resto de los ingredientes para la salchicha, usando sólo 2 cucharadas del aceite. Fría una cucharada de la mezcla para comprobar el sabor. Ajuste la sazón si es necesario y rellene la tripa, utilizando cualquier método común para ello. Haga dos tramos como de 2.5 cm de grueso, y luego perfórelos por todos lados con un tenedor afilado.

Recaliente el caldo en una cacerola no muy honda, y cuando empiece a hervir suavemente, agregue las salchichas en forma de espiral. El caldo debe cubrir las salchichas por completo. De lo contrario, agregue más agua. Deje que rompa el hervor y cuézalas de 15 a 20 minutos. Después, retírelas y escúrralas. Deje que maduren en el refrigerador unos días –esto *mejorará* mucho su sabor– y luego proceda.

Corte las salchichas en rebanadas como de 1.5 cm de grueso. Caliente las 4 cucharadas restantes de aceite, luego baje el fuego y fría las rebanadas de salchicha hasta que estén doradas. Sírvalas calientes, espolvoreadas con alcaparras y aceitunas.

Pan dulce

Déjenme decir desde el principio que me fascina todo lo que está horneado: desde los pesados *fruitcakes* ingleses hasta los bollos de crema, de modo que no es de extrañarse que siempre recuerdo mi fascinación infantil con las panaderías de Inglaterra. El maravilloso aroma a levadura flotaba a través de la puerta de la panadería a medida que las charolas de pastelitos, *scones* y *currant buns* (bollos con levadura y pasitas de corinto) salían del horno, listos para llevarse apresuradamente a casa, para tostarlos en un asador de latón sobre los carbones al rojo vivo, y untarlos con grandes cantidades mantequilla para hacer de la hora del té algo tan reconfortante. Dependiendo de dónde estuviera uno, habría *pikelets, crumpets, lardy y Eccles cakes,* o *Chelsea buns* enrollados y generosamente rellenos de pasitas de corinto.

Cuando llegué a México por primera vez en 1957 me resultaba muy difícil ver una panadería y pasar de largo. Casi de manera automática, me detenía, entraba, tomaba mi charola de metal y mis pinzas, y empezaba a recorrer todos los estantes, saboreando mentalmente todos los tipos de pan dulce. Por fin salía con una pila enorme de pan: demasiado, pero tenía que volverlos a probar, sólo otra vez .

En México se acostumbra comer pan fresco todos los días. Desde temprano en la mañana hasta el anochecer hay un flujo constante de panes dulces, pastelitos brillosos, bollos blancos con corteza, cuernos y panqués se colocan en las charolas, ya de por sí llenas, en las ventanas y todo a lo largo de las paredes de la panadería. Los hay de todos tipos y tamaños, masas intrincadamente trabajadas con adornos de azúcar o espolvoreadas con ajonjolí o con frutas cristalizadas, que tienen nombres fascinantes: *besos, novias, monjas, tortugas, bigotes, yoyos, suspiros,* y así infinitamente, hasta donde he podido descubrir.

Durante años me encantó una panadería en la Ciudad de México que quedaba muy cerca de la casa de unos amigos donde solía hospedarme, y un día se me ocurrió entrar y pedir que me enseñaran a hacer pan. Al igual que la mayoría de las panaderías de la Ciudad de México, ésta era propiedad de una familia española que aportaba el terreno, el personal de ventas, el supervisor, el equipo y contrataban a un maestro panadero y a sus ayudantes para hacer pan a destajo. La panadería tenía un supervisor particularmente formidable, que siempre estaba de mal humor y jamás sonreía. Si embargo, alentada por una ola de publicidad en televisión y en los periódicos sobre mi trabajo, me acerqué a él. Me dijo que tendría que preguntarle al maestro. Me condujo por una puerta hacia al interior de la panadería hasta donde estaban los hornos gigantescos.

El sitio era tan grande como una bodega. Las pilas de costales de harina daban hasta el techo. Había dos hornos de diesel gigantescos, mesas de trabajo, grandes batidoras y diversas máquinas para cortar y amasar la masa, así como estantes movibles con charolas llenas de panes que se estaban levando o de pan recién horneado. Un grupo como de ocho hombres trabajaban alrededor de una mesa rectangular haciendo cientos de bolillos –unos bollos mexicanos de harina con levadura– , mientras al fondo del cuarto, en mesas de trabajo que estaban en ángulo recto unas de otras, se encontraban mis futuros maestros y amigos. Todos llevaban delantal y gorra de distintos tonos de blanco. El maestro Miguel era un hombre callado, cuya voz apenas podía escucharse por encima del rugido de los hornos. Pero aceptó mi petición y así empezó un aprendizaje que jamás olvidaré.

El maestro y su hijo Jorge empezaban todas las mañanas a las 3 a.m. para preparar las masas más complicadas, listas para cuando llegara el resto del grupo, a las seis. Los primeros panes dulces tenían que estar preparados para cuando la panadería abría a las siete, o a veces más temprano. Muchas de las masas que tardan más tiempo en levarse se habían preparado desde el día anterior y tenían que llevarse a los cuartos más frescos donde se almacenaban (la temperatura en el cuarto principal sobrepasaba los 25 ºC). De modo que cuando la primera mañana llegué a las ocho, la actividad en la panadería era muy intensa. Rompieron un costal viejo para hacerme un delantal y un pedazo de trapo sirvió para cubrirme el cabello. Se me pidió que midiera los ingredientes para empezar a hacer las conchas: bollos redondos y esponjosos, adornados con azúcar. Y así empecé a aprender con ahínco.

Pronto me acostumbré a la rutina diaria, y llegué a admirar a mis colegas por su duro trabajo. El equipo, entre cuyos miembros apenas se cruzaban unas cuantas palabras calladas, se dedicaban a trabajar cada mañana con una dedicación y una coordinación que mucha oficinas gubernamentales habrían bien en emular. El maestro murmuraba unas cuantas instrucciones y respondía una ocasional pregunta, pero eso era todo. Durante los meses que trabajé ahí jamás escuché un pleito o una mala palabra. A medida que avanzaba la mañana, los trabajadores empezaban a chismear y a juguetear entre ellos. Se escuchaba una carcajada o un silbido agudo de aprobación cuando entraba una de las dependientas. De vez en cuando prendían el radio, y quienes estaban dedicados a hacer bolillos caían en un ritmo hipnótico de aporrear, amasar y estirar la masa, sin detenerse a descansar durante horas y horas. Llegó a fascinarme la terminología que escuché durante esas agitadas mañanas que pasaron con tanta ra-

479

pidez. Me llamó mucho la atención que los términos para mezclar la masa se relacionaran con el frío y el calor. Cuando la masa se mezclaba hasta el punto correcto y tenía que dársele forma de inmediato, alguien decía: "no la deje enfriar". Batir la masa hasta su consistencia correcta se decía "se calienta la masa". Y "no se queme" significaba que no podía dejarse que la masa de pasara del punto correcto de batido.

Las mañanas eran tan agitadas que siempre sentía un gran alivio cuando veía que en el reloj estaban a punto de dar las diez. Entonces Rubén, el panadero especialista en pastelería y encargado del almuerzo, empezaba a prepararlo. Me fascinaba ver cómo lo hacía porque para cocinar sólo contaba con una charola. A menudo cortaba las tortillas en tiras y las freía ligeramente en la freidora de donas (siempre pedía permiso para hacerlo, desde luego). Asaba los jitomates y los chiles bajo los surtidores de gas de los hornos y los aporreaba para convertirlos en salsa dentro de un molcajete ingeniosamente improvisado: después de poner los ingredientes asados en una lata vacía, los cubría con una bolsa de plástico que empujaba hasta el fondo, ¡y luego los aporreaba con una botella vacía de Coca-Cola! La salsa se vertía sobre las tortillas fritas y se adornaba con mucho queso desmoronado. Luego se metía todo al horno una vez más. Nunca faltaban las teleras frescas que se abrían por la mitad y se rellenaban con los chilaquiles que había preparado Rubén. Invariablemente esperaban a que yo me sirviera primero, y esperaban a ver mi expresión. ¡Cómo se reían al ver mi cara cuando descubría que mi torta de chilaquiles estaba demasiado picante!

Siempre vi la increíble habilidad de Miguel con la mayor admiración. Debajo de la mesa había dos grandes cajones de harina. Yo nunca entendía cuál tenía que usar o cuál era la diferencia entre las dos harinas, pero el maestro la tomaba entre sus manos y de inmediato sabía si las cantidades de sal, levadura y agua estaban correctas o tenían que corregirse para esa tanda de pan en particular. El maestro Rubén inspeccionaba cada cargamento nuevo de harina para juzgar la calidad del grano y del molido, y de vez en cuando preparaba una tanda de masa para probarla. A menudo lo veía con Jorge abriendo un pan recién horneado para discutir los ajustes que había que hacerle a esa tanda de pan.

Pronto aprendí que los procesos de horneado tenían sus impedimentos. Algo les faltaba a las balanzas, por lo cual siempre había que compensar cuando se pesaba algo. A veces me olvidaba, pero justo cuando estaba a punto de cometer un error, de la nada aparecía una mano expedita que hacía los ajustes necesarios por mí. El contenedor de la batidora tenía un gran hoyo en el fondo, de modo que se me advirtió que tenía que poner la harina y el azúcar primero y luego los huevos y los líquidos. No había tazones ni cucharas; usábamos nuestras manos y la mesa: al principio me desconcertó tener que amasar la masa en el pozo curvo y profundo que era la superficie de trabajo, deformada por el uso constante.

Nada se desperdiciaba en la panadería. Me enseñaron a doblar las bolsas de papel de estraza para hacer duyas sencillas, fuertes y eficientes. Cada una de las latitas de chile del almuerzo se guardaban: tenían la altura perfecta para usarlas como soportes para almacenar las charolas de masa con levadura, cuando no había espacio suficiente en los estantes especiales. También se encontraron nuevos usos para los contendores viejos. Cientos de huevos se abrían, listos para el trabajo del día, y se echaban adentro de una lata reciclada de manteca. Los huevos se medían para las masas más ricas con una lata vieja: 17 huevos por lata: aproximadamente 3/8 de litro, creo. Y nunca olvidaré los bisuits de queso. En esa panadería se cortaban con latas vacía, y ¡el circulito característico que tienen en el centro se estampaban con el cuello de una botella de Coca-cola!

Aprendí a jamás desperdiciar ni una sola cucharadita de harina o de azúcar. Al completar una tanda de masa se me entregaba un pequeño recogedor y una brocha para limpiar la superficie; las migajas iban a un contenedor especial, para usarse de nuevo. Y una vez, alcé mis manos bien engrasadas, con cara de desesperación y, frente a mí, cayó un trozo de masa suave: alguien de la otra mesa que había visto mi encrucijada y me la lanzó. Fue muy eficiente y ecológico: nada de toallas grasosas que lavar; el excedente de grasa enriqueció otra masa que se usaría más tarde.

Los días pasaron veloces, y me pareció que mi aprendizaje llegó a su fin casi antes de haber comenzado. Sin embargo, mis manos eran prueba viviente de la odisea a la que las había sometido. El vigoroso amasar, tirar y jalar de la masa las había suavizado, y las había blasonado con el estandarte del cocinero (¿acaso Jorge no me había dicho que siempre se puede identificar a un panadero por sus manos?): un estandarte que porté con orgullo en los días menos agitados, y diría casi aburridos, que siguieron

NOTAS GENERALES

Además de que me gusta el pan dulce mexicano, me parecieron fascinantes las distintas técnicas que se emplean para prepararlos. Nunca las había visto en ninguna otra parte. Sé que suenan terriblemente complicadas. Inténtelo una vez y las instrucciones se irán haciendo más claras; después de varios intentos se convertirá en todo un experto. Espero que estas recetas no sean sólo para los aficionados de hueso colorados y para los mexicanos que viven en el extranjero y extrañan su país.

Realmente sí hay que estar de ánimo y tener un fin de semana libre para embarcarse por primera vez en un nuevo tipo de recetas como estas. (Una vez que estoy de humor se me dificulta parar. Me gusta hacer mis propios panes y pasteles, me gusta ver cómo se levanta la masa en la cocina y el aroma a levadura que invade la casa. ¡Hasta me gusta la costrita de harina que se hace en cada manija y picaporte de la cocina!) Verá que una vez que se familiarice con esto podrá planear el tiempo de preparación del pan, de modo que pueda hacer otras actividades como trabajar, jugar o ir de compras. Después se volverá hipercrítico del pan dulce, demasiado azucarado y demasiado refinado, que hay en el mercado, y su paladar empezará a exigirle el verdadero pan dulce.

1. Aunque no acepto usar un gancho para amasar el pan de sal diario, sí recomiendo una máquina de batir eléctrica con su gancho para el pan dulce de estas recetas (con la excepción, de los biscuits de queso) porque es necesario amasar vigorosamente durante largo tiempo.

2. Necesitará un área tibia, libre de corrientes de aire, para levar las masas. Lo ideal es una temperatura de 24 °C (75 °F), de modo que sugiero que tenga a mano un termómetro ambiental.

3. Se preguntará por qué hago una siembra y luego sólo uso la mitad en la receta. En primer lugar, la mitad de la cantidad es difícil de mezclar y de amasar en el tazón común y corriente que traen las batidoras. En segundo lugar, esto lo alentará a intentar hacer la receta por segunda vez.

4. ¿Por qué estos panes no tienen grandes cantidades de mantequilla? En México el pan dulce se compra y se come en grandes cantidades a diario. Si tuvieran tanta mantequilla serían demasiado pesados y caros para comerse a tal escala por la mañana y por la tarde, con café con leche o chocolate.

5. Todos los panes que, como estos, se preparan con grandes cantidades de levadura, tienden a secarse con rapidez. En cuanto salgan del horno cómase todos

482

los que pueda y utilice el resto como yo se lo sugiero congelándolos, recalentándolos o tostándolos cuando es posible.

6. El clima influye sobre este tipo de cocina. Un día encapotado, húmedo y caluroso no producirá la misma masa ligera y bonita de un día claro y seco, así es que ya está advertido.

7. Para hacer los terrones de azúcar que se usan para decorar algunos panes dulces, vierta una capa gruesa y generosa de azúcar granulada sobre una charola para hornear grande. Humedézcala completamente con agua y deje que se seque por completo y quede pegada antes de desmoronarla, lista para usarse.

8. Para amasar o trabajar la masa, jamás use sus dedos, sólo la palma de la mano y los bordes de la palma. Cuando la masa esté dura, use todo el antebrazo para romperla.

9. Para obtener resultados predecible, use levadura en pastilla, no levadura seca.

EQUIPO ESPECIAL PARA HORNEAR PAN MEXICANO

A mi modo de ver, me parece esencial una báscula que indique las cantidades tanto en gramos y kilos. Una balanza postal o de dieta para medir cantidades pequeñas, si es que la que usa no las mide con precisión, es un posible sustituto.

Además del rodillo de madera de tamaño normal, debe tener un rodillo delgado, como de 30 a 38 cm de largo y de apenas unos 2.5 cm de diámetro. Es probable que no lo encuentre en ninguna parte, así que haga lo que hacen en las panaderías mexicanas: compre un palo para escoba, córtelo al tamaño apropiado y lime los extremos.

Un raspador de plástico para masa. Ninguna otra cosa puede sustituirlo.

Un cortador para decorar las Conchas (pág. 488); no es esencial pero es bonito.

Un termómetro para cuarto que le permita juzgar y ajustar las temperaturas cuando está lavando la masa.

Dos espátulas grandes de plástico.

Pedazos de toalla vieja, y bolsas de plástico grandes para levar las masas.

Una batidora eléctrica de alto rendimiento con gancho para masa. Creo que no sería honesto de mi parte no compartir el resultado de mi experiencia en tantas cocinas con tantas piezas distintas de equipo, en Inglaterra, Estados Unidos, México y Francia. Por encima de todas a las batidoras prefiero la KitchenAid sólo para uso doméstico. Muchos de los diseños de las batidoras sólo cumplen con la estética, algo que se aplica especialmente a las máquinas inglesas y alemanas. Aquellas que tienen una parte inferior bulbosa –aunque la batidora puede estar diseñada para ella– muy raramente baten con la rapidez y la precisión que el tazón mezclador más cónico que ofrece KitchenAid.

Cuernos

Rinde de 20 a 24 cuernos, de aproximadamente 11.5 cm de longitud después de horneados

Los cuernos grandes, gordos y bien dorados que se hacen en México son uno de los panes dulces más populares. Están hechos de una masa rica, parecida a la del brioche, y se les da bastante tiempo para que se leven con lentitud a fin de que desarrollen su sabor y su carácter. Necesitan batirse mucho, de modo que le sugiero usar una batidora para trabajo pesado que tenga gancho para amasar.

Por cuestiones de economía, se hacen con margarina o con manteca vegetal. Yo he transigido y agregado un poco de mantequilla para mejorar el sabor.

Empiece por lo menos con 12 horas de anticipación.

LA SIEMBRA (PARA HACER 2 TANDAS)
225 gr de harina blanca (1 taza raza/225 ml), más otro poco para enharinar
30 gr de levadura en pastilla (2 cucharadas/32 ml) muy apretada
2 cucharadas de agua tibia, aproximadamente
3 huevos grandes, ligeramente batidos

LA MEZCLA DE GRASA
200 gr de mantequilla sin sal, a temperatura ambiente (3/4 de taza copeteada/ aproximadamente 200 ml)
115 gr de margarina sin sal, a temperatura ambiente (1/2 taza/125 ml)
60 gr de manteca vegetal, a temperatura ambiente (1/4 de taza/65 ml)

LA MEZCLA FINAL DE MASA

450 gr de harina blanca (2 tazas rasas/475 ml), más otro poco para enharinar

1 taza (250 ml) de huevos, aproximadamente 4 grandes

100 gr de azúcar granulada (aproximadamente 1/3 de taza/85 ml) más

2 cucharadas

60 gr de margarina sin sal, a temperatura ambiente (1/4 de taza/65 ml)

1/4 de taza (65 ml) de agua tibia

EL GLASEADO

2 huevos grandes, bien batidos

Cierna la harina en el tazón de una batidora de uso pesado. Desmorone la pastilla de levadura en un tazón chico, agregue el agua tibia, y deshaga los grumos con el revés de una cuchara de palo hasta que tenga la consistencia de una crema suave y ligera. Agregue los huevos y la crema de levadura a la masa, y bátala con el gancho para amasar a velocidad alta hasta que la masa forme un cuerpo adherente y empiece a desprenderse completamente de la superficie del tazón. La masa debe estar suave, pegajosa, lisa y brillosa. Esto debe llevarle aproximadamente 5 minutos.

Espolvoree un poquito más de harina alrededor del borde del tazón y bata la masa 2 segundos más. Enharine bien su superficie de trabajo. Con el raspador saque la masa del tazón y colóquela encima de la harina en la superficie de trabajo. Enharínese las manos y trabaje rápidamente la masa hasta formar un "cojín" en forma ovalada. Enmantequille una charola chica para hornear y espolvoréela con harina. Ponga encima la masa y hágale tres incisiones diagonales en la superficie. Tápela con un pedazo de papel encerado enmantequillado y luego con un trapo. Apártela en un lugar tibio, sin corrientes de aire, para que se eleve hasta que crezca a más del doble de su tamaño: 1 hora a 24 °C (75 °F).

Durante este lapso, prepare la mezcla de grasa. Mezcle las grasas con las puntas de los dedos hasta que estén bien incorporadas y suaves. Refrigérelas brevemente. Cuando esté lista para usarse, la mezcla de grasa debe estar suave pero flexible: ni muy dura ni muy aceitosa.

Divida la siembra inicial en dos porciones iguales. Almacene la mitad en el refrigerador para hacer la siguiente tanda de Cuernos (dura 3 días refrigerada y cerca de un mes en el congelador). Debe desmoronar un poco la otra mitad y ponerla en el tazón de

485

la mezcladora. Agregue el resto de los ingredientes (pero, desde luego, no la mezcla de grasas) y bata a velocidad alta con el gancho para masa, hasta que la masa forme un cuerpo adherente y se separe de los bordes del tazón: aproximadamente 10 minutos.

Durante este lapso apague la mezcladora de vez en cuando para raspar la masa que se acumula encima del gancho. A estas alturas la masa debe estar suave, pegajosa, lisa y brillosa. Rocíe un poco más de harina alrededor de las orillas del tazón y bata la masa 2 segundos más.

Enharine bien su superficie de trabajo y con el raspador coloque la masa encima. Enharínese las manos y rápidamente haga un "cojín" ovalado con la masa. Déjela descansar 1 minuto.

De nuevo enharínese las manos y aplane la masa para formar un rectángulo con el lado más largo hacia usted. Luego, con el rodillo grueso, extienda la masa para formar un rectángulo de 49 por 25.5 cm, y 75 mm de grueso, levantando la masa constantemente mientras usa el rodillo para asegurarse de que no se pegue a la superficie de trabajo. Rocíe un poco más de harina debajo de la masa cuando sea necesario.

Empezando por el lado derecho, unte la mezcla de grasas, lo más uniformemente posible, sobre dos terceras partes de la masa (quedará una capa de grasa bastante gruesa), dejando un borde de 2.5 cm sin grasa, alrededor del borde de la masa. Espolvoree la grasa libremente con harina. Empezando del lado izquierdo, doble el borde de la masa que no tiene grasa sobre el tercio engrasado que está a la mitad. Luego doble el tercio que está a mano derecha encima de los otros dos para formar un pulcro "paquete" rectangular. Asegúrese de que las orillas queden tan parejas como sea posible, como si estuviera planchando un mantel de lino. Presione las orillas firmemente con el rodillo para que la grasa no escape. Dele a la masa una vuelta en el sentido de las manecillas del reloj, para que el lado más largo de nuevo quede hacia usted.

Otra vez, enharine bien su superficie de trabajo. Con el rodillo extienda la masa una segunda vez en forma rectangular. Espolvoree la superficie de la masa con harina, dóblela igual que antes, y dele una vuelta en el sentido de las manecillas del reloj. Enharine la superficie de trabajo una vez más y extienda la masa otra vez, aunque ahora el rectángulo será ligeramente más pequeño: 43 por 20 cm, aproximadamente. Ahora la levadura entrará en acción y la masa se volverá más gruesa y elástica. Espolvoree la masa con harina y dóblela una tercera vez.

Aparte la masa para que descanse aproximadamente 10 minutos. No la refrigere a menos que sea un día muy caluroso. Para hacer este tipo de pan, la temperatura ideal del área de trabajo en la cocina es de 24 °C (75 °F); una temperatura que no es demasiado alta para trabajar y reposar la masa.

Enharine la superficie de trabajo una vez más y con el rodillo estire la masa dos veces más, doblándola y volteándolo de la misma forma. Tape la masa doblada con un pedazo de papel encerado enmantequillado y un trapo grueso, y déjela en el fondo del refrigerador, para que la masa crezca lentamente, durante al menos 6 horas y un máximo de 12.

Al final de este tiempo en que la masa creció, retire la masa del refrigerador. Enharine bien su superficie de trabajo y vierta la masa encima. Si la masa está muy fría y dura, y resulta difícil extenderla, déjela a temperatura ambiente unos 15 minutos. Estire la masa con el rodillo hasta que tenga unos 75 mm de grueso. Usando un raspador de plástico para pastelería o un cuchillo, corte la masa en tiras de aproximadamente 13.5 cm de ancho. Corte cada tira en triángulos que tengan 7.5 cm de largo en la base.

Levante uno de los triángulos de masa y estire la base ancha suavemente hacia fuera para formar unas "orejas" alargadas. Con delicadeza estire el lado puntiagudo de la masa un poquito. Coloque el triángulo de masa en la superficie de trabajo, con el punto hacia usted, y luego, usando las palmas de la mano, rápida y suavemente enróllela de las "orejas" hacia el punto, formando un rollo parejo y compacto. Curve los extremos para completar la forma de luna: asegúrese de que la punta se vea encima del cuerno.

Coloque los cuernos como a 5 cm unos de otros en una charola para hornear ligeramente engrasada y apártelos en un sitio tibio, alejado de las corrientes, pero sin tapar, hasta que hayan duplicado su tamaño: aproximadamente 2 1/2 horas en una temperatura de 24 °C (75 °F).

Justo antes de que termine este lapso de tiempo en que la masa crece, coloque los estantes del horno en la mitad superior del horno. Caliente el horno a 225 °C (425 °F).

Con una brocha unte los cuernos con bastante huevo batido y hornéelos hasta que tengan un color dorado profundo (no dorado claro): aproximadamente 12 minutos. A mitad del tiempo de cocción, invierta la posición de las charolas para que los cuernos se horneen y se doren de manera uniforme, por arriba y por abajo.

Conchas

Rinde de 16 a 18 conchas, de 12.5 cm después de horneadas

De todos los panes dulces mexicanos, las conchas son quizá las más populares. Son bollos redondos y esponjosos, con un adorno de azúcar al que se le da una forma curva, como de concha, de donde deriva el nombre de este pan. Hay quienes las adornan con un diseño a cuadros y, estrictamente hablando, deben llamarse chicharrones (el mismo nombre que se le da a la piel frita del puerco), aunque por lo general a todas se les llama conchas. Cuando están recién horneadas y están bien hechas son exquisitas, pues a la masa se le da mucho tiempo para que se levante lentamente, lo que desarrolla su sabor. Como todos los panes que llevan un alto porcentaje de levadura, se secan muy pronto. En vez de recalentarlas, prefiero cortarlas horizontalmente en rebanadas gruesas y luego tostarlas. También saben muy bien cuando se rebanan gruesamente, se ponen en charolas para hornear bien enmantequilladas, y se tuestas hasta que están crujientes, como si fueran biscochos suecos, que se comen con té o café, o incluso con helado.

Para este tipo de masa –que necesita batirse mucho– en verdad se requiere una mezcladora que tenga gancho para masa, a no ser, desde luego, ¡que tenga brazos muy fuertes y sea su manera de expiar su glotonería!

Empiece un día antes.

LA SIEMBRA(PARA DOS TANDAS)

225 gr de harina blanca (2 tazas/500 ml), y un poco más para trabajar

15 gr de levadura en tableta

3 cucharadas de agua tibia, aproximadamente

2 huevos grandes, ligeramente batidos

LA MEZCLA DE MASA FINAL

450 gr de harina, y un poco más para trabajar

170 gr de azúcar granulada (3/4 de taza/170 ml)

1/2 cucharadita de sal

30 gr de mantequilla sin sal, suavizada (2 cucharadas)

488

1 taza (250 ml) de huevos (aproximadamente 4 grandes), ligeramente batidos
1/4 de taza (65 ml) de agua tibia, aproximadamente

EL ADORNO DE AZÚCAR
115 gr de harina (1 taza/250 ml)
115 gr de azúcar para repostería (1 taza/250 ml menos 2 cucharadas)
60 gr de margarina sin sal, a temperatura ambiente (1/4 de taza/65 ml)
60 gr de manteca vegetal
2 cucharadas de cacao en polvo sin azúcar
1 cucharada de canela molida

Cierna la harina en un tazón. Desmorone la levadura toscamente en un tazón chico. Agregue el agua tibia y, con el revés de una cuchara de palo, deshaga los grumos hasta que tenga la consistencia de una crema suave y ligera. Agregue los huevos y la crema de levadura a la harina y bátala con el gancho para masa durante unos 2 minutos: la masa debe estar bastante rígida y pegajosa. Espolvoree un poco de harina extra alrededor del tazón y bata la masa 2 segundos más para que se separe limpiamente de la superficie del tazón.

Enharine bien la superficie de trabajo. Con un raspador transfiera la masa a la superficie de trabajo y déjela descansar 1 minuto. Luego enharínese bien las manos y rápidamente dele a la masa una forma de "cojín" ovalado. Colóquela en una charola para hornear bien engrasada y enharinada, y hágale tres incisiones profundas en la superficie. Tápela con una pedazo de papel encerado enmantequillado y con un trapo grueso. Deje que la masa suba en un lugar tibio: debe duplicar su tamaño en 1 1/2 horas a una temperatura de 24 °C (75 °F), que es la temperatura ideal.

Al final de este periodo, corte la masa en dos partes iguales. Péselas para asegurarse de que sean iguales. Ponga una parte en el refrigerador para una tanda posterior de conchas (dura 3 días en el refrigerador y 2 meses congelada). Troce la otra mitad de la partida en pedazos toscos y póngalos en un tazón grande.

A la siembra que está en el tazón, agregue los ingredientes para la mezcla final de masa, excepto 60 gr del azúcar, y bata la masa con el gancho para masa a velocidad alta durante 5 minutos. Agregue el resto del azúcar y bata 5 minutos más, o hasta que la masa esté suave, pegajosa y brillante, y forme una masa de cuerpo adherente. Espolvoree los lados del tazón con un poquito más de harina y bata la masa 2 segundos más para que la masa se desprenda de las paredes del tazón.

Enharine bien su superficie de trabajo y también sus manos. Con un raspador levante la masa y transfiérala a la superficie. Rápidamente forme un "cojín" redondo y uniforme. Déjela descansar 1 minuto mientras enmantequilla y enharina otro tazón grande, dejando libre el tazón de la batidora para otros propósitos.

Ponga la masa en un tazón, tápela con un pedazo de papel encerado enmantequillado y con un trapo o talla gruesos. Apártela a un lugar tibio y libre de corrientes: aproximadamente 24 °C (75 °F), durante 2 horas. Al final del periodo en que la masa se levanta, coloque el tazón cubierto, con la masa dentro, en el fondo del refrigerador. Deje que la masa se levante lentamente durante 12 horas.

Justo antes de que termine este largo periodo, prepare el adorno de azúcar para las conchas. Cierna la harina junto con el azúcar para repostería. Corte la grasa en pedacitos en la harina y trabájela con las yemas de sus dedos hasta que esté totalmente incorporada de manera uniforma y tenga una mezcla suave y flexible. Divida la mezcla en dos partes iguales. Agregue el cacao a una parte y la canela a la otra, y mezcle cada una hasta que el saborizante queden bien distribuido en cada una. Aparte.

Después de que la masa haya completado el largo periodo en que sube, viértala en una superficie bien enharinada y déjela reposar 1 minuto. Enharínese las manos y rápidamente trabaje la masa para darle una forma de "cojín" redondo. Con un raspador de plástico o un cuchillo afilado, corte la masa en 4 porciones iguales. Divida cada una en cuatro, para obtener 16 porciones. A mí me gusta asegurarme que cada porción sea igual, así que peso cada una y corto cualquier excedente que pese más de 60 gr; así, por lo general, acabo con 18 piezas.

Engrase unas charolas para hornear.

Enharínese las manos ligeramente, tome una bola de masa en cada mano. Curve las palmas de las manos y los dedos alrededor de cada una y presiónela firmemente sobre la superficie de trabajo. Mueva las manos de manera circular para formar, muy rápidamente, bolas de masa completamente redondas y parejas. (Este es un truco de panadero, y lleva bastante práctica dominarlo. Si la superficie tiene demasiada masa no tendrá tracción; si está demasiado pegajosa, la masa se pegará y no estará pareja.)

Coloque las bolas de masa en las charolas preparadas, como a 7.5 cm unas de otras. Cuando estén todas listas, engrásese las manos bien y presione cada bola firmemente para aplanarla ligeramente. Tome un pedacito del adorno de azúcar y forme una bolita como de 2.5 cm de diámetro. Enharínese las manos y con los dedos de su mano izquierda, o derecha –cualquiera que sea el caso–, presione la bolita en la mano de la palma de su mano contraria hasta que tenga un disco aplanado como de 7.5 cm de diámetro. Presione el disco muy firmemente en cada una de las bolas de masa para que se adhiera bien. Repita hasta que todas las bolas de masa tengan adorno de azúcar: unas de canela y otras de chocolate. Corte una cuadrícula o un patrón curvado en el adorno de azúcar con un cuchillo, o use un cortador auténtico.

Aparte las conchas, sin tapar, en un lugar tibio, sin corrientes, hasta que tengan casi el doble de tamaño: aproximadamente 2 horas a una temperatura de 24 °C (75 °F).

Ponga dos de las rejillas del horno en la mitad superior del horno. Precaliente el horno a 190 °C (375 °F).

Hornee las conchas hasta que la masa esté ligera y esponjosa y el derredor del adorno de azúcar se empiece a dorar: aproximadamente 12 minutos.

Campechanas

Rinda para hacer 32 piezas

Las campechanas son como mil hojas ovaladas de tapa brillante que se rompen al morderlas. Siempre había querido hacerlas, y me sentí orgullosísima el día en que las charolas llenas de mis propias campechanas salieron del horno de la panadería. Todos los panaderos se asomaron para ver cómo me habían salido, y me felicitaron cuando las campechanas fueron llevadas a la vitrina, para venderse.

Una vez que se acostumbre a extender y estirar la masa, no hay más dificultades. Lo considero siempre un ejercicio de destreza. Visto así, ¡quizá no sea tan frustrante las dos o tres primeras veces que intente hacerlas! Sin embargo, el proceso de horneado tiene que ser perfecto o acabará con capas blancuzcas de masa cruda en el centro; o el azúcar de arriba no se derretirá y no se caramelizará como debe. Las campechanas comerciales siempre se hacen con una mezcla de manteca vegetal y margarina –en México nunca las he probado de mantequilla– pero yo uso un poco de mantequilla en esta receta para mejorar el sabor.

En verdad necesita una batidora eléctrica:15 minutos de batido en la máquina equivalen a por lo menos media hora, a mano.

LA MASA BÁSICA

450 gr de harina (aproximadamente 2 tazas/450 ml)

1/4 de cucharadita copeteada de sal

30 gr de azúcar granulada (2 cucharadas)

1 1/3 tazas (335 ml) de agua fría

30 gr de manteca vegetal (2 cucharadas)

GRASA PARA LAS MANOS Y PARA LA SUPERFICIE DE TRABAJO

225 gr de manteca vegetal (1 taza/250 ml), aproximadamente, para engrasarse muy bien las manos y engrasar muy bien la superficie de trabajo

LA MEZCLA DE GRASA Y HARINA

140 gr de harina (1 1/4 tazas/315 ml)

115 gr de mantequilla sin sal, a temperatura ambiente (1/2 taza/125 ml)

115 gr de margarina sin sal, a temperatura ambiente (1/2 taza/125 ml)

60 gr de manteca vegetal, a temperatura ambiente (1/4 de taza/65 ml)

EL ADORNO

1 taza (250 ml) de azúcar granulada, aproximadamente

Ponga todos los ingredientes para la masa básica en el tazón de una batidora de trabajo pesado y bátala aproximadamente 15 minutos con el gancho para amasar, hasta que tenga una masa algo rígida, muy lisa y muy elástica que se separe de la superficie del tazón en madejas. (Compruebe esto estirando un pedazo de masa. Si se rompe con facilidad, necesita batirla un poco más.)

Engrase bien su superficie de trabajo con un poco de la grasa adicional. Vierta la masa a la superficie. Engrase bien sus manos y divida la masa en dos partes iguales. Con el rodillo estire cada una para formar una pelota grande. Vuelva a engrasarse las manos y presione cada pelota para formar un círculo plano y parejo de 20.5 cm de diámetro y 2 cm de ancho. Unte la masa con bastante grasa y apártela para que repose aproximadamente 10 minutos. Mientras tanto, prepare la mezcla de grasa y harina.

Con los dedos trabaje la harina y la grasa suavizada hasta que la mezcla esté completamente lisa. Divídala en dos porciones iguales. La mezcla debe estar suficientemente suave para untarla con facilidad, pero por ningún motivo permita que se haga demasiado grasosa, si esto ocurre refrigérela brevemente. Apártela.

Engrase sus manos y el área de trabajo con bastante de la grasa extra. Tome uno de los discos de masa y voltéelo bocabajo (podrá ver las junturas de la masa). Aplane la masa tan uniformemente como sea posible para formar un rectángulo de unos 2 cm de grosor, con la parte estrecha hacia usted. Engrase el rodillo generosamente (lo ideal es que mida 15 cm de longitud, véase la nota en la pág. 474), y con él estire la masa para hacerla más delgada, conservando su forma rectangular, hasta que tenga aproximadamente .5 cm de grosor.

Tome una porción de la mezcla de grasa y harina y úntela, con sus manos, tan uniformemente como sea posible sobre la masa extendida. De nuevo unte el rodillo con más grasa, y cuidadosamente jalando el extremo cercano de la masa, presiónelo alrededor del rodillo. Dele una vuelta al rodillo, cubriéndolo con una delgada capa de masa y dejando unos 7.5 cm del rodillo sin cubrir en cada extremo.

Tomando el rodillo con una mano, estire la masa uniformemente sobre el rodillo con la otra mano. Luego, muy cuidadosamente, empiece el movimiento de rodar y estirar, levantando la masa bastante alto por encima de la superficie conforme se estira. Sus manos trabajarán como pedales de una manera bastante natural conforme estira la masa. Estire la masa delgada como papel tanto como pueda sin que se rompa. (Note, sin embargo, que aun a los panaderos más expertos se les rompe la masa de vez en cuando, de modo que si ocurre, no se desespere. También ocurrirá lo mismo si la masa no se batió bien desde el principio.) Los últimos centímetros de la masa deben alisarse y estirarse con mucho cuidado, ya que formarán la capa exterior de las campechanas.

Engrase sus manos con más grasa, y úntela libremente sobre la parte exterior de la masa estirada. Tomando el extremo del rodillo con una mano, con la otra empuje el rollo de masa para que salga del rodillo (tendrá la forma de una salchicha como de 8 cm de diámetro). De nuevo engrase sus manos y poco a poco estire el rollo acomodándolo en distintas partes hasta que se haya extendido para formar un rollo más largo y delgado como de 71 cm de largo y 4 cm de diámetro. Ponga el rollo en una superficie bien engrasada mientras repite el mismo procedimiento con el segundo rollo. Deje que la masa descanse unos 20 minutos.

Para formar las campechanas, tome el rodillo entre su dedo pulgar izquierdo y su dedo índice a unos 6.5 cm del extremo. Aplane la pequeña sección de masa con la otra mano hasta que tenga aproximadamente 1.5 cm de grueso. Luego, apretando la masa con fuerza entre su dedo pulgar y su dedo índice, de un giro rápido, desprendiéndola del resto de la masa. (No había forma de convencer al Maestro Miguel de usar un cuchillo o cualquier clase de cortador. Según él, eso hecha a perder la forma de las campechanas porque de hacerlo así tendrían bordes desiguales.)

Tenga listas unas charolas para hornear sin engrasar. Coloque el pedazo de masa que separó en una de ellas. Engrasándose las manos muy bien, aplane la masa para formar una óvalo delgado de 14 por 6.5 cm. Unte la superficie aplanada con otra generosa cantidad de grasa. Repita el procedimiento hasta que se acabe la masa: cada rollo rinde unas 16 campechanas. (Matemáticamente no parece correcto, pero la masa se estira aún más a medida que trabaja con ella.)

Precaliente el horno a 190 °C (375 °F), colocando las rejillas del horno en la mitad superior del horno. Espolvoree generosamente el azúcar del adorno sobre los trastes terminados de masa aplanada. Voltee los trastes al revés y golpéelos suavemente en distintos lugares para que caiga el exceso de azúcar. (Nota: si no engrasó la parte superior de la masa suficientemente, el azúcar no se adherirá de manera correcta y no se formará el glaseado.)

A menos que tenga un horno muy grande, hornee una charola a la vez, en la rejilla media del horno, hasta que las campechanas se esponjen y se hayan dorado ligeramente: de 15 a 20 minutos. Suba la temperatura del horno a 230 °C (450 °F), mueva el traste a la rejilla superior, y hornéela otros 5 minutos: para entonces el azúcar debe haberse derretido y caramelizado. Tenga cuidado: el horneado es engañoso y cada horno es diferente. Tendrá que experimentar un poco con la primera charola para obtener el resultado deseado. Los hornos de gas tienden a ser temperamentales, se salen de control a los 230 °C (450 °F) y el azúcar se quema.

495

Biscuits de queso

Rinde aproximadamente 40 biscuits, de 9 cm de diámetro después de horneados

Estos suntuosos biscuits que llevan levadura son uno de los panes dulces favoritos en México. Desde luego, saben mejor si se comen el día que se hacen, de preferencia recién salidos del horno, pero se congelan perfectamente bien y pueden recalentarse cortándolos a la mitad y tostándolos. Los que no se hayan congelado y estén un poquito secos deben sumergirse rápidamente en leche, cortarse horizontalmente en rebanadas gruesas, y tostarse. Son deliciosos solos o con mermelada a la hora del desayuno o del té.

Por razones económicas las panaderías de México hacen los biscuits de queso con margarina. Por motivos de sabor, yo substituyo parte de la margarina con un poco de mantequilla. El queso crema de parquete está bien, pero siempre que es posible, prefiero comprar el mejor queso crema que es un poco más suelto y que se vende en delicatessens o en tiendas especializadas.

Comience por lo menos cinco horas antes.

LA SIEMBRA (PARA UNA TANDA)

Tenga listas 6 charolas para hornear, engrasadas

180 gr de harina (1 1/2 tazas/375 ml), más otro poco para enharinar

60 gr de azúcar granulada (1/4 de taza/65 ml)

1/4 de cucharadita de sal

30 gr de levadura en pastilla

1 cucharada de agua tibia

1/3 de taza (85 ml) de huevos ligeramente batidos

60 gr de margarina sin sal, suavizada (1/4 de taza/65 ml)

LA MEZCLA FINAL DE MASA

225 gr de azúcar granulada (1 taza/250 ml menos 2 cucharadas)

225 gr de queso crema

2 cucharaditas de sal

1 1/3 tazas (335 ml) de huevos ligeramente batidos

1 taza (250 ml) de leche entera

1.125 kg de harina (10 tazas/2.5 l)
3 cucharadas copeteadas de polvo para hornear de doble acción
225 gr de margarina sin sal, a temperatura ambiente (1 taza/250 ml)
140 gr de mantequilla sin sal, a temperatura ambiente (2/3 taza redondeada)

EL GLASEADO
2 huevos grandes, bien batidos

Ponga la harina, el azúcar y la sal juntas en un tazón; mezcle bien. Desmorone la levadura en un tazón chico, añada el agua tibia, y con el revés de una cuchara de madera deshaga todos los grumos hasta obtener la consistencia de una crema ligera. Agregue la crema de levadura, los huevos y la margarina suavizada a la mezcla de harina y mezcle sólo hasta que los huevos estén bien incorporados y tenga una masa suave y pegajosa: aproximadamente 3 minutos.

Con un raspador transfiera la masa a una superficie enharinada. Déjela descansar 1 minuto y luego, con manos bien enharinadas, dele la forma de un cojín alargado. Engrase y enharine ligeramente una charola pequeña para hornear y ponga encima el cojín de masa. Hágale tres incisiones profundas en la parte superior. Luego cúbrala con un pedazo de papel encerado enmantequillado y con una toalla gruesa y póngala en un lugar tibio –24 °C (75 °F) es ideal– para que casi doble su volumen. Esto llevará aproximadamente 2 horas.

Troce toscamente la siembra y póngala en un tazón. Agregue el azúcar, el queso crema, la sal, los huevos y mezcle todo hasta que esté bien combinado, lo que debe llevarle unos 3 minutos. Añada la leche y mezcle 1 minuto más, luego aparte.

Cierna juntos la harina y el polvo para hornear. Corte la grasa en la masa y cuando esté en pedacitos tállela ligeramente con las yemas de sus dedos hasta que la mezcla parezca pan molido fino. Poco a poco añada la mezcla de harina a la mezcla de los ingredientes, mezclándolos sólo hasta que estén combinados. El resultado debe ser una masa suave y pegajosa.

Enharine muy bien su superficie de trabajo (no se limite a una espolvoreada ligera con una latita perforada). Con un raspador transfiera la masa a la superficie y deje que repose 1 minuto. Luego enharínese bien las manos y rápidamente trabaje la masa hasta formar un cojín redondo. Déjela reposar 1 minuto más. Vuelva a enharinarse las manos y estire la masa hasta formar una rectángulo grueso. Luego, con un rodillo del-

497

gado, aplane la masa para formar un rectángulo -con el lado más largo hacia usted- de aproximadamente 53.5 por 33 cm, y 1.25 cm de grueso.

Enharine ligeramente la superficie de la masa. Empezando del lado izquierdo, doble un tercio de la masa sobre el tercio del medio, asegurándose de que las orillas coincidan con pulcritud. Luego doble encima el lado derecho para formar un paquete nítido. Levante el paquete y enharine bien la superficie de trabajo. Dele a la masa un giro a la derecha, en el sentido de las manecillas del reloj. Con el rodillo vuelva a extenderla hasta obtener el mismo tamaño, más o menos. Enharine la superficie de la masa con un poquito más de harina, vuelva a doblar la masa como antes, y de nuevo dele una vuelta a la derecha. Repita este proceso una vez más, para darle tres vueltas en total. Deje que la masa repose 1 minuto.

De nuevo enharine bien la superficie de trabajo y con el rodillo estire la masa hasta que tenga unos 2 cm de grosor. Usando un cortador para galletas, sencillo y redondo, como de 6.5 cm de diámetro, corte la masa en rondallas y colóquelas como a 4 cm una de otras en una charola para hornear engrasada. Reúna la masa restante, presiónela bien, y con el rodillo estírela hasta que tenga 2 cm de grosor. Córtela en biscuits. Cuando haya cortado todos los biscuits, aplánelos ligeramente con la palma de la mano y luego estampe cada uno en el centro con un cortador circular como de 1.5 cm de diámetro. Aparte los biscuits para que crezcan, sin tapar, hasta que alcancen casi el doble de su tamaño: aproximadamente 2 horas a temperatura de 25 °C (75 °F), en un lugar libre de corrientes de aire.

Ponga dos rejillas en la mitad superior del horno. Precaliente el horno a 190 °C (375 °F). Con una brocha pinte la superficie de los biscuits con bastante huevo batido y hornéelos, dos charolas por vez, durante unos 10 minutos. Invierta la posición de las charolas -mueva la charola que estaba en la rejilla superior a la rejilla de abajo, y así- y hornee de 5 a 10 minutos más, o hasta que estén esponjosos, bien cocidos, y dorados en la parte de arriba.

Retire las charolas del horno y deje que los biscuits se enfríen alejados de las corrientes y el aire frío.

Postres

y galletas

Llegamos hasta un gran corredor, decorado con pinturas y amueblado con sillas antiguas de altos respaldos donde, ante el asombro de nuestros ojos, se disponía una elegante cena, muy alumbrada y ornamentada: pasteles, chocolates, nieves, cremas, natillas, tartas, jaleas, manjares blancos, naranjada, limonada y otras exquisiteces profanas, ornamentadas con papel dorado en forma de banderitas.

Madame Calderón de la Barca, Vida en México, sobre una visita a un convento.

A principios de los setenta en México, casi todos los días caminaba por el Bosque de Chapultepec hasta la estación del metro que está justo frente a la estatua de los Niños Héroes: ¿hay alguna otra parte del mundo donde uno pueda encontrar un letrero que diga *Prohibido pasar con globos*, en lugar de los señalamientos de siempre que prohíben escupir o tirar basura? Si usted hubiera estado en el Bosque de Chapultepec un domingo o en un día festivo de 1970, con sus nubes y nubes de globos, de todos colores y de las formas más extrañas, entenderá el por qué del letrero.

Justo afuera de la estación, desde la mañana hasta la tarde, solía ponerse una mujer que vendía postres en un carrito ingeniosamente diseñado. Arriba, en una vitrina de cristal, estaban los dulces más delicados. El carrito tenía una extensión plegable, con rampas ligeramente inclinadas, donde se estremecían las gelatinas de todos colores. Algunas eran brillantes y transparentes; las había rojas y verdes; otras eran opacas y tenían un cremoso color rosa, verde y café. También había las de base cremosa y tapa cristalina, con toda una fresa entera adentro y unas cuantas nueces picadas; vasitos de arroz con leche, o flan con fondo de caramelo. Entre otros sabores, había gelatinas de pistache, nuez, zarzamora o jerez. En realidad no hacía falta un carrito tan complicado. Los domingos en la tarde, en Puebla, en las calles que rodean el mercado, los niñitos pasaban con charolas de natillas y de jaleas temblorosas sobre la cabeza, o llevaban los postes en distintas jaulitas, artificiosamente diseñadas, con muchos estantes y paredes de vidrio que cabían cómodamente en la parte trasera de una bicicleta.

Intentaré trazar la imposible línea que separa a los dulces de los postres mexicanos, porque lo que yo llamaría dulce a menudo se sirve como postre, al final de una comida. Sin lugar a dudas las monjas españolas del periodo colonial fueron las máximas innovadoras, y muchos de sus dulces todavía sobreviven en la misma forma y con las mismas recetas.

500

No es necesario ir a Puebla para ver la enorme variedad de dulces "de convento". La próxima vez que vaya a la Ciudad de México, camine del Palacio de Bellas Artes hacia Cinco de Mayo, en dirección al Zócalo. En la acera, a mano derecha, encontrará la *Dulcería Celaya*, atendida por los descendientes de la familia que la fundó en 1874. Sus aparadores, ventanales, lámparas y accesorios –es decir, casi todo lo que hay en su interior– casi no han cambiado, a no ser por el rugir del tráfico proveniente de la ajetreada calle.

Por lo general, uno de los aparadores está dedicado a las frutas cristalizadas: camotes enteros, gruesas rebanadas de piña, sandía de rojo profundo, trozos de chilacayote blancuzco con sus semillas negras, cáscaras de naranja entera. Del otro lado están los gaznates: cornetas de una delgada masa frita, rellenas con pasta de piña y coco; delgados triángulos de turrón de almendra entre hojas de papel de arroz, y gruesos discos de chocolate molido en el metate con almendras y azúcar, y perfumado con vainilla y canela. Adentro, me llamaron la atención los brillantes limones verdes rellenos de coco; miniaturas de pasta de almendra en forma de jarritos de leche como de dos centímetros de altura; un mamey con un pedazo de su piel café claro enroscada para mostrar el intenso color entre rosa y salmón de su interior; o la papaya, también en miniatura, con el corte que permite ver la pulpa y las semillas internas. Hay grandes jamoncillos rectangulares de Puebla, decorados con piñones y pasas; las agridulces pastas de tamarindo que provienen de Jalisco y los rollos de dulce de leche cubiertos con nueces de Saltillo. La variedad era, y sigue siendo, abrumadora. Siempre quiero volver para volver a probarlo todo.

Para el viajero de hoy que acepta lo que esté en el menú del modesto restaurante promedio –aunque los restaurantes más caros ahora ofrecen una variedad más amplia de postres sofisticados– hay muy poco de dónde escoger, aparte de los helados de siempre, de las frutas en almíbar (las marcas comerciales que se especializan en frutas en almíbar son en verdad excelentes), chongos de lata, y el inevitable flan de muy variada calidad. Pero si viaja por el interior del país, busque algunas de las especialidades regionales.

En San Luis Potosí, busque queso de tuna (una conserva de tuna) que se sirve con rebanadas del queso crema; es muy bueno. También duraznos prensados. Entre a una de las muchas dulcerías que, bajo los arcos de los edificios en los alrededores de la plaza central de Morelia, venden las delgadas láminas enrolladas de guayaba, membrillo o tejocote. Hace muchos años, en el supermercado de La Paz, Baja California, yo compré una pasta de mango que estaba deliciosa. En Monterrey, la capital industrial del norte del país, tras una deliciosa comida de cabrito con frijoles rancheros, asegúrese de que, con el café, le den bolitas de leche quemada de cabra, especialidad del pueblito de General Zuazúa. Irapuato y Zamora son grandes centros de producción de fresas, y además de deliciosas mermeladas, venden paquetes de fresas cristalizadas.

La primera vez que visité Acolman -un hermoso convento y uno de los más antiguos del periodo colonial- en el camino a las pirámides de Teotihuacan, me sorprendió mucho observar, grabado en un arco de piedra sobre la entrada principal, la inconfundible forma redonda de un flan, junto con uvas y otras frutas y verduras. Los españoles trajeron vacas lecheras hacia 1530, y las monjas no perdieron ni un minuto en reproducir sus dulces y postres favoritos, combinando productos traídos de España con los ingredientes locales.

Tal y como supongo que la mayoría de la gente hace fila para visitar una iglesia o un museo famoso, yo me dirijo directo al mercado. Es la clave de alimentación durante los siguientes días de mi visita a un lugar. Me parece que la parte más interesante del mercado de Mérida es la que está en los alrededores, como a una cuadra a la redonda. Los vendedores de dulces están bajo los arcos de los edificios cercanos. Casi todos están hechos a base de coco, y entre ellos, mi favorito -un verdadero asesino de las coronas de las muelas- es el coco melcochado: coco finamente rallado en una palanqueta de caramelo.

Me topé con el marañón -la fruta pulposa de la nuez- la primera vez que fui al mercado de Campeche. La nuez crece en el exterior de su fruta, que tiene un color rojo y amarillo, y madura en mayo. En Campeche hay toda una industria que se dedica a embotellar el marañón en alcohol o en almíbar. Pruebe los que están en almíbar: necesitan el dulce porque los otros son bastante amargos. Recuerdo haber visto en la estación de autobuses (¡vaya lugar!) una bolsa de plástico sellada que contenía lo que parecía una ciruela grande y pulposa: era el marañón seco. Tiene un sabor sutil, y aunque comí marañones casi todos los días durante una semana, sencillamente no puedo relacionarlo con ninguna otra fruta.

Los duraznos y los membrillos conservados en aguardiente son la especialidad de los altos de Chiapas. En San Cristóbal el aire es muy húmedo y, al igual que ocurre en Inglaterra, de vez en cuando, hay que tomar un trago para quitarse el penetrante frío. Fue en la Dulcería Santo Domingo que vi esa fruta por primera vez en un gigantesco frasco de vidrio. ¡Qué hallazgo! Tenían el pan dulce más fresco y delicioso que hubiera encontrado en México en aquel entonces, y suculentas empanadas calientes, recién saliditas del horno, con un relleno de carne ligeramente dulce.

Sí: en México hay una variedad gigantesca de dulces, pero tiene que prepararse para buscar los que son realmente buenos.

Flan de naranja
Señora María Luisa Camarena de Rodríguez
Tehuacan, Puebla
Rinde 6 porciones

La señora María Luisa Camarena de Rodríguez me invitó a quedarme con su familia en Tehuacan, Puebla, a fines de octubre para que probara la especialidad del lugar: el mole de cadera, que se prepara cada año durante la época de la matanza de cabras (véase *México, una odisea culinaria*). Sin embargo, durante mi breve estancia, me llevó a conocer a las mejores cocineras del pueblo y me prestó su recetario familiar, para que eligiera y copiara las recetas que llamaran mi atención. Muchas tenían un origen casi completamente español, y me gustó en particular este flan de naranja.

Me parece un postre sensacional. Si las naranjas están muy dulces tendrá que agregar un poquito más de jugo de limón. Lo hice también con una proporción de jugo de mandarina, que resultó tan poco común como delicioso. Reduje la cantidad de azúcar a 1/4 de taza (65 ml, además del azúcar para el caramelo), y agregué la ralladura, lo que me parece que mejora el sabor. No se sorprenda de que el flan no lleva leche o de la forma en que la mezcla se reduce durante el tiempo de cocción. Si no deja que la espuma de los huevos batidos se asiente antes de meterlo al horno, se inflará y se pegará a la tapa de la flanera.

3/4 de taza de azúcar
la ralladura de 2 naranjas y 1/2 limón
1 taza (250 ml) de jugo de naranja más el jugo de 1/2 limón
6 huevos grandes, separados

Primero haga el caramelo. Derrita 1/2 taza (125 ml) de azúcar en una sartén gruesa a fuego lento. Cuando esté completamente derretida, suba el fuego y revuelva el almíbar con una cuchara de palo hasta que se oscurezca (el color dependerá de qué tan oscuro quiera el caramelo). Vierta el caramelo en una flanera o en un molde de 1 litro, y dele vueltas rápidamente, inclinando el molde de lado a lado hasta que el fondo esté uniformemente cubierto de caramelo, cubriendo hasta la mitad de los lados. Apártelo.

Precaliente el horno a 180 °C (350 °F). Si no está utilizando una flanera, arme un baño María en la rejilla inferior del horno (puede improvisar usando una cazuela para rostizar en el que quepa el molde, poniéndole agua caliente de 4 cm de profundidad), o de manera que llegue casi a la mitad del molde *después* de verter la mezcla del flan.

Agregue la ralladura de la fruta al jugo y, poco a poco, incorpore el 1/4 de taza (65 ml) restante de azúcar para que se disuelva.

Bata las yemas hasta que espesen. Luego, en un tazón aparte, bata las claras a punto del turrón. Sin dejar de batir, poco a poco incorpore las yemas a las claras. Cuando estén completamente incorporadas, añada poco a poco el jugo de naranja, sin dejar de batir. Deje que la espuma se asiente antes de verter la mezcla en el molde con caramelo. Engrase la tapa del molde, tápelo y colóquelo en el baño María. Hornéelo hasta que el flan cuaje: aproximadamente 2 horas. (Compruébelo insertando un probador para pastel. Si sale limpia, el flan está listo.) Apártelo para que se enfríe, pero *no* lo refrigere, antes de desmoldarlo.

Flan a la antigua
Basado en una receta de la señora Josefina Velásquez de León
Rinde 6 porciones

Este es un flan verdaderamente extraordinario que tiene una textura satinada.

1 l de leche entera
1/2 taza (125 ml) de azúcar
una vaina de vainilla, de aproximadamente 5 cm
una pizca de sal
4 huevos grandes
6 yemas de huevo

Tenga lista una flanera cubierta con caramelo (vea la pág. 503).

Precaliente el horno a 180 °C (350 °F).

Caliente la leche en una olla gruesa, agregue el azúcar, la vaina de vainilla y la sal. Deje que hierva suavemente durante unos 15 minutos. La leche debe reducirse 1/2 taza (125 ml). Aparte para que se enfríe.

Bata bien las claras y las yemas juntas. Añádalas por un colador a la leche que ya se enfrió y revuelva bien. Vierta la mezcla a la flanera preparada a través de un colador. (Enjuague la vaina de vainilla, deje que se seque, y guárdela para usarla de nuevo una vez.)

Tape el molde y colóquelo a baño María en la rejilla inferior del horno. Hornee el flan durante 2 horas y compruebe que esté bien cuajado. Una vez listo, apártelo para que se enfríe.

Cocada imperial

Señora Norma de Shehadi

Ciudad de México

Rinde 6 porciones

A pesar de su nombre, esta cocada es un flan texturado y delicioso. Desde luego, sabrá mejor si lo prepara con coco fresco, ya que puede usar el agua también. ¡Le advierto que, ya cocido, se separa en capas!

Como todos los flanes, sabe mejor si se hace con varias horas de anticipación, o incluso un día antes, para que se ponga firme y sea más fácil cortarlo.

3/4 de taza (185 ml) de azúcar

2 tazas (500 ml) de leche entera

1 coco pequeño

1 taza (250 ml) del agua del coco

4 huevos grandes, separados

una pizca de sal

Tenga lista una flanera cubierta con caramelo (vea la pág. 503).

Precaliente el horno a 180 °C (350 °F).

En una olla gruesa, derrita el azúcar en la leche a fuego lento. Luego suba el fuego y deje que la leche hierba vigorosamente. Cuide que no se derrame. En cuanto comience a espesar, revuelva la mezcla para que no se pegue al fondo de la olla. Después de unos 30 minutos, debe tener la consistencia de una leche condensada ligera y debe haberse reducido a 1 taza (250 ml).

Perfore el coco a través de los dos "ojos" y extraiga el agua. Apártela. Ponga el coco entero en el horno durante unos 8 minutos. Ábralo: la carne debe desprenderse de la cáscara fácilmente.

Pele la piel café de la pulpa con un pelador y ralle la pulpa muy finamente; para hacer el flan necesitará 2 1/4 tazas (565 ml) de coco.

Agregue el coco rallado al agua de coco y hiérvalo a fuego alto durante unos 5 minutos, sin dejar de revolver. Agregue la leche "condensada" y cocínelo 5 minutos más. Aparte la mezcla para que se enfríe.

Bata las yemas hasta que estén cremosas e incorpórelas bien a la mezcla de coco. Aparte bata las claras hasta que estén a punto de turrón, añada la sal, y siga batiéndolas hasta que estén firmes, pero no demasiado secas. Incorpórelas a la mezcla con movimientos envolventes.

Vierta la mezcla en el molde preparado. Tape el molde con una tapadera bien engrasada y métalo a baño María. Cocine el flan en la rejilla inferior del horno durante aproximadamente 1 1/2 horas, y compruebe que se haya cuajado. Cuando esté listo, apártelo para que se enfríe.

Queso de Nápoles
Rinde 6 porciones

Existen muchas variaciones del Queso de Nápoles o Queso Napolitano, pero el origen de su nombre sigue siendo un misterio. Si lo pide en Yucatán, le darán un flan muy sólido hecho a base de leche condensada de lata, con o sin almendras molidas. Y también puede hacerse sin el caramelo. Elegí esta versión porque creo que es la mejor de todas: es un flan blanco y delicado, con una esponjosa capa de almendras en el fondo. También constituye una estupenda manera de usar las claras de huevo que siempre se acumulan.

2 tazas (500 ml) de leche entera

1/4 de taza (65 ml) de azúcar

1/4 de taza (65 ml) de almendras peladas y finamente molidas

(aproximadamente 45 g)

4 claras de huevo

una pizca de sal

Tenga lista una flanera con caramelo (vea la pág. 503).

Precaliente el horno a 180 °C (350 °F).

En una olla gruesa ponga a hervir la leche. Deje que hierva suavemente durante 5 minutos.

Agregue el azúcar y las almendras a la leche. Deje que la mezcla hierva a fuego lento durante otros 5 minutos. Apártela hasta que se enfríe.

Bata las claras hasta que estén a punto de turrón, agregue la sal, y siga batiendo hasta que estén firmes. Con movimientos envolventes, incorpore las claras a la mezcla de leche. Vierta la mezcla en la flanera preparada.

Tape el molde con una tapadera bien engrasada y colóquela en la rejilla inferior del horno, a baño María. Hornéelo durante 1 1/2 horas, y luego compruebe que el *queso* haya cuajado bien. Una vez listo, apártelo para que se enfríe.

Capirotada I

Rinde 6 porciones

La Capirotada es uno de los postres favoritos de la Semana Santa en México. Se prepara a base de rebanadas de bolillo. Rebane el pan y déjelo toda la noche en una charola a que se seque, o puede secarlo en un horno a fuego lento.

En algunas de las recetas para hacer Capirotada se indica que hay que freír el pan, que absorbe una cantidad gigantesca de grasa, de modo que aquí cambié el método de preparación.

No vea con desdén la hoja de higo que se menciona abajo; si puede conseguirla, le da un sabor especial y delicioso al postre. Sugiero que deje remojar el piloncillo en agua con varias horas de anticipación, ya que tiende a ser bastante duro.

Tradicionalmente, la Capirotada se como a manera de postre con un vaso de leche a la hora de la cena.

1/4 de taza (65 ml) de manteca de puerco derretida
1/4 de taza (65 ml) de aceite vegetal
4 bolillos cortados en rebanadas de 1.5 cm de grueso, seco
225 gr de piloncillo rallado
1 taza (250 ml) de agua
una raja de canela de 10 cm o 1 hoja de higo grande
115 gr de queso añejo o romano finamente rallado
1/4 de taza (65 ml) de pasitas
1/4 de taza (65 ml) de almendras fileteadas o de piñones
3 cucharadas de mantequilla sin sal, suavizada y cortada en pedacitos

Precaliente el horno a 180 °C (350 °F) y coloque la rejilla del horno a la mitad.

Enmantequille generosamente un traste refractario no muy hondo, en el que pueda acomodar las rebanadas de pan en una sola capa: un traste de 21.5 por 21.5 cm resulta perfecto.

Elija una charola para hornear galletas en la que quepan cómodamente todas las rebanas de pan. Mezcle la manteca derretida y el aceite y engrase bien la charola. Ponga el pan en la charola y, con una brocha, unte el pan con el resto de la mezcla de aceite y manteca. Hornéelo durante unos 10 minutos, luego voltee las piezas de pan y hornéelo otros 10 minutos, o hasta que el pan esté crujiente y dorado.

A fuego lento, derrita el piloncillo o el azúcar en agua, junto con la canela o la hoja de higo (si usa piloncillo, vea la nota superior). Deje que el almíbar resultante rompa el hervor y déjelo al fuego *sólo* 8 minutos (el almíbar debe tener un poco de cuerpo pero no ser demasiado espeso).

Ponga la mitad de las rebanadas de pan en el refractario preparado y muy lentamente vierta aproximadamente 1/3 del almíbar sobre el pan (*no* sobre el refractario). Luego espolvoréelo con la mitad del queso, las pasas y las nueces. Póngale encima los pedacitos de mantequilla. Cubra con el resto de las rebanadas de pan, el almíbar, y espolvoree el resto del queso, las pasas, las nueces, y los pedacitos de mantequilla. (Nota: es de especial importancia que vierta el almíbar poco a poco encima del pan, esperando a que se absorba cada tanda de almíbar antes de agregar más. Si no lo hace así, el almíbar se irá al fondo del traste y la capa de arriba quedará seca.) Tape el refractario y horneélo aproximadamente 20 minutos, tras lo cual el pan debe estar suave pero no aguado. La parte de arriba debe quedar ligeramente dorada.

Sirva la capirotada caliente o fría.

Capirotada II
Señora María Elena Lara
Ciudad de México
Rinde 6 porciones

Ésta es una versión completamente distinta de la anterior. Mientras la primera lleva bolillos, ésta lleva un pan ligeramente dulce que se llama pechuga. Este pan también se rebana y se deja secar toda la noche, o lentamente en el horno.

La señora Lara usa acitrón picado entre capas, pero a mí me parece demasiado dulce: un problema que tengo con la mayoría de los postres mexicanos. Yo prefiero usar piña deshidratada y 1/3 de taza (85 ml) de pasitas y pasitas de Corinto como sustituto, volviendo –estoy segura– a mi infancia en Inglaterra, donde el pudín de pan con mantequilla era una favorito indiscutible en casa.

Para esta receta es ideal un traste redondo de vidrio como de 21.5 cm de diámetro y de 6.5 a 7 cm de profundidad.

2 1/2 tazas (625 ml) de leche
1/3 (de taza 85 ml) de azúcar
una raja de canela de 5 cm
1/3 de taza (85 ml) cubitos de acitrón
1/3 de taza (85 ml) de almendras limpias y fileteadas, o de piñones
5 1/2 tazas de aceite vegetal
3 tortillas secas, de 15 cm de diámetro
4 cucharadas de mantequilla sin sal
15 rebanadas de pan de levadura dulce, cada una de aproximadamente
15 cm de largo, 2 cm de alto, y 1.5 cm de grueso
1/2 taza (125 ml) de acitrón en cubitos (véase pág. 596), o de piña deshidratada

EL ADORNO

4 huevos grandes, separados

una pizca de sal

2 cucharadas de azúcar, aproximadamente

Ponga la leche, el azúcar, la canela, las pasas y las almendras en una olla y deje que rompa el hervor. Deje que siga hirviendo lentamente hasta que el azúcar se haya disuelto. Aparte para que se enfríe.

Caliente las 1 1/2 cucharadas de aceite y fría las tortillas por ambos lados. Deben quedar correosas. Escúrralas sobre toallas de papel, y luego córtelas de manera que cubran por completo el fondo del refractario redondo.

Derrita 2 cucharadas de la mantequilla y 2 cucharadas más del aceite. Sumerja rápidamente las rebanadas de pan en la mezcla para que queden ligeramente cubiertas, sin que absorban demasiada grasa. Agregue el resto del aceite y la mantequilla, y repita el proceso con las demás rebanadas. Vuelva a poner las rebanadas en la sartén, en tandas, y fríalas a fuego medio hasta que estén doradas por ambos lados. (La receta original lleva mucha más grasa porque las rebanadas solamente se fríen. Este método es más laborioso pero se ahorra mucha grasa.)

Ponga un tercio del pan frito en un cuarto de la leche azucarada, tapando el fondo por completo. Vierta aproximadamente un cuarto de la leche endulzada, las pasitas y la mezcla de almendras, y luego espolvoree con un tercio del acitrón. Cubra con otra capa de pan. Vierta aproximadamente un tercio de la leche restante y de la fruta, de manera uniforme, sobre el pan, y luego espolvoree con otro tercio del acitrón. Repita las capas con el resto de los ingredientes. Aparte para que el pan absorba la leche: aproximadamente 15 minutos.

Coloque la rejilla del horno en la parte inferior y precaliéntelo a 180 C (350 F).

Bata las claras hasta que esponjen. Añada sal y bátalas a punto de turrón (debe poder voltear el tazón boca arriba sin que las claras se caigan). Agregue las yemas, una por una, batiendo bien después de añadir cada una, hasta que estén bien incorporadas.

Unte la parte superior del budín de manera uniforme con los huevos batidos, luego espolvoree el azúcar y métalo al horno durante unos 30 minutos. Cuando esté cocido, el líquido debe haberse absorbido y la parte superior debe quedar ligeramente dorada.

Sirva la Capirotada fría o caliente.

BUÑUELOS

Todos los días, en algún lugar de México, las iglesias celebran el día de su santo patrono. De pronto, de la nada aparecen puestecitos de comida que por la mañana atienden a los clientes en las aceras, afuera de la iglesia, listos para alimentar a los hambrientos feligreses. Los puestos pueden adornarse alegremente con complicados panes de fiesta de todos tamaños, y en ellos quizá preparen las enchiladas y los tacos de siempre, pero, llueva, truene o relampaguee, siempre hay un puesto de buñuelos.

En los pueblos de Michoacán el buñuelo parece haberse convertido en un alimento cotidiano. Conforme cae la tarde, se escucha la actividad bajo los arcos de la plaza de los lugares más tradicionales, conforme todo el mundo se reúne para chismear mientras come un plato de pozole o come buñuelos. Ahí se estila romper el buñuelo y meterlo en un almíbar caliente, que tiene una raja de canela, y a uno se le permite escoger entre buñuelos caramelizados (todavía crujientes) o garritos (cocidos en el almíbar hasta que se suavizan). Y en México ninguna cena de Navidad está completa sin buñuelos con chocolate caliente. Ésta es la época en que se sacan las recetas familiares y todos ayudan a extender las círculos de masa, delgados como papel, que luego se fríen hasta que están crujientes y se espolvorean con azúcar y canela, o quizá con un almíbar de sabor a vainilla. Naturalmente, todas las recetas son ligeramente distintas, y las familias se enfrentan unas con otras, proclamando que la suya es mejor y más auténtica.

Casi todos los países tienen su propia versión de buñuelos o tortitas, ya sea dulces o salados, y ciertamente son uno de los grandes favoritos a lo largo de España y Latinoamérica.

En muchas partes de México los buñuelos se hacen con una masa más dura, que se estira hasta quedar muy delgada y alcanza un diámetro de hasta 30 cm. Luego se fríe hasta que está crujiente y se apila, lista para usarse. En Uruapan he recorrido los portales de la plaza central por la tarde buscando los buñuelos más crujientes y frescos, para comerlos con una taza de chocolate caliente. Ahí se despedazan y se calientan rápidamente en un almíbar espeso de piloncillo: el azúcar sin procesar que se vende en México.

Buñuelos del norte
Señora Alma Kaufman

Chihuahua

Rinde aproximadamente 22 buñuelos de 25.5 cm

Alma Kaufman, que nació en Chihuahua, me enseñó a hacer estos buñuelos que son toda una tradición en su familia.

Mientras Alma estaba sentada con las piernas cruzadas, estirando cada círculo de masa, tan delgado como el papel, con dedos veloces, me contó sobre su infancia. Cada Navidad iba a visitar a su abuela a la Sierra de Chihuahua. La observaba mientras, sentada al sol, la señora estiraba la masa sobre su rodilla o sobre una jarra de cerámica puesta boca abajo. Alma cree que el aire y el sol de esa época del año tienen algo especial que contribuye a que los buñuelos que se hacen entonces sean mucho mejores que los que se preparan el resto del año. Su abuela siempre hacía cientos de buñuelos para la familia y los amigos, pero los mantenía guardados bajo llave para que los niños, cuyo apetito no tenía límite, no se los comieran. Durante los días anteriores a la Navidad, ellos hacían desesperados intentos por encontrar la llave que abriera el tesoro de buñuelos.

La señora Kaufman mencionó que la receta original de su abuela lleva una infusión de las cáscaras de tomate verde, para mezclar la masa y darle un agente ácido que levante la masa, pero ahora se sustituyen con los polvos para hornear. Y como la familia prefiere comer los buñuelos tal cual, en vez de espolvorearlos con azúcar y canela o con almíbar con sabor a canela, la masa tiene más azúcar que la mayoría de las recetas. (También pueden hacerse con mantequilla, con manteca de puerco, o con una mezcla de grasas, según el gusto personal.)

Los muebles de la casa estaban atestados de discos de un dorado pálido, y el hijo de la señora Kaufman estaba terminando la última tanda de buñuelos: un total de seis kilos de harina. La golpeaba y la jalaba hasta que alcanzara su punto. Para probar el punto correcto de la masa, hacía una bola gruesa y la ponía sobre su puño cerrado. La masa rodaba suavemente sobre su mano, y caía como una tapa ajustada. Otra manera de probar el punto era formar un rollo grueso y hacerle un corte como de 4 cm con un cuchillo afilado. Si la masa rebotaba de inmediato como elástico, la masa estaba lista.

LOS BUÑUELOS

1 taza (250 ml) de agua fría, aproximadamente

1/2 taza (125 ml) de azúcar (si no va a usar almíbar)

1 cucharada de azúcar, si va a servir con almíbar

1/2 cucharadita de sal

900 gr de harina (aproximadamente 4 tazas/1 l)

2 cucharaditas de polvo para hornear

4 cucharadas de manteca de puerco o de mantequilla, cortada en pedacitos

1 huevo grande, ligeramente batido

aceite vegetal para freír

EL ALMÍBAR (OPCIONAL)

1 taza (250 ml) de piloncillo rallado

1/2 taza (125 ml) de agua fría

una raja de canela de 6.5 cm, cortada a la mitad

o azúcar glas con canela en polvo, si no va a servir con almíbar

Ponga el agua en una olla pequeña. Agregue el azúcar y la sal. Caliéntela a fuego lento hasta que el azúcar se haya disuelto. Deje que la mezcla se entibie mientras empieza con la masa.

Cierna la harina y el polvo para hornear juntos, luego incorpore la grasa tallándola con las yemas de los dedos, hasta que la mezcla semeje migajas finas. Agregue el huevo batido y luego, poco a poco, agregue el agua azucarada. Amase bien la masa, jalándola y aventando la masa contra la superficie de trabajo, hasta que esté suave y elástica. Compruebe que está lista formando un cojín de masa y haciéndole una incisión de aproximadamente 2.5 cm con un cuchillo. La masa debe rebotar de inmediato. Esto lleva de 10 a 15 minutos, dependiendo, claro, de cuánto empeño ponga en ello.

Primero forme un óvalo con la masa, luego enróllela para formar una salchicha alargada. Doble ambos extremos para formar un cojín. Meta la masa dentro de una bolsa de plástico. Apártela en un lugar tibio, durante un mínimo de 3 horas.

Después de que la masa haya reposado, divídala y forme bolas como de 2.5 cm de diámetro. Coloque las bolas en una charola. Cúbralas primero con envoltura de plástico y luego con una toalla húmeda, y déjelas reposar por lo menos 30 minutos.

Cubra su mesa con un trapo. Siéntese cómodamente en una silla, cruce las piernas y coloque un trapo de cocina limpio sobre su rodilla. Presione una de las bolas de masa firmemente entre sus palmas hasta que obtenga un círculo como de 6.5 cm de diámetro. Tome la masa entre los pulgares y los índices de ambas manos, estirándola suavemente hasta formar un círculo más grande como de 10 cm. Hágalo de modo que el centro quede casi transparente y las orillas estén un poco gruesas.

Coloque el centro de la masa sobre su rodilla y, usando los pulgares y los índices, estírela a la vez que tira del grueso borde exterior con movimientos rápidos y pequeños, trabajando en el sentido de las manecillas del reloj, hasta que tenga un círculo como de 25 cm de diámetro. Con cuidado, coloque el buñuelo sobre la mesa para que se seque (puede colgarlos a la orilla de la mesa) mientras sigue con las bolitas restantes. Al tacto, los buñuelos se sentirán secos y como si fueran de papel. Deles vuelta y deje que se sequen completamente por el otro lado. El proceso de secado tomará aproximadamente 45 minutos de cada lado, dependiendo de la humedad del aire.

Vierta el aceite un una sartén gruesa hasta que tenga 1.5 cm de profundidad. Caliéntelo, pero sin que humee. Cubra una charola grande con una capa doble de toallas de papel.

Con cuidado, meta uno de los buñuelos al aceite caliente: lo más probable es que se infle. Con un tenedor puntiagudo en cada mano, perfore la masa en varios sitios y levante un lado que escape el aire. En quizás 2 segundos aparecerán manchas doradas pálidas a través de la masa o en el borde, señal de que el buñuelo debe voltearse y freírse unos segundos del otro lado. El buñuelo debe tener un color dorado pálido, con algunos parches de color cremoso. Si está demasiado oscuro (los buñuelos comerciales por lo general lo están), baje la flama y deje que el aceite se enfríe un poco antes de meter el siguiente buñuelo.

Conforme vaya terminando cada buñuelo, escurra el exceso de grasa, sosteniéndolo sobre la olla. Luego póngalos sobre las toallas de papel para que se acaben de escurrir. Sirva de inmediato o manténgalos calientes si les va a poner almíbar.

Si va a usar almíbar, ponga los ingredientes que se requieren en una olla chica. Póngala a fuego lento hasta que el azúcar se disuelva. Suba la flama y deje que el almíbar hierva rápidamente hasta que forme un hilo delgado: 49 C (120 F) en un termómetro para azúcar. Póngales el almíbar a los buñuelos calientes y sirva.

Los buñuelos duran solamente unos cuantos días en un lugar fresco. Después de eso desarrollan un sabor rancio.

Buñuelos de viento

Veracruz (1970)

Rinde 12 buñuelos chicos

Estos buñuelos de viento de Veracruz se parecen mucho a los churros de España –en su textura no en su forma– pero tienen anís y se sirven con almíbar.

Para la tanda de buñuelos que estaban preparando en el Restaurante Brisas del Mar, en un pueblito a unos cuantos kilómetros al sur del Puerto de Veracruz, se usaron treinta huevos. La señorita Duarte, quien me dio esta receta, me enseñó a hacerlos, y debo decir que todo mundo tomó con humor las extrañas formas de los buñuelos que degustaron los clientes aquel día.

EL ALMÍBAR

1 1/2 tazas (375 ml) de piloncillo rallado

1/4 de cucharadita rasa de semillas de anís

3 tazas (750 ml) de agua

LA MASA

1 taza (250 ml) de agua

1/4 de cucharadita de sal

1/4 de cucharadita de anís

3 cucharadas de manteca

115 gr de harina cernida (aproximadamente 1 taza/250 ml)

2 huevos grandes

1/4 de cucharadita de polvo para hornear

LOS BUÑUELOS

Aceite vegetal para freír: por los menos 4 cm

de profundidad en la olla

En una olla, agregue el azúcar y el anís al agua. Póngala a fuego medio hasta que el azúcar se haya derretido, y luego deje que hierva rápidamente. Deje que hierva unos 20 minutos: para entonces debe haberse reducido a 1 1/2 tazas (375 ml). Apártelo para que se enfríe.

Ponga el agua, la sal, el anís y la manteca en una segunda olla y deje que rompa el hervor rápidamente. Cuando la manteca esté completamente derretida y la mezcla aún esté hirviendo con suavidad, incorpore la harina rápidamente. Bata la mezcla, mientras todavía continúa al fuego, hasta que se encoja de los lados de la olla. Apártela para que se enfríe.

Cuando la masa se haya enfriado lo suficiente para manejarla, amásela hasta que esté bastante suave.

Bata los huevos ligeramente y, poco a poco, incorpórelos a la masa. Guarde un poquito de huevo hasta que haya probado la masa. Debe poder formar una bola suave que apenas mantenga su forma. Agregue el resto del huevo si es necesario.

Mezcle el polvo para hornear con la masa.

En una sartén honda caliente el aceite a 190 °C (375 °F). Humedezca sus manos, tome un pedazo de masa, y forme una bola como de 4 cm de diámetro.

Coloque la bola en sus dedos –no en la palma de su mano– y aplánela para formar un disco como de 2 cm de grosor. Haga un agujero en el centro de la masa y métala al aceite caliente. Fríala por ambos lados hasta que esté dorada y bien esponjada.

Retire los buñuelos de la grasa con una cuchara perforada y escúrralos sobre toallas de papel.

Vierta 1/4 de taza (65 ml) de almíbar sobre cada ración de dos buñuelos y sirva de inmediato.

Nota: Los buñuelos pueden hacerse con varias horas de anticipación y ponerles el almíbar justo antes de servirse, pero no duran bien de un día para otro.

Buñuelos chihuahuenses
Señora Rosa Margarita J. de Mejía

Chihuahua

Rinde 12 buñuelos de 20.5 cm

Estos buñuelos son de Chihuahua, igual que los de la señora Kaufman que aparecen en la pág. 512, ¡pero qué distintos son! Éstos se espolvorean con azúcar y canela mientras aún están calientes, y pueden comerse fríos o calientes. En Navidad, en Chihuahua se sirven con café con leche, ya que en el norte muy raramente se toma chocolate.

Al igual que en muchas partes de México se usa el tequesquite a manera de levadura, o puede sustituirlo con cremor tártaro.

340 gr de harina (aproximadamente 3 tazas/750 ml)

2 cucharaditas de polvo para hornear

1/4 de cucharadita de cremor tártaro

1/4 de cucharadita de sal

3 cucharadas de queso Chihuahua finamente rallado

1 1/2 cucharadas de manteca vegetal sólida, cortada en pedacitos

1 1/2 huevos grandes, ligeramente batidos

1/3 de taza (85 ml) de agua tibia, aproximadamente

aceite vegetal para freír

EL ADORNO

1/2 taza (125 ml) de azúcar, aproximadamente, mezclada con 2 cucharadas de canela molida

Cierna juntos la harina, el polvo para hornear, el cremor tártaro y la sal. Incorpore el queso. Añada la manteca vegetal y tállela ligeramente con las yemas de los dedos hasta que quede bien incorporada.

Poco a poco, incorpore los huevos y el agua. Luego amase la masa ligeramente hasta que esté suave y flexible: aproximadamente 2 minutos. Tape la masa con papel encerado y apártela durante unas 2 horas. No la refrigere a menos, claro, que haga mucho calor y el día esté muy húmedo.

Divida la masa en 12 bolas iguales de unos 4 cm de diámetro. Enharine ligeramente la tabla de madera. Con un rodillo delgado (véase la pág. 474), estire cuatro de las bolas de masa por separado, hasta que estén muy delgadas: cada una debe formar un círculo como de 20 cm de diámetro.

Vierta el aceite en una sartén gruesa de unos 25 cm de diámetro, para que el aceite alcance 1.5 cm de profundidad. Caliente el aceite. Con cuidado meta uno de los discos de masa en la grasa caliente y fríala hasta que adquiera un profundo color dorado en la parte de abajo (es probable que, hacia el final, necesite dos espátulas para mantener el buñuelo sumergido en la grasa). Esto lleva unos 2 minutos. Voltéelo con cuidado y fríalo del otro lado. (El proceso completo lleva de 3 1/2 a 4 minutos). Retire el buñuelo y escúrralo sobre toallas de papel. Mientras aún está caliente, espolvoréelo con el azúcar y canela.

Repita la misma operación con los tres círculos restantes. Luego estire más bolas de masa y repita hasta que todos los buñuelos estén listos.

Sírvalos de inmediato, o deje que se enfríen, y luego guárdelos en un traste hermético durante unos pocos días, porque después se ponen rancios.

Sopaipillas
Chihuahua
Rinde aproximadamente 120 sopaipillas

Durante años he negado ante los aficionados a las sopaipillas de Nuevo México la existencia de un equivalente mexicano. Ahora descubrí que sí lo hay, aunque muy rara vez, en el estado de Chihuahua. Hechos con la misma masa que las tortillas de harina, las sopaipillas se extienden hasta que la masa queda muy delgada, se cortan en pedacitos y se fríen hasta que estén crujientes e infladas. Luego se espolvorean con azúcar glass y canela, y se comen en la tarde, con café. Nunca las he visto en los menús de los restaurantes del norte.

Al estirar la masa con el rodillo procure no levantar mucha harina extra porque se hundirá en el fondo de la olla para freír y se quemará, con lo cual tendrá que colar el aceite y empezar de nuevo: es una lata y se hace un batidero espantoso.

1/2 cucharadita de sal
1 taza (250 ml) de agua tibia
60 gr de manteca de cerdo (1/4 de taza/65 ml), cortada en pedacitos
450 gr de harina (aproximadamente 4 tazas/1 l)
aceite vegetal para freír
azúcar glass y canela molida para espolvorear

Disuelva la sal en el agua y apártela para que termine de entibiarse. Frote la grasa para incorporarla a la harina con las yemas de los dedos, hasta que parezcan migajas finas.

Agregue el agua salada a la harina y mezcle la masa con las manos hasta que se desprenda limpiamente la superficie del tazón. Vierta la masa a una tabla ligeramente enharinada. Amásela y jálela durante unos 5 minutos. Amase hasta formar un cojín redondo. Ponga la masa en una bolsa de plástico, y apártela durante un mínimo de 2 horas, pero de preferencia toda la noche. No la refrigere.

Cubra una charola con un trapo limpio. Retire la masa de la bolsa y amásela durante alrededor de un minuto sobre la superficie ligeramente enharinada. Luego divídala en bolitas de aproximadamente 3.5 cm de diámetro: debe haber 30 bolitas. Colóquelas en la charola y tápelas con un trapo húmedo, para que las bolitas no se sequen por fuera y se les forme una costra.

Tenga lista una sartén chica con aceite vegetal que alcance una profundidad de 1.5 cm. Tenga lista otra charola, cubierta con dos capas de toallas de papel. Luego necesitará un tenedor cualquiera, un espátula de metal y un rodillo delgado (véase la pág. 483).

Comience a calentar el aceite a fuego lento mientras estira la primera bolita de masa.

Enharine muy ligeramente su superficie de trabajo. Con el rodillo estire una de las bolitas hasta que alcance unos 14 cm de diámetro: no se preocupe si el círculo no es uniforme porque las sopaipillas pueden cortarse en todo tipo de formas. La masa debe estar delgada pero no translúcida. Corte la masa en cuatro o seis piezas triangulares –o en cualquier otra forma que desee– e inmediatamente, *mientras la masa aún está húmeda*, meta las sopaipillas al aceite caliente. Sumerja las sopaipillas en el aceite con el revés de un tenedor. Si su aceite tiene la temperatura correcta, la masa debe empezar a burbujear y esponjarse en unos 2 segundos. En cuanto las sopaipillas adquieran un ligero color dorado de un lado, voltéelas y fríalas del otro lado durante unos segundos. Retírelas del aceite con una cuchara perforada y escúrralas sobre papel absorben-

519

te. Mientras todavía están calientes, espolvoréelas con el azúcar glass y la canela molida. Repita el mismo proceso con el resto de las bolas de masa.

NOTA SOBRE LA TEMPERATURA DEL ACEITE: El aceite debe calentarse hasta justo antes de que empiece a humear. Si las sopaipillas se cocinan demasiado rápido de un lado, no se esponjarán bien. Ajuste la intensidad de la lumbre constantemente y, si es necesario, compruebe la temperatura con un pedacito de masa.

Cajeta de Celaya
Basado en una receta de la señora Josefina Velásquez de León
Centro y Norte de México
Rinde aproximadamente 1 l

Cajeta *es el nombre que originalmente se le daba en México a las cajitas de madera donde se guardaban los dulces de leche, aunque ahora se usa para designar el dulce en sí: una pasta hecha a base de frutas, nueces o leche condensada. Aunque su objetivo original era conservar estos productos antes de que existiera la refrigeración, la cajeta de leche de hoy –que en otras partes de América Latina se conoce como dulce de leche– ahora se vende en frascos de vidrio, lo cual está muy bien porque sería muy frustrante tratar de mantener la cajeta dentro de la caja de madera sin que se saliera.*

La Cajeta de Celaya, que deriva su nombre de la activa ciudad del Bajío donde la preparación de cajeta se ha convertido en toda una industria, puede conseguirse en distintos sabores: envinada, caramelo, fresa (las fresas crecen abundantemente en esa zona del país). Como ocurre con muchos otros productos en el mundo, la demanda de cajeta ha crecido tanto que las de mala calidad se venden en grandes cantidades, a pesar de que han perdido las características de la cajeta original, pues ahora le añaden demasiado jarabe de azúcar. Sin embargo la mejor sigue siendo la cajeta de San Luis Potosí, hecha a base de leche de cabra, que tiene un gusto musgoso: la primera que probé en México.

En San Luis vi cómo hacían la cajeta comercial en gigantescas ollas y pensé que el color oscuro se debía al largo proceso de cocción, pero cuando la hice en casa vi que no era así. Ninguna de mis amistades pudo decirme cómo lograr el intenso y profundo color café de la cajeta de San Luis, y ningún libro de cocina lo menciona. Sin embargo, en el mismo librito donde encontré la receta para hacer cajeta de piña y plátano, hallé el método evidente que incluyo en esta receta.

Tradicionalmente en México la cajeta se come sola, y creo que así es como mejor sabe. Sin embargo, ahora también se usa para hacer crepas o encima del helado de vainilla lo que a mí, en lo personal, me parece demasiado dulce.

1 l de leche de cabra entera
1 l de leche de vaca entera
3/4 de cucharadita de fécula de maíz
1/4 de cucharadita rasa de bicarbonato de sodio
1 1/2 tazas (375 ml) de azúcar

El caramelo
1/2 taza (125 ml) de azúcar

Ponga la leche de cabra y 3 1/2 tazas (875 ml) de leche de vaca en una olla grande y pesada y deje que rompa el hervor.

Mezcle la fécula de maíz, el bicarbonato de sodio y la 1/2 taza (125 ml) restante de leche de vaca e incorpore esta mezcla a la leche hirviendo.

Poco a poco, incorpore la 1 1/2 tazas (375 ml) de azúcar a la olla y revuelva bien hasta que se haya disuelto. Siga cocinando la mezcla. Mientras tanto, prepare el colorante.

Caramelice la 1/2 taza (125 ml) de azúcar (véase pág. 503). Retire la mezcla de leche del fuego y, poco a poco, añada el caramelo caliente. Tenga cuidado porque sube hace muchísima espuma.

Siga hirviendo la mezcla hasta que apenas comience a espesar: de 40 a 50 minutos, dependiendo de la profundidad que tenga la cajeta en la olla. Luego siga cocinándola, revolviendo todo el tiempo y raspando el fondo de la cazuela, hasta que forme una hebra y cubra el revés de una cuchara de palo.

Vierta la cajeta en un traste para que se enfríe antes de servir. De principio a fin el proceso llevara aproximadamente 1 1/2 horas.

Nota: la Cajeta de Celaya dura indefinidamente en frascos con tapa de rosca, en un lugar fresco.

Cajeta de leche envinada
Centro de México
Rinde 6 porciones

6 tazas (1.5 l) de leche entera
450 gr de azúcar (aproximadamente 2 tazas/500 ml)
una pizca de bicarbonato de sodio
3 yemas de huevo grandes
1/3 de taza (85 ml) de almendras, blanqueadas y fileteadas
1/2 taza (125 ml) de vino de madeira o de jerez medio seco

Ponga la leche, el azúcar y el bicarbonato de sodio en una olla gruesa a fuego medio hasta que el azúcar se disuelva. Luego suba la flama y hierva lo más rápidamente posible durante 30 minutos. Aparte 3/4 de taza (185 ml) de la mezcla de leche y azúcar para que se enfríe. Bata las yemas hasta que estén cremosas y añádalas a la leche enfriada.

Siga hirviendo el resto de la mezcla de leche hasta que se ponga espesa, como leche condensada. Conforme espese, revuelva la mezcla continuamente o se pegará a la olla. Esto llevará unos 30 minutos.

Retire la cajeta del fuego y agregue la mezcla de huevo a la leche ya condensada, sin dejar de revolver. Siga cocinando la mezcla a fuego medio hasta que empiece a retirarse del fondo y los lados de la olla.

Incorpore las almendras y el jerez a la mezcla. Viértala sobre un traste para servir y deje que se enfríe bien.

Nota: esta cajeta dura indefinidamente en frascos con tapa de rosca, en un lugar fresco.

522

Cajeta de piña y plátano

Jalisco y Colima

Rinde 6 porciones

Ésta es una pasta de fruta, espesa y oscura, que tiene un sabor poco común.

Cada vez que preparo esta cajeta de piña y plátano me acuerdo de Luz, nuestra primera sirvienta mexicana. Aunque sólo venía algunos días a hacer la limpieza en casa, ella fue quien me dio mis primeras lecciones de cocina mexicana. En aquel entonces no se me ocurrió preguntarle de dónde había sacado la receta, y nunca la he encontrado en un recetario, ni tampoco conozco a nadie que sepa hacerla, al menos en la Ciudad de México. Pero un día hojeaba un libro que acababa de comprar, *Recetas prácticas para la señora de la casa*, publicado en Guadalajara en 1895, ¡y ahí estaba la receta!

Siempre recordaré a Luz por razones sentimentales, pues ella estaba en casa cuando Paul decidió que daríamos el gran paso y casarse otra vez. El día de la boda civil, cuando volvimos a casa, Luz estaba parada a la entrada del edificio, casi bloqueando la entrada con el arreglo de flores más grande que haya visto en mi vida. Estaba radiante, y tan emocionada que, al parecer, le había contado a todo el mundo de la boda, pues estaba rodeada del portero y su familia, varias sirvientas, y algunos curiosos. En efecto, se lo había dicho a todos pues aquella tarde cuando entré al baño –y debo explicar que la ventana de nuestro baño era extremadamente grande y daba hacia un tragaluz desde el cual se veía la ventana del baño de nuestro vecino francés– con todo la cortesía de los galos Monsieur se puso de pie, extendió los brazos y exclamó: "¡Felicidades, señora. Ya me enteré que usted y el señor se casaron." Y con esas palabras cerró la ventana.

1 1/2 tazas (375 ml) de piloncillo quebrado

3 tazas (750 ml) de agua

1 raja de canela de 5 cm

1 piña, aproximadamente 1.8 kg

900 gr de plátanos (no muy maduros)

una raja de canela de 5 cm, partida a la mitad

el jugo y la ralladura de 1/2 limón

Precaliente el horno a 180 ºC (350 ºF). Puede cocerla en la estufa, pero corre más peligro de que la cajeta se pegue y se queme.

Deje que el piloncillo, el agua y la canela rompan el hervor en una olla gruesa. Deje que hierva rápidamente durante unos 20 minutos. El líquido se habrá reducido a aproximadamente 2 1/2 tazas (625 ml). Retire la raja de canela.

Limpie y corte la fruta en cuadritos y licúela con el almíbar hasta obtener un puré un poco texturado.

Vierta la mezcla en un refractario poco profundo –lo ideal es que no tenga más de 8 cm de profundidad–, e incorpore la canela partida y el jugo de limón y la ralladura. Meta el traste al horno y deje que la mezcla se hornee durante unas 4 horas. De vez en cuando, raspe la mezcla de los lados del traste y revuelva bien. Esto es especialmente importante hacia el final del periodo de cocción.

Cuando la mezcla esté espesa, pegajosa y tenga un profundo color café, transfiérala a un traste más pequeño y métalo rápidamente bajo el asador para glasear la cajeta. Apártela para que se enfríe.

Sirva la cajeta con queso fresco o con crema.

Nota: La cajeta dura entre 10 y 15 días en el refrigerador, aunque dudo que eso sea necesario. Mucho me temo que cada vez que abro el refrigerador me robo un poquito de cajeta.

Guayabas rellenas de cocada

Rinde 12 porciones

Esta receta está inspirada en otra, que me dio la señora AnaMaría de Andrea, de Aguascalientes, a quien ya he mencionado. Durante años éste ha sido uno de mis postres "elegantes".

Por lo general hago doble cantidad de cocada y la congelo, lista para la siguiente tanda de guayabas. Dura perfectamente un año o más en el congelador.

225 gr de azúcar (aproximadamente 1 taza/250 ml)

1/2 taza (125 ml) de agua, preferentemente del coco

225 gr de coco finamente rallado, aproximadamente 1/2 coco fresco

2 yemas grandes de huevo, ligeramente batidos

la ralladura de 1 naranja

1/3 de taza (85 ml) de jugo de naranja

1/2 cucharadita de jugo de limón

12 "cascos" de guayaba cocidos (véase pág. 526)

En una olla gruesa, derrita el azúcar en el agua a fuego medio. Luego deje que el almíbar rompa el hervor. Deje que hierva rápidamente hasta que forme una hebra: 110 °C (225 °F) en un termómetro para dulce.

Agregue el coco al almíbar y cocínelo hasta que esté transparente pero no demasiado suave: aproximadamente 5 minutos. Apártelo para que se enfríe.

Agregue el resto de los ingredientes, excepto los cascos de guayaba, vuelva a poner en la lumbre, y siga cocinando la mezcla a fuego medio durante unos 15 minutos hasta que la mezcla esté casi seca, raspando el fondo de la olla continuamente. Aparte la cocada para que se enfríe.

Rellene cada casco de guayaba con una cucharada grande de cocada, cubriendo por completo el casco.

Coloque los cascos rellenos bajo el asador para que la cocada se dore un poco. *Cuidado: se quema muy rápido.* Aparte las guayabas para que se enfríen antes de servir.

GUAYABAS Y "CASCOS" DE GUAYABA

La guayaba (*Psidium guaba*) es una fruta nativa de América. Aunque en México existen muchos árboles de guayabas silvestres, la guayaba se cultiva de manera extensiva. También hay muchas variedades, pero para mí la guayaba pequeña [regordeta criolla] o guayaba nativa es la más fragante y deliciosa. Tiene una piel muy delgada que al principio tiene un color ligeramente verdoso y luego madura y se pone amarillo claro. La firmeza de su pulpa, de menos de medio centímetro de ancho, guarda en su interior muchas semillitas duras en una sustancia opaca y mucilaginosa.

Estas guayabas, y otras variedades más grandes y "mejoradas" ahora se exportan a algunas regiones de Estados Unidos, donde las he visto en venta en los supermercados que atienden las necesidades de la comunidad latinoamericana y del Caribe.

Aquí está mi método para preparar los cascos para rellenarlos:

450 gr de guayabas amarillas, maduras pero aún firmes
2 tazas de agua
1/2 taza (125 ml) de piloncillo rallado

Enjuague bien la fruta. Séquela pero no la pele. Retire la pequeña base circular de la flor reseca y corte la fruta a la mitad, horizontalmente. Ahora puede elegir entre retirar el interior pulposo que contiene las semillas, o quitarlas después de cocer la fruta, lo cual resulta más fácil.

Ponga el agua y el azúcar en una olla ancha y poco profunda en la que quepan todos los cascos en una sola capa y deje que rompa el hervor. Baje la flama y hierva el almíbar suavemente durante unos 5 minutos.

Ponga las mitades de guayaba, con la superficie cortada hacia abajo, en el almíbar y cuézalas suavemente, tapadas, durante unos 5 minutos. Escúrralas, con el corte hacia abajo, y cuando estén frías retire el interior pulposo, si es que todavía no lo ha hecho.

526

Dulce de camote
Nuevo León
Rinde 6 porciones

Al poco tiempo de llegar a México esta receta me la dio Elizabeth Borton de Treviño, cuyo volumen *My Heart Lies South (Mi corazón está con el Sur)*, sobre el inicio de su vida de casada en Monterrey, Nuevo León, ofrece un panorama fascinante de la norteña ciudad provinciana a principios de los cuarentas.

Después de madurarlo 3 días, para que desarrolle el sabor, este postre puede congelarse muy exitosamente hasta por un año.

Esta receta resulta más atractiva si se hace con el camote de pulpa anaranjada, pero si no lo puede conseguir, está bien usar el camote blanco. Puede subrayarlo con la cantidad y la variedad de frutas secas que utilice. En México es fácil conseguir frutas cristalizadas que son muy dulces, pero yo prefiero usar pasitas blancas y negras, cáscara de naranja y de limón cristalizada, piña cristalizada, duraznos secos, e incluso un poco de *angélica* –un lujo del pasado– que le da un toque crujiente delicioso.

900 gr de camote, de preferencia anaranjado

1/2 taza (125 ml) de azúcar

1/4 de taza (65 ml) de agua

1 cucharadita de extracto de vainilla

1 cucharadita de canela molida

1/2 taza (125 ml) de nueces toscamente picadas

1/4 taza (125 ml) de frutas cristalizadas y

frutas secas mixtas, picadas (véase pág. 501)

30 ml de ron añejo

30 ml de tequila, de preferencia añejo

PARA SERVIR

crema batida sin endulzar o crema común opcional

Tres días antes de servir, precaliente el horno a 190 °C (375 °F)

527

Hornee los camotes en charolas para hornear hasta que estén bastante suaves: aproximadamente 1 1/2-2 horas. Apártelos para que se enfríen. Pélelos y procese la pulpa en el procesador de alimentos. Deben quedarle aproximadamente 2 tazas (500 ml) de pulpa de camote.

En una olla grande ponga el agua y el azúcar a fuego lento hasta que el azúcar se disuelva. Suba la flama y hierva el almíbar hasta que haga hebra: 110 °C (225 °F) en un termómetro para dulce.

Añada la pulpa al almíbar y mezcle bien. Transfiérala a un tazón de vidrio. Mezcle el resto de los ingredientes, excepto la crema batida, y deje que madure por lo menos 3 días en el refrigerador. (Entre más tiempo pase, mejor.)

Vierta la mezcla en un platón para servir con la crema batida sin endulzar o crema cualquiera.

Nota: Entre más se deja reposar este postre mejor sabe: yo lo he congelado hasta por un año y aún salió maravilloso.

Chongos zamoranos
Basado en una receta de la señora Josefina Velásquez de León
Michoacán
Rinde 4 porciones

Los Chongos Zamoranos son rollitos de cuajada que se asemejan a la natilla, con un almíbar ligero hecho a base del azúcar y el suero.

Según los diccionarios de español, uno de los significados de la palabra chongo es "moño de pelo". *El Diccionario de cocina mexicana*, publicado en 1878, lo describe como "una sopa dulce hecha de pan o de pastel seco con queso, que se hace de innumerables maneras." Al revisar el índice del diccionario me doy cuenta que los "chongos de suero" o "conservas de suero" son idénticas a las de hoy.

En México los más populares son los chongos zamoranos de lata. La cuajada es muy elástica y rechina un poquito al morderla, y son mucho muy dulces. Para hacerlos he seguido las recetas mexicanas, con todas sus vaguedades, y he seguido las cuidadosas instrucciones de mis amigos mexicanos al pie de la letra; he intentado todas las marcas de leche que he podido encontrar; he variado las formas y tamaños de los platos, usado distintas cantidades de cuajo e intentado tiempos de cocción más largos. Sin exagerar, puedo decir que he intentado cientos de variaciones, en un intento por lograr que se parezcan a los auténticos chongos mexicanos. Y, de pronto, me detengo y me pregunto por qué hago todo eso si ¡aquí los chongos son mucho más ricos!

1 l de leche, natural o bronca, si es posible
2 yemas de huevo grandes
cuajo (en tabletas o líquido) suficiente para cuajar la leche (consulte
las instrucciones del fabricante)
1/2 cucharadita de agua fría
1/2 taza (125 ml) de piloncillo quebrado
1 raja de canela de 5 cm

Caliente la leche ligeramente a 44 °C (110 °F): es decir, un poquito más que tibia.

Bata las yemas ligeramente y mézclelas bien con la leche. Desmorone las tabletas de cuajo y deje que se disuelvan en el agua.

Vierta la mezcla de leche en una cazuela de por lo menos 8 cm de profundidad y de 20 a 25 cm de diámetro. Incorpore la solución de cuajo. Ponga el traste en un lugar tibio hasta que la leche cuaje: unos 30 minutos. Luego, con un cuchillo afilado, corte la crema de queso con cuidado, dividiéndola en 8 gajos iguales.

Ponga el traste a fuego lento, y en cuanto la cuajada y el suero empiecen a separarse, espolvoree el azúcar morena entre los segmentos de la cuajada. Desmorone un poco la raja de canela y póngala entre as piezas de la cuajada.

Deje el traste al fuego más lento posible durante 2 horas. Vigílelo con cuidado para que no rompa el hervor. Si es necesario, ponga un mantel de asbesto debajo del traste. La cuajada se pondrá más firme conforme pasa el tiempo de cocción. El azúcar y el suero empezarán a formar un almíbar ligero. Al terminar el tiempo de cocción, retire el traste del fuego y apártelo para que se enfríe.

Una vez que esté frío, empezando desde el extremo puntiagudo de cada pieza, enrolle la cuajada con cuidado. Ponga las piezas enrolladas en un platón y vierta encima el almíbar, con los trocitos de canela, sobre los chongos. Sírvalos a temperatura ambiente.

Nota: los chongos duran varios días en el refrigerador, pero se ponen cada vez más dulces porque absorben el almíbar. También el color se oscurece.

Mangos flameados
Howard Brown
Ramada Inn, Monterrey
Rinde de 2 a 3 porciones

Hace muchos años, Howard Brown, el primer Gerente General del Hotel Ramada Inn en Monterrey, era amigo de mi esposo Paul. Inventó esta receta y tuvo la generosidad de dármela para la primera edición de *The Cuisines of México.*

Sé que los mangos son deliciosos crudos, pero hay tantas variedades durantes tantos meses del año que uno siempre busca nuevas formas de prepararlos. Para esta receta, los mejores son los mangos de Manila, que son delgados y de color amarillo, y que pueden conseguirse en México a partir de mayo, durante unos tres meses. Si no hay manilas puede usar otras variedades de mango para esta receta.

Puede prepararla con anticipación hasta el punto de añadir y reducir los jugos, pero no agregue los mangos hasta que esté lista para terminar y servir el platillo. Estos mangos son deliciosos servidos sobre una nieve no muy dulce o sobre un helado que todavía esté bien congelado.

2 mangos de Manila o 1 mango Hayden, aproximadamente 450 gr
1 1/2 cucharadas de mantequilla sin sal
1 1/2 cucharadas de azúcar
la ralladura de 1/2 naranja finamente pelada y en julianas
la ralladura de 1/2 limón finamente pelado y en julianas
30 ml de Triple Sec o Cointreau
el jugo de 1/2 naranja
el jugo de 1/2 limón
30 ml de tequila blanco

Pele los mangos, rebane la pulpa y córtela en tiras gruesas. Apártelos.

Derrita la mantequilla en una sartén, incorpore el azúcar y siga revolviendo hasta que se haya disuelto. Añada las ralladuras junto con el Triple Sec, caliente la mezcla y flaméela. Cuando las flamas se hayan apagado, agregue los jugos y cocínelos hasta que se reduzcan: aproximadamente 2 minutos.

Agregue las tiras de mango y caliéntelos hasta que el almíbar comience a burbujear. Agregue el tequila, caliéntelo bien, y vuelva a flamear. Sirva de inmediato.

Crema de piñón o de nuez encarcelada
Centro y Norte de México
Rinde 6 porciones

Sin duda éste es uno de esos postres de origen español que las monjas del periodo colonial en México cambiaron, embellecieron o adaptaron a los ingredientes locales. Aunque me parecen demasiado empalagoso, incluí este ejemplo para apaciguar a mis amigos mexicanos que me han acusado de no incluir algunos de sus postres favoritos.

Cambié la receta ligeramente porque reduje la cantidad de azúcar, lo que ayuda a que la mezcla espese, incluí dos yemas de huevo –que no es típico–, y sugerí usar ron o brandy en vez del inocuo vino blanco, y nueces encarceladas como posible substituto para los piñones. Si puede encontrarlos, los piñones mexicanos de color rosa le dan al postre un delicado sabor y un color rosa pálido.

1 cucharada de mantequilla sin sal para el traste

3 tazas (750 ml) de leche entera

1 raja de canela de 10 cm, parcialmente desmoronada

3/4 de taza (185 ml) de azúcar granulada

2 cucharadas de harina de arroz o de fécula de maíz

225 gr de piñones o de nueces encarceladas (aproximadamente 2 1/4 tazas/565 ml), toscamente picadas, más unas cuantas nueces enteras para decorar

2 yemas grandes, bien batidas

1/3 de taza (85 ml) de brandy o de ron, o 2/3 de taza (165 ml) de vino blanco, o al gusto

10 soletas, toscamente trozadas

Engrase ligeramente un refractario no muy hondo: lo ideal es que tenga 23 cm de diámetro y 4 cm de profundidad.

Deje que la leche rompa el hervor, luego añada la canela e incorpore la mayor parte del azúcar, reservando un poquito para molerla con las nueces. Baje la flama y revuelva hasta que el azúcar se disuelva. Incorpore 1/4 de taza (65 ml) de la leche tibia al harina de arroz hasta obtener una pasta lisa. Incorpore esto a la mezcla de leche y azúcar y siga cocinando, sin dejar de revolver, hasta que espese un poco.

Muela las nueces con el azúcar que reservó hasta que estén muy lisas e incorpórelas a la mezcla de leche hirviendo. Cocínela hasta que la mezcla se haya reducido y espesado: de 20 a 30 minutos. Agregue aproximadamente 1 taza (250 ml) de la mezcla caliente a las yemas de huevo y bátalas bien. Devuelva esto a la olla y siga cocinando, sin dejar de revolver y raspar el fondo de la olla para que no se pegue, hasta que la mezcla se espese al grado de que pueda ver el fondo de la olla mientras revuelve. (La mezcla debe cubrir el revés de una cuchara de madera con una capa gruesa.) Incorpore aproximadamente dos tercios del brandy o vino.

Vierta la mitad de la mezcla en el traste preparado. Cúbrala con las soletas, espolvoree con el resto del brandy o vino, y cubra con la mezcla restante. Decore la tapa con nueces enteras y aparte el postre para que se enfríe a temperatura ambiente –no lo refrigere– antes de servir.

Nota: este postre dura varios días en el refrigerador, pero siempre deje que esté a temperatura ambiente antes de servirlo.

Calabaza en tacha
Señora Consuelo Mendoza de Ferrer

Coatepec, Michoacán

Rinde aproximadamente 30 piezas

Existen muchas recetas regionales para hacer calabaza ya sea con piloncillo, o con panela (la misma azúcar pero en forma redonda): entre más oscura sea el azúcar, más profundo será el sabor. Esta receta proviene de la parte este de Michoacán, donde se come preferiblemente a la hora del desayuno con un vaso de leche fría. Durante Semana Santa uno de los desayunos favoritos es la calabaza u otras frutas preparadas de la misma manera para rellenar una telera. Hay otra versión en que, primero, la calabaza se mete en agua de cal durante unas horas.

1 calabaza mediana, aproximadamente 2.5 kg

2 l de agua

675 gr de piloncillo o panela, en trocitos

3 rajas de canela de 5 cm

10 guayabas (opcional), cortadas a la mitad, con todo y semillas

Perfore la cáscara de la calabaza en varias partes para que el almíbar pueda penetrar la pulpa y córtela en piezas cuadradas como de 8 cm, dejando intactas la pulpa fibrosa y las semillas del interior.

En una olla grande y pesada ponga suficiente agua para cubrir la calabaza por completo. Agregue el azúcar y cuézala a fuego bastante alto, moviendo las piezas de vez en cuando para que no se peguen. Tape la olla y cocine la calabaza aproximadamente 15 minutos. Luego destape la olla y siga cocinando hasta que el almíbar se haya reducido y la pulpa de la calabaza tenga un intenso color café.

Torta de cielo
Yucatán
Rinde 12 porciones

Yo ya había probado este pastel –literalmente una "torta de cielo"– muchas veces en el hotel Casa Chalam Balam de Mérida, y me encantó. En Yucatán acostumbra servirse en bodas y primeras comuniones. Me dijeron que las viejitas que lo preparaban para el hotel guardaban celosamente la receta. Tras múltiples experimentos, creo que esta receta se acerca lo más posible a la versión que tanto me gusta. Remojar las almendras hace que el pastel se mantenga denso y húmedo; a veces también se le pone un toque de anís.

225 gr de almendras enteras, con todo y piel (aproximadamente 1 2/3 tazas/415 ml)
5 huevos grandes, separados
una buena pizca de sal
225 gr de azúcar (1 taza copeteada/265 ml)
1/4 de cucharadita de polvo para hornear
1 cucharada de harina
1 cucharada de brandy
una gota de extracto de almendras

Forre el fondo de un molde desarmable con papel para horno. Enmantequille el papel y los lados del traste, y enharínelo.

Vierta el agua caliente sobre las almendras para que queden cubiertas y déjelas en remojo aproximadamente 4 horas. (Pele las almendras: la piel debe deslizarse con facilidad.)

Precaliente el horno a 165 °C (325 °F) y coloque la rejilla a la mitad del horno.

Pique las almendras toscamente y muélalas un poquito en un molino para café o especias. No deben quedar ni muy gruesas ni muy finas. Apártelas.

Bata las claras hasta que estén esponjosas. Agregue la sal y siga batiéndolas a punto de turrón. Agregue las yemas, una a una, y siga batiendo hasta que todo esté bien incorporado.

Mezcle los ingredientes secos con las almendras y, batiendo a velocidad baja, poco a poco añádalos a los huevos. Agregue el brandy y el extracto de almendra y vierta pasta en el molde que preparó. Hornéelo durante 1 3/4 de hora. Desmolde el pastel y enfríelo sobre una rejilla.

Polvorones
Señora María Luisa de Martínez
Ciudad de México
Rinde aproximadamente 2 docenas de polvorones

Los polvorones son unas galletitas redondas tan quebradizos que se rompen y se hacen polvo al tacto. Tradicionalmente se hacen con pura manteca, pero esa costumbre se está acabando y yo misma encuentro que el sabor es demasiado fuerte y que la textura es demasiado grasosa. Una combinación de mantequilla, manteca vegetal y manteca de puerco parece dar los mejores resultados.

Los polvorones pueden tener sabor a canela o a naranja, y pueden hacerse con distintos tipos de nuez molida, o con piñones en vez de almendras. Al sacarlos del horno, mientras aún están calientes, se acostumbra espolvorearlos generosamente con azúcar glass y, cuando se enfrían, cada uno se envuelve en papel de china. El papel se recoge en cada extremo y se tuerce. Luego las orillas se cortan en tiritas para que los polvorones parezcan bombones.

75 gr de almendras sin pelar
225 gr de harina (2 tazas/500 ml)
1/8 de cucharadita de sal
1 cucharadita de polvo para hornear
2 1/2 cucharadas de azúcar
60 gr de mantequilla sin sal (1/4/65 ml),
cortada en piezas pequeñas
30 gr de manteca vegetal (1/4 de taza/65 ml)
30 gr de manteca de puerco
1/3 de taza (85 ml) de azúcar glas, aproximadamente

Precaliente el horno a 180 °C (350 °F).

Disponga las almendras sin pelar y la harina, por separado, en charolas para hornear. Dore cada una en la rejilla superior del horno o en un horno tostador hasta que las nueces estén crujientes y la harina tenga un profundo color cremoso: aproximadamente 15 minutos. Aparte ambos ingredientes para que se enfríen por completo. Apague el horno.

Cierna la harina ya fría junto con la sal y el polvo para hornear y póngala en una tabla de mármol o en una tabla de madera. Haga un pozo profundo en el centro de la harina. Ponga las nueces ya frías en la licuadora junto con el azúcar. Licúe hasta que estén lisas y luego ponga esta mezcla, junto con la mantequilla y la manteca vegetal, en el centro del pozo de harina. Mezcle hasta que la masa esté como migajas finas, como si fuera un fondo para pie. Ponga la masa en un cuadrado grande de envoltura plástica. Júntela haciendo una bola y presionando las "mijagas" para que se unan. Aparte la masa en el refrigerador durante un mínimo de 2 horas.

De nuevo precaliente el horno a 180 °C (350 °F). Enmantequille bien una charola para hornear.

Desenvuelva la bola de masa. Déjela encima del envoltorio plástico, ponga otro cuadrado de envoltura plástica encima. Con el rodillo estire la masa que está entre las dos capas de envoltura plástica con movimientos cortos hasta que quede de aproximadamente 75 mm de grosor: las orillas quedarán muy arenosas. Con un cortador de galletas de 5 cm de diámetro, corte el mayor número de galletas posible. Junte la masa sobrante y con el rodillo estírela para cortar más galletas.

(Nota: las galletas deben transferirse a la charola para hornear con la ayuda de una espátula: hay que tener mucho cuidado de no romperlas.) Repita hasta que se acabe la masa.

Hornee las galletas en la rejilla superior del horno hasta que adquieran un color dorado pálido: de 10 a 15 minutos. Espolvoréelas bien con el azúcar glas y apártelas para que se enfríen antes de tratar de sacarlas de la charola.

Con mucho cuidado saque los polvorones y póngalos en un traste hermético o envuélvalos en papel de china de la siguiente manera: corte 24 cuadrados de papel de china de 20 por 20 cm. Coloque cada polvorón en el centro del cuadrado y doble los dos lados para cubrirlo. Con cuidado reúna las orillas del papel y tuérzalas firmemente. Con la ayuda de unas tijeras, corte cada extremo del papel para que quede como un fleco de unos 4 cm de profundidad.

Roscas
Rinde de 20 a 22 galletas

Me enteré de la existencia de las roscas durante mis días de aprendizaje en la panadería que ya mencioné antes. Prácticamente cualquier forma de masa con levadura o de pasta, dulce o salada, se estiraba con el rodillo hasta formar una hebra larga que se doblaba, luego se torcía, se unían los extremos, se espolvoreaban con azúcar o con ajonjolí, y se horneaban hasta que estuvieran crujientes. De modo que, cuando una mañana me sirvieron unas tristes roscas a la hora del desayuno, durante mis vacaciones, decidí averiguar exactamente qué estaba haciendo mal el panadero del hotel.

Al día siguiente me levanté a las cinco de la mañana y entré a la cocina cuando el panadero estaba empezando su labor. En vez de medir la harina –según él estaba usando como un kilo– hábilmente espolvoreaba puños enteros para formar un círculo perfecto con bordes inclinados. Espolvoreaba el polvo para hornear en el borde de manera uniforme y pareja, sin que un solo grano se saliera de lugar. Mezcló la mantequilla, el azúcar, y la leche de lata en el centro, pero lo detuve cuando se disponía a usar el colorante y el saborizante. Un poquito más de mantequilla está vez, un poquito menos de líquido la siguiente, y para la tercera, las roscas estaban perfectas. ¡Todos en la cocina las probaron y aprobaron! Él estaba muy orgulloso del resultado.

225 gr de harina (2 tazas/500 ml)
1/2 cucharadita de polvo para hornear
1/4 de cucharadita de canela molida o 1/2 cucharadita de anís
1/4 de cucharadita de sal
60 gr de mantequilla sin sal, a temperatura ambiente (1/4 de taza/65 ml)
60 gr de manteca vegetal, a temperatura ambiente (1/4 de taza/65 ml)
60 gr de azúcar (1/4 de taza/65 ml), más 2 cucharadas para espolvorear
1/2 de taza (65 ml) de agua
2 cucharadas de crema

Cierna la harina, el polvo para hornear, la canela –si va a usarla– y la sal sobre una tabla de mármol o una tabla de madera. Haga un pozo en el centro y allí ponga la mantequi-

537

lla, la manteca vegetal, 1/4 de taza (65 ml) de azúcar, el agua y la crema. Trabaje los ingredientes en el centro para unirlos con los dedos hasta que estén completamente incorporados y lisos.

Poco a poco, incorpore los ingredientes secos, y el anís –si va a usarlo–, y amase la mezcla bien. Trabaje la masa con *fuerza* durante unos 5 minutos, estirándola con las palmas de las manos y usándolas como si fueran pedales, contra la superficie de trabajo hasta que la masa esté suave y flexible. (Si no trabaja la masa bien no podrá darles la forma indicada a las roscas.)

Precaliente el horno a 180 °C (350 °F) y coloque la rejilla del horno en el anaquel superior. Engrase ligeramente dos charolas para hornear.

Con la masa forme bolas como de 3.5 cm de diámetro. Tome una y trabájela bajo las palmas de sus manos (en una superficie sin enharinar, de ser posible), estirándola para formar una tira redondeada de masa de unos 75 mm de diámetro. Doble la tira y luego presiones los bordes juntos. Sosteniendo los bordes firmemente con una mano, y con la otra, rápida y ligeramente tuerza las dos tiras juntas. Si tiene problemas en estirar y torcer, entonces haga un simple anillo con una tira de masa, estirando cada bola hasta formar una tira como de 1.5 cm de grueso. Junte los bordes para hacer un círculo o una "pulsera" de unos 5 cm de diámetro, y colóquela con cuidado sobre la charola para hornear que preparó.

Repita lo mismo con el resto de bolas, y cuando haya llenado una charola, hornéela hasta que las roscas tengan un profundo color dorado: de 15 a 20 minutos. En cuanto saque las roscas del horno, espolvoréelas generosamente con el azúcar adicional. Deje que se enfríen totalmente antes de tratar de sacarlas de la charola, y luego guárdelas en un traste hermético o en una lata para galletas.

538

Bebidas

Con justa razón México es famoso por una diversidad de brebajes y bebidas que van desde el tequila, el pulque, las aguas frescas, el chocolate y el atole, hasta la cerveza y el café. Todos se consiguen fácilmente y hablaré detalladamente de cada una más adelante. Sin embargo, no es tan sencillo conseguir algunas bebidas regionales porque, por lo general, se preparan en casa partir del jugo fermentado de frutas locales, casi siempre silvestres. Está el *tepache* de Jalisco; la *sangre de Baco* que se hace con uvas en Guerrero; y el *teshuin*: maíz fermentado con piloncillo, de las regiones montañosas de Chihuahua y Nayarit. En la costa de Colima y de Guerrero, la sabia de la palma cocotera se convierte en una bebida que se llama *tuba*, y existen innumerables brebajes distintos que tienen como base azúcar de caña y se les da sabor con cerezas silvestres. Vale la pena mencionar los mezcales de Oaxaca y el tan gustado *bacanora* de Sonora; así como el licor anisado de Yucatán que se hace con flores y se llama *Xtabentún* y, desde luego, el mundialmente conocido Kahlúa.

Además, el altiplano central de México es rico en manantiales. Por todos lados se encuentran pequeños balnearios diseminados y esas aguas termales y terapéuticas atraen a gente de toda la República. Algunos de los establecimientos más grandes embotellan y distribuyen ampliamente las aguas gaseosas que todavía son minerales.

TEQUILA

El tequila se prepara a partir del líquido destilado de la base de la planta del *Agave tequilana*, que se hornea y luego se machaca para extraerle el jugo. Su nombre se deriva del pueblito donde se originó, no muy lejos de Guadalajara, Jalisco, que es el estado productor de tequila por excelencia. Los españoles introdujeron a México el proceso de destilación. Se cree que el tequila data de mediados del siglo XVIII, aunque no fue sino cien años más tarde que se convirtió en la industria que fundaron dos de las familias que hoy siguen siendo las más conocidas del ramo: Cuervo y Sauza.

MEZCAL

El mezcal es una bebida alcohólica similar al tequila que está ganando popularidad, tanto en México como en el extranjero. Se destila del jugo que se extrae de la base cocida (que parece una piña) de varias especies de agave. El grueso de la producción proviene del Valle de Oaxaca, donde todavía se hace en *palenques*: áreas parcialmente techadas donde los corazones de agave se cuecen y se desmenuzan para destilar el líquido que se extrae, en medio de un paisaje rústico. El mezcal que se produce así, artesanalmente, tiene un característico y delicioso sabor ahumado, en tanto que los mezcales más corrientes de producción industrial están muy refinados y carecen de ese sabor.

Margarita
Carlos Jacott
Nueva York
Rinde 1 porción

Ningún libro de cocina mexicana debe omitir la más alegre de todas las bebidas, y la que le ha dado fama mundial a México: la Margarita. Nunca he podido encontrar una mejor receta que la que me dio Carlos Jacott. Durante los años sesenta y setenta servía estas Margaritas en su muy popular restaurante *El Parador*, en la ciudad de Nueva York.

Desde luego, el secreto está en usar jugo de limón fresco.

Su Tequila Sunrise es otro gran favorito, y lo incluyo a continuación. Gracias, Carlos por tantos años de magníficas Margaritas: ¡en verdad merecen una "M" mayúscula!

Una rodaja de limón
Un poquito de sal, ya sea de mesa o sal gruesa finamente molida
45 ml (1 1/2 onzas) de tequila blanco
15 ml (1/2 onza) de Triple Sec
30 ml (1 onza) de jugo de limón fresco
unos cuantos cubos de hielo, machacados

Enfríe bien una copa coctelera. Pase la rodaja de limón por el borde de la copa para humedecerla. Ponga la sal en un plato. Presione la copa bocabajo sobre la sal. Hágala girar un poco para que todo el borde de la copa quede escarchada con la sal.

Ponga el tequila, el Triple Sec, el jugo de limón y los hielos en una coctelera. Tápela y agite bien. Vierta la mezcla, colándola, a la copa preparada, o sobre hielo picado, si lo prefiere.

Tequila Sunrise

Carlos Jacott

Rinde 1 porción

60 ml (2 onzas) de tequila blanco
45 ml (1 1/2 onzas) de jugo de limón fresco
1 cucharada de jarabe de granadina
1 cucharada de clara de huevo
algunos hielos, machacados

Enfríe bien una copa coctelera. Ponga el tequila, el jugo de limón, el jarabe de granadina y la clara de huevo en la licuadora junto con los hielos. Licúe las mezcla hasta que esté espumosa. Viértala en la copa preparada.

Sangrita

Rinde aproximadamente 1 1/2 tazas (375 ml), aproximadamente 8 porciones

Mis amigos de Jalisco siempre me han dicho que, originalmente, la Sangrita se preparaba con jugo de granada ácida. Sin embargo, como no es fácil conseguir granadas, me sugirieron usar jugo de naranja agria y jarabe de granadina. Desde luego, cada familia, sobre todo las que viven en los alrededores del pueblo de Tequila, tienen su propia receta. ¡Juran que la suya es la original!

1 1/4 tazas (315 ml) de jugo de naranja agria o sustituto (véase pág. 593)
3 1/2 cucharadas de jarabe de granadina
sal al gusto
una buena pizca de chile rojo, chile piquín o pimienta de cayena, en polvo

Mezcle bien todos los ingredientes y enfríelos. Sirva la sangrita en vasitos –aproximadamente 60 ml por persona– para acompañar un caballito de tequila.

> *¡Otra corrida de toros, ayer por a tarde! Es como el pulque:*
> *al principio uno hace cara de asco pero luego le empieza a encontrar el gusto.*
>
> Madame Calderón de la Barca, *Vida en México*

PULQUE

El paisaje del altiplano central está dominado por la impresionante planta del maguey (*Agave americana y spp.*), que a lo largo de la historia le ha dado sustento a las tribus nómadas. Hoy el maguey se cultiva sobre todo para explotar el pulque, que se hace fermentando la sabia lechosa de la planta, el aguamiel, que se extrae del hueco que se raspa en la base de la planta, justo antes de que brote el largo tallo de su flor.

La sabia puede reducirse a un jarabe o cristalizarse en forma de azúcar. Una vez fermentado, el pulque ligeramente alcohólico puede usarse como un agente para levar pan, para cocinar carnes, para hacer salsas de chile, o para hacer una especie de tepache o vinagre.

Al igual que otras bebidas mexicanas, el pulque por lo general se cura con frutas, e incluso se enlata y se exporta.

Si acaso viaja por la provincia mexicana en otoño, después de la época de lluvias, y ve a un campesino sacando aguamiel con un guaje largo y delgado, deténgase y pídale que lo deje probar el líquido.

Es, al mismo tiempo, un poco dulce y ácido, y tiene una característica curiosamente refrescante.

En los mercados también se exhibe gran cantidad de piezas de alfarería y, para el extranjero, resultará muy agradable ver la hermosa manera en que las indígenas producen una variedad de licores de todos colores y sabores. Una jarra de barro rojo, parecido al etrusco y mucho más grande que cualquiera que se haga en Europa, se llena de agua y se entierra en arena mojada. Se adorna con una variedad de flores, en especial, amapolas, que también se colocan entre los vasos que contienen los brebajes de brillantes colores. Éstos, junto con el chocolate, el pulque y las nieves, se sirven por una bicoca.

W.H. Bullock, *Seis meses de residencia y viaje en México*, siglo XIX.

Agua fresca de flor de Jamaica
Rinde 4 tazas (1 l)

A pesar de la arrolladora popularidad de los refrescos embotellados, en todo el país –desde el pueblito más pequeño hasta la capital, en los mercados, en las calles o en algunos de los restaurantes más tradicionales–, se sirve la roja agua de sandía, la pálida agua de limón, o el agua color café de tamarindo. Se endulzan y se mantienen frías con trozos de hielo en grandes vitrolas o jarras de barro.

En realidad no son flores sino los sépalos de la flor que se siembra en las costas de Guerrero y Oaxaca y que se poner a secar a los lados de la carretera durante el mes de diciembre.

2/3 de taza (165 ml) de flores de Jamaica
4 tazas (1 l) de agua fría
1/3 de taza (85 ml) de azúcar, o al gusto
azúcar, si es necesario

Ponga las flores de Jamaica y 3 tazas (750 ml) de agua en una olla y deje que rompa el hervor. Hierva las flores durante unos 5 minutos a fuego alto.

Agregue el resto del agua y el azúcar. Apártela durante al menos 4 horas o toda la noche.

Cuele el líquido a una jarra. Agregue más azúcar si es necesario. Sirva el agua de Jamaica bien fría.

544

Rompope

Rinde 1 l

4 tazas (1 l) de leche
1 taza (250 ml) de azúcar
1 raja de canela de 10 cm o una vaina de vainilla
1/4 de cucharadita de bicarbonato de sodio
12 yemas grandes de huevo
3/4 de taza (185 ml) de alcohol de caña puro
o 1/2 taza (125 ml) de brandy, o al gusto

Ponga la leche, el azúcar, la canela y el bicarbonato de sodio en una olla. Deje que rompa el hervor. Baje la flama y hierva suavemente durante unos 20 minutos, o hasta que el azúcar se disuelva por completo y la mezcla se reduzca a 3 tazas (750 ml). Apártela para que se enfríe un poco.

Mientras tanto, bata las yemas hasta que formen listones gruesos en la batidora: aproximadamente 10 minutos, dependiendo de la eficiencia de la máquina.

Retire la canela de la mezcla de leche. Poco a poco, sin dejar de batir, añada la mezcla de leche a las yemas de huevo. Vuelva a poner la mezcla en la olla y cocínela a fuego lento, revolviendo y raspando el fondo y los lados de la olla constantemente, hasta que la mezcla se espese lo suficiente para cubrir el revés de una cuchara de palo. (Tenga cuidado: rápidamente la mezcla se puede convertir en huevos revueltos. En cuanto vea el menor signo de que va a ocurrir esta tragedia, vierta la mezcla en la licuadora y licúe hasta que la mezcla esté lisa.) Aparte el rompope para que se enfríe por completo.

Mientras tanto, esterilice una botella de un litro de capacidad en agua hirviendo.

Poco a poco, incorpore el alcohol al rompope y viértalo en la botella. Úselo de inmediato o refrigérelo hasta por un mes.

Tepache

Rinde 2 l

En un día caluroso, una de las bebidas más refrescantes es una infusión de piña ligeramente fermentada que se llama tepache. Es probable que sea originaria del estado de Jalisco, o eso es lo que se dice, pero desde luego todas las regiones tienen su propia versión. De preferencia, debe prepararse en una jarra grande de barro y servirse frío o con hielo.

1 piña muy madura, aproximadamente 900 gr

2 clavos enteros

2 pimientas gordas

1 raja de canela de 10 cm

9 1/2 tazas (2.4 l) de agua

450 gr de piloncillo, machacado

1 taza (250 ml) de cerveza ligera

Quítele a la piña la corona y la base. Tállela bien. Corte la pulpa (con todo y cáscara) en cubos de 4 cm. Machaque toscamente las especias y añádalas, junto con la piña y 8 tazas (2 l) de agua, a una jarra grande de barro. Tápela y póngala al sol o en un lugar cálido hasta que la mezcla empiece a fermentar y la superficie burbujee: aproximadamente 3 días, dependiendo de la temperatura.

Ponga la 1 1/2 tazas (375 ml) de agua restante y el piloncillo en una olla. Deje que rompa el hervor. Hierva a fuego lento, revolviendo de vez en cuando, hasta que el azúcar se disuelva. Deje que se enfríe ligeramente, y luego añada esto, junto con la cerveza, a la infusión de piña. Revuelva bien. Tape la jarra y déjela en un lugar cálido durante uno o dos días más, hasta que haya fermentado. Cuele el tepache y sírvalo muy frío o con hielo.

Horchata de melón
Centro y Sur de México
Rinde 1 porción

Originalmente, la horchata –una bebida de apariencia lechosa–, que se hace con almendras o con un pequeño tubérculo que se llama chufa, proviene de España. En México, se volvió muy popular en Yucatán. Ahí se hace remojando y moliendo arroz crudo, al que se le añaden algunas almendras. Luego se cuela y se sirve con hielo. La horchata se considera una bebida deliciosa, saludable y refrescante, pero ¿qué bebida no parecería refrescante en ese calor! Para mí la horchata siempre me había parecido un poco insulsa, pero en México ¡siempre hay sorpresas!

Un día, después de comer en casa de una amiga, entré a la cocina y vi que las sirvientas guardaban las semillas del melón que nos habían servido. Querían hacer horchata con las semillas. Algunas cocineras enjuagan, escurren y secan las semillas, pero creo que esta es la versión más deliciosa de todas.

Retire las semillas de un melón y mídalas. Por cada taza de semillas añada:
1 taza (250 ml) de agua fría
1 1/2 cucharadas de azúcar, o al gusto
1 1/2 cucharaditas de jugo de limón, o al gusto

Ponga todos los ingredientes en el vaso de la licuadora y licúe hasta que estén muy lisos. Aparte la horchata en el refrigerador por lo menos 1/2 hora. Luego cuélela y sírvala con hielo.

CHOCOLATE

Aquí hay dos conventos de monjas [en el convento dominico en Oaxaca], de los cuales se habla en todas partes, no por sus prácticas religiosas, sino por su habilidad para preparar dos bebidas que se usan por allá: una llamada chocolate, y la otra llamada atole, que se parece a nuestra leche de almendras, pero mucho más espesa, y que se hace a partir de los jugos del "maíz joven" o "trigo indio", que luego se confeccionan con especias, musgo [almizcle] y azúcar. No sólo tiene una dulzura sino un aroma admirable, pero mucho más nutritivo y apaciguante para el estómago. Este no es un bien que pueda transportarse, sino que debe tomarse en el lugar donde se prepara. Pero la otra bebida, el chocolate, se empaca en cajas, y se manda no sólo a la ciudad de México y sus alrededores, sino que la mayor parte se transporta anualmente a España.

Thomas Cage, Travesías en el Nuevo Mundo, *siglo XVI*

Cuando voy a Oaxaca me gusta ir al sitio donde uno muele su propio chocolate. Las mujeres compran granos de cacao por kilo, y la cantidad que ellas determinen de azúcar y almendras, de acuerdo a sus posibilidades económicas. Las más pobres compran menos cacao y almendras, y más azúcar. Cada una de ellas toma una tinaja de zinc, la cual coloca bajo varios molinos que hay en la tienda. Los granos de cacao y las almendras se vierten en el alimentador y pronto del pico de la máquina –el cual se espolvorea con azúcar para que no se pierda nada– empieza a salir una satinada salsa de chocolate que cae sobre el montón de azúcar de la tinaja que está abajo. Las mujeres traen consigo dos cucharas grandes de palo para mezclar todo bien, y algunas incluso traen brochas para que ni una sola partícula del valioso chocolate quede pegada al metal. Luego el chocolate se lleva a otra máquina para una segunda molienda –esta vez con el azúcar– y es justo en este punto cuando hay que convencer a alguna de ellas para que nos dejen meter el dedo y probar. El chocolate así molido se lleva a casa, donde se pone a secar al sol, en moldecitos.

El tema del chocolate es inagotable, y sin duda fascinó a los primeros escritores europeos que narraron sus experiencias en lo que hoy es México. Sahagún cuenta que sólo los ricos y los nobles bebían chocolate, e incluso entonces, sólo lo hacían con moderación pues, al igual que los hongos, se consideraba que tenía cualidades que hacían enloquecer a las personas. Había chocolate anaranjado, negro y blanco: se hacía con miel o mezclado con flores moradas y servido al final de una fiesta, con gran ceremonia. Los hombres distinguidos lo bebían en tazas decoradas, o en tazas negras sobre una base forrada con piel de jaguar o piel de venado. Las tazas perforadas se usaban como coladores y las cucharas estaban hechas de carey. Todo este equipo se llevaba en bolsas especiales de red.

En su libro *Travesías en el Nuevo Mundo*, Thomas Cage le dedica mucho espacio al chocolate. Cuenta que las mujeres de Chiapas burlaron al arzobispo quien las excomulgó por negarse a dejar sus reconfortantes tazas de chocolate durante la misa. Los británicos fueron los únicos que parecieron despreciar el chocolate. Cuando en alta mar capturaron un barco español cargado de cacao, tiraron las semillas por la borda pues, asqueados, pensaron que era estiércol de cabra.

Chocolate caliente
Rinde 1 2/3 de taza (415 ml)

El nombre en sí deriva del náhuatl xoxotl *(fruta) y* atl *(agua).*
Hay quien prefiere hacer el chocolate caliente con leche.

1 1/2 tazas (375 ml) de agua
45 gr de chocolate mexicano en tableta

Caliente el agua en una olla de barro. Cuando rompa el hervor, troce el chocolate y échelo a la olla, hasta que se derrita. Deje que hierva suavemente durante unos 5 minutos para que brote todo su sabor. Luego bátalo con un molinillo o licúelo hasta que esté espumoso.

Nota: Si quiere preparar el chocolate con leche, primera disuelva el chocolate en 1/2 taza (125 ml) de agua, deje que rompa el hervor, añada la leche y deje que vuelva a romper el hervor.

Café de olla

Rinde 1 porción

2 tazas (500 ml) de agua
1/4 de taza de café tostado y molido grueso
1 raja de canela de 2.5 cm
piloncillo al gusto

En una olla de barro deje que el agua rompa el hervor. Agregue el café, la raja de canela, y el piloncillo. Deje que rompa el hervor dos veces. Luego cuélelo y sirva.

ATOLES

La palabra atole proviene del náhuatl *atolli* (aunque algunos etimólogos piensas que debe haber venido de *atl*, agua y *tlaoli*, maíz) y tiene un origen precolombino. En el *Diccionario de cocina* publicado en el siglo XIX se describe como "muy saludable y nutritivo para los pobres... pero también es bueno para los inválidos y para las familias de alcurnia." Puedo asegurar que el atole es una de las bebidas más reconfortantes que conozco, siempre y cuando se haga con masa de buena calidad (véase pág. 72) y no sea demasiado dulce, como es la costumbre en México.

El atole puede hacerse de una cantidad innumerable de sabores e ingredientes, que varían de una región a otra, y quizá hasta de un pueblo a otro. Muchos llevan frutas propias de cada estación, como zarzamora, capulines, fresas, tamarindo o, en un pueblo de Veracruz, ¡con naranja agria! En Michoacán se hace un atole con elote, anís silvestre y las cáscaras del grano del cacao. En la Sierra Norte de Puebla existe un atole extraordinario que lleva flores de azhar, piloncillo y bolitas de masa mezcladas con manteca y rellenas de queso. También están los chileatoles, que son picantes y dulces a la vez, y, en Oaxaca, el atole de masa agria adornado con ajonjolí y semillas de chile. Mientras que en Puebla el atole de masa agria de maíz azul se enriquece con frijoles y se sazona con una salsa de chile.

El atole suele acompañar a los tamales, para el desayuno o la cena, o para beberlo, ligero y frío, a manera de refresco durante todo el día. El tema es interminable.

Aquí ofrezco tres recetas: champurrado (atole de chocolate), atole de zarzamora de Michoacán que se hace cuando se recogen las frutitas en las regiones más altas, justo antes de las lluvias, y otro atole de piña que siempre pido cuando voy a Chilpancingo, Guerrero, para tomarlo junto con las exquisitas y crujientes chalupas tradicionales (véase *The Art of Mexican Cooking*).

Champurrado
Rinde aproximadamente 4 1/2 tazas (1.125 l)

A principios de los setenta no era muy común encontrar merenderos (cafecitos donde se puede desayunar y cenar), como el Café Meléndez, en la ciudad de Torreón. Estaba atendido por una familia de clase media que preparaba unos tamales deliciosos y platillos regionales muy sencillos en la tradición de la abuela, quien había fundado el negocio en los años veinte. Me pareció que su versión del champurrado (que por lo general se prepara con masa) es particularmente delicioso, sobre todo porque le añaden ralladura de naranja y, desde luego, la deliciosa leche de la región.

2 tazas (500 ml) de agua
la ralladura de 1 naranja entera
1 raja de canela de 10 cm, trozada
2 cucharadas de azúcar granulada, o al gusto, según el chocolate
4 tazas (1 l) de leche entera
90 gr de chocolate para beber mexicano
2 cucharadas de fécula de maíz

Ponga el agua, la ralladura de naranja, la canela y el azúcar en una olla y hiérvala rápidamente durante unos 20 minutos, o hasta que tenga una infusión y el líquido se haya reducido por lo menos por 1 taza (250 ml). Agregue la leche y, justo antes de que rompa el hervor, agregue el chocolate. Hierva lentamente la mezcla hasta que las partículas de chocolate se hayan disuelto por completo (a diferencia de otros tipos de chocolate el chocolate mexicano para beber tarda más en disolverse): aproximadamente 10 minutos.

Ponga la fécula de maíz en un tazón pequeño. Incorpore aproximadamente 2 cucharadas de la mezcla de leche y, con una cuchara de palo, disuelva los grumos. Agregue 1/2 taza (125 ml) de la mezcla de leche para disolver la fécula de maíz a conciencia. Incorpore esto a la olla y cocine la mezcla hasta que se espese un poco, revolviendo casi de manera constante durante unos 10 minutos. Cuele el champurrado y sírvalo caliente.

Masa para atole

Rinde aproximadamente 1.15 kg, unas 4 tazas (1 l) de masa

Para hacer el atole, las cocineras tradicionales sólo usan maíz cocido sin cal. Desde luego, muchas no tienen tiempo y usan masa para tortillas, pero el sabor no es tan puro. Es probable que esta preparación sea demasiado esotérica, pero la ofrezco aquí para todos los aficionados de hueso colorado.

Realmente no vale la pena hacer una cantidad pequeña así es que, ya que va a hacerlo, haga una cantidad grande y, además, al molino no le gusta moler cantidades pequeñas. El sobrante dura perfectamente bien, congelado, durante varios meses.

450 gr de maíz blanco
6 tazas (1.5 l) de agua

Enjuague el maíz y retire cualquier impureza. Póngalo en una olla profunda y cúbralo con el agua. Ponga la olla a fuego alto y deje que rompa el hervor. Baje la flama a fuego medio, tape la olla, y cueza el maíz durante 15 minutos: debe cocerse en un hervor rápido.

Retire la olla del fuego y deje que el maíz se remoje toda la noche. Al día siguiente, escúrralo y muélalo muy fino hasta obtener una masa muy suave y lisa.

Nota: como esta masa no se cuece con cal, se agria muy rápidamente, a menos que la refrigere. Cualquier masa que no vaya a utilizar dura un día, pero después de eso debe congelarse.

Atole de zarzamora

Rinde aproximadamente 8 tazas (2 l)

Este atole es mucho muy popular antes de que empiecen las lluvias, durante el mes de mayo, temporada en que se recolectan las zarzamoras de las montañas, que luego se venden en el mercado de Zitácuaro, Michoacán.

Algunas personas prefieren tomar este atole tibio porque el sabor se subraya. El espesor del atole es cuestión de gustos, pero esta es la receta favorita de mis vecinos, allá en Michoacán.

No vale la pena hacer una cantidad pequeña; además, este atole puede guardarse varios días en el refrigerador e, incluso, dura varios meses congelado. Yo siempre lo licúo después de descongelarlo y antes de ponerlo a calentar.

450 gr de zarzamoras
2 tazas (500 ml) de agua
1 taza (250 ml) de masa para atole (véase la receta anterior)
aproximadamente 6 1/2 tazas (1.6 l) de agua
piloncillo desbaratado

Ponga las zarzamoras en una olla con las 2 tazas de agua y deje que rompa el hervor. Baje la flama y hierva suavemente unos 5 minutos. Cuele las zarzamoras en un tazón, presionándolas lo más posible contra el colador. Tire las semillas. Aparte el puré de zarzamora. Deben quedarle aproximadamente 3 tazas de puré.

Diluya la masa con 1 1/2 tazas (375 ml) de agua. Ponga el resto del agua en una olla de barro mexicana o en una olla gruesa y deje que rompa el hervor. Agregue la masa diluida a través de un colador, presionando cualquier grumo con una cuchara de palo. Cuézalo a fuego medio, revolviéndolo de vez en cuando, para que no se pegue, hasta que la mezcla apenas empiece a espesar: 5 minutos.

Incorpore el puré colado de zarzamoras con azúcar al gusto y siga cocinando el atole a fuego medio, revolviendo y raspanado el fondo de la olla para que no se pegue, hasta que espese (debe cubrir el revés de una cuchara de palo): aproximadamente 15 minutos.

Sirva tibio o bien a temperatura ambiente.

Atole de piña

Chilpancingo, Guerrero

Rinde aproximadamente 8 tazas (2 l)

Aproximadamente 6 3/4 tazas (1.6 l) de agua
565 gr de piña limpia y en cuadritos pequeños (aproximadamente 3 1/3 tazas/835 ml)
1 taza (250 ml) de masa para atole (véase pág. 541)
piloncillo desbaratado

Ponga 5 tazas (1.5 l) de agua en una olla de barro mexicana o en una olla gruesa. Agregue 1 taza (250 ml) de piña en cubitos y deje que rompa el hervor.

Mientras tanto, diluya la masa con el agua restante y agréguela a través de un colador al agua hirviendo, presionando cualquier grumo con una cuchara de palo. Cocine el atole a fuego medio, revolviendo y raspando el fondo de la olla para que no se pegue, o hasta que apenas empiece a espesar: 5 minutos.

Licúe el resto de la piña hasta que quede lo más lisa posible y añádala a la olla a través de un colador fino, presionando la pulpa contra el colador para extraer la mayor cantidad de pulpa y jugo posibles. Incorpore la azúcar y siga cocinando a fuego medio, revolviendo y raspando el fondo de la olla para que no se pegue, hasta que espese (debe cubrir el revés de una cuchara de palo): aproximadamente 15 minutos. Sirva el atole tibio o a temperatura ambiente.

Información

general

EQUIPO PARA COCINAR

En México resulta inimaginable una cocina sin comal, cazuelas, una vaporera para tamales, un molcajete y su tecolote. El metate ya casi no se usa.

UN COMAL es un disco de metal delgado o de barro sin vidriar que se pone sobre el fuego o la leña para cocer las tortillas y para asar ingredientes, sobre todo de las salsas. Si no tiene comal, utilice una plancha de hierro forjado.

LAS CAZUELAS son de barro vidriado, muy anchas, y se usan en la estufa, sobre leña o carbón. No sirven en una parrilla eléctrica. Puede sustituir las cazuelas con cacerolas pesadas, como las de Le Creuset.

UNA VAPORERA para tamales puede ser tan sencilla como una vaporera típicamente mexicana se compone de cuatro partes: una olla profunda, de paredes rectas, con una parrilla perforada que se asiente justo por encima del nivel del agua, un divisorio vertical de tres partes para dividir los tamales en tres secciones, y una tapadera ajustada. De lo contrario puede usarse cualquier vaporera, siempre y cuando la parte donde se pongan los tamales sea profunda y esté cerca de donde se concentra el vapor: los tamales deben cocerse lo más rápido posible para que la masa batida se ponga firme y el relleno no se escurra y se haga un verdadero desastre. Por esta razón, no sirve una vaporera para couscous.

Muchas veces he tenido que improvisar una vaporera: creo que la más exitosa fue con un colador para espagueti o para verduras, que por lo general se asienta sobre el agua, colocada encima de cuatro moldecitos para flan puestos boca abajo para sostenerlo justo por encima del nivel del agua, que debe tener aproximadamente 8 cm de profundidad. Para capturar la mayor cantidad de vapor posible, tape la boca de la olla con envoltura plástica muy ajustada. (Pero recuerde perforar y desinflar el plástico antes de revisar los tamales.)

EL MOLCAJETE Y EL TEJOLOTE, el tradicional mortero mexicano, son piezas de equipo indispensables para cualquiera que desee reproducir las auténticas salsas mexicanas, el guacamole y demás. Resulta muy práctico para machacar especias y para moler ingredientes a fin de extraerles el máximo sabor y textura. En esencia, el molcajete es un tazón grueso, ya sea de roca volcánica negra o gris, con un tejolote del mismo material. Antes de usarlo, debe moler la superficie del molcajete. Para hacerlo, muela un puñado de arroz con el majador hasta que se haya reducido a un polvo grisáceo. Enjuague bien el molcajete y repita la misma operación varias veces hasta que el polvo del arroz quede ligeramente más blanco. Entonces está listo para usarse. Un molcajete de buena calidad no debe tener una superficie muy enconada y el agua no debe filtrarse a través de él. Si al probarlo produce mucho polvo arenoso, no lo compre.

EL METATE, una piedra rectangular para moler, y su mano o moleta, también están hechos de roca volcánica. Aun en México ahora sólo lo usan las cocineras más tradicionales para moler los ingredientes de salsas y moles. No es indispensable pero ¡se ve muy bonito!

Si quiere hacer sus propias tortillas desde el primer paso, o si quiere preparar antojitos, entonces es indispensable tener una prensa para tortillas, a menos, desde luego, que sea una maga torteando las tortillas a mano: un arte en extinción, en muchas partes de México. Asegúrese de comprar uno muy pesado y no esos ligeros, de frágil aluminio, que parecen haber inundado el mercado: no sirven y se rompen con facilidad. A mí parecer, el tamaño más útil es el de 15 cm de diámetro.

UNA LICUADORA, de preferencia con dos vasos, tiene mil y un usos. El procesador de alimentos sirve sólo para algunas recetas, cuando así se indica. Nunca podrá moler un chile o cualquier salsa con la eficiencia de una licuadora.

MEDIDAS Y EQUIVALENCIAS

Cuando es posible, he tratado de dar tanto el peso como la medida en tazas.

Para las medidas líquidas, utilizo una taza convencional de 250 ml, y para los sólidos, una taza de metal de 250 ml. De preferencia, las tazas medidoras deben ser las convencionales, con lados rectos, y no esas de plástico que tienen formas raras.

Por ejemplo, 1 taza (250 ml) de masa para tortillas pesa entre 250 y 262 gr, e incluso puede pesar un poco más si está húmeda. Una taza de masa seca para tamales pesa aproximadamente 180 gr.

Siempre trato de convencer a la gente de que compre una báscula de uso pesado, y no las ligeritas que cuelgan de la pared y brincan por todos lados, o las que tienen un contenedor en la base que se resbala al menor movimiento. Una báscula de uso pesado no sólo servirá para pesar con más precisión sino que le ahorrará el batidero de tratar de forzar la manteca en tazas y luego tener que limpiarla de la báscula y del fregadero.

PREPARACIÓN DE LA ENVOLTURA PARA TAMALES

Hojas frescas de elote. Los uchepos (pág. 141) y los tamales dulces de elote (pág. 143 se envuelven en hojas frescas de elote. Después de cortarlas cuidadosamente de la mazorca, enjuagarlas y sacudirles el exceso de agua, están listas para usarse. Si algunas hojas exteriores son muy gruesas y poco flexibles, pueden usarse para forrar la vaporera.

Hojas secas de maíz

Ponga las hojas a remojar con varias horas de anticipación en agua fría o caliente, y cuando estén flexibles, sacúdales el exceso de agua y séquelas con un trapo antes de rellenar los tamales. Si quiere trabajar de más y amarrar los tamales (lo cual se ve bonito, pero no es absolutamente necesario), deshebre algunas de las hojas más grandes para formar hilos y úselos como amarres.

Hojas de plátano

En México es fácil conseguir hojas de plátano frescas de color verde pálido –ya cortadas de la costilla central de la hoja entera– mucho mejor. Corte las hojas al tamaño que se indica en la receta y límpielas con un trapo. Una por una, sostenga las hojas sobre la flama de la estufa, o sobre una parrilla eléctrica, hasta que se vuelvan flexibles. Este proceso lleva unos segundos de cada lado. Cuide de no calentarlas demasiado porque pierden el color y, una vez que se enfrían, se vuelven quebradizas.

Cal para la masa de tortillas

En México se usa el óxido de calcio, o cal, cuando se cuece el maíz seco para hacer la masa para tortilla o para tamales.

La cal puede conseguirse apagada en forma de polvo listo para usarse, o no apagada en forma de piedras duras. Si compra esta segunda presentación, póngala en un contenedor que no sea de metal, espolvoréela con un poco de agua, y observe cómo se desmorona. Soltará un poco de vapor a medida que libera su calor. Si pone demasiada agua a la vez, tardará mucho más. También tarda en apagar si la cal está muy seca.

Cuando maneje cal siempre cuide de no acercarla a los ojos.

CHILES FRESCOS

Chile de agua

Este es un chile oaxaqueño muy local y rara vez puede conseguirse fuera de la región. Sin embargo, tiene un sitio importante en la cocina oaxaqueña y por eso merece MENCIONARSE, si bien de manera esotérica, para quienes visiten Oaxaca y, desde luego, para los aficionados. El chile de agua es un chile largo, verde claro que adquiere un intenso color rojizo cuando madura. Aunque su tamaño varía mucho, por lo general tienen entre 13 y 15.5 cm de largo y aproximadamente 3.25 cm de largo. Tiene un sabor fresco muy rico, pero es mucho muy picante.

Por lo general los chiles de agua se preparan para hacer una salsa o un aderezo asándolos, pelándolos y cortándolos en rajas, sin venas ni semillas.

Aunque el sabor no será el mismo, se puede sustituir con cualquier chile güero grande. Hoy día se usa muy poco el chile de agua seco.

Chilaca

Las chilacas son chiles largos, delgados, de un color verde muy oscuro y casi negro que, al madurar, adquieren un profundo color café. Crecen sobre todo en el Bajío: el centro y norte de México. La mayoría se seca para transformarse en chile pasilla. En su estado fresco, se usan en cantidades relativamente pequeñas en la Ciudad de México y sus alrededores, y son un ingrediente importante en la cocina de Michoacán, donde se le llama *chile cuernillo* o *chile para deshebrar*, esto último porque después de asarlos, pelarlos y deshebrarlos con las manos: no los corte con un cuchillo.

La piel de la chilaca es brillante, y la superficie está formada por valles undulantes poco profundos. Tienen un excelente sabor y pueden ser muy picantes. Aunque pueden variar en tamaño, por lo general tienen unos 18 cm de largo (sin contar el tallo) y de 2 a 2.5 cm de ancho.

Asados y pelados, sin venas ni semillas y trozados, se usan como vegetal o en platillos vegetarianos, por ejemplo con cebolla frita y papas, con queso como relleno para tamales, o en salsa de tomate para acompañar a los uchepos (pág. 142) y un guisado de puerco.

PARA ELEGIRLOS: Elija siempre los chiles que estén lisos y brillantes, no los que tengan una piel arrugada de apariencia vieja. Además de perder sabor, le será muy difícil pelarlos.

PARA ALMACENARLOS: Si no va a usarlos de inmediato, envuélvalos en dos capas de toallas de papel, y luego en plástico y almacénelos en el refrigerador. No los congele enteros. Después de prepararlos (véase abajo) y deshebrarlos en rajas, pueden congelarse, pero sólo durante más o menos un mes, porque después pierden su textura y su sabor cuando se descongelan.

PARA PREPARARLOS: Con pocas excepciones, estos chiles se asan y se pelan para usarlos en salsas, como vegetal, etcétera, tal y como se menciona arriba. Deje los tallos intactos para que pueda darles vuelta con más facilidad. Colóquelos directamente sobre la flama de la estufa o en una parrilla de carbón o leña, y deje que se doren y se ampollen, volteándolos de vez en cuando hasta que estén completamente asados. Cuide de no quemar la pulpa ya que los chiles no son muy gruesos. Si usa una estufa eléctrica, engrase ligeramente los chiles y áselos bajo el asador, volteándolos de vez en cuando hasta que estén totalmente asados.

Póngalos en una bolsa de plástico, de papel o en un trapo mojado y apártelos para que "suden" unos 15 minutos. No deje que se enfríen antes de meterlos a la bolsa ya que será más difícil pelarlos. Después de eso la piel debe salir con facilidad. Asegúrese de pelarlos sobre un colador porque la piel es dura y puede taparle el fregadero. Enjuague rápidamente el chile, pero no lo remoje en agua o su sabor se diluirá.

Con un cuchillo afilado, corte el tallo y deséchelo. Abra el chile a lo largo y raspe las venas y las semillas. Deséchelas. Despedace el chile en rajas delgadas como de 75 mm, que están listas para usarse o para congelarse (véase la nota superior).

Chile güero

En México cualquier chile amarillo o verde pálido se llama *güero*, o rubio. Varios chiles entran dentro de esta categoría (abajo se hace una lista). Se usan frescos o enlatados, pero no secos.

Chile cera

También se le llama *chile caribe* o *chile fresno*. Este chile pequeño, triangular y amarillo, tiene una superficie lisa, acerada. Por lo general mide unos 6.5 cm de largo y un poco más de 2.5 cm en la parte más ancha. Se usa sobre todo en los estados del norte y en Jalisco para hacerlos en escabeche con verduras o frutas, o enteros, abiertos en la parte de abajo y luego agregados a los guisados, las salsas o las lentejas para darles sabor.

Puede ser de medianamente picante a picante. En Jalisco he visto que lo llaman *chile húngaro, California Gold #5*, o incluso *Anaheim*, aunque no tomo en serio ninguno de estos nombres.

Chile x-cat-ik

X-cat-ik significa *güero* en maya. Se trata de un chile regional que se distribuye en Yucatán. De color amarillo pálido, es largo, delgado, con un borde puntiagudo en el extremo. Por lo general mide entre 12 y 13 cm de largo y 75 mm de ancho. Varía de medianamente picante a picante. Por lo general en la cocina yucateca se usa asado, sin pelar, y entero en salsas o en escabeches de pescado y pollo.

Chile largo o carricillo

Para mi gusto este es el más sabroso de los chiles güeros. Por desgracia su distribución es muy limitada y se reduce a una sola estación del año, supongo que debido al hecho de que la mayor parte se utiliza en la industria de los chiles en lata. Este es un chile largo, rizado, delgado y liso, de piel delgada pero de superficie ondulante. Aunque se cultiva en la parte central de México, se usa en los platillos de Veracruz, donde generalmente se añade entero para dar sabor, más que picor. Casi todos los chiles que se producen se enlatan en una escabeche ligero y se les etiqueta como *chiles largos*.

Chile habanero

Ver una plantación de chile habanero constituye una vista espectacular, pues la planta tiene hojas anchas, de color oscuro brilloso y los chiles maduros cuelgan en racimos como brillantes linternas de color naranja. Cuando está maduro, el chile es de color verde y luego se pone amarillo y naranja. Parece tener brillo y la carne es casi transparente. Por lo general un chile habanero, que crece exclusivamente en Yucatán y Campeche, y fuera de ahí se distribuye muy poco, mide aproximadamente 3.5 cm de largo y 3.5 cm de ancho. Se consiera el más picante de todos los chiles mexicanos, aunque yo diría que el chile manzano y el chile de árbol están en la misma categoría. No sólo tiene una apariencia excepcional sino que su sabor también es distintivo pues tiene un aroma único: tanto así, que a menudo se pone en las salsas para darles sabor y no picor.

Resulta imposible encontrar un sustituto para el chile habanero. En México el chile habanero no se usa seco.

PARA USARLO. El chile debe tener una piel lisa y sin arrugas. Debe ser plegable, pero no suave, al tacto y firme en la base del tallo.

PARA ALMACENARLO: Si no va a usar los habaneros de inmediato, envuélvalos bien en dos capas de toallas de papel y póngalos en una bolsa de plástico en el refrigerador. Así, duran alrededor de una semana.

Otra forma de almacenarlos para usarlos en salsa es asarlos ligeramente, dejar que se enfríen, y envolverlos con envoltura plástica gruesa en el congelador, donde durarán cerca de tres meses.

PARA PREPARARLOS: Este chile se usa crudo en salsas frescas como la de la cochinita Pibil (pág. 344), y en la cebollas encurtidas para panuchos (pág. 309). Sólo enjuague el chile y píquelo con toda y venas y semillas.

Para hacer una salsa muy sencilla pero picantísima, el chile debe asarse entero y luego molerse en el molcajete con jugo de limón y sal gruesa. Si va a usarlo para los frijoles colados yucatecos (pág. 202), o para hacer una Salsa de Tomate yucateca, puede añadirse entero, crudo, o entero y ligeramente asado para que suelte su sabor.

La linda expresión "el chile da un paseo por la salsa" proviene de Yucatán. Se pica el extremo de un chile habanero crudo y se sumerge en la salsa varias veces para que sólo deje un ligero picor y sabor.

Chile jalapeño

Fuera de México el chile jalapeño es quizás el más conocido de todos, ya que gran parte de la producción se prepara en escabeche y se enlata. Existen muchas variedades de este chile, pero son inconfundibles: alargados, en forma de un triángulo chato que varía del verde medio al oscuro, con algunas motas oscuras, y otros con unas líneas intermitentes y verticales de color café. Al chile jalapeño se le dan distintos nombres según el tipo y la estación en la que se coseche o se use: se le llama *gordo* en Veracruz, *chilchote* en la Siera de Puebla, *tornachile* en los recetarios antiguos y *cuaresmeño* en el centro de México. Por lo general el jalapeño mide 6.5 cm de largo y un poco menos de 2.5 cm de ancho. Puede ser medianamente picante, picante o muy picante. Se usa en su estado maduro, cuando tiene un color verde, o cuando está totalmente maduro y adquiere un intenso color rojo.

Se usan sobre todo en rajas, ya sea en salsas frescas o en escabeche.

PARA ELEGIRLOS: Cuando están frescos, la piel de los jalapeños es lisa y brillosa, y la pulpa es firme al tacto. Cuando están arrugados, han perdido su fresco sabor y su textura crujiente. Asegúrese siempre que la base del tallo no esté deteriorada.

PARA ALMACENARLOS: Si no va a usar los chiles de inmediato, almacénelos igual que los otros chiles frescos, envuélvalos primero en una doble capa de toallas de papel y luego métalos a una bolsa de plástico. Aún así, lo mejor es conservarlos no más de una semana, porque después pierden sabor y textura.

PARA PREPARARLOS: Primero enjuáguelos bien para eliminar cualquier resto de insecticida. Séquelos con un trapo, córtelos en rajas y fríalos con cebolla para hacer una salsa de tomate. Puede eliminar las semillas para que se vean más presentables.

Fríalos enteros con cebolla y ajo para hacerlos en escabeche antes de agregarles las hierbas y el vinagre. En Veracruz se rellenan de atún, sardinas o queso, y son muy potentes. Para estas recetas (que no se dan en este volumen), los chiles se asan sobre la flama, igual que los chiles poblanos, se pelan, se abre, se les quitan las semillas y se rellenan. A veces se rellenan con carne, pescado o queso, y se cubren con huevo batido, igual que los chiles rellenos.

Chile manzano

Llamado *chile perón* en Michoacán y *canario* en Oaxaca, el chile manzano es un chile bulboso y carnoso que mide unos 5 cm de largo y aproximadamente 4.5 cm de ancho. Es uno de los chiles más picosos que conozco.

Es un chile poco común por varias razones: la planta, que puede convertirse en un arbusto alto, soporta el frío y se cultiva en Miochoacán, en las tierras altas que rodean el Lago de Pátzcuaro, donde es picante. Y en las tierras altas de Chiapas, donde es más suave. Su flor es morada, en vez de la acostumbrada flor blanca y sus semillas algo grandes y recias, de un negro profundo. Hay dos plantas distintas: en una, la fruta verde madura hasta adquirir un color amarillo brillante. En la otra, el chile pasa de verde a rojo brillante. Los aficionados de hueso colorado afirman preferir el amarillo porque tiene más sabor y es más picante que el rojo, si es que eso es posible.

La superficie de los chiles es lisa y brillante, y una vez preparado en escabeche retiene su apariencia fresca durante más tiempo que otros chiles. En México el chile manzano sin pelar se usa en escabeches. Asado pero no pelado, se mule en salsa de tomate; asado y pelado, se rellena igual que los chiles poblanos. Pero en todos estos casos se quitan las semillas.

El chile manzano nunca se usa seco y ahora se exporta en cantidades pequeñas a los Estados Unidos.

PARA ELEGIRLO: Asegúrese que la superficie del chile esté lisa, brillante y firme al tacto. Cuando estáarrugada y suave, el chile ya está casi pasado. También asegúrese que el área alrededor del tallo no tenga deterioro.

PARA ALMACENAR: Si no va a usar los chiles de inmediato, envuélvalos en toallas de papal y métalos a una bolsa de plástico dentro del refrigerador: aún así, tienden a perder su textura crujiente para usarlos crudos.

PARA PREPARARLOS: Enjuague y seque los chiles. Para usarlos en escabeche, elimine el tallo y abre el chile. Retire las semillas y corte el chile en rajas. Por lo general se deja que las rajas se maceren en jugo de limón con sal para cortar un poco el picor.

Para usar el chile manzano en salsa de tomate, póngalo entero en un comal caliente y voltéelo de vez en cuando hasta que la piel esté ligeramente quemada y ampollada. Ábralo, quite las semillas y las venas, y licúe el chile con los tomates: sólo se necesita la mitad de un chile para hacer la salsa picante.

Los chiles manzanos también se preparan como los chiles poblanos rellenos. Se asan y se pelan como siempre, se abren y se quitan las venas y las semillas. Por su intenso picor, luego se cubren con agua caliente y se dejan hervir suavemente durante 1 minuto. El agua se cambia, se agrega un poquito de sal, y se dejan en remojo 5 minutos más. Luego se cuelan, se rellenan con picadillo, carne deshebrada o queso, se cubren con huevo batido y se fríen. Se sirven en caldillo de jitomate, igual que los chiles poblanos rellenos.

Chile poblano

Al chile poblano también se le conoce como *chile para rellenar, chile gordo* (Jalisco), *jarál* (Estado de México).

Se trata de un chile grande, triangular, carnoso, de piel lisa y brillosa, de color verde medio a verde-negruzco. Cuando madura adquiere un color rojo brillante que tiene un sabor distintivo. Por lo general mide 12 cm de largo y 6.5 cm en su parte más ancha, y se distingue por un borde profundo en la base del tallo. Con raras excepciones, se rellena o se corta en rajas, fritas con cebolla y papas, y se agrega a una salsa de tomate con huevos o puerco guisado; también se usa como adorno para sopas, licuado con crema para hacer una rica salsa, o licuado para añadirse al arroz. Maduro y seco se convierte en *chile ancho*. Asado y pelado cuando está verde y luego seco, se llama *chile pasado*.

PARA ELEGIR: Siempre elija chiles lisos y brillosos, y no los que están arrugados y suaves al tacto. Además de que pierden el sabor, será más difícil pelarlos.

PARA ALMACENARLOS: Si no va a usarlos de inmediato, envuélvalos en dos capas de toallas de papel y métalos a una bolsa de plástico. Así, retienen su humedad durante unos días en el refrigerador.

Crudos no se congelan, pero una vez asados y pelados, pueden congelarse durante un mes nada más, porque después pierden su sabor y textura cuando se descongelan.

PARA PREPARARLOS: Como ya mencioné antes, con pocas excepciones, el chile poblano se asa o se fríe y se pela antes de usarse.

Deje el tallo, si lo tiene, intacto –facilita el darle vuelta al chile– y póngalo directamente sobre la flama, el carbón o la leña. Si usa una parrilla eléctrica, engrase ligeramente el chile y colóquelo justo bajo el asador. Deles vuelta de vez en cuando para que la piel se ampule y se ase ligeramente en su totalidad. No deje que la pulpa del chile se queme.

Colóquelos inmediatamente en una bolsa de plástico para que "suden" durante 10 minutos, lo que ayuda a aflojarles la piel que después se desprende con facilidad. Debe hacer esto en un colador porque los pedacitos de piel dura pueden tapar el fregadero. Enjuague ligeramente el chile, pero no lo remoje en agua, porque se diluye el sabor.

PARA CHILES RELLENOS

Dejando la parte superior y la base del tallo intactas, con cuidado haga un corte a lo largo del chile. Ábralo hasta la mitad y con cuidado corte la placenta (la parte blanca de arriba donde se concentran las semillas) y retírela. Raspe las semillas restantes y elimine las venas que bajan por el chile, con cuidado de no romper la pulpa. Ahora el chile está listo para rellenarse. Lo mejor es marcar cualquier chile muy picante ya que varían, para un familiar o una visita a quien le guste el chile así. Deben usarse de inmediato, pero pueden almacenarse toda la noche: no más porque pierden casi toda su jugosidad y su sabor. También pueden congelarse, pero no más de un mes porque, al descongelarlos, pierden tanto textura como sabor.

Para rajas

Con un cuchillo afilado corte el extremo superior del chile al que está adosado el tallo. Hágale una incisión al chile a lo largo y raspe las semillas y las venas. Elimínelas. Corte el chile en rajas verticales como de .75 a 1.5 cm de ancho.

Cuadritos de chile para adornar

Siga las instrucciones para hacer rajas, pero corte la pulpa en cuadritos de 1.5 cm. Caliente un poquito de mantequilla o aceite en una sartén y saltee los cuadritos con un poco de cebolla, volteándolos de vez en cuando, durante unos 3 minutos. Esto sirve para quitarles el sabor a crudo y les da un sabor más dulce.

Chile serrano

El nombre serrano o verde que se le da a este chile (el cual no debe confundirse con el chile verde de Yucatán) se usa de manera común en todo México, con la excepción quizá de la Sierra de Puebla, donde a menudo se le llama *chile tampiqueño.*

Es un chile pequeño, de verde medio a intenso, según la variedad, que se pone rojo cuando madura. Las nuevas variedades tienden hacia un color más claro y un tamaño más grande –aproximadamente 5 cm de largo y 1.5 cm de ancho– mientras que el chile serrano "sin mejorar" (que a menudo es el más sápido) tiende a ser de un verde más oscuro, con un extremo más puntiagudo, y más pequeño, por lo general de entre 2.5 a 4 cm de largo y 75 mm de ancho.

Todos tienen la piel suave y lisa, y van de picantes a muy picantes. Aunque por lo general se prefieren verdes para hacer salsas crudas o guisadas, también se usan cuando se ponen rojos.

PARA ELEGIRLOS: *La piel de los chiles debe estar suave y brillosa, arrugada y deben estar firmes pero no suaves al tacto, cuando ya han perdido su textura crujiente, un fresco sabor y un gusto a tierra.*

Asegúrese de que no tengan zonas negras de descomposición en la piel (algunos tienen manchas oscuras naturales, dependiendo del tipo de semilla que se haya usado al sembrarlo), sobre todo alrededor de la base del tallo.

PARA ALMACENARLOS: Si no va a usarlos enseguida, envuélvalos en dos capas de toallas de papel y guárdelos dentro de una bolsa de plástico en el refrigerador, para que no se sequen. Aún así, duran sólo alrededor de una semana sin perder su sabor y su textura.

Si quiere guardarlos con anticipación para hacer una salsa guisada, hiérvalos suavemente durante 5 minutos, cuézalos y luego congélelos o asélos y luego congélelos (vea los detalles abajo).

PARA PREPARARLOS: Siempre enjuague bien los chiles porque nunca se sabe si quedan rastros de insecticida.

Para hacer salsas frescas, pique o licúe los chiles sin quitar las venas o las semillas. Para hacer salsa cocida, con tomates verdes, hierva suavemente los chiles con los tomates verdes y después licúelos.

Para hacer salsa de tomates asados o de tomates verdes asados, ase los chiles en un comal, volteándolos de vez en cuando hasta que estén asados y les salgan ampollas.

Los chiles toreados son chiles serranos que se hacen rodar en un comal caliente hasta que empiezan a cambiar de color y a suavizarse. Por lo general se dejan enteros ¡para que el aficionado de hueso colorado los devore en dos mordidas!

Chile verde del norte

Al chile verde, largo y delgado que se usa en el noroeste de México, sobre todo en Sonora pero también en Chihuahua, también se le llama *chile Magdalena*, llamado así en honor al pueblo sonorense en cuyos alrededores se siembra en grandes cantidades. De hecho, es el mismo chile que el *Anaheim*, o *chile California*. Tiene un color verde claro y varía de medio picante a picante. En México por lo general se asa y se pela: se deja entero, quitando las venas y las semillas, se rellena para hacer cualquier chile relleno, o se corta en rajas y se usa en salsas de tomate para hacer chile con queso en Chihuahua.

Ahí también se asa y se pela, para luego secarse enteros para convertirse en un negro y arrugado *chile pasado*.

Aunque por lo general se usa cuando está verde, también se hace madurar hasta que se pone de un rojo intenso para secarlo y convertirse en *chile seco del norte* o *chile de la tierra* (véase pág. 575).

567

CHILES SECOS

Esta sección de chiles secos no pretende ser exhaustiva: se necesitaría un libro entero para hacerlo. Sin embargo, describe algunos de los chiles de uso más frecuente, sus características, sus usos y la manera en que se preparan. También hay una breve mención a algunos chiles menos conocidos que son muy importantes para algunas cocinas regionales y que resultan de especial interés para quienes viajan a esas zonas, además de los aficionados –entre ellos los escritores de comida y los chefs–, quienes están en perpetua búsqueda de más información sobre estos ingredientes tan mexicanos.

Desde luego, secar chiles es una forma de conservarlos. Otra, es ahumarlos y, en el norte de México, existe otro método para conservarlos (véase *chile pasado*, pág. 564), que es poco conocida y, en otras partes, posiblemente inaceptable.

La forma de usar los chiles secos varía ligeramente de región en región y se especifican al principio de cada receta. Por ejemplo, en algunas áreas las cocineras asan los chiles ligeramente antes de remojarlos y licuarlos para preparar una salsa guisada, mientras que otras hierven suavemente los chiles en agua y luego los licuan. Quienes usan el primer método dicen que, guisada así, la salsa tiene mejor sabor y resulta más digerible.

Existen dos reglas importantes al usar chiles con mucha pulpa como son los chiles anchos, mulatos y pasilla, para hacer salsas espesas y moles: no deben remojarse más que el tiempo especificado, o todo el sabor quedará en el agua del remojo. La segunda, es nunca tratar de pelar los chiles después de remojados, porque la piel les da sabor y color y actúa como un agente para espesar la salsa, como una cocinera americana lo sugirió.

ELEGIR Y ALMACENAR. Siempre trate de comprar chiles sueltos para que pueda ver qué está comprando. Con demasiada frecuencia los chiles de tercera se disfrazan en un empaque elegante.

No se guíe por el nombre que tiene el paquete: muchos chiles tienen nombres incorrectos, especialmente en los Estados Unidos. Estudie las fotografías y las descripciones de los chiles y decida. Aunque el tamaño de los chiles varía muchísimo, los chiles de mejor calidad deben tener aproximadamente el tamaño que se da para cada tipo.

Los mejores chiles son los de la cosecha más reciente, que están más flexibles. Si están húmedos, lo que está pagando es la humedad, pero no importa: déjelos secar en un lugar aireado al sol. No los seque hasta el punto en que se pongan quebradizos: deben estar apenas flexibles. Aunque los chiles que se secan hasta estar crujientes pueden usarse, tendrá que remojarlos más tiempo y después quitarles las venas y las semillas. Si intenta limpiarlos antes de remojarlos, se romperán en mil pedazos. También se pueden suavizar poniéndolos en un comal a fuego medio.

Procure no comprar chiles que tengan parches transparentes en la piel porque eso significará que una mosca de la fruta ha estado comiéndose el chile. Es probable que también haya puesto huevos en el interior, y con el tiempo, y dadas las condiciones de humedad y calor adecuadas, le saldrán larvas.

En lugares donde no consigue una variedad de chile todo el año puede almacenarlos de una forma adecuada, y los chiles secos pueden durar bastante tiempo. Lo mejor es guardarlos en un lugar seco y fresco y, si tiene el espacio, almacénelos en el refrigerador o en el congelador. Esto evita que los insectos se los coman. De todos modos, inspeccione los chiles cada mes aproximadamente para asegurarse que no se estén deteriorando. Abra uno y vea si no tiene rastros de moho, el cual se extenderá con rapidez bajo condiciones húmedas. Si esto ocurre, tire los chiles o, de preferencia, quémelos.

Chile ancho

El chile ancho (al que en Michoacán veces se le llama confusamente *chile pasilla o pasilla rojo*) es el chile más común que se usa en México. De hecho, se trata del chile poblano ya maduro que adquiere un color rojo profundo y luego se pone a secar.

Un chile ancho de buena calidad es flexible, no está crujiente, y tiene una piel arrugada de un profundo color café-rojizo y conserva algo de brillo. Un chile de buen tamaño tiene 12 cm de largo y aproximadamente 8 cm de ancho. Conforme se va secando su color se vuelve más oscuro y, para quien no esté familiarizado con los chiles, resulta más difícil diferenciarlo del *chile mulato seco*. Para asegurarse, abra un chile y véalo a contraluz: debe tener un color café rojizo en vez del café negruzco del *chile mulato.* Una vez remojados, resulta más fácil distinguir entre estos dos chiles porque su color se vuelve más profundo. El sabor del chile ancho es sin duda más agudo y afrutado que el del chile mulato, que es más suave y tiene un sabor más achocolatado.

PREPARACIÓN. Existen varios métodos distintos para preparar estos chiles a fin de hacer las recetas de este libro, y se indicará cada una para cada receta específica.

En general el chile ancho no se usa para hacer salsas de mesa, o salsas de molcajete,

569

como se les llama en México, con una sola excepción. Se trata de un aderezo más que de una salsa –salsa de tijeras– en la cual el chile crudo se corta en tiritas y se marina en aceite, vinagre y demás ingredientes.

Para chiles rellenos

Deje intactos la parte superior y el tallo del chile. Hágale un corte a lo largo y con cuidado retire las semillas y las venas. Cúbralo con agua caliente y remójelo unos 10 minutos o hasta que el chile esté pulposo y rehidratado. Entonces está listo para rellenarse de queso, carne, chorizo con papas, etcétera. Luego se cubre con huevo batido, se fríe y se sirve como siempre, en un caldillo de jitomate.

Para salsas guisadas, moles, etcétera

Elimine el tallo, si lo tiene, y hágale un corte al chile a lo largo. Retire las semillas y las venas. Aplánelo lo más posible y luego use alguno de estos métodos:

MÉTODO 1: Cubra los chiles con agua caliente y déjelos remojar hasta que estén pulposos: aproximadamente 10 minutos. Nota: el tiempo de remojo dependerá en qué tan viejo y seco esté el chile. Los 10 minutos son para chiles que están relativamente flexibles. Escúrralos y transfiéralos al vaso de la licuadora, eliminando el agua.

MÉTODO 2: Ponga los chiles limpios en una olla con agua caliente. Deje que rompa el hervor suavemente y hiérvalos a fuego lento aproximadamente otros 5 minutos, hasta que el chile esté pulposo y rehidratado.

MÉTODO 3: Caliente el comal hasta que esté medio caliente: no debe calentarlo demasiado o los chiles se quemarán y la salsa quedará amarga. Aplane el chile, con la parte abierta hacia abajo, sobre el comal, lo más plano que se posible. Déjelo unos 3 segundos, voltéelo y repita en el segundo lado hasta que la pulpa interior se ponga opaca y de color café tabaco: aproximadamente 3 segundos (si el chile está relativamente húmedo, le saldrán ampollas, pero esa no es la señal). Retírelo del comal, tape el chile con agua caliente, y déjelo en remojo unos 15 minutos.

MÉTODO 4: Para hacer algunos moles el chile seco se tiene que freír. Caliente manteca o aceite solamente para cubrir el fondo de una sartén. Cuando esté caliente –pero sin llegar a humera o el chile se quemará fácilmente– coloque el chile, con el interior hacia arriba, tan plano como sea posible en el aceite caliente. Fríalo unos 5 segundos, presionándolo bien en el aceite. Voltéelo y fríalo del otro lado otros 5 segundos o hasta que la pulpa interior se vuelva de un color tabaco opaco. Retírelo de la sartén y cúbralo con agua. Añada más aceite a la sartén conforme avanza con los demás chiles.

MÉTODO 5: Para moler el chile ancho hasta pulverizarlo –que en el norte del país suele usarse como condimento para el menudo, etcétera– ponga un comal a fuego lento y presione el chile lo más plano posible sin quemarlo. Voltée el chile y tuéstelo del otro lado durante alrededor de 1 minuto o hasta que el chile esté completamente deshidratado. Cuando se enfríe debe quedar crujiente. Desmorone el chile tostado en el vaso de la licuadora o en un molino para café o para especias hasta que quede reducido a un polvo fino. Para almacenarlo, póngalo en un recipiente hermético y guárdelo en el congelador.

Chile mulato

La planta del chile mulato es, en esencial, la misma que la del chile poblano pero con genes ligeramente distintos que afectan el color y el sabor. Casi nunca se usa fresco, ya que el campesino obtiene más dinero por la cosecha de chiles mulatos secos en vez de frescos, y por lo general valen más que cualquier otro tipo de chile seco. Aunque varían mucho en tamaño, por lo general miden 13 cm de largo y 8 cm de ancho. Tiene un color café negruzco, y la piel –de nuevo, de los chiles de buena calidad– puede ser más lisa que la del chile ancho. Tiene un sabor dulzón, un poco achocolatado, que puede variar de suave a bastante picoso. Por desgracia, muchos vendedores de chile, sobre todo en la frontera con Estados Unidos, mezclan los chiles anchos con los mulatos y aseguran que se trata del mismo chile. Esto es falso. Para comprobarlo se ofrece un examen en la sección dedicada al chile ancho (pág. 564). Es importante hacerlo porque, por ejemplo, un mole poblano que lleve cierta cantidad de chiles mulatos puede cambiar mucho en apariencia y en sabor si se usan chiles anchos en vez de mulatos. En Estados Unidos es muy fácil conseguir el chile mulato.

PREPARACIÓN. Véase los métodos para preparar el chile ancho.

Chile pasilla

El chile pasilla es la chilaca seca, a la que a veces se le llama *chile negro* y, en Oaxaca, *chile pasilla de México*, para distinguirlo del *chile pasilla de Oaxaca* (véase pág. 577). Tiene una piel arrugada de brillante color negro, y puede variar de bastante picante a picante. Por lo general, mide 15. 5 cm de largo y 2.5 cm de ancho. En Estados Unidos resulta fácil conseguirlo en tiendas especializadas y en supermercados.

El chile pasilla se usa para adornar sopas, para hacer salsas de mesa rústicas, y para moles y otras salsas guisadas.

PREPARACIÓN. En muchos platillos se prepara igual que el chile ancho, y pueden aplicarse los métodos 1 a 4 de las páginas. 570 y 571. Sin embargo, se usa en tres formas especiales:

1. Como adorno y condimento para sopas. Si el chile tiene tallo, déjelo intacto. Límpielo muy bien con un trapo húmedo. Caliente el aceite en una sartén pequeña, a fuego medio, en que el aceite alcance una profundidad de 75 mm. Cuando esté caliente, pero no humeando porque el chile se quemaría, ponga el chile entero en el aceite y fríalo lentamente, volteándolo de vez en cuando, hasta que esté brillante y crujiente. Si no tiene perforaciones ni está roto, el chile se inflará de manera impresionante, lo cual lo hace verse bonito y también freírse de manera pareja. Sirva el chile frito entero encima de cada plato de sopa o desmorónelo toscamente, con venas y semillas, y páselo por separado para espolvorearlo en la sopa, a manera de condimento.

2. Como salsa rústica de mesa. Si el chile tiene tallo, déjelo intacto para poder voltear el chile con más facilidad. Limpie el chile con un trapo húmedo. Caliente el comal a fuego medio: no debe estar demasiado caliente o el chile se quemará. Ponga el chile entero en el comal y áselo, volteándolo de vez en cuando, durante 5 a 7 minutos o hasta que este crujiente de maner uniforme. Desmorone el chile, con todo y venas y semillas, en un molcajete o en el vaso de la licuadora y licúelos brevemente para hacer una salsa texturada junto con los otros ingredientes que lleve la receta.

3. Usando las venas a manera de condimento. Cuando una receta dicte que se eliminen las venas y las semillas del chile, no tire las venas y áselas en un comal sin engrasar hasta que adquieran un profundo color dorado. Espolvoréelas sobre el platillo.

572

Chile guajillo

Junto con el chile ancho, el guajillo está entre los chiles secos más usados en la cocina mexicana, quizá porque se consigue con más facilidad y tiene un precio más bajo que otras variedades. El chile guajillo tiene una piel lisa de un profundo color mora. Largo y delgado, acaba en punta. Mide aproximadamente 13 cm de largo y de 3.5 a 4 cm en su punto más ancho. Varía de bastante picante a picante y tiene un sabor penetrante y agradable. En la región centro norte del México se le llama *chile cascabel* porque cuando se sacude las semillas cascabelean y su sonido se asemeja al del cascabel de una serpiente. Pertenece a la familia de chiles que, cuando están frescos, a veces se les llama *mirasol* de forma errónea, ya que la mayoría e estos chiles cuelgan por abajo de la planta y no están orientados hacia el sol.

Aunque se usa poco para hacer salsas de mesa, más a menudo se remoja y se licua para untarlo sobre la carne –como en la carne enchilada–, para hacer salsa para enchiladas y para guisos espesos. Sin embargo, la salsa casi siempre tiene que colarse porque su piel es muy dura y no toda logra molerse suficientemente cuando se licua.

PREPARACIÓN. Retire los tallos, abra el chile a lo largo, y elimine las venas y las semillas raspándolas. Siga los mismos métodos 1, 2 y 3 que se dan en la página. 570 y 571 para el chile ancho.

MÉTODO 4. Cuando se usa el chile guajillo para sustituir al chile negro de Oaxaca, se tuesta en el comal o directamente sobre el fuego hasta que se pone negro y crujiente. Luego se enjuaga dos veces en agua fría para que no esté tan amargo y se remoja en agua caliente.

Chile puya

El chile puya, o *guajillo delgado*, como se le llama a veces, es más delgado y más picante que el guajillo. Mide 10.5 cm de largo y 2 cm de ancho. Se limpia y prepara exactamente igual que el guajillo. En los Estados Unidos se consigue con gran facilidad.

Chile de árbol

El chile de árbol no proviene de un árbol, como uno podría pensar por su nombre, sino de una planta larguirucha y esbelta. Pasa del color verde a un intenso tono rojo cuando madura y retiene su brillante color aún seco. Es un chile largo y delgado, de piel lisa, que por lo general mide 8 cm de largo y 1.25 cm de ancho. Es mucho muy picante.

El chile de árbol seco se usa sobre todo para hacer salsas de mesa, pero para guisados de carne, por lo general se licuan unos cuantos chiles de árbol con otros chiles más carnosos o en polvo para usarlos como condimento.

PREPARACIÓN. Absolutamente ningún mexicano se atrevería a quitarle las semillas y las venas a este chile. Todos saben que pica mucho ¡y así les gusta!

MÉTODO 1: Para hacer polvo, ponga el chile entero, con todo y tallo, si lo tiene, en un comal a calor medio, porque si la lumbre es muy fuerte el chile se quemará con facilidad, y voltéelo constantemente hasta que esté asado, adquiera un color café calro y se ponga crujiente. Desmorónelo en la licuadora sin remojarlo y siga las instrucciones de la receta.

MÉTODO 2: Caliente un poquito de aceite en una sartén pequeña, agregue los chiles y fríalos hasta que estén ligeramente dorados y crujientes: aproximadamente 3 minutos. Retírelos, no los remoje, y licúelos siguiendo las instrucciones de la receta.

Chile cascabel

El chile cascabel tiene, justamente, forma de cascabelito redondo. Es un chile liso, duro, de piel café rojiza, y por lo general mide 3.5 cm de diámetro y 2.5 cm de largo. El sabor de este chile se aprecia mejor en salsas de mesa sin guisar, aunque con bastante frecuencia se licua con tomates o con tomates para preparar la salsa de un platillo principal.

Preparación

MÉTODO 1: Si el chile tiene una bonita forma esférica pareja, y no está abollado, entonces puede tostarse entero en un comal medio caliente y, si tiene tallo, éste puede usarse para darle vuelta. Debe asarse lentamente hasta que esté crujiente –aproximadamente 5 minutos– pero hay que tener cuidado de no quemarlo, o la salsa se amargará. Luego elimine el tallo, abra el chile, retire las venas y las semillas, ase las semillas (si la receta así lo requiere), y desmorónelo en el vaso de la licuadora.

MÉTODO 2: Si el chile no tiene una forma esférica pareja y está abollado, elimine el tallo, abra el chile y retire las semillas y las venas. Áselo aplanándolo en un comal medio caliente hasta que la pulpa interior se ponga color tabaco. Para entonces debe estar crujiente. Desmorónelo en el vaso de la licuadora, sin remojar.

MÉTODO 3: En algunas partes del noroeste de México el chile cascabel suele remojarse o hervirse suavemente en agua hasta que la dura piel empieza a suavizarse. Luego se licúa con tomates o con tomates verdes para preparar una salsa guisada.

Chile seco del Norte o chile de la tierra

Chile Anaheim seco. A este chile también se le llama *chile largo colorado* y se usa exclusivamente en el norte, sobre todo en Sonora. Se trata del *chile Anaheim seco* (o *chile Magdalena* del lado mexicano de la frontera) y en Estados Unidos se vende con la etiqueta que dice "vainas de chile de California".

Su piel brillosa y delgada puede describirse como de un color rojo cobrizo. La piel se pliega alrededor de la base del tallo, formando "pliegues" irregulares de la base a la punta. Varía de suave a bastante picante.

El chile seco se remoja y se licúa para usarse en salsas para chilaquiles, enchiladas, chile con carne, y otros platillos norteños. Cuando se muele y se usa en forma de polvo para salsas, por lo general se espesan un poco con harina.

PREPARACIÓN. Retire los tallos, abra los chiles a lo largo, y retire las venas y las semillas. Cubra los chiles con agua hirviendo y hiérvalos suavemente hasta que estén suaves: aproximadamente 10 minutos. Luego escúrralos y siga las instrucciones de la receta.

Chilacate

El chilacate crece en la zona de Jalisco y Colima donde se usa, seco, en los platillos regionales. Es un chile liso, brilloso de piel dura y sabor dulce, que varía de suave a bastante picante. Por lo general mide 13 cm de largo y 5 cm en su parte más ancha. En Colima se usa junto con el chile ancho y el guajillo en una proporción de 2 a 1, respectivamente. Muchas veces pasa por "guajillo". También hay un chile de Nuevo México por el que puede sustituirlo. Cuando se remoja y licúa, el chilacate se usa para salsa de enchiladas y para otras salsas guisadas.

PREPARACIÓN. Retire el tallo del chile, si es que lo tiene, ábralo de la base a la punta, y retire las semillas y las venas. Cúbralo con agua caliente y remójelo durante 15 minutos. Escúrralo y lícuelo o hiérvalo suavemente en agua caliente durante 5 minutos y remójelo 5 minutos más. A diferencia de la piel del guajillo, la de este chile se suaviza rápidamente y se licúa bien.

Chile chipotle

El chile chipotle (como se le llama coloquialmente) o *chipocle* es el chile jalapeño maduro y ahumado, tal y como lo sugiere su nombre en náhuatl: *chil*: chile y *pectli*: humo. Es un chile arrugado, duro y corrioso, muy picante, que parece una hoja de tabaco viejo, aunque de hecho es de color café oscuro, iluminado con valles café dorados. Por lo general –según la calidad de la cosecha– mide 6.5 cm de largo y 2.5 en su parte más ancha.

Los chiles chipotles enlatados son un condimento muy popular, ya sea en escabeche o en una suave salsa roja de adobo. En esta forma pueden usarse en la mayoría de los platillos que llevan chipotle. En su forma de chile seco y ahumado, puede usarse para darle sabor a las sopas y a las pastas, o puede remojarse y molerse con otros ingredientes a fin de preparar salsa para albóndigas, camarones y carne.

PREPARACIÓN. El chipotle siempre se usa con venas y semillas.
A fin de prepararlo en escabeche se cocina brevemente en agua o en vinagre para suavizarlo antes de añadir los otros ingredientes. Para hacer salsas se usan los chiles secos (no los enlatados), que se asan muy ligeramente y luego se remojan antes de molerlos con otros ingredientes. El tiempo de remojo depende de qué tan seco esté, y varía de 15 a 30 minutos.

Chile mora

En algunas partes de Puebla y de Veracruz al chile mora se le llama *chipotle* o *chipotle mora*. Por lo general es más pequeño que el chipotle, y mide unos 5 cm de largo y 2 cm en su parte más ancha. Tiene un profundo color mora, tal y como su nombre lo indica. Es mucho muy picante.

El chile mora se prepara y se usa igual que los chipotles y las fábricas de conservas lo prefieren por tener un tamaño que les resulta más conveniente. No intente eliminar las semillas.

576

Chile morita

El chile morita es un chile pequeño, seco, ahumado, de forma triangular, de piel lisa, brillante y de color mora. Por lo general, mide 2.5 cm de largo y 2 cm de ancho. Es muy picante y debe usarse con cuidado. Me dicen que los chiles moritas son los últimos frutos de la cosecha de chile serrano.

PREPARACIÓN. El chile se asa ligeramente y se licúa con otros ingredientes o bien se remoja en agua hirviendo hasta que se suaviza, pero no se eliminan ni las venas ni las semillas.

Chile pasilla de Oaxaca

El chile pasilla de Oaxaca es, sobre todo un chile regional que se usa solamente en algunas partes de Oaxaca y de Puebla. A mí me parece que es uno de los chiles más interesantes y deliciosos, y todos los aficionados mexicanos deben conocerlo: si van a Oaxaca pueden comprarlo y experimentar con él.

Es el más arrugado de todos los chiles. Está ahumado y es muy picante. Por lo general los más grandes miden 9 cm de largo y 3.25 cm de ancho. Los chiles pasilla se venden por tamaño: los más grandes, más caros, se usan para rellenar; los medianos, para encurtir; y los más chiquitos y baratos para hacer salsa. Su piel brillante va del morado al rojo oscuro. Se rellena, se cubre con huevo batido y se fríe como cualquier chile relleno, pero también se usa para hacer salsas de mesa y salsas guisadas. Un posible sustituto sería el chile mora, aunque es demasiado pequeño para rellenarlo.

PREPARACIÓN. Si quiere rellenarlo, probablemente esté demasiado seco para abrirlo y limpiarlo, así que póngalo en un comal no muy caliente para que se caliente y se vuelva flexible. Luego ábralo a lo largo con cuidado, sin eliminar el tallo, y quítele las semillas y las venas. Cúbralo con agua caliente y hiérvalo suavemente durante unos 5 minutos. Déjelo remojando 10 minutos más. Luego rellénelo y fríalo como siempre. Para hacer salsas: ase ligeramente el chile entero en un comal, o directamente en la flama a fuego lento, o en cenizas todavía calientes, volteándolo para que se ase de manera pareja (sacuda pero no lave las cenizas). Luego trócelo con todo y venas y semillas, y licúelo junto con los otros ingredientes para preparar una salsa de mesa o una salsa guisada.

Chilhuacle negro, rojo y amarillo

Los chilhuacles son únicos de cuicatlán donde se consideran como chiles "criollos" de la región. Debido a que hay muy pocos sembradores y algunas plagas nuevas, su precio es mucho más elevado que el de los chiles comunes. Por lo tanto muchas cocineras de pocos recursos lo sustituyen, por ejemplo, por chile guajillo para elaborar sus amarillos, y los tuestan hasta quemarlos para el mole negro.

Son chiles regordetes, algunos de los cuales acaban en punta, aunque la mayoría son chatos y casi cuadrados, como de 5 cm de largo y 5 cm de ancho. La piel negra, roja o amarilla es mate y muy dura. Cuando se remoja, la pulpa tiene un pronunciado sabor a regaliz. Estos chiles se usan principalmente para hacer moles.

PREPARACIÓN. Elimine las venas y las semillas y áselos bien en un comal, cuidando de no quemarlos. Enjuáguelos con agua fría y luego remójelos en agua caliente durante 20 minutos. También puede limpiarse, enjuagarse y freírse para luego licuarse, sin remojarlos, según la receta.

Chile piquín

Los chiles piquín, *pequín*, *chiltepe* (Puebla), *chiltepin* (Sonora), *max* (yucatán) y *amashito* (Tabasco), son todos chiles muy pequeños y mucho muy picosos. Triangulares, redondos o de forma cilíndrica, por lo general se preparan en escabeche o se muelen para usarse como condimento. No suelen medir más de 1.5 cm de largo y 75 mm de ancho –los que son redondos tienen unos 75 mm de diámetro–, y su piel brillosa va del naranja al rojo profundo.

Chile seco yucateco

Incluí el chile seco de Yucatán porque es muy interesante y muy importante en la comida yucateca. De hecho, se trata del chile verde de Yucatán, pero en su estado seco. Es pequeño, delgado, de un color verde suave y tiene un sabor muy especial. Cuando madura y se seca adquiere un color entre naranja y dorado, y tiene una piel dura, brillosa y transparente. Por lo general mide 5 cm de largo y 2 cm de ancho. Es muy picante.

En Yucatán se muele hasta pulverizarlo y se usa como condimento. Pero quizá lo más interesante de todo es que se asa hasta carbonizarlo y se muèle con otras especies para hacer las pastas que se emplean para sazonar los chilmoles y los rellenos negros.

QUESOS MEXICANOS

Los quesos que se usan en la comida tradicional mexicana no son muy sofisticados y, en muchos casos, son puramente regionales.

Queso añejo

El queso añejo (correctamente llamado *queso añejo de Cotija*, por el pueblito de Cotija, en la frontera entre Michoacán y Jalisco, donde se inventó), es muy seco, tiene un color blanco, es salado y ligeramente ácido. Por lo general tiene forma de barril y se ralla muy finamente, como migas de pan. Se usa para espolvorearlo en los antojitos, en las enchiladas, en sopas y pastas, pero no se derrite.

Queso asadero

El verdadero queso asadero se hace en forma ovalada y plana en los ranchos de Chihuahua (vea *México, una odisea culinaria*). Se elabora con cierta cantidad de leche agria, tiene un contenido bueno de grasa, es agradablemente ácido y se derrite bien. En Sonora se le conoce como *queso cocido* porque las cuajadas se cuecen a partir de las madejas que luego se enrollan. Este queso se usa para hacer el queso fundido, el chile con queso, y para rellenar chiles.

En Estados Unidos no he podido encontrar un buen queso asadero, pero puede sustituirlo por queso Jack, Teleme o un Muenster doméstico.

Queso Chihuahua

Originalmente este queso se hacía en las comunidades menonitas de Chihuahua y las grandes ruedas de queso se estampaban con el nombre de la comunidad. El auténtico queso ahora es difícil de conseguir porque los menonitas están migrando a otros países, pero hay muchos buenos sustitutos. Este queso se asemeja un poco a un chédar suave, es agradablemente ácido, tiene una proporción buena de grasa, lo que significa que se derrite bien.

El queso Chihuahua se usa para rellenar chiles, rallado en sopas secas y en pastas, y para derretirlo y hacer queso fundido o chile con queso.

Queso fresco

El queso fresco es un queso quebradizo y suave con una agradable acidez, que se derrite y hace hebra cuando se calienta. Se hace con leche de vaca, al igual que los otros

579

quesos aquí mencionados, (los quesos de leche de cabra no son tan populares), y a veces se le llama *queso ranchero*. En un aislado pueblo, cerca del rancho de un amigo, se le llama *queso de metate* porque, tradicionalmente, la cuajada se muele en un metate.

El queso fresco se usa de muchas formas distintas: como botana; desmoronado para adornar antojitos, enchiladas y sopas; en tiras para rellenar chiles, etcétera.

Quesillo de Oaxaca

Este es un queso trenzado y cocido que se hace y se vende en los mercados de Oaxaca, en todos tamaños: desde la bola de 2.5 cm que se usa como botana con bebidas, hasta el de 15.5 cm de diámetro. También se hace a escala comercial en grandes cantidades para su venta en la Ciudad de México y en el país entero.

El quesillo de Oaxaca tiene una consistencia más dura que el asadero y el punto al que se derrite es más alto. Se usa en chiles rellenos, quesadillas, etcétera, y solo, como se menciona arriba.

Queso panela

El queso panela tradicional es un queso fresco redondo y aplanado, que tiene las marcas del canasto en que se pone a escurrir la cuajada. Hace años me topé con el mejor tipo de este queso: el que se hacía en todas las casas de la zona costera de Jalisco.

De todos los quesos, es el más fácil de hacer. Cuaje la leche como si fuera a hacer chongos zamoranos, omitiendo las yemas (véase la pág. 517). Corte la cuajada en pedazos grandes y, con una cuchara perforada, transfiéralos a una canasta donde escurran, espolvoreando las capas de cuajada con bastante sal. Cuelgue las canastas para que escurran toda la noche. Cuando las cuajadas se hayan escurrido, pero aún estén húmedas, apártelas en una rejilla para que desarrollen su acidez, de 12 a 14 horas en un lugar tibio.

ESPECIAS

Con muy pocas excepciones, en México las cocineras tradicionales usan las especias enteras, y en muy pequeñas cantidades.

Pimienta gorda *(Pimenta dioica)*

El árbol de la pimienta gorda es nativo de la América tropical y crece silvestre en el sur de Veracruz y Tabasco. Cuando madura y se seca, la semilla es de color café medio oscuro a oscuro. Es redonda y mide aproximadamente 75 mm de diámetro. Las hojas de la planta son muy aromáticas y se usan para agregarle sabor a algunos platillos de Tabasco Yucatán.

Las semillas reciben varios nombres distintos: *pimienta gorda, pimienta de Jamaica, malagueta* y, en Tabasco, *pimienta de la tierra.*

Anís *(Pimpinella anisum)*

El anís se usa sobre todo, aunque no de manera exclusiva, para darle sabor a los almíbares de los postres, o se añade a la masa de algunos tipos de pan dulce y de panes de levadura semidulces. En algunas recetas de mole poblano se usa en muy pequeñas cantidades. En Hidalgo se le añade anís a la masa de maíz para hacer algunos antojitos.

Canela *(Cinnamomum verum)*

La auténtica canela es la lámina quebradiza de la corteza de un árbol nativo de Ceilán y el suroeste de la India. Es de color café pálido y no debe confundirse con la corteza de cassia, que es más dura y oscura. Se usa en forma de rajas para darle sabor a los almíbares o al café, o se muele en pequeñas cantidades con otras especias para hacer moles y otras salsas de chile guisadas. En forma de polvo, la canela se usa en postres, pasteles y panes dulces de levadura.

Clavo *(Syzygium aromaticum)*

Los clavos o *clavos de especia* casi siempre se usan enteros o molidos con otras especias para hacer moles y salsas de chile guisadas, caldos o escabeches. El clavo es el aromático botón de la flor seca de un árbol nativo de las Islas Moluccas, pero que crece mucho en Granada, la "isla de las especias" del Caribe. AL igual que otras especias, se usan en muy pequeñas cantidades.

Semillas de cilantro *(Coriandrum sativum)*

Las semillas de cilantro se usan en pequeñas cantidades, ya sea enteras en el escabeche o molidas en salsas guisadas más complejas, como el mole. Con más frecuencia se usaban en las recetas de fines del siglo XIX.

Comino *(Cuminum cyminum)*

En la comida tradicional mexicana el comino siempre se usa entero, nunca en polvo. A menudo el comino se muele con ajo u otras especias, y se usa en pequeñas cantidades para que su sabor no sea dominante, excepto en la comida del norte del país, sobre todo en la de Nuevo León.

Achiote *(Bixa orellana)*

El achiote es un agente colorante y saborizante que se usa mucho en la Península de Yucatán. Es la capa roja exterior de la semilla muy dura de un árbol tropical americano. Las semillas enteras se muelen en combinación con otras especias para sazonar alimentos. Ahí las semillas enteras se muelen en combinación con otras especias para recados (ver la receta a continuación) para sazonar muchos alimentos. Pero en Tabasco y en partes de Oaxaca, las semillas se hierven para disolver la parte colorante y se cocina el agua hasta que evapora dejando un residuo de colo rojo puro.

Recado de toda clase
Señora Isela Rodríguez
Rinde aproximadamente 1/4 de taza (65 ml)

2 cucharadas de pimientas negras
7 clavos enteros
8 pimientas gordas
1/4 de raja de canela (75 mm)
1/4 de cucharadita de comino
2 cucharadas de orégano yucateco, seco, tostado y molido

Ponga todos los ingredientes en un molino para café o para especias y muélalos lo más finamente posible. Pase el polvo por un colador fino y muela los residuos una vez más hasta obtener un polvo liso.

Transfiera el polvo a un tazón chico con apenas el agua suficiente para mezclar hasta obtener una pasta espesa. Guarde el recado así en el refrigerador o en el congelador.

PARA USAR ESTE RECADO

PARA 1 CUCHARADA DE ESTA PASTA:

2 dientes de ajo, machacados

2 cucharadas de jugo de naranja agria o sustituto (véase pág. 593)

sal al gusto

Mezcle todos los ingredientes hasta obtener una pasta lisa; es probable que tenga que añadir un poquito de agua.

Recado rojo simple

Rinde 1/2 taza (125 ml)

Es una pasta de achiote sencilla para uso general o para recetas como la cochinita pibil (véase pág. 344) y el pollo pibil (véase pág. 423)

4 cucharadas copeteadas de semillas de achiote

1 cucharadita de orégano, yucateco si es posible, machacado

1 cucharadita de cominos

1/2 cucharadita de pimientas negras

12 pimientas gordas

3 cucharadas de agua, aproximadamente

Mezcle las especias y primero muela un tercio de la cantidad –o la cantidad que le quepa a su molino para café o para especias– lo más finamente posible. Repita lo mismo con la cantidad restante. Pase el polvo a través de un colador fino y vuelva a moler los residuos. Poco a poco, incorpore el agua y mezcle bien hasta obtener una pasta espesa.

583

Si no va a usar la pasta de inmediato, con ella forme un grueso pastel redondo y divídalo en cuatro piezas. Envuélvalas bien y guárdelas en el congelador. Así almacenadas resulta más fácil sacar un pedacito a la vez.

Para diluir la pasta cuando la vaya a usar, machaque esta cantidad con aproximadamente 20 dientes de ajo chicos y sal gruesa al gusto, y diluya con jugo de naranja agria o con su sustituto de vinagre suave, hasta obtener una crema ligera.

HIERBAS PARA COCINAR

Las tres hierbas de olor que más se usan en la comida mexicana son el tomillo, la mejorana y el laurel. Se venden las tres juntas en ramilletes pequeños de hierbas frescas o secas, aunque es más común que estén secas.

HIERBAS FRESCAS

Cilantro *(Coriandrum sativum)*

Aunque es nativo del Viejo Mundo, la cocina mexicana lo ha adoptado de todo corazón, y se usan tanto sus hojas frescas como sus semillas, de distintas maneras en distintos platillos. Las hojas tiernas y los tallos chicos se usan en salsas crudas y guisadas, en algunos moles verdes, con mariscos, arroz y en sopas.

Las hojas del cilantro son delicadas y deben guardarse con cuidado. Si es posible, trate de comprar el cilantro con todo y su raíz porque así durará más. Envuelva las raíces y los tallos principales en una toalla de papel húmeda y las hojas en una toalla de papel seco, luego guárdelas en una bolsa de plástico en el refrigerador. Elimine diariamente las hojas que se vayan poniendo amarillas. Las semillas verdes se usan en salsas en el área de Tuxtepec.

Epazote *(Teloxys (antes Chenopodium) ambrosioides)*

A mí me parece que el epazote es la más mexicana de todas las hierbas que se usan para cocinar. Aunque puede encontrarse epazote silvestre en muchas partes de América del Norte y Europa, sólo en México parece usarse a su máxima capacidad.

Las hojas frescas, o el tallo con las hojas (no el epazote seco, que es insípido y ha perdido su esencia), se usan mucho en las cocinas del centro y sur de México. Es absolutamente indispensable para guisar frijoles negros, para la sopa de tortilla y otras sopas caldosas, para quesadillas, picado con elote, etcétera.

El epazote tiene una hoja aserrada, puntiaguda, de un color verde medio y un penetrante sabor adictivo, y sus flores y semillas tienen forma de diminutas bolitas negras que se apiñan alrededor de las puntas del tallo.

Hoja santa *(Piper auritum)*

Esta hoja grande que tiene forma de corazón proviene de un arbusto tropical y tiene un profundo sabor anisado. En el sur de México se usa para sazonar alimentos.

585

En algunas recetas, puede sustituir su sabor con hojas de aguacate, pero en otras no tiene sustituto.

Hojas de aguacate *(Persea drymifolia)*

En algunas zonas de México estas hojas de aguacate criollo ligeramente anisadas se usan enteras o trozadas para sazonar, y se venden en polvo en algunas partes de Veracruz. Como en Estados Unidos, entre los aficionados de California, existe gran preocupación sobre la toxicidad de esta planta, creo que es momento de poner las cosas en orden.

Los reportes de toxicidad se remontan a un estudio de 1984 en que la Universidad de California en Davis demostró que las cabras que se empleaban para la producción de lácteos sufrían efectos tóxicos por ingerir grandes cantidades de hojas de aguacate (el agente tóxico todavía se desconoce). Lo importante, según el doctor Arthur L. Craigmill, toxicólogo especialista en Davies y uno de los autores del estudio, es que los efectos se relacionaban con el aguacate guatemalteco (*Persea americana*). Cuando a las cabras se les alimentó con las hojas de aguacate mexicano (*Persea drymifolia*), que es una especie distinta, no hubo ningún problema.

El aguacate Haas, el que mejor sabe de los que se cultivan en Michoacán, es un híbrido de origen indeterminado, aunque en su DNA aparece su ancestro guatemalteco y de ahí las sospechas. Nadie ha hecho pruebas para ver si las hojas del aguacate Haas son tóxicas, pero parece poco probable que las pequeñas cantidades que se usan para cocinar causen algún tipo de problema.

HIERBAS SECAS

Orégano (generalmente *Lippia graveolens*)

En México hay muchas plantas regionales a las que se les llama orégano sobre las cuales, citando a un amigo botánico, existe "cierta confusión taxonómica". El orégano, con pocas excepciones, se usa seco.

Los tipos de orégano regionales que se mencionan en este libro incluyen el de Yucatán: una variedad que tiene hojas más grandes y crece en forma de arbusto. Sus hojas se secan y se tuestan hasta adquirir un color café oscuro y puede encontrarlo donde se vendan productos yucatecos. El de Oaxaca es más ligero y sabe un poquito a menta (probablemente sea de la especie *gatureja*) que se usa en cantidades mucho más grandes en el norte de México. También hay una variedad que tiene hojas largas, y se usa en Nuevo León.

OTROS INGREDIENTES

Azúcar

Por lo general en México se usa el azúcar granulada común en recetas para hornear, postres y dulces, excepto donde se requiere el uso de piloncillo: azúcar morena que viene en forma de conos.

Sal

Yo recomiendo que use sal marina en todas las recetas, en vez de la sal de mesa y la sal kosher.

La sal pura es muy barata en México, ya sea en su forma suave o en cristales más duros.

Aceites y mantecas para guisar

Sin duda, el aceite vegetal es la grasa que con más frecuencia se utiliza en México. Por lo general son de semillas de girasol, de cártamo, de maíz, y más recientemente, de canola, que no recomiendo.

Las mantecas vegetales se usan para muchos tipos de pan dulce, algunos pasteles y tortillas de harina.

La mantequilla se usa para hacer panes y pasteles de mejor calidad. En algunas partes del sur de México, sobre todo en el Istmo y en Tabasco, se usa la mantequilla de rancho, que es muy suave, ligeramente ácida y deliciosa.

La grasa que suelta la carne de res se usa en partes del noroeste de México para hacer bocoles en Veracruz y Tamaulipas, etc.

El aceite de oliva, que por lo general es español, se usa en recetas de origen español, sobre todo en Veracruz, Yucatán, Campeche y partes de Michoacán, entre muchas otras zonas.

Las cocineras tradicionales aún prefieren la manteca de puerco, sobre todo para freír moles, para hacer tamales y antojitos. Algunas cocineras prefieren la manteca blanca, en tanto que en el sur de México –en Oaxaca, Tabasco y Veracruz en particular– se prefiere la que tiene un color caramelo y proviene de las ollas donde se hace el chicharrón, cuyas "migajas" –que se hunden al fondo– también se usan. Si no puede encontrar manteca de buena calidad –no la manteca blancuzca que se vuelve sólida con estabilizadores– entonces trate de hacerla en casa con la grasa de la de la carne de puerco que se vende en paquetes en los supermercados y en las carnicerías.

Manteca hecha en casa

Rinde aproximadamente 680 gr, unas 4 tazas

900 gr de grasa de puerco sin sal.

Caliente el horno a 165 °C (325 °F). Tenga listas dos sartenes grandes y pesadas.

Corte la grasa en cubitos y, tomando una cuarta parte a la vez, pásela brevemente por el procesador de alimento sólo para que se desmorone un poco que suelten la grasa con más eficiencia. Divida la grasa en las dos sartenes, cuidando de no llenarlas demasiado o la grasa se desbordará, y colóquelas en la parte media y superior del horno.

Transcurridos 20 minutos revise las sartenes y vierta la grasa líquida en recipientes de cerámica o de vidrio. Revuelva y presione constantemente los pedacitos de grasa que quedan en la sartén, extrayéndoles la mayor cantidad de grasa posible.

Tire los residuos crujientes, o añádalo a la masa para hacer gorditas, o sáquelo para que se lo coman las aves, o lo que usted quiera...

Cuando la manteca se haya enfriado, tápela y métala al refrigerador. Dura varios meses.

Crema

En las grandes zonas urbanas y aún en muchas partes del país no es fácil, si no es que imposible, encontrar crema pura y natural, como la *créme fraiche* francesa. Las marcas comerciales tienen preservativos y otros químicos, y casi toda la crema que se vende en los mercados del centro de México tiene algún tipo de manteca vegetal. Aunque estas cremas sirven para coronar antojitos y otras cosas similares, no sirven para cocinarse en salsas. Uno todavía puede comprar crema deliciosa en mercados como el de Juchitán, en Oaxaca.

Claro que, tal y como nos lo enseñó Julia Child hace muchos años, usted puede hacer su propia crema.

VEGETALES
Jitomates *(Lycopersicum esculentum y spp.)*

Los jitomates son un ingrediente nativo de México, indispensable para muchos de los platillos regionales. Cuando llegué a México en 1957 sólo usábamos jitomates redondos, rojos: *jitomate bola*. No recuerdo cuándo empezaron a aparecer los jitomates más alargados, que se llaman *jitomate guaje* o *guajillo*. Ahora tienen el don de la ubicuidad: de hecho, en muchos mercados ya no hay otro tipo de tomates más que esos. De vez en cuando puede encontrar un jitomate criollo, de piel delgada y de un rojo casi naranja, muy jugoso y bastante ácido. (Yo los encontré en Malinalco, en el Estado de México, y en Chilapa, Guerrero, entre otros sitios.) Ahora se importan de los Estados Unidos unos jitomates grandes. Pero mis favoritos son los diminutos (como de 1 cm de diámetro) que se llaman *cuatomates*, como se les nombra en la Sierra Norte de Puebla. Son unos tomatitos de intenso sabor y gran cantidad de semillas. Se les conoce por varios nombre, sobre todo en distintas partes de Veracruz: *menudo, Zitlali* (seguramente llamado así por el pueblo donde crecen, que no debe confundirse con el pueblo del mismo nombre que está en Guerrero), *ojo de venado*, y *tomate de monte*, entre otros.

Debido a su piel dura una salsa de tomate hecha a la manera tradicional en el molcajete es muy texturada. En la región de Tuxpan, Veracruz, a las cocineras les gusta mezclar los jitomates maduros con los que todavía están verdes, para que la salsa no sea tan dulce.

Las cocineras regionales son muy específicas en cuanto a cómo preparar los jitomates para salsas, y aquí doy algunos de sus métodos:

CRUDOS. Para hacer salsas crudas, parecidas a la salsa mexicana con sus ligeras variaciones regionales, para añadir a cocteles de mariscos, a huevos revueltos o ensaladas, los jitomates sin pelar deben picarse finamente con todo y semillas.

LIGERAMENTE HERVIDOS. Para hacer algunas salsas guisadas. Los jitomates se cubren con agua y se hierven ligeramente hasta que estén suaves: aproximadamente 10 minutos para jitomates medianos. Por lo general, con pocas excepciones, luego se pelan antes de licuarlos –la piel de los jitomates guaje es especialmente dura–, o bien los jitomates se licuan, con todo y cáscara, y luego la salsa se cuela.

ASADOS EN EL COMAL. En la cocina rústica tradicional muchos de los ingredientes se preparan así: por ejemplo, para hacer salsas rústicas de mesa o para incluirlos en moles más complejos. Los jitomates enteros, con todo y piel, se ponen sobre un comal o plancha sin engrasar a fuego medio hasta que estén totalmente suaves, mientras que la piel queda ligeramente carbonizada. Este método intensifica el sabor y saca la dulzura del jitomate. Algunas cocineras le quitan la piel en tanto que otras –yo entre ellas– se la dejan, y optan por una salsa que tiene más sabor y textura pero no es tan colorida.

Muchas de los alimentos tradicionales de los pueblos mayas de la Península de Yucatán se cocinan en *un pib*, o barbacoa, y los ingredientes que lleva la comida (chiles, jitomates, cebolla y ajo) se "asan" en las piedras callientes que forran el fondo del *pib* y se llaman "enterrados".

Si ninguno de estos métodos le parece práctico, entonces ponga los jitomates en una sola capa en una cacerola poco profunda y colóquelos bajo el asador, como a 8 cm del calor, y áselos, volteándolos una vez, hasta que estén suaves y ligeramente carbonizados.

GUISADOS. No es muy común preparar los jitomates de esta manera, pero algunas cocineras oaxaqueñas así lo hacen. Corte los jitomates sin pelar en ocho piezas y, por ejemplo, para 450 gr de jitomate, agregue 1 cucharada de aceite vegetal y aproximadamente 1/4 de taza (65 ml) de agua. Tape la olla y cocine los jitomates a fuego lento, sacudiendo la olla de vez en cuando para que no se peguen, hasta que estén suaves: aproximadamente 10 minutos. Este método es particularmente eficaz cuando los jitomates no están en su punto o están un poco secos.

RALLADOS. La primera vez que vi este método fue en Sonora, hace muchos años. Yo lo utilizo en las recetas de las páginas 175 y 297. Para ello es mejor usar los jitomates bola. Corte una rebanada en la parte superior del jitomate y, usando el lado grueso del rallador, ralle la pulpa con todo y las semillas y el jugo. Al final le quedará una cáscara aplanada de jitomate en la mano.

Tomates verdes mexicanos (*Physalis spp.*)

El tomate verde nativo a estas tierras, es un ingrediente indispensable de la comida mexicana. La fruta en sí, con su brillante piel verde, a menudo tiene manchas moradas, y está envuelto en una cáscara como de papel, de color verde grisáceo, que es un poco pegajosa al tacto. Su nombre varía de región en región: se le llama fresadilla en el norte de México; tomate de capote en Colima, miltomate en Oaxaca, tomate milpero, y cuando son muy pequeños, en Michoacán se les llama *tomatillo*, entre muchos otros nombres. Existen distintas variedades. El más pequeño (como de 1 cm de diámetro) crece silvestre en los maizales: es muy compacto y, por lo tanto, tiene un sabor muy intenso. También hay una variedad más grande y carnosa que he visto en los mercados del Estado de México: el brillante piel verde tiene manchas amarillas, y se le llama tomate manzano. En Estados Unidos el tomate verde se llama *tomatillo*.

Con una sola excepción, debe quitarles la cáscara y enjuagarlos bien, pero no intente pelarlos. En algunas salsa se pican y se licuan crudos, pero más a menudo se hierven suavemente en agua hasta que están suaves.

Estos son los métodos para prepararlos:

Cocidos enteros en el comal. Para hacer una salsa rústica de mesa, quíteles las cáscaras y ponga los tomates enteros sobre una plancha o comal si engrasar, y cuézalos a fuego medio, volteándolos de vez en cuando, hasta que estén bastante suaves y ligeramente carbonizados. Luego se muelen o se licuan, con todo y piel.

Una vez vi a una cocinera en Oaxaca poner los tomates con todo y cáscara en cenizas calientes, pero no ardientes, hasta que se suavizaran y carbonizaran ligeramente.

Ligeramente hervidos. Hervir ligeramente los tomates verdes en agua es el más popular de todos los métodos. Cubra los tomates con agua fría, y luego hiérvalos ligeramente a fuego medio hasta que estén suaves, pero sin que se deshagan: de 10 a 15 minutos, según el tamaño.

En Oaxaca vi que una mujer cortó los tomates en cuartos y los cocinó con muy poquita agua hasta que estaban muy suaves.

Ajo

La influencia de Estados Unidos está cambiando el ajo. Hace años las cabezas de ajo eran más pequeñas, y los dientes eran más pequeños y casi totalmente morados. Ahora las cabezas y los dientes son cada vez más grandes, con excepción de los que se venden en los mercados de las regiones del sur, sobre todo en Oaxaca y Guerrero. Saben mejor. (Siempre se ha considerado que un tipo de ajo elefante, trenzado con un listón rojo, y en forma de guirnalda, ayuda a la buena suerte.)

Con la excepción de platillos de origen español –los que son al ajillo o al mojo de ajo– el ajo no se usa en grandes cantidades en la cocina mexicana. En las recetas del centro de Oaxaca, por ejemplo, puede emplearse toda una cabeza de ajo, pero se usa una muy pequeña y su sabor no predomina en la salsa terminada.

La base de la comida tradicional mexicana se hace picando finamente ajo pelado, con cebolla finamente picada, que se fríen hasta que acitronan. También se usa mucho el ajo asado o una cabeza de ajos. Los dientes sin pelar (perforados para que no exploten) se ponen en el comal a fuego medio, luego se voltean de vez en cuando hasta que están ligeramente carbonizados por fuera y suaves por dentro. Luego se pelan y se licuan según las instrucciones de la receta. Si se requiere toda una cabeza de ajos, primero hay que quitarle la cáscara exterior que parece como de papel, y luego colocar la cabeza entera en un comal caliente (pero no demasiado caliente) y, de nuevo, voltearla de vez en cuando, hasta que se cocine parejo. A veces se añade la cabeza de ajos al caldo o al escabeche. Como se menciona arriba, los platillos de origen español llevan mucho ajo pelado y frito.

CÍTRICOS

LIMÓN. Los limones más comunes, o criollos, son pequeño, verdes, de piel delgada. Existen otras variedades similares y en algunas zonas se produce el limón persa (y, en Veracruz, encerado).

Me pregunto si hay otro país donde se use tanto el limón: para hacer limonada, con la cerveza –sobre todo la Tecate–; en algunas salsas frescas, en cocteles de mariscos, con todo tipo de caldos, para sazonar carnes, con jícama, y con algunas frutas frescas como la papaya o como remedio para las picaduras de mosquitos. Resulta inconcebible tomar un caballito de tequila sin chupar un limón. Y un dulce delicioso es la cáscara de limón cristalizada rellena de cocada.

LIMA AGRIA. La lima agria es un cítrico rechoncho de color verde pálido que tiene un pronunciado pezón en uno de sus extremos. La cáscara tiene un sabor extraordinariamente complejo y sólo puedo compararlo a la naranja agria por la amargura de su cáscara, en tanto que la pulpa es muy ácida.

La lima agria se asocia sobre todo con la sopa de lima de Yucatán, pero en Chilapa y Guerrero se sirve en tajadas para acompañar algún mole. En algunas partes de Jalisco se hace una salsa fresca de lima. Estoy segura de que existen otros ejemplos.

LIMA DULCE. Hasta que no la pruebe, podría confundir la lima dulce por lima agria, excepto que la primera tiene una superficie más lisa. A pesar de su fragante cáscara, la pulpa es dulce e insípida. Una vez me dieron jugo de lima dulce en una comida en el Estado de México. He visto que se usa la cáscara para cocinarla en un platillo de rellena: sangre de puerco guisada con chile manzano. En su forma más popular, las limas dulces son indispensables para llenar la piñata de Navidad, junto con otras frutas, caña de azúcar y dulces. También puede hacerse una infusión fragante, de color verde pálido, cuando se hierven en agua suavemente durante unos 10 minutos.

NARANJA AGRIA. Durante el periodo colonial los españoles introdujeron una variedad de la naranja de Sevilla que hoy se usa en muchas partes de la República, pero sobre todo en Tabasco y en la Península de Yucatán. Su jugo se usa con otros condimentos para sazonar carnes o pescado, o como base para hacer salsas de chile y cebolla, en las cebollas encurtidas con que se adornan los panuchos, o en los escabeches de Yucatán. Ahí se pelan antes de exprimir su jugo.

La naranja agria suele tener un brillante color naranja, excepto en la Península de Yucatán, donde tiene un color verdoso, aún cuando está madura, y, a pesar de que su jugo es ácido, es un poco más dulce. Es una fruta fea, rechoncha con una piel gruesa y texturada. Crece silveste o como árbol ornamental en el norte de México.

En las regiones más frías del norte la cosecha principal madura en febrero, pero más al sur los naranjos producen todo el año.

Como sustituto para las recetas de este libro, puede usar un vinagre afrutado suave o una combinación de estas frutas y ralladuras:

Sustituto de naranja agria
Rinde aproximadamente 1/2 taza (125 ml)

1 cucharadita de ralladura muy fina de toronja
2 cucharadas de jugo fresco de naranja
2 cucharadas de jugo fresco de toronja
4 cucharadas de jugo fresco de limón
Mezcle todos los ingredientes y úselos como se indica

Pepitas

Las semillas crudas, peladas o con cáscara, de la calabaza se usan en muchos platillos mexicanos. El tipo de pepita varía según el tipo de calabaza que se cultive en cada región. Por lo general las pepitas muy lisas se tuestan y sirven de botana; las pequeñitas, más gordas, que se llaman chinchilla, se usan sin pelar en platillos yucatecos como el Sikil P'ak (pág. 23).

Las pepitas siempre se asan en una sartén sin engrasar a fuego medio y se enfrían antes de molerse. Hay que tener cuidado de que no se pongan muy oscuras o la salsa tendrá un gusto amargo.

Plátano macho

Existen muchas variedades deliciosas de plátano en las zonas tropicales de México, entre ellas el plátano macho. Se usan sobre todo, pero no exclusivamente, en los platillos tradicionales de las zonas tropicales del sureste del país. Los plátanos machos se distinguen fácilmente por su forma triangular, larga y curvada, y su piel gruesa.

La forma más común de prepararlos, cuando están maduros, es pelarlos, cortarlos longitudinalmente en rebanadas y freírlos. Así preparados, se sirven con arroz blanco. En Veracruz y en Tabasco se cuecen, se machacan y se forma una pasa que se usa para hacer empanadas rellenas de queso o carne, o licuados en sopa.

A mí me gusta comerlos cuando están ligeramente verdes: fritos y aplanados y luego vueltos a freír hasta que se convierten en los tostones semi crujientes de Tabasco. En el área de Tuxtepec se usa el plátano macho verde cocido y mezclado con masa de maíz para hacer unas tortillas.

Estos plátanos pueden volverse adictivos. Los más deliciosos son los más pequeños, delgados y puntiagudos plátanos dominicos, como se les llama en Tabasco, y el plátano de Castilla de Oaxaca.

Vinagres

Los vinagres que se usan en México por lo general son muy suaves y afrutado. En provincia muchas cocineras hacen su propio vinagre de piña y piloncillo (véase la receta, abajo). En Tabasco se usan plátanos muy maduros, mientras que en un puestecito al que voy en Zitácuaro se usa una mezcla de frutas –lo que haya en la estación– y siempre tiene a la venta un delicioso vinagre suave color ámbar. Una vez que logre tener una buena "madre", puede seguir haciendo vinagre ad infinitu, con la fruta de su elección.

594

Vinagre de piña

Cuando vaya a usar piña para alguna cosa, guarde la cáscara y un poquito de pulpa.

La mitad de la cáscara de una piña
4 cucharadas copeteadas de piloncillo o de azúcar morena
1.5 l de agua

Mezcle bien los ingredientes y póngalos, sin tapar, en un lugar asoleado y cálido donde se fermenten. La mezcla debe empezar a fermentar en unos 3 días. Déjela fermentando hasta que toda el azúcar se haya convertido y el líquido se vuelva ácido. Al principio el líquido puede estar un poco turbio, pero conforme repose se pondrá más claro y color ámbar al final. Esto puede llevar unas 3 semanas más. Para entonces la "madre" –un disco gelatinoso y blancuzco– debe empezar a formarse. Déjelo hasta que la madre se vuelva bastante sólida –otras 3 semanas–, luego cuele el líquido, tápelo con un corcho y está listo para usarse. Ponga la madre con más piloncillo y agua, y un poquito más de piña si tiene, pero realmente no es necesaria, y déjela reposar para que se forme más vinagre.

Sí, necesita paciencia, pero vale la pena. Aunque no hay sustituto para lo que uno mismo prepara, puede usar la mitad de un vinagre de vino blanco de buena calidad, y mitad de un suave vinagre oriental de arroz.

Chicharrón

El chicharrón es la piel del puerco que primero se seca al sol y luego se fríe en manteca caliente. Luego se fríe en manteca aún más caliente hasta que se infla adquiere un color dorado, y una textura porosa y crujiente. En Estados Unidos muchos mercados mexicanos hacen su propio chicharrón y lo exhiben en grandes hojas, pero también puede comprarse en los supermercados que lo empacan comercialmente. Evite las marcas que sean duras y correosas lo que, desde luego, significa que no prepararon el chicharrón de la manera adecuada.

Cuitlacoche o Huitlacoche (Hongo del maíz)

El cuitlachoche es un hongo de color gris plateado que sale accidentalmente –aunque puede inducirse– en algunas variedades de maíz durante la época de lluvias. La carne es suave y de color negro tinta. Se come desde tiempos precolombinos y por lo general se le usa, cocinado con otros ingredientes, para hacer sopas, cacerolas, relleno para quesadillas e incluso para hacer salsas. El hongo se rasura de la mazorca, se pica toscamente, y se le quitan los pelos del elote al que se adhiere.

Flor de calabaza

Las flores de calabaza se guisan con otros ingredientes para hacer sopas, cacerolas, o relleno para quesadillas.

En México las flores se venden en los mercados y en los supermercados, y la mejor época es durante la temporada de lluvias. Si siembra calabacitas, escoja sólo las flores masculinas, que son fácilmente reconocibles porque tienen un estambre en forma de órgano masculino. Yo dejo 1 por cada 25 para que se lleve a cabo la polinización.

Para preparar las flores para guisarlas, quíteles el tallo verde y los sépalos correosos, dejando sólo la base pulposa y el estambre intacto. (Es una pena pero las cocineras mexicanas le quitan el estambre lo que, en realidad, le da un sabor y textura deliciosos). Pique las flores toscamente y siga las instrucciones de la receta.

Acitrón

El acitrón (que no debe confundirse con el citrón: un cítrico de tamaño grande) es el nombre que se le da a la biznaga cristalizada de un cacto grande y redondo que se llama *Echinocactus grandis*. Los cubitos de acitrón se usan sobre todo en los tamales dulces, para los rellenos de carne (picadillo) y en algunos postres. Por lo general se vende en forma de pequeños ladrillos.El acitrón no tiene un sabor muy pronunciado.

Nopales

Los nopales son las pulposas "hojas" de distintas variedades de cactos *Opuntia* que son comestibles. Con raras excepciones, se cuecen antes de añadirse a varios platillos. Saben mejor cuando están frescos y firmes.

Para preparar los nopales, primero raspe las espinitas –con cuidado de que no se le claven en los dedos– y córtelos en tiras delgadas o en cuadritos. Para cocerlos, véase la receta de la pág... para hacer nopales al vapor.

Camarones secos

El sabor concentrado de los camarones secos subraya sopas, arroz, tamales, frijoles y salsas de mesa. Una vez que les encuentre el gusto (resulta demasiado fuerte para algunos visitantes extranjeros), se vuelve bastante adictivo. En los mercados de Oaxaca el precio de los camarones secos varía según su tamaño, que va de los grandes de 6.5 cm a los chicos de 2 cm, sin olvidar los diminutos de 75 mm que se encuentran en la costa del Pacífico.

Nunca compre el paquete chico de camarones de un color rojo-naranja brillante –pelados y sin cabeza– porque no tienen sabor. Tampoco compre los paquetes que dicen "polvo de camarón seco", pues en su mayoría es pura sal. Trate de encontrar camarones enteros y sin pelar.

La mayoría de los platillos llevan camarones sin cabeza ni patas. Las cabezas tienen mucho sabor y –sin los ojos negros– deben guardarse para hacer tortitas de camarón. Son muy salados. Enjuáguelos en agua fría, escúrralos y cúbralos con agua fresca y fría. Déjelos remojando unos 10 minutos: no más o perderán el sabor. Guardándolos en un lugar seco donde duran varios mes.

RECETAS BÁSICAS

Caldo de pollo

El mejor caldo de pollo se hace con una gallina grande y gorda con todas sus menudencias. ¡Pero ésta es un ave en peligro de extinción! Me acuerdo de las magníficas gallinas blancas (nada de colorantes) que había en Campeche hace años: ojalá todavía existieran. A falta de una gallina use bastantes retazos de pollo y también bastantes menudencias, patas, alitas, rabadilla, huacal, etc.

Esta receta rinde para aproximadamente 3.5 l de caldo de pollo.

2.5 kg de retazos de pollo (vea el texto superior)
2 cebollas de rabo, toscamente picadas con todo y rabo
1 cabeza chica de ajos, cortada por la mitad horizontalmente
sal marina al gusto

Ponga todas las menudencias en una olla para caldo y tápelas con agua fría. Agregue la cebolla y el ajo y deje que rompa el hervor. Baje la flama y deje que el caldo hierva suavemente durante unas 3 1/2 horas. Añada sal. Enfríelo y déjelo reposar, sin colar, toda la noche.

Caliente el caldo, luego cuélelo y tire los restos. Desengrase el caldo cuidadosamente y guárdelo, listo para usarlo. Deje que se enfríe y desengráselo antes de guardarlo.

Nota: para guardarlo, vierta el caldo en un molde para hacer cubitos de hielo y congélelo. Cuando esté congelado, transfiéralo a bolsas para congelar. Márquelas con la cantidad y la fecha y guárdelas en el congelador.

Pollo cocido y deshebrado

Rinde aproximadamente 2 1/2 tazas (625 ml) de pollo deshebrado, muy apretado

1.5 l de caldo de pollo
1 pollo grande, como de 1.35 kg, cortado en piezas
sal marina al gusto

En una olla grande, deje que el caldo de pollo rompa el hervor, añada las piezas de pollo y cuézalo a fuego lento hasta que esté suave: unos 25 minutos. Retírelo del fuego y deje que el pollo se enfríe dentro del caldo.

Escurra el pollo y guarde el caldo para una sopa o salsa.

Retire la carne de los huesos y deshébrela toscamente con un poquito de piel para darle más sabor. Añada sal si es necesario.

Carne de puerco cocida y deshebrada

Rinde aproximadamente 2 1/2 tazas (585 ml)

900 gr de maciza de puerco
huesos de puerco
1/4 de cebolla blanca mediana, toscamente rebanada
1 diente grande de ajo
sal marina al gusto
5 pimientas

598

Corte la carne en cubitos, póngala en una olla grande junto con los otros ingredientes, y cúbrala con agua fría. Deje que rompa el hervor. Luego baje la flama y deje que hierva suavemente hasta que la carne esté *apenas* suave: aproximadamente 45 minutos. Retire del fuego y deje que la carne se enfríe en el caldo. Cuando se haya enfriado y pueda manejarla con las manos, escúrrala y guarde el caldo. Deshebre la carne y añada más sal si es necesario. Cuide de no sobrecocer la carne, pues recuerde que el proceso de cocción continúa mientras la carne se enfría en el caldo.

Puede desherbar la carne a mano usando dos tenedores, o puede molerla ligeramente en un molcajete hasta que las fibras se separen.

Carnes de res cocida y deshebrada
Rinde aproximadamente 2 tazas (500 ml) de carne deshebrada muy apretada

450 gr de falda o arrachera de res, cortada en cubitos de 2.5 cm
1 cebolla chica, toscamente picada
1 diente de ajo
sal marina al gusto

Ponga la carne y los otros ingredientes en una olla grande. Cúbrala bien con agua y deje que rompa el hervor. Siga hirviendo suavemente hasta que la carne esté suave: aproximadamente 40 minutos. Deje que la carne se enfríe en el caldo, luego escúrrala y guarde el caldo para algún otro platillo.

Cuando pueda manejar la carne con las manos, deshébrela toscamente, eliminando cualquier nervio o pellejo.

Índice

Cocina esencial de México, de Diana Kennedy
se imprimió el mes de febrero de 2004 en
Litográfica Ingramex, S.A. de C.V.
Centeno 162-1, Col. Granjas Esmeralda,
México, D.F.

CALIDAD
ISO 9000
CERTIFICADA
Certificado No. 02-2082

Portada: Departamento de Diseño
Diseño de interiores: Ofelia Mercado y Jorge Aguilar/M&A Diseñadores